영상, 역사를 비추다

한국현대사 영상자료해제집 VII

국립영화제작소 문화영화 해제집 1

영상, 역사를 비추다
한국현대사 영상자료해제집 Ⅶ

국립영화제작소 문화영화 해제집 1

초판 1쇄 발행   2017년 5월 31일

엮은이 ㅣ 허 은
펴낸이 ㅣ 윤 관 백
펴낸곳 ㅣ 도서출판선인

등   록 ㅣ 제5-77호(1998.11.4)
주   소 ㅣ 서울시 마포구 마포대로 4다길 4 곳마루 B/D 1층
전   화 ㅣ 02)718-6252/6257
팩   스 ㅣ 02)718-6253
E-mail ㅣ sunin72@chol.com

정가 42,000원

ISBN   979-11-6068-100-0   94910
ISBN   979-11-6068-093-5   (세트)

"이 저서는 2011년 정부(교육과학기술부)의 재원으로 한국학중앙연구원의
지원을 받아 수행된 연구임(AKS-2011-EAB-3101)"

영상, 역사를 비추다

한국현대사 영상자료해제집 VII

국립영화제작소 문화영화 해제집 1

허 은 편

도서출판 선인

▌해제집을 펴내면서

한국현대사 영상자료해제집은 고려대 한국사연구소 역사영상융합연구팀이 2011년부터 3년에 걸쳐 진행한 '한국 근현대 영상자료 수집 및 DB구축' 프로젝트의 결과물 중 하나이다. 6년 전 30여 명으로 구성된 역사영상융합연구팀은 세 가지 목표를 가지고 토대연구를 추진했다.

첫째, 한국 근현대사 관련 기록 영상자료를 최대한 망라하는 영상물 데이터베이스(DB) 구축을 목표로 삼았다. 사업을 시작할 때까지 이는 국내의 어떤 기관도 수행하지 못한 일이었다. 프로젝트가 완수되면 국내외 한국 근현대사 관련 기록 영상자료의 정보가 최초로 종합·정리되고, 특히 해외에 산재된 상당분량의 영상물이 새롭게 발굴·정리될 것이라 기대했다.

둘째, 역사학, 언론정보, 영화문화를 전공한 연구자들이 결합하여 체계적인 해제를 수행하고 주요 영상을 선별하여 해제집을 발간하는 것을 과제로 삼았다. 역사연구와 영상연구가 결합된 해제가 수행되어야 향후 역사학 분야뿐만 아니라 각 분과학문 연구에도 유용하게 활용될 수 있는 깊이 있는 DB를 구축할 수 있다고 보았기 때문이다.

셋째, 훼손이나 소멸될 가능성이 높은 자료를 우선 수집하고, 수집된 자료를 체계적으로 보존하며 동시에 그 활용을 극대화 하는 방안을 강구하고자 했다. 사적으로 수집된 영상자료는 논외로 하더라도 공공기관에서 수집한 해외소재 영상물조차 '공공재'로서 접근성이나 활용도가 크게 떨어지는 경우가 많았다. 당연한 언급이지만, 연구자와 대중이 영상자료를 수월하게 활용할 수 있을 때 영상을 활용한 새로운 역사쓰기의 가능성이 크게 확장될 수 있다.

이상의 세 가지 목표를 가지고 진행한 연구는 한국학중앙연구원, 한국영상자료원 등과 협조하에 부족하나마 가시적인 성과를 이룰 수 있었다. 해외수집영상물의 안정적인 보존은 한국영상자료원이 맡아주었고, 영상자료의 접근성과 활용도를 극대화하기 위해 누리집(고려대학교 한국사연구소 '한국근현대 영상아카이브' http://kfilm.khistory.org)을 구축하여 수집한 기록영상물을 쉽게 접근하고 활용할 수 있도록 했다. 학문 융합적인 접근을 통해 체계적인 해제를 수행한다는 목표는 단계별 카탈로깅 진행과 한국 현대사 영상자료 해제집의 발간을 통하여, 일단락을 맺은 셈이다.

9권의 해제집은 크게 뉴스영화와 문화영화 해제로 구성되어 있다. 이 영상물들을 해제하는데 집중한 이유는 사료적 가치가 높음에도 불구하고, 역사학을 포함한 인문학 분야는 말할 것도 없고 한국영화사 연구 분야에서도 큰 주목을 받지 못했기 때문이다. 해제 범위는 8·15해방 이후부터 박정희 정권시기까지 대한민국 현대사와 관련된 영상자료로 한정했고, 다양한 역사적 사실들을 다루기 위해 연구팀이 소장하지 않은 영상자료에서도 선별하여 해제를 진행했다. 해외수집영상에 일제 강점기 영상도 일부 있으나, 해제집의 주안점은 한국현대사에 대한 이해를 높이는데 두었다. 움직이는 영상을 활자로 옮기는 작업은 영상미디어史를 쓰기 위한 불가결한 과정이지만, 활자화된 영상 정보가 다양한 해석의 가능성을 차단하지 않을까 우려된다. 이러한 우려를 최소화하기 위해 '한국근현대 영상아카이브' 누리집에서 가능한 한 많은 영상물을 시청할 수 있도록 했으니 함께 활용해 주기를 바란다.

토대연구의 완료가 예상보다 3년을 더 경과한 셈이니 늦어도 많이 늦었다고 할 수 있다. 역사–영상 연구의 기반을 마련한다는 원대한 목표를 갖고 진행한 토대연구는 일사천리로 진행될 수 없었다. 역사학 분야에서 영상 연구가 일천하여 두 번의 국제학술회의와 연구서 발간을 통하여 문제의식을 공유하고, 영상 독해력도 갖추어 가야했다. 여기에 홈페이지 구축과 해제집 발간까지 병행한 6년은 프로젝트팀에게는 짧기만 한 기간이었다.

영상 자료의 수집과 해제 과정은 많은 인내와 높은 집중력을 지속적으로 요구하는 작업이다. 하나의 영상을 사료로 만드는 과정은 영상과 관련된 문헌정보, 영상 속 시각·청각 정보 등을 종합적으로 정리할 때 가능하다. 연구의 정량적 평가에 시달리는 요즘, 지리하고 힘들뿐만 아니라 생색내기도 어려운 토대구축 연구를 같이 해준 전임연구원·공동연구원 선생님들과 녹취, 번역, 해제 집필 등 다양한 방식으로 참여한 모든 분들께 진심으로 감사를 드린다. 특히 각각 문화영화, 미국지역 수집영상물, 유럽지역 수집영상물의 최종 책임 편집을 맡아 정리하고, 각 해제집의 소개글을 작성해 주신 박선영, 양정심, 박희태 세 분께 다시 한번 감사드린다.

기초해제에서부터 최종 교정까지 대학원생들이 많은 수고를 해 주었다. 대학원 박사, 석사 지도학생들의 헌신적인 참여가 없었다면 이러한 규모의 토대연구는 엄두도 내지 못했을 것이다. 충분한 장학금을 주며 연구에 전념할 수 있는 여건을 마련해 줄 수 없는 현실에서 연구 프로젝트는 계륵과도 같은 존재이다. 특히 영상자료는 문헌사료가 중심인 역사학에서 연구외적 작업이 되기 십상이라 우려가 컸는데, 참여 대학원생들은 인내와 성실로 여러 난관을 끝까지 함께 극복해 주었다. 이주호, 금보운, 서홍석 세 명의 박사과정 학생들은 마지막까지 마무리 작업을 하느라 수고가 더 컸다.

이외에도 다 열거할 수 없을 정도로 많은 분들의 도움이 있었다. 영상자료 수집에서 조준형 팀장님을 비롯한 한국영상자료원의 도움이 컸으며, 연구 진행과 자료수집 그리고 해제에 공동연구원분들이 많은 힘을 실어주셨다. 일본 및 중국 현지에서 자료조사와 수집을 맡아 주었던 도쿄대의 정지혜, 남의영 연구원, 푸단대 순커즈 교수에게 감사드린다. 또한 사업기간 지원을 아끼지 않았으며, 해제집 발간도 인내심을 갖고 기다려 준 한국학중앙연구원에 감사의 뜻을 전하지 않을 수 없다. 끝으로 한국근현대 영상자료 해제집 발간을 흔쾌히 맡아주신 선인출판 윤관백 사장님과 편집교열에 수고해 주신 편집부 여러분께 감사드린다.

많은 분들의 헌신적인 참여와 도움으로 해제집을 발간할 수 있었지만, 새로운 시도에 따른 내용적 오류나 분석방법의 미숙함이 많이 눈에 띄리라 본다. 여러분들로부터 질정을 받으며 향후 지속적으로 수정, 보완해 나가도록 하겠다.

한국인뿐만 아니라 수많은 외국인들이 격동적으로 전개된 한국현대사를 영상으로 담았고, 그 결과 방대한 분량의 영상자료들이 전 세계 각국에 흩어져 한국현대사를 우리 앞에 펼쳐 보이고 있다. 이 해제집은 그중 일부를 다루었을 뿐이다. 여기서 거의 다루지 못한 북한과 구 공산진영 국가들에 흩어져 있는 영상들은 여러 연구자와 관계기관에 의해 수집 · 정리되고 있다. 남북한 각각의 역사가 아닌 20세기 한반도사 또는 한민족사를 위한 영상DB 구축이 머지않아 이루어지기를 고대한다.

21세기 초입에 우리는 개항, 식민지배, 분단과 전쟁, 산업화와 민주화 등 좌절과 희망의 20세기를 차분히 재성찰하며 냉전분단시대가 남긴 질곡과 유제를 극복 · 청산할 방향을 모색해야 한다. 한국현대사 영상자료 해제집이 20세기 냉전분단시대를 넘어서는 역사, 그리고 활자 미디어를 넘어서는 새로운 역사쓰기를 모색하는 이들에게 디딤돌이 된다면 이는 연구팀원 모두에게 큰 기쁨일 것이다.

2017년 5월
연구팀원을 대표하여
허은 씀

차 례

국립영화제작소 문화영화

국립영화제작소 문화영화 해제 소개

"문화영화"라는 용어는 정확한 개념 규정이 어려운 용어 중 하나이다. 한국에서 문화영화라는 용어를 처음 사용하기 시작한 것은 일본이 독일 우파(UFA)의 'Kulturfilm'이라는 용어를 수입하여 '문화영화'로 번역하고 이를 국내 언론에서 차용(『동아일보』 1926년 5월 16일)했을 때부터였다. 이 시기부터 문화영화는 "극영화가 아닌 것"(일제 말기), "실사 기록을 위주로 한 것"(이승만 정권기), "사실 기록을 위주로 제작된 영화"(박정희 정권기) 등 미묘하게 다른 방식으로 정의되어 왔다. 또, 문화영화는 〈팔도강산〉(배석인, 1967)과 같이 극화된 영화부터 〈홍길동〉(신동헌, 1967)과 같은 애니메이션에 이르기까지 다양한 영화들을 포괄하는 개념으로 사용되어 왔다. 문화영화라는 개념이 이 같은 복잡성을 가지고 있음을 감안하여, 본 연구팀은 한국정책방송원 KTV국민방송의 e영상역사관(www.ehistory.go.kr)에 '분야별 기록영상'으로 분류된 이 영상들을 "문화영화"로 분류한다. 카탈로깅한 영상들이 주로 1950년대부터 1970년대까지의 영상이며, "문화영화"는 이 시기 국립영화제작소 제작 영화들을 통칭하는 일반적인 용어로 사용되었기 때문이다.

문화영화를 제작한 국립영화제작소는 1948년 7월 발족된 공보처 공보국 영화과로 시작되었다. 공보국 영화과는 〈대한뉴스〉를 비롯한 뉴스영화와 문화영화를 생산했으며, 1961년 6월 공보부 공보국 영화과로 재편되면서 국립영화제작소(소장 이성철)가 정식으로 출범했다. 이후 1994년 국립영상제작소로 개명했다가 1999년 국립영상간행물제작소, 2004년 영상홍보원, 2007년 한국정책방송원으로 재편되었다. 1950년대 이후 국립영화제작소에서 제작했던 문화영화들은 현재 한국정책방송원 KTV국민방송의 e영상역사관 홈페이지의 '분야별 기록영상'에서 서비스되고 있다.

현재 확인할 수 있는 관련 시기 영상은 1956년 〈이승만 대통령 부석사 시찰〉을 시작으로 1950년대 영상 84편, 1960년대 영상 563편, 1970년대 영상 494편 등 1,141편인데 그

중 중복영상, 분류상의 오류, 번역 불가능한 언어로 제작된 영상 등을 제외한 980여 편에 대한 1·2차 카탈로깅을 진행했다.

　해제를 작성할 영상을 선별한 기준은 다음의 세 가지이다. 먼저 중요한 주제를 다룬 영상을 간추렸다. 각 시기별로 역사적, 정치적, 사회적, 문화적으로 중요한 사건 및 주제를 다룬 영상들과 영화사적으로 중요한 의미를 갖는 영상들을 선별했다. 두 번째로는 문화영화의 다양한 기능을 보여줄 수 있는 영상들을 고루 선별했다. 예컨대 〈우리예술 사절단 동남아시아로〉(1958)는 당시 동남아로 연주여행을 떠났던 예술사절단의 발대식 부터 각국에서의 활동, 귀환과 환영행사를 순차적으로 보여주는 기록영화의 형식이다. 1964년 1월 1일부터 시행되기로 예정되어 있었던 미터법에 대해 교육하고 유용성을 홍보하기 위해 제작된 〈미터법을 쓰자〉(1964)와 같은 교육·홍보용 영상이 있었는가 하면, 강선영의 무용극 공연을 야외 로케이션에서 담아낸 〈초혼〉(1965)과 같은 예술 기록 영화, 해외 문화공보의 필요에 의해 제작되었던 해외홍보용 영상 〈김치〉(1973) 등도 문화영화의 다양한 기능을 충족시켰던 영상이라 할 수 있다. 그 외에도 〈만송 이기붕〉(1959)이나 〈팔도강산〉(1967)으로 대표되는 의도적인 정권 '선전' 영화나 반공의식 고취와 같은 목적을 뚜렷이 드러낸 〈나는 간첩이었다〉(1962), 〈붉은 만행을 규탄하자〉(1970)와 같은 영상들도 문화영화의 전형적인 기능을 보여주었다고 할 수 있다. 마지막으로, 문화영화의 다양한 형식을 보여줄 수 있는 영상들을 선별하였다. 앞서 언급했던 〈우리예술 사절단 동남아시아로〉, 〈초혼〉(1965), 〈가사호접〉(1975)과 같은 영상이 기록물로서의 성격이 잘 드러나는 영상이었다면, 〈팔도강산〉, 〈자가용 타고 친정가세〉(1972), 〈새마을운동〉(1973) 등은 김희갑, 황정순, 김진규, 신영균, 최은희 등 당대 유명 영화배우들을 대거 기용하여 만들어진, 일종의 시리즈물로 볼 수 있는 극화된 문화영화였다. 또, 〈112〉(1963), 〈나는 물이다〉(1963)와 같은 애니메이션 기법이 활용된 문화영화, 캐나다 국립영화제작소와 문화영화 교환협정 직후 한국에 들여와서 한국어 더빙을 입힌 〈의자공과 소년들〉(1962), 〈협동조합〉(1963) 등 외국 문화영화와 그 의미에 대한 해제도 수록하였다.

김백봉 여사 무용

제 명	김백봉 여사 무용
영문제명	DRUM DANCE by PAIKPONG KIM
출 처	김백봉 여사 무용
제작국가	대한민국
제작년도	1957년
상영시간	09분 30초
제공언어	한국어
제 작	공보실
형 식	실사
컬 러	흑백
사운드	유

▌영상요약

한국무용가인 김백봉이 스튜디오에서 장고춤과 부채춤을 추는 것을 기록

▌연구해제

이 영상은 김백봉의 대표적인 무용 두 가지 〈장고춤 Dance〉과 〈부채춤 Fan Dance〉의 무대 공연을 촬영한 것으로, 영문으로 제명이 소개되어 있다. 김백봉의 무대는 다른 무용가들에 비하여 자주 영상으로 기록되었는데, 특히 미공보원(USIS)에서는 총 5편의 영상을 제작한 것으로 기록되어 있다(〈가야금 Kayakum〉, 〈부채춤 Fan Dance〉, 〈우리 마을 이야기 A Tale of Our Village〉, 〈지효 Filial Piety〉, 〈방콕에서 춤추는 김백봉 여사〉).

김백봉은 최승희, 조택원 등이 식민지기 일본의 신무용과 조선의 향토무용을 접목하여 새롭게 창작한 예술무용을 계승하고 한국무용을 현대화하는 등 독자적인 예술세계를 개척한 한국무용의 대모로 불린다. 식민지기 조선 출신의 세계적인 무용가로 이름을 알렸던 최승희의 수제자이자 동서였던 김백봉은 1942년 도쿄 제국극장에서 데뷔한 뒤, 1944년 베이징에서 최승희와 함께 '최승희동방무도연구소'를 열고 활동했다. 해방 이후 최승희와 함께 월북했던 김백봉은 소련 공연 도중 한국전쟁이 발발하자 인민군의 전선위문단으로 파견되었다가, 1950년 11월 남편 안제승과 함께 귀순했다. 1953년 3월 김백봉 무용연구소를 열고 활동을 개시한 김백봉은 1954년 11월 시공관에서 첫 무용발표회를 개최하는데, 그중 김백봉이 직접 안무를 담당하고 독무를 췄던 〈부채춤〉이 큰 주목을 받게 되면서 재기에 성공한다. 김백봉의 〈부채춤〉은 1968년 멕시코 올림픽에서 군무로 선보인 뒤 한국무용의 대명사로 자리 잡게 되었다.

최승희의 월북으로 공백이 컸던 전후 남한의 무용계에서 김백봉은 한국정부의 문화공보에서뿐 아니라 USIS의 공보에서도 중요한 인물로 부각되었다. 한국전쟁 당시 정책공보와 반공선전에 치중했던 USIS는 휴전 이후 '재건' 프로젝트를 그 중심에 놓고 선전전략을 수정하게 된다. 특히 한국인의 자력 재건에 미국이 물질적, 정신적 원조를 다하고 있다는 메시지를 전면화하는 문화재건에 있어 김백봉의 현대화된 전통무용은 좋은 소재가 되었다. 따라서 이 영상들은 미국이 한국의 전통문화를 존중하며 그것의 보존과 재건을 위해 노력하고 있다는 메시지를 전달하는데 유용한 수단이었다. 김백봉과 그 무

용단의 동남아 예술사절단 파견과 공연 소식은 〈리버티 뉴스〉와 〈대한뉴스〉에도 여러 차례 기록되었다.

참고문헌

김려실, 「댄스, 부채춤, USIS영화 : 문화냉전과 1950년대 USIS의 문화공보」, 『현대문학의 연구』 49, 2012년.
최현주, 안병주, 「춤의 명인 김백봉 : 그의 생애와 예술」, 『한국체육과학회지』 22, 2013.

화면묘사

00:00 자막 "DRUM DANCE by PAIKPONG KIM"
00:05 장고춤 추는 김백봉. 배경음악 "태평가"
04:15 자막 "FAN DANCE by PAIKPONG KIM"
04:24 부채춤 추는 김백봉. 배경음악 "닐니리야"

내레이션

(내레이션 없음)

새로운 출발

제 명	새로운 출발
제 작 국 가	대한민국
제 작 년 도	1957년
상 영 시 간	10분 43초
제 공 언 어	한국어
제 작	공보실
제 공	공보실
형 식	실사
컬 러	흑백
사 운 드	유

영상요약

'전쟁미망인'인 스물 여섯 살의 박순애(나)는 국립 자매원에서 자립할 수 있는 기술을 배웠다. 박순애뿐 아니라 비슷한 처지에 있던 영순 엄마 역시 아이와 함께 국립 모자원에서 기술을 배우고 국가에서 지원해 주는 주택에서 살면서 자립의 꿈을 키우고 있다. '전쟁미망인'을 비롯한 어려운 처지의 여성들의 생활과 자립을 돕는 시설들로, 전국 141개의 모자원, 자매원, 직업보도 시설 등이 있으며, 이러한 시설을 통하여 꿈과 희망을 키울 수 있게 되었다.

연구해제

1950년부터 3년 남짓 전개된 6·25전쟁으로 남한에서만 약 150만 명의 사상자와 실종자가 발생하였고, 특히 인명손실이 집중된 연령층은 10대 후반에서 30대까지의 청장년층 남성이었다. 그리고 이 연령층의 손실은 다른 한편으로 전쟁과부의 양산과 결혼적령기 남성의 절대부족현상으로 나타났다. 1950년대 남한사회에는 한국전쟁의 직접적 결과인 전쟁과부를 포함하여 50만 명 이상으로 추산되는 과부들과 그들에 따른 100여 만 명의 부양가족이 하루하루의 생계를 잇기 위해 거리를 헤매고 있었다.

'전쟁미망인'의 존재가 사회적으로 심각한 문제일 수밖에 없는 이유는 이들의 대다수가 극빈 상태에 있었으며 또한 극빈상태를 벗어날 만한 기반이 되는 기술이나 지식, 사회경험이 없었다는 점에 있다. 이들 중 70% 이상은 빈곤상태에 있었으며 약 80% 정도가 국졸 미만의 학력으로 빈곤을 벗어나기 위한 구체적인 방도를 마련하기에 충분한 지식을 갖추지 못했다. 특히, 그중 45% 정도는 학교를 전혀 다닌 적이 없는 문맹자들이었다. 이에 따라 1957년 보건사회부의 집계에 따르면 전체 과부 505,596명의 49.9%에 달하는 252,356명이 일정한 직업이 없거나, 직업은 있으나 그 수입만으로는 자신과 부양가족의 생계를 유지할 수 없는 구호가 필요한 사람들이었다.

〈새로운 출발〉이라는 제목의 이 영상은 박순애라는 과부를 통해 전후(戰後) 시대의 생활여건을 극복하고 자립해나가는 여성상을 소개한다. 전쟁 도중 남편의 사망소식을 접한 26세의 박순애는 교육에 대한 접근기회가 부재했을 뿐만 아니라 생계를 꾸려갈 만한 마땅한 기술과 사회경험이 전무하였다. 영상에서 등장하는 모자원은 1954년 정부에 의해 사회부 주관으로 설치되었다. 모자원의 설립 목적은 생존을 유지할 수 없는 부녀와 그의 자녀에 대한 수용과 보호 그리고 직업을 알선하는 것이었다. 또한 모자원은 서울과 부산에 각 1개소가 설치되었으며 부녀와 그 자녀를 6개월 내지 1년 동안 수용, 보호하는 것이 원칙이었다. 모자원의 수용대상자는 첫째, 배우자가 사망·행방불명 되었거나 생활능력을 상실할 정도의 불구·불치의 질병에 걸린 경우나 배우자로부터 유기당했을 때, 둘째, 배우자 이외의 부양의무자가 없거나 부양의무자로부터 생활부조를 받을 수 없게 되었을 때, 셋째, 만 12세 미만의 자녀가 있을 때에 가능했으며 '전쟁미망인'은 모자원에 우선적으로 수용될 수 있었다.

1959년까지 전국적으로 67개소까지 늘어난 모자원의 수용인원은 과부 2,000여 명을 포함하여 7~8,000명 내외로 전체 과부 수에 비하면 극히 일부에 그치고 있었다. 모자원에서는 양재, 미용, 이발, 수예, 편물, 원예부를 두어 하나를 습득시켜 자립의 기반을 마련해 주고자 하였다. 그러나 모자원에서 기술을 습득하여 취직하거나 자립한 인원은 1955년부터 1959년까지 약 100명에 불과했다.

▌ 참고문헌

이임하, 「한국전쟁이 여성생활에 미친 영향」, 『역사연구』 8, 2000.

▌ 화면묘사

00:00 타이틀 "새로운 출발"
00:15 "국립 서울자매원"이라는 현판이 달린 건물로 열 지어 들어가는 여성들
00:38 미용실습을 하는 여성들, 한 사람이 실습한 머리 모양을 보고 다 같이 모여 교육을 받는 모습, 교육장 한 편에서 창 밖을 바라보고 앉아 있는 주인공 박순애. (기차 소리 들리며 과거 회상 장면으로 오버랩)
01:08 방안에 앉아 바느질 하고 있는 박순애. 바느질을 하다가 사진 속 군복을 입은 남편의 모습을 바라보고 다시 바느질을 함. 수돗가에서 쌀을 씻고 있는 박순애. "실례합니다" 소리가 들려 문을 열자 집배원이 편지 한 통을 전해 줌
02:00 편지를 받고 깜짝 놀라는 모습, 편지를 손에 쥐고 엎드려 오열하는 박순애. 우

	는 모습 위로 남편의 사진 보임
02:15	옷가지와 사진을 보자기에 싸는 박순애. 세간을 정리하고 떠남
02:50	남의 집에서 설거지를 하고 있는 박순애. 무언가를 골똘히 생각하는 얼굴. 부엌으로 들어오는 여인. 대화를 나누는 두 사람
03:33	국립서울모자원 간판(National Seoul Mothers & Children Home)이 붙은 건물 앞에서 보따리를 들고 서성이는 박순애. 반갑게 뛰어 나오는 친구 영순이 엄마. 박순애를 데리고 모자원 안으로 데리고 들어감
04:07	원장과 면담을 하는 박순애와 영순 엄마. 소개장을 써 주는 원장
04:32	자매원의 원장이 소개장을 읽은 뒤 박순애와 대화를 나눔
04:55	저녁 식사를 하는 자리에서 인사를 하는 박순애. 함께 식사하며 웃는 박순애와 사람들
05:22	자유 시간에 수를 놓거나 웃고 이야기 나누는 사람들
05:42	자는 사람들 틈에서 잠을 이루지 못하는 박순애. 보따리를 풀어 무언가를 꺼내는 모습
06:03	직업보도시설을 돌며 직조부, 이발부, 양재부, 자수부, 미용부 등에서 기술지도 받는 모습 견학함. 미용부에서 서로의 머리를 손질하는 원생들의 모습, 인사를 하고 가운을 받아 입는 박순애
06:58	빨래터에서 빨래를 하고, 밥을 함께 짓고 게임을 하는 여성들의 모습
07:15	(다시 현실) 창밖을 내다 보며 한숨 짓는 박순애. 주머니에서 편지를 꺼냄
07:30	영순 엄마의 편지 위로 "기독교 세계 봉사회 에덴원"이라고 쓰인 간판이 오버랩됨
07:43	예배 드리는 여성들, 예수님의 그림
08:00	바느질 하는 여성들, 인형 만드는 여성들, 재봉질을 하고 염색을 하는 등 일하는 여성들
08:39	양재부에서 천을 마르고 재봉질을 하는 영순 엄마
08:50	양산을 쓰고 집으로 걸어가는 영순 엄마, 영순에게 선물을 건네 주고 집으로 들어감
09:07	집에서 과자를 먹는 영순이, 부엌에서 밥을 짓는 영순 엄마
09:37	영순 엄마에 오버랩 되어 창가에 앉아 편지를 읽는 박순애

09:27	원장선생님의 부름을 받고 원장실로 가는 박순애. 원장실에서 미용사를 구하는 사람과 인사를 하고 나가는 박순애
09:55	기쁜 얼굴로 복도를 걸어가는 박순애
10:00	새 미용원에서 여자 손님의 얼굴에 마사지를 하는 박순애
10:08	"CARE-SEATTLE, 수산장, 케아시애원" 간판
10:11	십자가가 세워진 "다비다모자원" 간판, "평화모자원" 간판과 "The Salvation Army Women's Home" 간판
10:17	일하고 있는 여성들, 재봉질을 하고 머리 손질을 하는 등
10:41	웃고 있는 박순애의 얼굴 위로 "끝, 공보실"

▌ 내레이션

00:08 서울 시내를 멀리 떠나 평화스러운 농촌인 양재군 구리면에 국립 서울 자매원이 있습니다. 보건사회부 관하에 있는 이 자매원에서는 많은 불우한 여성들을 수용하고 그들이 인생의 새로운 출발을 할 수 있도록 따뜻하게 보호하며 지도하고 있습니다. 이 미용부에서는 원생들이 어떻게 하면 머리를 아름답게 가꿀 수 있나 연구하고 있습니다. 스물여섯 살 된 젊은 전쟁미망인 나 박순애가 이곳에 온 지도 벌써 일 년이 지나고 있습니다. 나의 기술도 그간 많은 진보를 이루어서 선생님의 칭찬까지도 들을 수 있게 됐습니다. 그러나 이곳을 떠날 날이 가까워옴에 따라서 아직도 취직자리를 구하지 못한 나의 심정은 퍽 불안했으며 그럴수록 지난날의 그 쓰라린 기억이 되살아납니다.

01:12 나는 열아홉 살 때 결혼했으나 신혼기분도 채 사라지기 전에 6·25동란이 일어나 남편은 멸공전선에 나섰습니다. 그 후 나는 셋방살이 단칸방에서 남편이 보내주는 봉급과 시집의 원조로 근근이 생활해 오면서 남편이 개선해 오기만을 바라며 지내고 있었습니다. 그러나 어느 날, 우편집배원이 전해주는 한 장의 편지는 나를 비탄과 절망으로 몰아넣었습니다. 조국을 위해 가신 님, 불러 본들 돌아올 리 없었으며 나는 그저 남편의 사진 앞에서 울기만을 했습니다. 동네 사람들의 동정으로 간단하게나마 장사를 지내고 슬픔도 어느 정도 가라앉자 첫째로 걱정되는 것은 앞으로 살아갈 길이었습니다. 국민학교를 나왔을 뿐 아

무런 기술도 없는 나는 남의 집 식모를 살러 가기로 하고 즐거웠던 추억이 잠겨 있던 세간살이를 정리하고 집을 떠나게 되었습니다.

02:50 그러나 식모살이로 세월을 보내는 동안에도 나의 머릿속에는 어떤 기술을 배워서 자립생활을 해 보려는 마음이 떠나지 않았습니다. 그러던 어느 날 이웃집 부인이 찾아와서 나도 잘 아는 영순 엄마가 현재 국립모자원이라는 곳에 가 있으며 그곳에서는 나와 같은 전쟁미망인을 수용하고 기술까지도 가르쳐 준다는 것이었습니다. 그것은 내 마음을 퍽 끄는 것이었습니다.

03:35 며칠 후 나는 국립모자원을 찾아갔습니다. 과연 영순 엄마는 그곳에 있었습니다. 경찰이었던 남편이 전사한 뒤 미망인이 된 그는 여섯 살 된 영순이를 데리고 이곳에 온 지 벌써 반 년이나 되었다고 합니다. 그는 나를 원장 선생님에게 소개해 주었습니다. 친절한 원장선생님은 내 얘기를 퍽 동정해서 들어주었으나 이 모자원은 어린아이를 가진 미망인만 허용한다고 하면서 그대신 독신여성을 수용하고 있는 국립 자매원을 추천하면서 소개장을 써 주셨습니다.

04:35 그래서 나는 자매원을 찾아갔습니다. 소개장을 본 뒤 원장선생님은 이곳에는 나와 같이 불행한 여성들이 많이 있으니 좋은 기술을 배워서 훌륭한 자립생활의 기반을 닦아보라고 말했습니다.

04:55 이날부터 자매원의 원생이 된 나는 60여 명이 모인 식사자리에서 여러 원생들과 인사를 교환했습니다. 그들 얼굴에는 단체 생활을 통해서 자기들의 불행을 잊고 새로운 인생을 출발해 볼려는 의지와 명랑한 희망이 있었습니다. 이날 저녁부터 나는 남호실에서 다른 다섯 명의 원생들과 함께 거처하게 되었습니다. 취침시간까지는 자유시간이라 책 보는 사람에 수놓는 사람에 자유롭게 모여 앉아 이야기하는 사람에 모다 자유로이 즐겁게 시간을 보내고 있었습니다. 취침시간이 되었으나 나는 지나간 날의 고생스럽던 생활을 회상하고 내일부터의 새로운 생활을 생각하느라고 잠이 잘 오지 않았습니다.

06:03 다음날 아침 나는 우선 이곳의 직업 보도 시설을 구경했습니다. 이곳에는 직조부를 비롯해서 이발부, 양재부, 자수부, 미용부의 다섯 가지 기술부가 있었으며 각 부마다 선생님을 초빙해서 본격적인 기술지도를 하고 있었습니다. 그리고 실습 분위기도 매우 가족적이어서 대단히 명랑했습니다. 끝으로 나는 미용실에 가 보았습니다. 수많은 원생들이 서로서로의 머리를 실습 재료로 해서 선생님

의 가르침에 따라 열심히 매만지고 있었습니다. 나는 구경하는 동안에 이 미용실이 나의 취미에 맞는 기술같이 느껴졌습니다. 그래서 그날부터 이 미용실에서 공부를 시작했습니다. 그 후 일 년 동안 나는 평화스럽던 생활 속에서 모든 시름을 잊고 명랑하게 살아왔습니다. 그동안 나의 미용기술도 많은 진보를 거듭해서 요즘에 와서는 훌륭한 한 사람의 미용사 노릇을 할 수 있을 만치 되었습니다. 그러나 이곳을 떠날 날짜가 다가오는 대로 아직 취직자리를 구하지 못한 나는 마음이 불안하지 않을 수 없었습니다. 나는 어제 저녁에 받은 영순 엄마의 편지를 다시 한 번 꺼내어 읽어 보았습니다.

07:30 (영순 엄마 목소리) "나는 지금 국립서울모자원을 나와서 서울특별시 종로구 내수동에 있는 기독교 봉사회에서 운영하고 있는 에덴원에서 일하고 있습니다. 여기서는 아침마다 예배를 봅니다. 내가 이곳에 오게 된 것도 모자원에서 다니던 교회에서 알선해 준 덕분입니다. 에덴원은 우리와 같은 전쟁미망인을 위한 **장입니다. 즉 거처할 집은 있으나 수입이 없어 곤란한 미망인들에게 일거리를 주어 생활의 길을 열어주고 있는 것입니다. 미망인들은 각기 기술에 따라 한복부, 자수부, 이불부, 염색부, 직조부, 양재부 등에서 일을 합니다. 여기서 생산되는 각종 제품은 한미 양국 군의 PX를 비롯해서 각 백화점, 상점 등을 통해서 판매되며 그 수입이 우리에게 들어오게 되는 것입니다. 나는 모자원에서 양재기술을 배웠기 때문에 여기서도 양재부에서 일을 하고 있습니다. 나는 지금 에덴원에서의 수입과 정부에서 나오는 연금과 구호양곡을 가지고 영순이와 함께 자립생활을 하고 있습니다. 집은 현재 서울 특별시 영등포구 대방동에 있으며 이 집도 전쟁미망인의 정착 정책으로 정부에서 마련해 준 것입니다. 온돌방 둘과 부엌으로 된 아담한 이 집은 현재 연금으로 대금을 부어나가고 있으니 수년 후면 내 집이 될 것입니다. 그러면 머지않아 자매원을 떠날 아우님도 좋은 직장을 얻어 행복한 생활을 하시도록 기원합니다."

09:25 내가 편지를 다 읽고 나니 원장선생님이 부르신다는 전달이 왔습니다. 그것은 기쁜 소식이었습니다. 이번 수료생들을 위해서 원장선생님이 각처에 취직 부탁을 해 놨는데 제일 먼저 어느 미용원에서 미용사를 구하러 왔다는 것이었습니다. 이야기는 간단히 결정되었습니다. 처음이라 보수는 작지만은 미용원에서 숙식을 시켜주기로 했습니다. 그와 같이 해 나가는 중에는 방을 얻어서 자립

생활을 해 나갈 수 있는 여유도 생길 것이라 합니다.

10:00 다음 날부터 나는 희망을 안고 새 미용원에서 일을 시작했습니다. 이와 같이 불우한 생활 속에서도 곤궁과 싸워가며 자립할 길을 찾아가는 전쟁미망인이 전국 각지에 수만이 있으며, 그들은 전국 141개소의 모자원, 자매원 또는 '수산장'과 같은 직업보도시설을 통해 자립생활에 필요한 새로운 기술을 습득하고, 삶에 대한 의욕과 의지를 견고히 해서 자신과 희망에 찬 새로운 출발을 해 나가는 것입니다.

서울의 하루 1 - 서울의 역사

제 명	서울의 역사
출 처	서울의 하루
제 작 국 가	대한민국
제 작 연 월 일	1957년
상 영 시 간	07분 19초
제 공 언 어	한국어
제 작	영진 푸로덕숀
제 공	공보실
형 식	실사/애니메이션
컬 러	흑백
사 운 드	유

서울시 내외에 실제로 남아있는 고전 건축물을 중심으로 서울의 도시 역사를 보여주는 영상. 조선 시대를 거치면서 계획하에 건축된 서울을 둘러싼 성곽의 모습, 시내에 위치한 4곳의 궁궐과 종묘, 사직단, 성균관, 청계천의 현재 모습이 등장한다. 각 건축물의 유래를 문헌 기록을 중심으로 설명한다.

■ 연구해제

이 영상은 서울의 역사를 설명하고, 한국전쟁 후 재건 중인 서울의 모습을 보여주는 문화영화로 영진 푸로덕숀이 제작하고 공보실이 제공했다. 〈서울의 하루〉는 한국정책방송원에서 기록한 제명으로 필름 상의 원제는 〈서울〉이다. 한국정책방송원 e-영상역사관에서는 〈서울의 역사〉, 〈개화와 문명의 발달〉, 〈6·25전쟁 후 서울의 재건〉, 〈시민들의 안식처, 서울〉 4편으로 분리 서비스하고 있다. 이 영상은 1950년대 서울의 모습을 통해 이승만 정부의 공보선전의 목표를 확인할 수 있다는 데 의의가 있다.

〈서울의 하루〉는 역사와 재건이라는 키워드를 통해 서울을 홍보한다. 영상은 경복궁, 창경궁, 덕수궁과 성균관, 남대문, 동대문 등의 고궁과 사적지를 중심으로 도시의 역사를 설명하고, 공장과 학교, 네온사인이 반짝이는 밤거리 모습 등을 시각적으로 전시해 도시의 재건을 선전한다. 유적과 공장, 한강 등의 모습은 과거와 현재가 공존하는 서울의 랜드마크이자 전후 재건하의 대한민국을 대표하는 이미지로 기능한다. 그리고 이러한 시각적 구성 위에 덧붙여지는 내레이션은 대한원조와 정부의 노력을 강조함으로써 선전영화로서의 특징을 강화시킨다. 서울의 역사는 "풍수학상 명당에 자리잡아 임진왜란과 병자호란을 겪으면서도 큰 풍파 없이 태평연월을 노래"(〈서울의 역사〉)하고, "일정(日政) 30년 동안 갖은 고초를 겪으면서도 하루하루 성장하고 근대화했"으며, 전쟁 후 "불사조처럼 다시 살아난 곳"(〈개화와 문명의 발달〉)이라는 서사로 구성된다. 재건 중인 서울은 "생산의 도시", "교육과 문화의 중심지"(〈6·25전쟁 후 서울의 재건〉), "정책적인 도시계획의 실시에 따라 국제적인 도시"(〈시민들의 안식처, 서울〉)가 될 날이 머지않은 곳으로 홍보된다. 서울시민들은 생산증강에 매진하는 산업의 역군이자 열심히 공부하는 미래의 일꾼인 동시에 종교와 취미생활로 여가를 즐기는 민주주의사회의 일원으로 그려진다.

〈서울의 하루〉에서 전쟁의 흔적과 도시의 이면은 그려지지 않는다. 영상의 제작 목표는 이승만 정부가 대한원조정책을 잘 수행하고 있다고 선전하는 것이다. 이러한 목표하에 제작된 1950년대 공보실 영화과의 문화영화(〈대한의 새살림(우리의 공업)〉(1957), 〈약진 10년〉(1958), 〈우리의 새 살림〉(1958) 등)와 ≪대한뉴스≫의 공장 시리즈(「부흥되는 방직공장」, ≪대한뉴스 제48호≫(1954년 10월 26일), 「약진하는 한국공업(피스톤공장)」, ≪대한뉴스 제50호≫(1954년 12월 12일), 「국정 교과서 공장」, ≪대한뉴스 제90호≫(1956년 9월 9일), 「태창 방직공장을 찾아서」, ≪대한뉴스 제95호≫(1956년 10월 10일), 「메리야쓰 공장을 찾아서」, ≪대한뉴스 제108호≫(1957년 4월 6일 등)는 생산을 통해 재건에 힘쓰는 모습을 전시한다.

이 영상이 제작된 1957년은 공보정책에 있어 유의해서 볼 만한 시기이다. 한국전쟁 후 신문과 정부간행물 등의 인쇄매체에 의존했던 공보정책은 1957년을 기점으로 뉴스와 문화영화 등의 영상매체의 비중이 확대되었다. 한국정책방송원에 보존된 문화영화 중 1950년대 제작된 영상은 총 84편인데 시기가 가장 앞서는 영상은 1956년에 제작된 〈이승만 대통령, 부석사 시찰〉이다. 1956년 제작 영상이 1편인 것에 비해 1957년 제작 영상이 16편이라는 것은 공보정책의 변화를 잘 보여준다. 또한 1957년 9월 정부가 발표한 영화공연허가 사무에 대한 기본방침 또한 이러한 변화를 반영하는데, 이 방침에서 외국영화 검열의 이원제, 외국영화의 수입 억제와 상영기간 조절, 국산영화제작 장려와 더불어 뉴스영화 · 문화영화를 극영화와 함께 상영할 것을 권장하고 있다.

▌ 참고문헌

「개봉극장 한 지역에 다섯 : 문교부 공천허가 방침 발표」, 『조선일보』, 1957년 9월 11일.
「업계 혼란 조장? 허가사무 기본방침」, 『동아일보』, 1957년 9월 15일.
『문화공보 30년』, 문화공보부, 1979년.

▌ 화면묘사

00:00   제목 자막 "서울", "영진 푸로덕숀 제작"

00:04   자막의 배경으로 서울의 옛 지도 "首善全圖(수선전도)"

00:15   야산 모습. 화면이 파노라마처럼 전환하여 멀리 강이 보임(한강으로 추정됨)

00:46   진흥왕 순수비(북한산 비봉에 위치)

00:53   산에서 내려다본 서울 시내

01:00   서울 성곽 모습

01:10   남한산성 내에 위치한 守禦將臺(수어장대)모습

01:23   산에서 내려다본 서울 시내

01:45   검정색 배경으로 서울 지도 등장. 화면 상단에는 "古代서울"(고대서울)이라는
        자막. 종묘의 위치가 표시됨

01:53   종묘 건물과 내부 모습

02:02   다시 "古代서울"(고대서울) 지도. 종묘의 위치와 함께 경복궁, 덕수궁, 창덕궁,
        창경궁의 위치가 표시됨 (애니메이션)

02:11   궁궐 모습 등장. 경복궁 경회루

02:19   경복궁 내 경회루, 향원정 모습

02:28   다시 "古代서울" 지도. 창덕궁 위치가 강조됨(점선이 실선으로 변화)

02:36   창덕궁의 전경

03:06   "古代서울" 지도. 창경궁 위치 강조

03:13   창경궁 모습. 많은 사람들이 드나들고 놀이기구와 동물원이 보임

03:32   "古代서울" 지도. 덕수궁 위치 강조

03:40   덕수궁 전경. 멀리 석조전이 보임

03:58   "古代서울" 지도. 사직단 위치가 표시됨

04:05   큰 나무가 보임 (사직단으로 추정됨)

04:11   "古代서울" 지도. 성균관의 위치가 표시됨

04:18   성균관 건물 전경

04:51   "古代서울" 지도. 서울 성곽 지도가 표시됨

05:01   성곽 실제 모습

05:16   남대문, 동대문으로 시작하여 성문들 모습 등장

05:29   보신각 등장

05:37   "古代서울"(고대서울) 지도. 서울 시내 하천의 모습이 그려짐

05:47 청계천 모습
05:54 청계천 수표교
06:07 다시 "古代서울" 지도. 서울시내 십자 형태의 도로 표시 (종로거리). 지도 줌 인
06:19 서울시내 모습을 그린 고지도(동궐도로 추정)
06:28 악사들의 모습, 춤추는 여자들
06:47 조선후기 사회를 그린 김홍도의 풍속화가 여러 장 연속으로 화면에 등장

▌ 내레이션

00:08 한국의 수도 서울은 동경 126도 북위 27도에 위치하고 그 총면적은 228,000평
방 킬로메타나 되는 아름다운 곳입니다. 도봉산과 북한, 관악 등 웅장하고도
수려한 산에 둘러싸인 아늑한 터전에 자리를 잡고 앞으로는 한강수가 **히 흐
르고 있으니 실로 우리의 서울은 산자수명(山紫水明)한 경성의 땅입니다. 동시
에 우리의 서울은 로마와 런던에 버금가는 역사적으로 유서 깊은 곳입니다. 문
헌상으로는 지금으로부터 1,350년 전인 신라 진흥왕 시대의 임금님이 오셔서
사냥을 하셨다고 했으니 실로 우리 민족과 함께 살아간 역사의 벗이라고 할 수
있습니다. 특히 지금으로부터 560년 전 이조 태조 대왕께서 여기에 도읍하신
이후로 우리의 서울은 우리와 함께 그 운명과 희노애락을 같이 해왔습니다. 한
때 외적에 유린된바 있어 일시 남한산성으로 천도하지 않을 수 없는 비극도 겪
었으나 그러나 우리의 서울은 모든 환란을 겪고도 민족과 함께 굳세게 살아남
았던 것입니다.

01:24 서울은 소위 풍수학 상에서 말하는 명당이라고 할 수 있는 곳입니다. 동쪽에는
청룡이 되는 낙산이 솟아있고 북쪽에는 현무가 되는 백악이 솟았고 서쪽에는
백호가 되는 인왕산, 남쪽에는 주작이 되는 남산이 솟아, 네 개의 산에서 흐른
물은 모두 수구문으로 흘러 내려가서 한강수와 합치어 명당으로서의 모든 조건
을 갖추었습니다.

01:52 이조 태조 대왕은 이 명당을 얻어 정도전, 권** 등 건국의 공신으로 하여금 왕
도를 건설케 했습니다. 그들은 왕명을 받들어 먼저 56,000여 평의 터전 위에
왕실의 사당인 종묘를 건설케 했으니 이것이 곧 서울의 최초의 도시계획이었습

니다. 다음으로 신도로서의 위엄을 갖추기 위하여 **의 미를 다한 웅장하고도 정교한 오대 궁궐을 건설했습니다. 이 모든 궁궐은 대부분 임진왜란 때 병화로 말미암아 소실됐고 그 후 개수되었습니다. 경복궁은 역대 임금의 정궁이었으나 을미년 명성왕후 시해 이후로 폐궁되어 오늘에 이르렀습니다.

02:37 창덕궁은 속히 동관대궐이라 하여 태조 3년에 창건된 이후 단종대왕의 서글픈 얘기와 함께 잊지 못할 궁궐입니다. 이 궁궐은 한때 연산군, 광해군 등 우매한 폭군의 열락의 장소로 이용돼서 허다한 비극과 죄악의 씨를 뿌렸던 곳입니다. 그러나 다행하게도 숙종대왕, 영조대왕 등 이조 최후의 명군이 인정을 베풀어 이조 중엽의 찬연한 문화를 꽃피게 했습니다. 6·25동란 전까지 윤 황후께서 홀로 여기에 머물러 옛날의 **과 영화를 추억하신 곳도 바로 이 창덕궁입니다. 창경궁 터는 본래 창덕궁에 부속되어 두 궁궐 사이에 확연한 경계가 있었던 것은 아닙니다. 약 500년 전인 제9대 임금 성종대왕 때 건조되었습니다. 1907년 융희황제의 용단으로 일반 국민에게 개방된 후 **장 터에는 연못을 파고 ***과 ***의 일부는 동물원과 식물원이 되어서 시민의 놀이터가 되었습니다.

03:40 덕수궁은 오래 별궁으로 있어 이조 역사상 그리 큰 역할을 하지 않았으나 구한국의 풍운이 급박했던 19세기 말엽에 이르러서 이조 말 고종황제께서 일본의 핍박을 피해 한 때 이곳에 피해 계시다가 1905년에 이르러 마침내 굴욕적인 을사보호조약을 이곳에서 체결하여 드디어 운명의 궁전이 되고 말았습니다.

04:07 궁궐을 창건한 후 태조 대왕은 사직단을 *어서 토지와 오곡의 신에게 제사를 드려 국가의 안태와 민생의 안락을 산신에 기도했고 국가의 유의한 인재를 양성하기 위해서 교육시설을 설치했으며, 태조 7년에 현 명륜동에 국가의 최고 학부로서 성균관을 비롯해서 동서남중의 4*에는 4부 학당, 즉 사학을 두었으며, 이 밖에도 학술에 뛰어나게 우수한 문관과 학사에게는 특별 휴가를 주어 자유로이 연구하고 독서할 수 있는 시설을 마련해서 학술의 발전과 민정일치를 꾀했던 것입니다.

04:59 왕도의 안전을 도모하고 외적의 침입을 방어하기 위해서 4대문과 4소문의 위치를 정한 뒤 다시 이것을 연결하는 성벽을 쌓았으니. 이것으로 도성의 외곽은 완성되었다고 하겠습니다. 성벽의 총 연장길이는 17킬로메타에 이르고 그 높이는 42피트이며 성벽을 완성하기까지에는 19만 7천명의 시민이 동원되고 98일

이라는 시일이 걸렸습니다. 성벽과 사대문으로 서울은 철옹성같이 보호됐습니다. 성내의 시민들이 통행하기 위해서 종각을 세워 성문을 열고 닫는 시간을 알렸으니 새벽 네 시에는 파루의 종을 쳐서 성문을 열고 저녁 9시에는 인정의 종을 울려서 성문을 닫은 다음, 공무 이외의 통행을 금지했습니다.

05:57 도시건설상 중요 시설의 하나인 개천, 즉 하수도 공사는 태종 12년, 2,000명의 인원을 동원하여 30일간의 공사로 시가를 동서로 흐르는 청계천의 개천을 파서 수구문으로 빠지게 하고 그 위에는 많은 다리를 놓아 시민들의 왕래를 편케 했습니다. 특히 수표교에는 비가 내릴 때에 ** 가는 청계천의 증수의 도를 알기 위해서 수표석을 세워 석수를 새겨놓았습니다. 행정상 구분으로는 도성을 5부로 구획하고 5부는 다시 52방으로 나누어 방 밑에는 계-동-통-호를 두었습니다. 왕궁을 중심으로 하는 좌우편에다가는 6조를 두어 이것을 행정기구로 만들고 종로에다가는 십자로 한복판에 종각을 세우고 이 일대를 상업지구로 만들었습니다.

07:04 이리하여 서울은 임진, 병자의 두 난리를 겪으면서도 별로 큰 변천도 풍파도 없이 남촌의 맛 좋은 술을 마시고 북촌의 떡을 먹으면서 10만여 명의 시민이 문자 그대로 태평연월을 노래하며 살아왔던 것입니다.

서울의 하루 2 - 개화와 문명의 발달

제 명	개화와 문명의 발달
출 처	서울의 하루
제 작 국 가	대한민국
제 작 연 월 일	1957년
상 영 시 간	06분 23초
제 공 언 어	한국어
제 작	영진 푸로덕숀
제 공	공보실
형 식	실사
컬 러	흑백
사 운 드	유

영상요약

구한말의 개화는 한국 사람들과 서울에 많은 변화를 몰고 왔다. 배재학당, 이화학당 등의 교육시설, 제중원 등의 새로운 병원, 기독교 등의 새로운 종교가 이러한 변화를 대표하였다. 한국전쟁으로 시내와 길거리가 폐허로 변하고 많은 주택이 소실되었지만, 서울은 빠르게 제 모습을 되찾아가고 있다.

화면묘사

00:00 서양식으로 꾸며진 서양인 묘지 전경. 영어를 비롯한 외국어로 쓰여 있는 비명

들이 계속 화면에 등장

00:48 책들이 놓여있는 장면. 화면에 등장하는 책은 『예수성교성서』, 『마태복음전』, 『천로역정』

00:53 초기 한국 기독교도들의 모습을 그린 그림이 등장

00:58 성당, 교회 등의 서양식 건물들 모습이 이어짐

01:25 배재학당으로 추정되는 건물 모습

01:35 이화학당 건물을 묘사한 그림과 실제 건물을 보여줌

01:46 활인서 등의 옛 한옥건물 사진과 신식 근대건축물이자 의료시설인 제중원을 비교해 보여줌

02:03 연세대 내에 위치한 언더우드 동상의 모습

02:08 신문발간을 준비하는 갓, 망건을 쓴 옛 남자들의 사진

02:17 구한말 신문 ≪대한매일신보≫

02:21 서양식 근대 건물 전경. 현판에 "光武 十一年 建築"(광무 11년 건축)이라고 쓰여 있음

02:34 상수도 공급시설로 추정되는 장소 등장

02:38 옛 공문서가 펼쳐져 있는 장면. 이어서 구한말로 보이는 거리 풍경 사진. 갓 쓴 사람들, 제복을 입은 사람들

02:50 무너져 있는 길거리의 건물들, 불에 그을린 것으로 보이는 건물

03:05 길거리 살수차 모습

03:26 새롭게 건축된 주택 군락들

03:39 기와집들로 가득한 한 동네 전경(부서진 곳 없이 모두 말끔해보임)

03:46 화단에 물주는 여인. 새로 건축된 주택 사이를 걷는 사람들

04:08 문을 열고 있는 상점

04:16 정돈된 시가지와 차량들의 흐름. 차량에 탑승한 사람의 시점으로 시내의 건물들을 조망함. 지나다니는 수많은 버스와 자동차들. 거리를 걷는 사람들. 학교, 관공서 등 건물에 출입하는 사람들

05:27 수산물 시장에 몰려 있는 사람들

05:50 일반 시장에서 물건을 사고파는 사람들

▌내레이션

00:03   19세기말 새로운 사조와 문명개화의 **는 드디어 한반도에도 물밀듯이 밀려왔습니다. 오백 년이란 긴 세월을 두고 쇄국의 문을 굳게 닫고 있던 한양에도 개화와 문명의 봉화는 높이 올랐습니다. 1882년 한미수호통상조약, 다음해에 영국과 독일과의 우호조약 체결을 계기로 해서 서구라파와 북미합중국의 선구자들은 서울을 찾아왔습니다. 한말의 진취적이고 애국적인 청년지사들은 그들을 통하여 선진국의 민주주의를 흡수하고자 노력했으며 보다 찬란한 조국을 건설코자 노력했습니다. 또한 우리 선각자들은 그들과 힘을 합하여 메마른 이 땅에 새로운 문화를 도입해서 조국의 발전과 신문과 개척을 위해 헌신했습니다.

00:49   기독교가 이 땅에 광범하게 전파된 것도 이와 전후해서입니다. 외국선교사들은 정부의 허락을 얻어 성경을 우리말로 번역 출판했고 서울에 각 교파의 교회와 성당을 건립해서 기독교의 선교사업에 종사하여 점차로 재래의 우리 종교인 유교, 불교와 함께 우리 신앙 생활에 크나큰 영향을 주었던 것입니다.

01:24   1880년 구한국 정부는 이 땅의 여명기를 촉진하기 위해 새로운 교육기관으로 배재학당의 설립을 허가하고 수많은 영재를 길러냈습니다. 이와 거의 동시에 우리나라 최초의 여자 교육기관인 이화학당을 설립해서 여성 교육에 주력함으로써 가정에 백혀있던 여자의 사회적 지위를 향상시켰습니다. 그리고 옛날식인 활인서, 혜민국 같은 보건의료 대신에, 우리나라 최초의 서구식 의료기관인 제중원을 개설해서 민중보건에 진력했습니다. 오늘에 이르러서는 수도 서울을 비롯한 경향각처에 충족한 보건시설과 함께 우수한 의과대학이 건설되었습니다.

02:11   문명의 여명기를 맞이하여 서울에서는 언론의 창달을 위한 각종 일간 신문이 발간되어 비로소 민주주의가 싹이 트기 시작했습니다. 세계문명의 발전과 더불어 서울시민도 전기의 혜택을 받게 됐고 광무 12년에는 자연수를 사용하던 서울시민에게 비로소 수도를 공급하고 그 밖에도 전등, 전화, 교통기관 등 각종 문명시설을 설치했습니다. 정부는 1895년 단발령의 선포와 함께 적극적인 개화정책을 채택해서 국민 생활의 근대화를 꾀했던 것입니다. 그 뒤 일정(日政) 30년 동안 갖은 고초를 겪고 민족의 설움을 맛보아가면서도 서울은 하루하루 성장하고 근대화했습니다. 옛 것과 새것이 아름답게 조화하여 실로 산자수려한 민족

의 수도로써 발전했던 것입니다.

03:13 그러나 1950년 공산적구의 불법 침략은 오백여 년을 두고두고 쌓아 올린 아름 다운 우리의 수도 서울의 모든 것을 빼앗아갔습니다. 임진, 병자의 두 난리에 비할 수 없이 여지없이 파괴된 서울 거리, 우리는 모든 것을 잃어버렸습니다. 가정과 재산과 생명과 그리고 우리에게 남겨진 것은 비참과 굶주림과 질병과 절망뿐이었습니다. 서울은 역사에 있어서 처음으로 크나큰 비극을 겪었습니다.

03:46 그러나 서울은 잿더미에서도 날개 치며 소생하는 불사조처럼 다시 살아났습니 다. 옛날 우리는 남에서 침범하는 왜적을 물리쳤고 북의 오랑캐를 방어했습니 다. 이에 또한 소련 적구를 밀어냈으니 이것은 아무도 꺾을 수 없는 서울의 의 지이며 또한 한국의 의지인 것입니다. 30퍼센트이상 파괴됐던 시내의 일반 시 민 가옥은 주택영단과 유엔원조기관의 비상한 노력으로 **하고도 근대적인 시 설을 구비한 재건주택으로 전쟁으로 집 잃은 시민에게 새로운 보금자리를 마련 해 놓았습니다.

04:23 한 가정은 우리 사회생활의 한 단위입니다. 새로 꾸며진 아담한 우리 가정은 또한 우리네 살림살이의 거점이며 새 세계의 출발점인 것입니다. 이리하여 서 울의 하루는 기운차게 시작되는 것입니다. 우리의 거리를 더욱 아름답게 하고 우리 가정의 평화를 수호하고 우리의 나라를 보다 번영케 하려는 시민들의 불 타는 의욕과 굳은 신념으로 서울의 아침거리는 활기 있고 명랑한 번잡을 이루 고 있습니다.

05:05 한 때 모든 것을 공산적구의 포탄과 탱크 아래 유린당했던 수도 서울의 시민은 가난과 신고와 싸워 이기고 불안과 공포를 물리치고 씩씩하게 다시 재기했습 니다.

05:23 철저히 마비되었던 시내의 교통망과 통신망은 이제 완전히 복구됐고 60퍼센트 이상 파괴됐던 시내의 도로는 또 다시 깨끗하게 포장됐고 80퍼센트 이상 파괴 됐던 시내의 관공서와 국회의사당, 호텔, 백화점 등 중요한 공공 건물 등 큰 건 축물도 우방 여러 나라의 뜨거운 우정과 원조로 재건 또는 개수돼서 옛날보다 더욱 아름답고 웅장한 자태를 우리 앞에 보여주고 있는 것입니다.

05:55 이조 초의 도시계획 이래 별로 변화가 없었던 시내의 기간도로를 확장하고 구 역을 정리하고 로타리를 마련해서 하루하루 늘어가는 교통량을 해결하고 있습

니다.

06:18   가는 곳마다 우뚝우뚝 솟은 현대식 고층건물, 거리를 기운차게 달리는 각종

06:23   (영상 중단)

서울의 하루 3 - 6·25전쟁 후 서울의 재건

제 명	6·25전쟁 후 서울의 재건
출 처	서울의 하루
제 작 국 가	대한민국
제 작 연 월 일	1957년
상 영 시 간	04분 59초
제 공 언 어	한국어
제 작	영진 푸로덕숀
제 공	공보실
형 식	실사
컬 러	흑백
사 운 드	유

영상요약

경제 분야와 교육 분야를 중심으로 서울의 모습을 보여주는 영상. 먼저 서울의 경제와 관련하여 중요 생산 시설이 위치한 영등포 일대의 공장 모습을 보여준다. 또한 공장뿐만 아니라 시장에서 활발한 소비활동이 전개되는 모습도 등장한다. 그리고 교육 분야에서는 서울에 위치한 국민학교, 중학교, 고등학교, 대학교의 현황과 실제 모습을 보여준다.

화면묘사

00:00   공장 전경. 높이 솟은 굴뚝에서 연기가 나고 있음

▌ 내레이션

00:02   서울은 생산의 도시입니다. 운크라(UNKRA)의 원조와 우리 정부 당국의 적절한
         운영으로 해방 후의 출력량을 초과하는 23만 킬로와트의 전력의 공급을 얻어
         영등포 일대는 기간산업 시설과 중공업 공장을 비롯해서 방직, 유지, 제분, 식
         료, 의료 등 일상생활 필수품 공장에 이르기까지 20여 개 공장에서는 주야병행
         으로 생산증강에 매진하고 있습니다. (배경음악 계속됨. 중간중간 화면에 등장
         하는 공장의 작업 소음 소리)

02:12   생산의 증가와 함께 상업과 무역도 점차로 활기를 띠어가고 있습니다. 외래품
         과 밀수품의 범람으로 뜻있는 국민의 눈살을 찌푸리게 하고 행정당국의 두통거
         리였던 상가도 오늘에 와서는 우수한 국산품으로 대치되었습니다.

02:36   우리나라의 독특한 공예품과 민예품, 그리고 고려시대 이래 오랜 역사와 전통을
         자랑하는 도자기는 그 모양의 우아함과 디자인의 독특함과 견고한 질로써 높이
         평가되어 중요한 수출품목의 하나로써 널리 해외의 판로를 개척하고 있습니다.

03:06 서울은 교육과 문화의 중심지입니다. 의무교육의 실시로 150,000명의 서울 어린이가 87개의 국민학교에서 공부하고 있으며, 그 교육방침도 재래의 암기식 교육을 버리고 실제에 임하여 응용할 수 있도록 어린이의 창의성을 발전시키는 데 중점을 두고 있습니다.

03:42 국민의 ***이 될 시내 중고등학교 수는 80교가 넘으며 여기에서 10만여 명의 청소년이 취학하고 있습니다. 실업교육에 있어서는 생산교육의 중요성을 감해서 이들을 데리고서 국가 시책에 기여케 하는 것을 목적으로 하고 있으며, 과학기술 교육에 있어서는 각종 기술 활동 및 고등학교에 필요한 일체 시설을 구비하여 과학기술의 보급 진행에 이바지하고 있습니다.

04:14 서울 국립대학교를 위시하여 유교재단으로 설립된 성균관대학, 불교재단으로 운영되는 동국대학과 미션 계통의 연세대학, 이화대학과 민간 재단에 의한 고려, 숙명 등 9개의 종합대학에서는 20,000여 명의 남녀대학생이 국가의 내일을 짊어질 유일한 일꾼으로서 교양을 쌓고 학문의 진리를 탐구하고 있습니다.

서울의 하루 4 - 시민들의 안식처, 서울

제 명	시민들의 안식처, 서울
출 처	서울의 하루
제 작 국 가	대한민국
제 작 연 월 일	1957년
상 영 시 간	03분 49초
제 공 언 어	한국어
제 작	영진 푸로덕숀
제 공	공보실
형 식	실사
컬 러	흑백
사 운 드	유

영상요약

서울 시민들의 휴식에 관련된 내용이 등장하고, 서울시 인구의 확대와 관련하여 앞으로 도시를 확장하기 위한 도시계획을 언급하는 영상이다. 일요일에 사람들은 교회를 가기도 하고, 한강 등지에서 휴식을 취하기도 하고 스포츠경기에 열광하기도 한다. 도시 인구 증가에 따른 도시 확대 계획을 언급하면서 영상이 끝난다.

화면묘사

00:00   가게 셔터를 내리는 광경

00:07   극장 등의 간판과 네온사인이 켜짐. 서울의 밤거리 모습

00:35   성당 건물. 성당 안에서 예배 드리는 사람들. 그리고 예배를 마치고 성당을 나
        서는 사람들

01:01   한강 전경. 한강에는 배들이 많이 떠있고, 둔치에도 사람이 많이 있음. 뱃놀이
        하는 사람들의 모습 이어짐

01:23   창경원의 동물원. 코끼리, 낙타, 타조 등장

01:55   전통활 쏘는 노인들

02:06   스포츠 경기들. 응원하는 사람들. 야구, 농구, 권투, 수영, 사이클 경기 장면 등장

02:35   여러 개의 경기장이 있는 경기장 배치도가 화면으로 등장(서울종합경기장으로
        추정됨)

02:46   계곡에서 물놀이하는 사람들

02:58   사람들이 배낭을 메고 산 속을 걸어가고 있음

03:23   서울 시가지 전경

03:35   서울 지도

03:45   자막 "끝. 대한민국 공보실 제공"

▌ 내레이션

00:02   서울의 하루는 조용히 저물어갑니다. 하루의 근로를 끝마치고 휴식의 이름으로
        잠겨 들기 직전, 서울의 밤거리는 차츰 불야성을 이루기 시작합니다.

00:35   오늘은 일요일, 엿새 동안의 근로를 끝내고 오늘은 안식의 날입니다. **** 신구
        교회당에서는 평화스러운 종소리와 찬송가가 흘러나옵니다.

01:02   시민들은 오늘의 휴일을 이용하여 강으로 들로 가족을 동반하여 하루의 행락을
        즐기는 것입니다. 한강은 1년을 통해 일반 시민에게 놀이터를 제공하고 있습니
        다.

01:23   창경원 동물원에는 세계 각지에서 구해온 가지가지의 동물을 구경하려고 서울
        의 어린이들이 모여듭니다. 충분한 놀이터를 가지지 못한 어린들에게 있어서
        동물원은 그들의 낙원이며 여기에 있는 동물들은 누구보다도 친근한 그들의 벗
        입니다.

01:59 궁사장에서는 전통적인 궁사들이, 그리고 각 경기장에서는 각종 경기가 국민의 체위향상을 도모하고 있습니다.

02:23 서울종합경기장에서는 여러 가지 국제 시합을 통해서 각종목 경기에 있어서 세계 올림픽 제패를 목표로 불꽃 튀는 연마를 계속하고 있습니다.

02:48 서울은 560년이란 세월을 경과하는 동안 너무도 지역이 좁아졌습니다. 이조 건국 초 10만의 인구를 가졌던 서울은 오늘 17배의 인구로 팽창됐습니다. 이와 함께 서울은 교외로 교외로 그 주변을 확장하지 않을 수 없게 되었습니다. 정책적인 도시계획의 실시에 따라서 의정부, 소사, 김포 등을 포함하는 주말생활권을 형성하고 나아가서는 문산, 포천, 양평, 수원, 인천까지 확장하여 월말생활권을 형성함으로써 명실공히 국제적인 도시로서의 대 서울이 등장할 날도 머지는 않은 것입니다.

자유의 소리

제 명	자유의 소리
출 처	자유의 소리
제 작 국 가	대한민국
제 작 년 도	1957년
상 영 시 간	10분 22초
제 공 언 어	한국어
형 식	실사
컬 러	흑백
사 운 드	유

▌ 영상요약

서울방송국의 방송 제작 과정과 송출 과정을 보여주는 영상. 기본적인 편성 회의에 대한 언급으로부터, 뉴스 편집과 방송 녹음, 청중들과 함께 녹음하는 공개방송인 〈스무고개〉, 일반인이 출연하여 노래하는 〈노래자랑〉 방송 녹음, 녹음된 방송에 대한 음향 편집과 연희·수원 송신소를 통한 방송 송출 등이 다루어지고 있다.

▌ 연구해제

〈자유의 소리〉는 1957년 남산 신청사 준공과 종일 방송으로의 확대 편성, 해외 송출 방송 시작 등으로 새로운 전기를 맞이한 서울중앙방송의 모습을 보여준다. 국영방송인 서울중앙방송은 1947년 중앙방송국(호출부호 HLKA)으로 출발했다. 한국전쟁 후인 1953년 서울중앙방송국으로 개편했고, 1957년 12월 남산으로 청사를 옮긴 후 1961년 서울국제방송국(HLCA)과 서울텔레비전방송국(KBS-TV)을 개국했다. 1973년에는 한국방송공사로 재출범했다.

이 영상은 뉴스, 드라마, 오락 등의 라디오 프로그램 제작 과정을 통해 방송 콘텐츠를 홍보하고, 방송국 창설 10주년을 맞은 서울중앙방송국의 규모와 역사를 설명한다. 〈자유의 소리〉는 편성 회의부터 원고 작성, 녹음에 이르기까지의 라디오 프로그램 제작 현장을 영상화해 보여준다. 주요 콘텐츠인 뉴스와 드라마 제작 현장부터 퀴즈프로그램, 음악 방송의 공개녹화 현장까지 이어지는 장면은 프로그램의 확대 개편을 홍보한다.

서울중앙방송의 호출부호인 HLKA 시그널로 시작되는 〈자유의 소리〉는 1950~1960년대 대표 아나운서였던 강찬선의 내레이션에 맞춰 한 편의 라디오 방송 프로그램처럼 구성되었다. 서울방송경음악단 연주에 맞춰 부르는 현시스터즈의 "리틀 슈 메이커"로 오프닝을 장식하고, 성우의 대사에 맞춰 효과음과 배경음악이 삽입되는 드라마 녹음 현장을 스케치한 후, 외신과 국내 뉴스를 보도하는 모습을 보여준다. 임택근 아나운서가 진행하는 〈스무고개〉의 녹음 현장, 어린이 프로그램 〈무엇일까요?〉의 공개녹음, 강찬선 아나운서가 진행하고 김시스터즈가 게스트로 출연하는 〈노래자랑〉 공개방송 등 인기 프로그램의 제작 현장을 보여줌으로써 오락적인 측면 또한 강화한다. 마지막으로 이러한 녹음 방송들이 조정실과 송신소를 거쳐 국내외로 방송되는 기술적인 과정을 설명한다. 임원식의 지휘로 이루어진 서울방송교향악단 연주와 함께 "라디오 방송의 중요함을 강조하는 자유의 소리, HLKA 서울방송은 오늘 저녁에도 전 세계를 향해 깊어가는 밤하늘에 무한히 퍼져 나아가고 있습니다"라는 내레이션이 클로징을 장식한다.

1950년대 공보정책에서 방송의 비중이 점차 증가하기 시작했지만 뉴스·문화영화에서는 많이 다루어지지 않았다. 1956년 서울중앙방송의 제작 과정을 소개하는 2분 12초 분량의 〈대한뉴스〉(「H.L.K.A를 찾아서」, 제93호, 1956년 10월 10일)가 제작된 일이 있지만, 〈자유의 소리〉는 서울중앙방송을 보다 자세히 소개하는 최초의 문화영화라고 할 수 있다. 이 외에도 서울중앙방송을 소재로 한 영상으로는 방송국 기재 설비 준공이나 (「100KW 송신기 준공(연희송신소)」, 제64호, 1955년 8월 30일) 방송국 주최 행사(「전국 대학 방송극 경연대회 시상」, 제90호, 1956년 9월 9일자, 「한국의 밤」, 제127호, 1957년 8월 19일) 등의 소식을 전하는 〈대한뉴스〉 영상물들이 있다. 참고로 〈자유의 소리〉 외에 공보 기관을 홍보하는 대표적인 영상으로 테드 코넌트(Theodore Richards Conant) 콜렉션의 〈웰컴 투 모션 픽쳐스(Welcome to Motion Pictures)〉(1958)가 있는데, 이 영상 또한 〈자유의 소리〉처럼 〈대한뉴스〉와 문화영화 제작 과정을 통해 국립영화제작소의 활동상을 보여준다.

▌참고문헌

KBS연감편찬위원회, 『KBS연감』, 사단법인 한국방송문화협회, 1961.
최창봉·강현두, 『우리 방송 100년』, 현암사, 2001.

▌화면묘사

00:00   라디오가 화면 전체에 등장
00:09   "HLKA"라고 쓰여져 있는 현판, 서울방송국 건물 등장
00:16   악단의 연주에 맞추어 노래하는 여성트리오 현 시스터즈
00:38   방송국 관계자들이 회의 테이블에 둘러앉아 편성 회의를 하는 모습 등을 차례대로 보여줌
01:02   라디오드라마 방송 장면. 드라마연출의 손짓에 따라 성우의 연기가 진행되고

효과 음악이 깔림

01:06 (라디오 방송하는 장면소리: 남녀의 대화)

여: 안녕히 다녀오셨습니까?
남: 음, 그동안.
여: 저는 아무일 없었습니다만, 그동안 객지에서…
남: 잘 있었소. 집안에 별일이나 없었소?
여: 네.
여 2: 얘, 너는 얼른 세숫물 떠와야지.
여: 네.

01:40 뉴스 제작 전경. 한 남자가 텔레타이프(Teletype)로 수신된 소식을 읽는 모습, 기자들이 기사 작성하는 모습이 이어짐

02:07 서울방송국에서 제작하는 〈자유의 소리〉 방송 모습들. 남녀 아나운서가 뉴스를 방송하는 모습과 소리가 한반도 중심의 동아시아 지도와 오버랩. 영어, 일본어, 중국어로 방송하는 모습

02:10 (아나운서의 방송소리) 조정기사의 신호와 더불어 방송개시 등 표시가 들어오면은 아나운서는 뉴스방송을 시작합니다. 국내국외에서 발생하는 모든 사건의 진상을 사실 그대로 방송하는 자유의 소리 뉴스는 국민들에게 내외 정세를 신속하고 정확하게 보도해줄 뿐 아니라 진실한 소식에 굶주리고 있는 북한에도 전달됨은 물론 영어, 중국어, 일본어로도 번역 돼서 전세계에 방송되는 것입니다. (영어, 중국어, 일본어 방송 소리)

02:48 4명의 여성이 한국 전통의상을 입고 "노들강변"을 부름, 국악 악단 연주

03:12 라디오방송을 위한 음향 조정실 전경

03:30 이동녹음반. 마이크와 녹음 장비로 인터뷰하는 모습

03:59 서울방송국의 퀴즈프로 〈스무고개〉의 공개 녹음 장면들. 공간(명동 카톨릭회관)을 가득 메운 방청객들, 아나운서, 녹음 설비 기사들의 모습

04:42 어린이프로 방송 장면들. 어린이합창단의 노래, 여성 진행자의 퀴즈프로 진행과 어린이 방청객의 모습

(어린 아이들 합창 소리와 어린이 방송 드라마 소리)

남어린이: 난 말이야, 임자를 찾아만 가면 무척 반가와 할꺼야.

여어린이: 어떤 소식인데?

남어린이: 이번 학기성적이 좋은 어린이가 자기 형님에게 하는 얘기거든? 약속
대로 좋은 선물을 사다 줘야 한다는 거야.

남어린이 2: 난 국군아저씨를 찾아가는 중이야.

남어린이: 그럼 위문의 말을 가져가는구나?

남어린이 2: 야, 조용해. 우리를 데리러 왔어!

여성진행자: 자 어린이 여러분, 아주 재미있는 얘기지요? 그런데 이 얘기하는
이들은 누구일까요?

(방청하는 어린이들, "저요, 저요"를 연발함)

여성 진행자: 저기, 여학생. 파마하고 조끼를 입으신 여학생. 무엇이었지요?

여학생: 편지입니다.

여성진행자: 네 편지였습니다. 아주 좋았어요. 어느 학교 다니시죠?

여학생: 서울 당산국민학교 4학년 2반 김영신입니다.

여성진행자: 김영신 어린이. 그러면은 잘 맞춰준 대신에 상품 드리겠습니다. 요
담에 다시 나와 주세요. 안녕히 돌아가세요.

(일동 박수소리)

05:51 서울방송국의 〈노래자랑〉 공개녹음 장면들. 군복을 입은 한 남성이 나와 노래
하는 모습, 방청객, 특별출연가수들을 두루 비춰줌

사회자: 전국의 청취자 여러분 안녕하십니까. 그리고 이자리에 나와주신 방청
객 여러분 안녕하셨습니까. 이번 주일 노래자랑을 시작하겠습니다.

06:11 사회자: 그러면은 오늘 제일먼저 노래해 주실 분 이 자리로 나와주십시오. 어
서 나와 주시지요. 이번엔 군인께서 제일 처음에 나와 주셨습니다. 대
단히 체력이 좋은 분이었습니다. 여러분에게 인사를 드렸습니다. 어서
나오십시오. 무슨 노래 오늘 해주시겠습니까?

군인: "마음의 자유천지".

사회자: "마음의 자유천지"랍니다. 부탁드립니다.

("마음의 자유천지" 노랫소리)

07:47 사회자: 다음은 유명한 애자, 민자, 숙자 시스타스의 특별출연입니다. (팝송 노
       랫소리)
08:07 공개방송에서 녹음된 소리를 실제 방송으로 내보내기까지의 과정이 여러 가지
       기계 설비 모습으로 등장함
08:26 연희송신소 내부 모습
08:42 수원송신소 내외부 모습
09:15 서울방송국이 남산에 신축한 연주소 건물 전경
09:26 서울 야경
09:34 라디오들로 가득한 가게 모습
09:42 서울방송국 교향악단의 연주 모습(지휘자 임원식)
10:07 어두운 밤, 내부에 불이 환한 서울방송국 건물

내레이션

00:00 (라디오 방송의 여성목소리) 여기는 서울방송국입니다. HLKA (라디오 방송의
       남성목소리) 여러분 안녕하십니까. 서울방송국 경음악단이 연주하는 노래와 경
       음악, 먼저 현 시스타스의 노래 "리틀 슈 메이커"(현 시스타스의 노래소리)
00:40 그러면 이제 이와 같은 방송은 어떻게 해서 청취자에게 도달되나 살펴보기로
       하겠습니다. 우선 방송국에서는 편성회의를 열고 한 달 동안의 방송 순서를 미
       리 작성합니다. 될 수 있는 대로 청취자에게 환영을 받을 수 있는 흥미 있는
       프로를 짜기 위해서 여러 사람의 의견을 종합해서 방송 순서가 작성됩니다. 방
       송국이 들어가는 날짜와 시간도 여기서 결정됩니다.
01:41 한편 방송국의 중대한 사명의 하나가 뉴스를 방송하는 것입니다. 그날그날 일
       어난 중요한 일을 신속하고 정확하게 알려 드리는 이 뉴스 방송의 원고는 편집
       실에서 작성됩니다. 텔레타이프로 수신되는 외신과 더불어 방송국기자가 국내

각지에서 수시로 취재해오는 국내 소식을 종합 편집해서 하루 열 번씩 방송되는 뉴스의 원고가 마련됩니다.

02:51 청취자의 연령과 취미가 광범위한 관계상, 방송프로도 또한 이에 호응할 수 있는 다양성을 갖지 않으면 안 됩니다. 민속적 향기 높은 국악은 중요한 연예 프로의 하나입니다. (국악 연주)

03:13 이렇게 스터디오에서 연주되는 모든 방송은 직접 스터디오에 연결돼있는 부조종실을 통해서 이 주조종실로 보내집니다. 그럼 이곳에서는 방송 효과를 위해서 음량과 음절을 비롯한 각종의 기술적인 조정을 가합니다.

03:32 방송국 내에서 정규 프로가 진행되고 있는 동안 이동녹음반은 외부에서 활약을 합니다. 이것은 마이크를 통해 실제적인 사회상을 그려볼려는 사회탐방의 녹음반입니다. 그들은 한강의 강태공을 찾는가 하면은 또한 관공서도 방문하는 등 흥미 있는 화제꺼리가 있는 곳이라면 어디라도 찾아갑니다.

04:01 매주 목요일 저녁에는 명동에 있는 카톨릭문화관에서 인기 있는 퀴즈 프로의 하나인 〈스무고개〉의 공개 녹음이 있습니다. 장내에 가득 찬 방청객들에게 문제가 제시되면 따로 마련된 비밀실에서는 여자 아나운서가 청취자들에게 문제를 알려줍니다.

04:22 그러면 무대에서는 사회자와 박사들 사이에 흥미 있는 문답이 오고 가고 방청객들의 웃음소리와 더불어 모든 것이 다음날의 방송을 위해 현지에서 녹음됩니다.

04:38 이때쯤 국에서는 어린이 시간이 시작됩니다.

05:56 한편 카톨릭문화관에서는 이미 〈스무고개〉가 끝나고 역시 HLKA의 인기 프로의 하나인 〈노래자랑〉이 시작되었습니다. (〈노래자랑〉 방송)

08:08 이와 같이 현장에서 녹음된 것은 다음날 방송시간에 주조종실에서 재생, 방송하게 됩니다. 그러면 그 방송이 작은 송신기를 통해서 제1방송은 연희송신소로, 제2방송은 수원송신소로 각각 유선 혹은 무선으로 보내지는 것입니다. 이곳이 제1방송을 여러분 가정에 보내드리고 있는 연희송신소입니다. 915싸이클 중파방송은 200킬로와트 송신기로 또한 단파방송은 세 가지 송신기로 송신하고 있습니다.

08:42 한편 수원송신소는 정동연주소로부터 무선으로 제2방송을 받아 710킬로싸이클은 100킬로와트 송신기로, 미주, 구라파, 동남아시아 등 해외로 보내는 일곱 가

지 파장의 단파방송은 두 대의 50킬로와트 방송기로 각각 송신하고 있습니다. 이곳은 100킬로와트 710킬로싸이클 제2방송이 나가는 150미터의 철탑 안테나입니다. 이 밖에도 이곳에선 약 20개의 안테나가 있습니다. 방송이 다각적으로 발전됨에 따라 연주소가 협소함을 느끼게 된 서울방송국에서는 남산에다 또 하나의 연주소를 신축했습니다.

09:30 방송국이 창설된 지 20년을 경과한 오늘날 서울의 밤거리는 퍽이나 번화해졌으며 화려하게 조명된 수많은 래디오 가게에서는 끊임없이 명랑한 방송이 우렁차게 흘러나오고 있습니다.

09:52 한 주일에 한 번씩 임원식 씨의 지휘로 서울방송 관현악단이 연주하는 음악은 양악 팬들에게 없지 못할 프로의 하나입니다. 이와 같이 해서 자유의 소리, HLKA 서울방송은 오늘 저녁에도 전 세계를 향해 깊어가는 밤하늘에 무한히 퍼져 나아가고 있습니다

OEC와 한국부흥

제 명	OEC와 한국부흥
영 문 제 명	O.E.C. and REHABILITATION of KOREA
제 작 국 가	대한민국
제 작 년 도	1958년
상 영 시 간	09분 47초
제 공 언 어	영어
제 작	Korea Films
형 식	실사
컬 러	흑백
사 운 드	유

영상요약

국제연합한국경제조정관실에서 2년째 근무하는 경제조정관 윌리엄 원 씨의 업적을 기록.

연구해제

　1950년대는 미국과 소련이라는 초강대국이 안보를 최우선의 과제로 삼은 냉전의 시대였으며 경제개발은 이러한 안보를 위한 방편으로서 추구되었다. 따라서 미국의 경제원조가 한국전쟁 이후로 방위지원의 성격을 띠고 진행되었다는 것은 이 시대 원조를 이해하는 전제가 된다. 그리고 이러한 미국의 대외원조의 성격과 전쟁 이후 한국의 특수한 상황을 반영하면서 등장한 원조기구가 바로 경제조정관실(OEC: Office of the Economic Coordinator)이다. 경제조정관실은 휴전회담이 성립된 이후 한국 내에서의 미국원조와 유엔원조, 군사원조에 대한 조정을 위해 설치되어 주한미국경제협조처(USOM: United States Operations Mission to the Republic of Korea)체제로 전환되기까지 현지 미국 원조기구로서 운영되었다.

　아이젠하워 미국 대통령은 한국전쟁 직후인 1953년 8월 대외활동본부(FOA)를 대외경제원조의 담당기관으로 지정하였으며 아울러 한국 현지의 원조 집행기관으로 유엔군사령관 밑에 경제조정관실을 설치하도록 했다. 그리고 경제조정관실은 한국에서 장기적인 재건계획을 담당하는 유엔한국재건단(UNKRA: United Nations Korean Reconstruction Agency)과 구호원조와 단기복구사업을 담당하는 주한민사처(KCAC: Korea Civil Assistance Command)의 역할을 조정하였다. 즉, 경제조정관실이 경제 전체의 발전과 재정 부분을 담당했다면 주한민사처와 유엔한국재건단은 경제조정관실의 실무적인 측면을 담당했다고 볼 수 있다.

　경제조정관실은 원조정책 수행을 위해 각각의 업무의 성격에 따라 실행부서를 설치하였다. 1954년 6월 당시 설치된 실행부서들은 경제조정관, 기획국, 재경 정책국, 조정국, 기술운영국 등이었다. 이후 각 실행부서들은 한국 상황의 변화에 따라 필요한 부서들을 증설하는 것으로 확대 개편되었다. 경제조정관실을 운영하는 책임자인 경제조정관은 합동경제위원회의 유엔군 사령부 측 대표이자 동시에 유엔군 사령부 경제 자문관으로도 기능하였다. 경제조정관의 일차적 임무는 당시 한국에서 실시되는 경제원조 프로그램을 조정하고 각 원조 프로그램의 경제 및 재정 정책을 수립하는 것을 임무로 하였고 나아가 경제회복과 경제안정화를 이룰 수 있도록 한국 정부에게 경제와 재정적인 부문의 자문을 제공하는 것을 의무로 하였다.

앞서도 지적하였듯이 한국에 대한 경제원조는 한국 군사력 유지를 위한 수단으로 고려되었고, 군사안보를 위한 내부적인 경제안정을 우선하는 방향에서 정책이 추진되었다. 1950년대 경제원조의 이러한 기조는 전면적으로 변화하지 않았지만 50년대 중반 이후 미국 원조정책에 대한 재검토 논의가 본격적으로 제기되었다. 경제조정관실을 비롯한 미국의 현지 원조운영기관에서는 향후 대한원조계획은 재건과 발전을 지향하는 것으로 되어야 함을 지적했고 나아가 장기 경제개발계획의 필요성을 인식하는 가운데 경제개발에 대한 적극적인 논의가 여러 가지 형태로 나타났다. 이와 함께 북한의 경제 재건에 따른 평화공세와 1956년 정부통령 선거 결과 장면의 부통령 당선과 조봉암의 약진은 민주적 절차와 경제개발의 촉진이란 문제를 대두시켰다.

특히 미국의 대한원조정책을 재검토해야 한다는 건의는 대한원조행정의 실무책임자인 원(William E. Warne) 경제조정관에 의해서도 제기되었다. 1956년 7월 1일 부임한 원은 부임 이후 줄곧 한국에서의 장기적인 경제개발계획의 필요성을 강조하였다. 한국에서의 조사 시찰을 마친 후 워싱턴에 제출한 보고에서 원은 "과거 3년 동안의 미국의 대한경제원조계획은 구호와 필수적인 원료의 수입, 전쟁에 대한 복구, 한국 군사비에 대한 대규모 환화와 공급에 주로 한정되어 있었다."라고 평가하였다. 그리고 이후 "한국의 자립을 위해서는 생산능력의 확장이 필수적"이라는 견해를 보였다. 이어 원은 한국을 시찰한 결과 미국의 경제원조를 줄이면서도 한국의 자립을 달성하기 위해서는 군사비 삭감과 기술 원조프로그램의 증액이 가장 필수적이라고 역설했다. 이와 같은 논의가 미국의 대한원조정책에 대한 목표의 변화에서 비롯되었던 것은 아니지만 그간 제기되지 않았던 경제개발의 문제를 거론하고 있다는 점에서 의미가 있었다. 그리고 이러한 일련의 변화추세에 맞춰 미국의 대한원조기구인 경제조정관실의 내부의 개편이 이루어졌다.

1955년 이후 경제조정관실은 한국 정부의 행정 능력의 효율성을 제고하기 위해 기술훈련을 담당할 기술운영실이 확대되었다. 농업분야 기술을 담당하는 농업국, 공공행정 및 보건 교육 등 정부 서비스 분야를 담당하는 정부서비스국, 전력·운송·통신 등 재건분야를 담당하는 재건기술국의 구성이 그것이다. 이는 원조의 효율적인 운영을 위한 한국 전문 인력의 양성 및 행정인력의 중요성이 강조된 데서 비롯된 것이다. 나아가 원경제조정관의 부임 이후 경제조정관실이 확대 개편되면서 직원 규모도 확대되었다. 아울러서 1957년 이후 합동경제위원회에서는 충주 비료공장 기술자 훈련계획을 비롯하여 전반적인 한국 경제분야에서의 기술원조계획을 수립했다. 이는 주로 해외 민간자본의 유치, 한국 기술자들의 해외 파견, 공공행정 분야에 대한 지원을 중심으로 이루어졌다.

특히 1950년대 중반 이후 시행된 지역사회개발 프로그램에 경제조정관실이 적극적으로 개입하기 시작했다. 경제조정관실에서는 지역사회개발프로그램의 실행을 위해 합동경제위원회 내에 지역사회개발위원회를 설치할 것을 제안하고 위원회의 구성을 위해 기술원조 담당 차관을 파견했다. 이와 함께 1955년부터 1958년까지 경제조정관실의 기술훈련생으로 해외에 파견된 인원이 1,168명에 달했는데 이들은 귀국 후 농업 및 자연자원, 공업 및 광산, 운송, 보건 위생, 교육, 행정, 지역사회개발, 사회복지, 주택 등과 관련한 업무 종사자로 채워졌다. 이를 통해 한국 사회에 미국식 생활양식, 즉 미국식 사회관과 가치관을 이식하고 이것이 농촌사회의 근대화와 반공을 위한 최선의 무기임을 주입시킬 수 있었다.

참고문헌

이현진, 「1950년대 미국의 對韓援助구상과 경제조정관실」, 『韓國思想史學』 26, 2006.
허은, 『미국의 헤게모니와 한국 민족주의』, 고려대학교 민족문화연구원, 2008.

화면묘사

00:00 　자막 "KOREA FILMS Presents"

00:03 　"O.E.C. and REHABILITATION of KOREA" 배경으로 건물 현판 "OFFICE ECONOMIC COORDINATOR FOR KOREA UNITED NATION COMMAND 국제연합한국경제조정관실"

00:13 　집무실에서 사무를 보고 있는 한국경제조정관 윌리엄

00:29 　윌리엄을 비롯해 여러 외국인들이 회의를 하고 있음

00:43 　한국과 미국 간에 원조와 협조 자금 운용과, 경제정책을 검토하고 토론하는 회

의석상

01:05 경무대에서 이승만 대통령을 접견하는 윌리엄

01:22 미 대사, 미군장성 등 한국에 주재 중인 미 인사들과 충청남도 공주의 갑사를 방문한 이승만 대통령과 프란체스카 여사

01:55 또 다른 한미 경제 회의 장면

02:04 한강대교 복구 준공식 현수막 "준공", "한강대교 복구 준공", 한강대교의 모습 및 한강대교 복구 준공식에 참가한 윌리엄, 이승만 대통령, 한강대교를 함께 걷는 수많은 귀빈들

02:33 복구된 기찻길과 현대식으로 정비된 역의 모습, 기관차 준공식의 모습, 많은 사람들이 기차에 탑승해 축하하는 모습

03:40 거대한 댐에 올라가 구형하는 많은 사람들의 모습, 댐 내외부에 전기를 생산하는 현대적인 설비

04:09 새롭게 복구 설비된 전신전화의 모습, 서울전화교환국 개국식에 참가한 윌리엄

04:38 섬유 공장의 모습, 광나루의 저수지 모습

05:43 수원에서 열린 농업과 관련해 국내외의 인사들이 참석한 경제회의 모습

06:08 윌리엄이 동해안의 삼척의 동양시멘트 공장, 탄광 등을 시찰함

07:04 묵호항 건설 시찰, 항구에 정박한 배들

07:50 반도호텔에서 윌리엄이 한국에 온 1주년 기념 칵테일 파티를 가짐, 한국에 거주하고 있는 많은 외국 인사들이 모여 있음

08:34 공원에서 직원들과 함께 체육대회, 무용을 하는 모습, 식사와 다과를 함께 즐기는 많은 이들

09:44 자막 "THE END"

▌내레이션

0:16 2년 전 윌리엄 E. 원(William E. Warne)은 전쟁으로 폐허가 된 한국의 경제부흥에 필수적인 역할을 하기위해 국제연합의 경제조정관으로 한국에 도착했다. 전쟁의 폐허에서 한국의 부흥과 발전을 이끌어내기 위해 원은 용감하고 열성적인 노력으로 한국 경제생활의 매 단계마다 뛰어난 성과를 이끌어냈다.

0:45 이 장면에서 한국인들과 미국인들은 한국의 전반적인 경제부흥정책에 대해 의논하고 있다. 부흥사업에 투입될 ICA자금과 사업의 금액은 이 회의에서 논의를 통해 결정된다.

1:06 관련자들을 소개하고 회의의 성과를 보고하기 위해 원은 경무대에서 이승만 대통령을 접견한다. 이 대통령은 원의 성과에 찬사를 보낸다.

1:24 이승만 대통령과 여사는 다울링 미국대사와 그의 부인, 국제연합군사령관 조지 H. 데커와 그의 부인, UNKRA 단장인 존 B. 콜터 중장, 국제 연합의 경제조정관 원과 그의 부인 및 딸과 함께 1957년 10월 12일에 충청남도의 역사유적지 및 경치 좋은 지역들을 방문했다. 대통령 부부는 거대한 부처상을 보기위해 공주의 계룡갑사도 방문했다.

1:55 정부 부처간 회의에서는 또 하나의 중요한 정책결정이 내려진다.

2:07 오늘은 서울시민들이 행복해 할 날이다. 한국으로의 문으로 불리는 한강대교가 8년 만에 복구되었다. 대통령과 원은 한강대교의 복구를 축하하는 화려한 준공식에서 컷팅테잎을 잘라 한강대교의 재개통을 알렸다. 한강대교 복구사업에는 80만 달러 이상의 미국원조 자재와 8억 원이 투입되었다.

2:34 통합된 노력을 통해 전쟁으로 파괴된 철도운송시설은 여러모로 현대적으로 개선되고 재건되었다. OEC 자금 및 수입 보고서에 의하면 많은 수의 현대식 차들이 수입되었다. 석탄사용에서 연료사용으로 방식을 바꾼 기관차는 한국 운송역사의 기념비적인 사건이었다. 화려한 준공식을 열어 OEC의 지원을 받아 구입한 디젤연료 기관차를 받았다.

3:07 국내외의 고위관리들이 참석한 또 하나의 인상적인 준공식이 1957년 7월 19일에 열렸고 한강을 가로지르는 새로 단장한 한강철교가 공식 개통되었다. 4년간의 복구작업을 위해 ICA로부터 658,000달러를 지원받았고 한국 통화로는 823백만 원이 투입되었다.

3:40 산업활동의 가장 중요한 원천인 전력시설도 전쟁으로 인해 큰 피해를 입었다. 산업과 가정에 전력을 새로이 공급하기위해 OEC는 총 2천9백 달러를 들여 세 개의 전력발전시설을 건설했다. 그중 화천댐은 한국에서 가장 큰 규모의 수력발전 사업이었다. 81,000kW의 전력을 생산하는 화천댐의 준공식은 1957년 11월 25일에 열렸다.

4:11 통신시스템을 복구하고 발전시키기위해 경제조정관실은 필요한 시설과 기술적 도움을 제공했다. 국내 전화 전신시스템의 중요한 일부인 서울 중앙 전화국은 1957년 7월에 복구 완공되었다. 전화국은 이전보다 두 배나 많은 8,500 회선을 개설했고, 현대식 장거리 전화 교환대가 설치 되어 장거리 전화서비스도 가능 하게 되었다.

4:40 충분한 섬유생산을 위해 경제조정관실은 주요 섬유공장 복구와 개발을 위한 기계와 장비를 제공했다.

4:52 관개는 한국의 농업에 있어서 필수적인 요소다. 전쟁의 폐허에서 관개시설을 복구 및 확장하기위해 경제조정관실은 잘 설계된 프로그램을 통해 다수의 관개 사업을 진행했다.

5:21 시민들과 농민들의 급증하는 물 수요에 대응하기 위해 서울시 근처 강나루에 대용량 저수지가 건설되었다. 여러 부처의 장관 및 서울시장과 함께 원은 7월 2일 에 저수지를 시찰했다.

5:45 ICA 지원을 받는 아시아 국가들에서 온 농업관계자들은 여러 차례 회의를 열어 자금 할당과 수원의 중앙농업시험장 개발에 대해 토론했다. 그들은 개선된 여러 종류의 식품 및 농업관련 방법 및 기술을 검토가 이루어지는 시험장을 시찰 했다.

6:10 한국 동해안의 산업 발달과 성과를 조사하기 위해 원은 경제조정관실 관계자 및 세 명의 국회위원과 함께 7월 10일에 동해안 지역을 시찰했다. 철암과 정선 에서 산업현장을 둘러본 그들은 한국에서 가장 큰 규모를 자랑하는 삼척의 동 양 시멘트 공장을 방문했다. 또한 발전소, 삼화 제철소, 북삼 화학공사 등 다수 의 대규모 제조공장을 시찰했다.

7:04 시찰방문 셋째 날, 그들은 목포항구의 해양 및 항만 활동을 둘러보며 목포항구 건설사업의 방대한 개발현장을 시찰했다.

7:39 방문 후 그들은 한 목소리로 방문 지역들의 막대한 성과를 높이 평가하며 한국 산업의 더 큰 발전을 강조했다.

7:51 전 언론인으로 활동한 원은 한국에 오기 전 이란 및 브라질 등 여러 나라에서 FOA 및 ICA 대표로 섬겼다. 그가 한국에 도착한 후 모든 한국인들과 한국에 살고 있는 외국인들은 원이 한국사람들에게 약속한 일을 해 왔고 뛰어난 효과

를 가져온 것을 목격했다. 그의 업적을 높이 평가하고 남은 일의 성공을 기원하며 그가 한국에 온 1주년을 기념해 한국의 장관들과 고위관료들은 반도호텔에서 열린 칵테일 파티에서 원에게 경의를 표했다.

8:39   한편 원과 OEC 관리들은 전쟁으로 인해 폐허가 되었던 한국의 부흥을 위해 바쁘지만 뜻깊은 일을 하는 중에 잠시 한국의 아름답고 유명한 경치와 역사 유적지를 즐기는 시간을 가졌다. 그들은 운동시합과 무용시연으로 가득찬 하루를 보냈다.

9:08   한국인들은 다시 한 번 경제조정관인 윌리엄 원과 그의 직원들에게 깊은 감사를 표했다.

농부를 돕는 사람들

제 명	농부를 돕는 사람들
출 처	농부를 돕는 사람들
제 작 국 가	대한민국
제 작 년 도	1958년
상 영 시 간	17분 23초
제 공 언 어	한국어
제 작	공보실
형 식	실사
컬 러	흑백
사 운 드	일부 소실

영상요약

군 농사교도소와 농촌 교도원의 역할을 진양군 농사교도소에서 일하고 있는 남녀 각 1명의 교도원의 예를 통해 설명한다.

연구해제

한국의 농사교도사업은 일제시기 조선농회를 시작으로 지방행정의 농민교도를 거쳐, 해방 이후로 이어졌다. 해방 후에는 1947년 12월 미군정이 공포한 과도정부령 제260호 농업기술교육령에 의해 국립농사개량원이 설치되었으며 1949년 농업기술원으로 개편되었다. 이후 기구의 정비과정을 거치면서 농사교도사업이 안착된 것은 1956년 한국정부와 미국원조당국간에 체결된 농사교도사업발전에 관한 협정 이후였다. 협정에 따라 경제조정관실(OEC)의 기술원조가 이루어졌다. 이후 1956년 5월 메이시 보고서를 시작으로 농림부와 주한미국경제협조처(USOM)는 시험연구 및 교도사업조직의 개편에 관한 토의를 거듭하여 1957년 1월 29일 농사교도법이 제정되면서 농사교도사업이 본격화되었다.

농사교도법에 의해 농업기술원과 각종 시험연구기관 및 농림부 농업교도과를 승계하여 시험국과 교도국으로 구성된 농사원이 설치되었으며, 각도에는 도농사원, 시·군에는 농사교도소가 설치되었다. 농사교도사업은 성인농민을 대상으로 한 농사개량지도, 농촌지역 여성을 대상으로 한 생활개선지도, 1947년 4월 앤더슨 경기도 미군정관에 의해 시작된 4H운동을 흡수한 청소년 지도사업 세 가지로 구성되었다.

농사개량지도는 농촌지역 성인 남성을 주 대상으로 진행되었는데 농사법 개량지도 및 비료사용방법 지도 등과 같이 농업생산력의 증대를 위한 것이 주를 이루었다. 농촌지역 여성을 대상으로 한 생활개선지도는 의·식·주와 관련된 아궁이개량, 의복개량, 식생활개선 등으로 이루어졌다. 이러한 지도는 농촌 노동력 재생산과 관련한 의식주생활의 근대화를 통해 간접적 농업증산을 꾀하고자 한 것이었다. 마지막으로 4H클럽을 주 대상으로 한 청소년지도사업은 농촌청소년에게 농사개량, 생활개선을 중심으로 한 과제 활동 및 민주주의적 절차에 입각한 회의 방법, 오락 등을 교육하였다. 특히 4H클럽은 미국식 민주주의를 전파하는 주요 통로 중 하나였다고 평가할 수 있다.

본 영상은 1958년 농사교도현지발표회를 개최한 진양군 농사교도소의 사례를 통해

1950년대 후반 실시되었던 농사교도사업 전반에 대해 보여주고 있다. 영상은 크게 세 부분으로 나뉘어 있다. 영상은 군 농사교도소의 업무를 설명하고 농사교도공무원이 받는 훈련과정과 훈련의 내용을 보여주는 것으로 시작한다. 이어서 강 교도원과 이 가정교도원, 두 명의 농사교도공무원이 직접 마을로 들어가 농민들을 대상으로 농사교도를 실시하는 내용을 통해 실제 농사교도가 이루어지는 모습을 보여준다. 강 교도원은 청소년을 대상으로 이동식 개량돈사를 교육하여 4H클럽을 교도하고, 성인 남성 농민을 상대로 토양검정 및 요소비료 교육을 통해 농사개량을 유도한다. 이 가정교도원은 농촌 여성들에게 간이작업복 교육 및 식생활개선을 교육하여 생활개선교도가 이루어지는 모습을 보여준다. 마지막으로 보이는 진양군 농사교도현지발표회 장면은 농사교도사업의 필요성을 강조한다.

농사교도사업은 1962년 4월 1일 농촌진흥법의 제정 후 주한미국경제협조처와 부흥부에서 추진하였던 지역사회개발과 통합되어 농촌진흥사업으로 이어졌으며, 농사원은 농림부 산하의 농촌진흥청으로 확대 개편되었다. 또한 농사교도사업이라는 명칭도 교도사업이라는 어감이 강압적이라는 이유로 농촌지도사업으로 변경되었다.

█ 참고문헌

농촌진흥청, 『한국농촌지도사업발전과정』, 1979.

█ 화면묘사

00:00 제목 자막 "농부를 돕는 사람들"

00:03 자막 "한미협조"와 마크

00:06 시골길을 자전거 타고 달리는 강 교도원과 이 교도원

00:46 "진양군 농사교도소" 현판이 달린 건물 앞에 자전거 세우는 강 교도원과 이 교도원

00:56 사무실로 들어가 업무 보는 강 교도원과 이 교도원

01:29 교도사업 강의 듣는 교도원들의 모습. 사진과 포스터 활용 사례를 가르치는 강사들

02:08 "4H 경진회" 문구가 들어간 포스터와 4H 심볼인 네 잎 클로버가 들어간 포스터를 그리는 교도원들

02:21 사진과 환등기 등을 활용한 시청각 교육 실습하는 교도원들

02:42 증식포에 관한 수업 듣는 교도원들

02:49 야외에서 토양검정 기구 사용법과 비료 사용법 강의 듣는 교도원들

03:23 진양군 농사교도소 사무실에서 사전 계획 세우는 교도원들. 칠판의 일정표 가리키는 전문 교도사와 업무 회의하는 교도원들

03:44 동네 나무 밑에서 남성 주민들의 이야기 듣는 강 교도원

03:54 동네에 모여 일하고 있는 여성 주민들의 이야기 듣는 이 교도원

04:05 남성 주민들과 논을 돌아보는 강 교도원

04:12 농가 방문하여 여성들에게 이야기 듣는 이 교도원

04:48 논에서 일하고 있는 농민과 벼의 병충해에 관해 이야기하는 강 교도원

05:01 밭에서 일하고 있는 농민과 이야기하는 강 교도원

05:08 닭장을 살펴보며 농민과 이야기하는 강 교도원

05:15 담배 밭에서 농민들과 이야기하는 강 교도원

05:22 소년 소녀들과 함께 돼지우리를 살펴보며 지도하는 강 교도원

05:31 농작물 들고 농민들과 이야기하는 강 교도원

05:50 칠판의 계획표 가리키며 이야기하는 진양군 농사교도소의 전문 교도사

06:04 교도원들에게 교육용 책자들 건네는 사무원. 책자와 인쇄물 등 강의 자료 챙기는 강 교도원과 이 교도원

06:43 자전거에 강의 자료 싣고 마을로 가는 강 교도원과 이 교도원

08:16 마을에 설치되어 있는 "진양군 금산면 속사리 안내도"의 모습

08:19 자전거에서 내려 마을로 들어가며 주민들과 인사하는 강 교도원과 이 교도원

08:36 4H클럽 회합 요청하는 강 교도원과 강 교도원의 요청 듣고 종을 치는 이장. 종 뒤로 "4H의 네 잎 클로버 심볼"과 "우리 힘으로"라고 쓰인 현판이 보임

08:44 종소리 듣고 모여 교도원들에게 인사하는 소년 소녀들

09:18 농사원에서 발간한 인쇄물 설명하고 나눠주는 교도원들

09:45 고추 따고 있는 여성에게 앞치마 건네고 설명하는 이 교도원

10:30 작업복 만드는 여성들과 간이 작업복의 실용성 가르치는 이 교도원

11:15 돈사 앞에서 "이동식 돈사 전면"이라고 쓰인 차트 가리키며 강의하는 강 교도원과 강의 듣는 소년들

11:31 이동식 돈사 만들기를 실습하는 교도원과 소년들

12:22 강 교도원에게 토양검정 요청하러 온 농민과 기구 챙겨 떠나는 강 교도원

12:40 토양검정 하는 강 교도원과 교도 듣는 농민들

13:27 식생활 개선 용 요리법 강의하는 이 교도원과 강의 듣는 여성들

13:54 4H 회원들에게 풍금 치며 노래 지도하는 이 교도원

14:16 비료에 관해 차트 보며 강의하는 강 교도원. 차트 내용은 "뇨소비료 뇨소비료의 성장 ●질소 함유량 ●질소비료로서 ******* ●물에 탈 **으로 주기, 뇨소는 물에 잘 녹음으로 땅에 주면 뿌리가 퍼짐. 땅밑까지 내려가서 뿌리가 잘 흡수된다"

14:42 진양군 농사교도 현지 발표회장의 모습. 연설하는 농림부 관계자와 OEC의 외국인 직원들, 동네 주민들이 앉아 있는 모습

15:06 농사 교도 전시물들을 살펴보는 농림부와 OEC 관계자들. "전기 환등기, 휠림 스트맆, 스라이드 필름, 휘발유 환등기", "유독성농약"의 유해성 등을 알리는 포스터 등의 전시물 모습

15:46 "교재 전시실" 현판이 붙어 있는 건물로 들어가는 한복 입은 여성들. 전시되어 있는 개량복, 아기 장, 밥상 덮개 등을 구경하는 여성들. "가정교도사업의 활동 상항 HOME EXTENSIVE ACTIVITIES"이라고 쓰인 전시물들이 보임

16:06 자동차에 탄 손님들 향해 박수치는 농민들, 진열품의 모습 등 발표회장의 모습들

16:16 진양군 호탄과 속사 부락의 전시품 등 교도사업에 대해 설명하는 이 교도원과 구경하는 사람들

16:41 양계를 비롯해 퇴비장 등 농사개량에 관한 교도사업에 대해 설명하는 강 교도원과 설명 듣는 사람들.

16:55 이동식 돈사 앞에 "돼지기르기", "호탄 4H 이동식 개량 돈사의 이점"이라고 쓰인 설명판이 붙어 있는 모습

17:11 교도원들에게 상금 건네는 농림부 관계자

17:19 자동차 타고 떠나는 농림부와 OEC 관계자들과 박수치는 농민들

00:43 이곳은 군 농사교도소입니다. 그러면 이 강 교도원과 이 교도원이 근무하고 있는 군 농사교도소란 무엇인가 살펴보기로 하겠습니다. 군 농사교도소란 농민들에게 새로운 과학적 지식과 기술을 보급함으로써 농업생산력 발전과 농민생활을 향상시키기 위한 교도사업을 하는 곳입니다. 이 군 농사교도소에는 보통 네 사람 내지 다섯 사람의 교도원이 있습니다. 남자 교도원은 일반 농사를 담당하고 있으며 여자 교도원은 농촌 가정문제를 담당하고 있습니다. 그들은 교도공무원의 선발과정을 거친 다음 교도사업에 관한 훈련을 받게 됩니다. 교도원의 훈련에는 일반적인 기초훈련과 특수한 장교훈련 그리고 현직자들의 재훈련 등이 있습니다. 이분들은 교도사업의 이념이나 새로운 농사기술 또는 새로운 비료의 시험법을 농민들에게 교도할 때 그 내용을 알기 쉽게 하기 위해서 보조물로서 쓰일 사진 전시나 포스타를 어떻게 좀 더 만들 수 있는가를 배우고 있습니다. 모든 종류의 공보활동이 그러하듯이 그 내용과 방법은 활동대상인 농민의 지식수준과 활용능력 등이 적합한 것이라야 되는 것입니다. 따라서 순박한 농촌 사람들에게는 알기 쉬운 내용과 아름다운 체제의 인쇄물이 효과적인 것이며 또한 보다 흥미 있고 직접적인 환등기 영화 등의 시청각 재료도 큰 효과를 거둘 수 있는 것입니다. 교도원은 또한 각종 증식포의 시험 결과를 검토하며 토질의 변화와 비료에 대한 교육도 받습니다. 토양검정 기구의 사용법이라든지 토양검정의 방법 및 분석 그 분석에 의한 적합한 작업 품종의 선택 그리고 합리적인 비료 사용으로 토양 개량 등 모든 것이 농업 교도원으로서는 중요한 교육의 하나입니다. 교육을 마친 교도원은 교도소에 돌아와 자기가 배운 바를 기초로 곧 실천에 옮기는 것입니다. 다른 모든 사업과 마찬가지로 교도사업에 있어서도 사전 계획 수립이 가장 중요합니다. 계획을 수립하기 위해서는 교도원은 농촌의 실정을 잘 파악하고 농민들이 무엇을 원하고 어떤 문제의 해결을 바라고 있는가를 잘 알아야 합니다. 그러므로 농민들로부터 여러 가지 실정을 듣고 상호 간에 충분한 의견을 교환합니다. 가정 교도원은 부녀자들과 함께 농촌의 생활개선에 관한 문제를 토의합니다. 교도원은 교도사업의 계획을 수립하기 위해서 농민들이나 농촌의 부녀자들 간에 단지 의견의 교환이나 토의에 그치는

것이 아니라 실지로 들에 나가 농민들과 협의합니다. 가정 교도원은 농가를 찾아 그들의 생활환경이라든지 음식물 등의 의식주를 직접 보고 들음으로써 그들의 현재 생활을 좀 더 향상시킬 수 있는 기본과제에 대해서 의논도 하고 또 어떠한 교도계획을 수립할 것인가를 잘 검토합니다. 어떤 교도원은 농민과 함께 멸구 병충해 구제 방법이라든지 도열병 방지 등 벼의 병충해에 관해서 협의하고 있습니다. 어떻게 하면 지금보다 많은 수확량과 좋은 당근이나 무 배추 등의 소채를 생산할 수 있으며 또한 어떻게 하면 중요한 농촌 부업의 하나인 양계를 장려할 수 있는가를 검토해야 하며 또 어떻게 하면 좋은 담배를 많이 생산하고 양돈을 장려하며 어떻게 농촌의 청소년을 지도할 것인가 등 교도원의 활동은 광범위하며 그 하나하나의 활동이 우리의 농업발전에 있어서 중요한 역할을 담당하고 있는 것입니다. 농촌의 실정과 농민들이 바라는 바가 무엇인가를 잘 파악한 교도원은 그것에 의거해서 실제적인 교도계획을 수립하고 그 계획에 입각한 여러 가지 사업을 추진하는 것입니다. 교도계획은 어디까지나 실현성과 확실성 그리고 과학성이 수반되어야 하며 또한 용이하게 실천할 수 있는 것이라야 합니다. 그러기 위해서 교도원은 중앙과 도 농사원의 농업기술 청소년 지도 농촌 가정생활의 각 분야를 담당하고 있는 전문 교도사 및 각종 시험연구기관과 항상 긴밀한 협의를 가집니다. 계획이 수립되면 곧 실천에 옮깁니다. 교도의 방법에는 직접적인 시범을 통한 교도라든지 인쇄물 사진 신문 영화 방송 등 여러 가지 방법이 있으나 교도 내용과 경우에 따라 가장 적합한 방법을 택하는 것입니다. 그러면 오늘 여러분과 함께 이곳 강 교도원과 이 가정 교도원의 가정 교도 활동을 보기로 하겠습니다.

07:20 강 교도원은 이동식 개량 건사를 4H 회원들에게 교도하고 토양 검정과 요소 비료에 대한 교도를 농민들에게 하기로 했습니다. 한편 이 교도원은 간이 작업복과 식생활 개선에 관한 교도를 하기로 했습니다.

07:52 그들의 교도사업은 처음에는 여러 가지 애로가 많았습니다만 꾸준한 성실과 노력으로 지금은 농민들의 많은 협조를 얻어 모든 일이 손쉬워졌습니다. 뿐만 아니라 그들은 농촌을 찾아오는 것이 그들 일과 중에서 가장 즐거운 시간이며 또한 이곳 농촌사람들도 친한 친구의 한 사람으로서 그들을 반가이 맞이하게 되었습니다. 강 교도원과 이 교도원은 먼저 4H 회원의 소집을 4H 회장에게 요청

합니다. 4H클럽의 활동은 우리나라 농촌 청소년 지도 사업의 모체이며 이미 십여 년의 오랜 역사와 육십팔만 명의 회원을 가지고 있습니다. 현재 그 클럽 수는 만 오천에 달하고 있으며 단체생활을 통한 협동정신의 배양과 새로운 지식의 습득을 목표로 한 이 클럽 회원들은 앞날에 있어 훌륭한 농부로서 농촌 진흥에 크게 이바지 할 것입니다. 이러한 4H클럽의 운동을 돕기 위해서 여러 가지 과제 지도와 사업이 추진되고 있습니다. 그 사업의 하나로 군 교도소에서는 농사원에서 수시로 발간되는 인쇄물을 배포합니다. 양돈이든 소채 재배든 책자는 농촌의 청소년들에게는 둘도 없는 좋은 선물의 하나이며 또한 가장 영구적이고 효과적인 방법입니다.

09:57   이 교도원은 지금 새로운 앞치마 사용에 관한 교도를 하고 있습니다. 보통 우리 농촌에서는 콩이나 고추를 딸 때 한쪽 손으로 치마를 걷어잡고 다른 한 쪽 손으로 고추를 땁니다만 이것은 옷이 더러워질 뿐만 아니라 비능률적인 작업입니다. 보시는 바와 같이 이러한 앞치마를 사용한다면 편리하고 작업도 능률적입니다.

10:32   현재 우리 농촌의 생활개선 사업에 있어서 의복의 개선은 중요한 과제의 하나입니다. 이 교도원은 지금 간이 작업복의 과제를 가지고 교도 활동을 하고 있습니다. 옛날부터 우리들은 흰옷을 좋아합니다만 흰옷은 농사짓는 농촌사람들에게는 적합하지 않습니다. 그러므로 염색을 장려하고 또한 모든 일에 불편을 느끼는 긴 옷고름이나 긴 소매 긴 치마 등의 재래식 옷을 간편한 작업복으로 개량하도록 하는 것입니다. 강 교도원은 4H운동의 중요 사업의 하나인 양돈을 위해 돈사 개량에 대한 교도를 하고 있습니다. 돈사가 너무 적거나 일광을 잘 받지 못하면 돼지의 발육이 좋지 못할 뿐만 아니라 병에 걸리기가 쉬운 것입니다. 그러므로 군 농사교도소에서는 이동식 개량 돈사를 장려하고 있는 것입니다. 강 교도원의 지도 아래 4H 회원들이 짓고 있는 이 개량 돈사는 재래식 돈사가 한 번 지으면 필요한 경우 다시 옮기기가 곤란한 데 비하여서 이동하기가 용이하며 재래식 돈사에 없는 돼지가 몸이 근지러울 때 몸을 비빌 수 있는 비비개가 있으며 넓은 운동장의 많은 일광을 받을 수가 있으므로 이상적인 돈사라 할 수 있습니다.

12:30   강 교도원이 개량 돈사 짓기를 지도하고 있는데 한 농부가 찾아와서 토양 검정

의 교도를 요청했습니다. 산성 토양이 태반을 차지하고 있는 우리나라에 있어서 농업 진흥의 방법은 무엇보다도 토양의 개량인 것입니다. 강 교도원은 자기가 아는 바와 그리고 농사원의 전문 교도사 및 연구기관의 시험 결과를 자료로 농민들에게 토양 개량에 대한 교도를 하고 있습니다. 토양의 성분을 분석하고 그 개량 방법을 농민들에게 주지시키기 위해서 강 교도원은 시험 증식포의 결과를 보이기로 했습니다.

13:28 농촌의 식생활 개선은 교도사업에 있어서 중요 과제의 하나입니다. 비위생적이라든지 비영양적인 식생활을 개선하는 하나로써 이 교도원은 균형식을 장려하고 있습니다. 식생활 개선에 관한 교도를 마친 이 교도원은 4H 회원들에게 노래 지도를 하기로 했습니다. 노래는 누구에게나 즐거운 것이지만 특히 농촌의 소년들에게는 노래를 부르는 때가 가장 즐거운 시간입니다. 그러므로 농촌의 청소년들에게 건전하고 명랑한 노래를 가르쳐주는 것도 교도원의 활동의 하나입니다. 새로운 비료의 성분이라든지 효능을 농민들에게 이해시키며 그 사용 결과를 강 교도원이 농민들과 같이 검토하고 있습니다. 이와 같은 모든 교도원의 활동은 새로운 지식과 과학적인 자료로써 농촌의 농민들을 돕고 있습니다. 이러한 교도원들의 활동이 계절과 더불어 하나하나 그 결실을 맺어갈 때 우리의 농촌도 그와 더불어 발전해나갈 것입니다.

11:48 강 교도원과 이 교도원의 모범적인 교도활동의 결실로 진양군에서 농사 교도 현지 발표회가 개최되었습니다. 농림부와 OEC 등 많은 내빈들과 농민들이 참가한 가운데 거행된 이 농사 교도 현지 발표회는 우리나라 농사 교도법이 공포되고 농사원이 설립된 이후 처음 갖게 되는 행사로서 우리나라 농업의 발전을 위해 의의 깊은 날이라 할 수 있겠습니다. 농사 교도 현지 발표회라는 것은 가장 모범적인 농사 교도원의 교도 활동의 결과를 공보 기술을 통해서 농민들과 관계자들에게 보여 교도 사업의 이념을 더욱 강조하는 한편 그 의의를 널리 선전코자 하는 행사의 하나입니다. 식장에는 각종 시험 증식포의 시험 결과를 비롯해서 4H클럽의 활동사항 그리고 농사 개량 부녀 클럽 등의 교도원의 교도 활동의 결과가 사진 포스타 각종 인쇄물 등으로 전시되었습니다. 또한 가정 교도 전시장에는 우리들의 의식주에 관한 생활 개선 사업의 결과가 전시되었습니다.

16:15 이날 농사 교도 발표회의 현지로 선정된 진양군의 호탄과 속사의 두 부락에는

교도원들의 교도 활동의 결과를 보기 위해서 많은 농민들과 내빈들이 모여들었습니다. 이 가정 교도원은 많은 손님들 앞에서 농촌 가정 문제에 대한 교도 사업의 결과를 보여주고 또한 그 방법을 설명했습니다. 강 교도원은 양계를 비롯해서 새로운 퇴비장 퇴비의 성분 등 농사 개량에 관한 교도 활동을 설명했으며 한편 양잠 양돈 등 농촌 청소년 지도 사업 등의 교도 활동의 결과를 보여주었습니다. 이리 해서 교도원들의 많은 교도 활동의 결과가 다채롭게 발표된 이날의 농사 교도 발표회는 대성황을 이루었으며 내빈들과 농민들은 강 교도원과 이 가정 교도원을 비롯한 이곳 군 농사 교도원들의 노고를 찬양하는 한편…

17:23 (내레이션 끊김)

만송 이기붕

제 명	만송 이기붕
제 작 국 가	대한민국
제 작 년 도	1958년
상 영 시 간	18분 09초
제 공 언 어	한국어
형 식	실사
컬 러	흑백
사 운 드	유

영상요약

자유당 제9회 전당대회에서 대통령 이승만과 함께 부대통령으로 지명된 이기붕의 그간의 활약을 소개. 해방 직후 이승만의 비서로, 한국전쟁 직후 국방장관으로, 이후 민의원으로 당선되고 민의원장으로 활약하는 동시에 자유당을 지도한 2인자로서의 국내외의 활동을 보여주어, 부통령으로서의 자격이 충분함을 설명한다.

연구해제

이 영상은 1959년 6월 29일 자유당 제9차 전당대회에서 부통령 후보로 지명된 만송 이기붕의 일대기를 선전적 관점에서 소개하고 있다. 이기붕은 1896년 12월 20일 충북 괴산군 청천면 후평리에서 부친 이낙의와 모친 송정현의 외동아들로 태어났다. 8살이 되던 해 아버지를 여읜 이기붕은 1912년 종로구 수송동의 보성소학교를 졸업하고 보성중학교에 입학하였다. 이어 1915년 보성중학교 졸업 후 연희전문학교에 입학하였으나 경제적 문제로 학업을 중단하고 선교사 무스의 통역으로 있다가 그의 도움으로 상해를 거쳐 미국으로 유학길에 오른다. 1923년 이기붕은 아이오와 주 테이버에 위치한 테이버 대학 문과에 입학하여 졸업 후 1934년에 귀국하였다.

귀국 직후 박마리아와 결혼한 이기붕은 해방정국에서 한민당의 총무부 정책위원으로 임명되었고 1945년 10월 16일 이승만이 귀국하자 윤치영에 의해 이승만의 비서로 발탁되었다. 즉, 이 무렵부터 이기붕은 최측근에서 이승만을 보좌하기 시작한 것이다. 이기붕은 이승만의 대중강연과 함께 주로 지방 유세를 도왔는데 이를테면 지방 유세를 위한 사전연락과 경계, 대중 동원, 순회 일정을 관리하는 등 미군정과 우익 진영의 협조를 이끌었다. 제1공화국 시기인 1949년에 이기붕은 서울시장에 취임하여 이승만의 2인자로서 토대를 마련하였다. 특히 그는 일민주의보급회 고문으로 임명되어 일민주의 보급을 국민운동으로 전개하였다. 이후 6·25전쟁 중인 1951년 5월 7일 서울시장에서 국방부 장관으로 이임된 이기붕은 '국민방위군사건'과 '거창양민학살사건'을 수습하였으나 1952년 3월 신병을 이유로 국방부 장관직을 사임하였다.

1953년에 자유당 총무부장을 맡게 된 이기붕은 이승만의 자유당 내 족청계 제거 의지에 따라 이를 적극적으로 추진하였다. 이를 계기로 이기붕은 자유당 중앙위원회 의장에 오르게 되었다. 이어 자유당은 1954년 5·20 총선에서 대승을 거두자 이를 바탕으로 초대 대통령에만은 중임제한을 두지 않는다는 내용의 헌법개정안을 졸속으로 통과시키는데, 이기붕은 여기서 주도적 역할을 하였다. 이후 1956년 자유당의 공천을 받아 부통령에 입후보하였다가 낙선한 이기붕은 그해 제3대 민의원 의장에 선출되었다. 그리고 1958년 경기도 이천 선거구에서 제4대 민의원 의원에 당선되고 제4대 민의원 의장이 되었다. 1960년 3월 15일 제5대 정·부통령 선거에서 부통령에 당선되었으나 4·19혁명으로 부통령직을 사임하였다. 그리고 1960년 4월 28일 경무대 관사에서 사망하였다.

1950년대 억압적인 정치상황과 사상적 분위기 속에서 제작된 본 영상은 이기붕 당시 민의원 의장을 찬미하는데 그 주안점이 맞추어졌다. 이에 따라 재미유학 시절의 이기붕의 활동과 해방 이후 서울시장 및 국방부 장관 등을 역임하며 처리했던 사안들이 중점적으로 소개되고 있으며 특히 이승만과의 친밀한 관계를 부각하였다. 이를 통해 1959년 자유당 부통령 후보로 지명된 이기붕이 부통령으로서 적격한 인물임을 강조하고 있다.

▎ 참고문헌

손연하, 「이기붕의 성장과정과 정치기반 형성(1896~1953)」, 『한국근현대사연구』 72, 2015.
정용욱, 「홍보, 선전, 독재자의 이미지 관리－1950년대 이승만 전기」, 『세계정치』 28-2, 2007.

▎ 화면묘사

00:00   소나무
00:06   대회장 현수막 "自由黨第九回全黨大會式(자유당 제9회 전당대회식)"의 단상에서 이기붕 의장의 연설과 대회장을 메운 당원들
01:17   "차기 정·부통령 후보자 지명" 현수막. 지명된 부통령 이기붕, 대통령 이승만 그리고 프란체스카 여사의 모습. 정원에서 환담을 나누는 두 사람
02:05   이기붕의 생가. 벼가 누렇게 익어가는 논과 시골 초가집의 전경과 내부. 어린 시절 사진부터 청년까지의 사진
02:36   광복을 기뻐하며 태극기를 들고 환호하는 사람들. 이어서 비행기에서 내려 환

국하는 이승만

03:10 이승만을 환영하는 인파. 각종 행사에 참석하는 이승만. 유엔한국위원단(UN Commission on Korea)의 내한을 환영하는 행사

03:26 이기붕의 사진이 들어간 신문 기사 "愛市一念 市民福利에 努力(애시일념 시민 복리에 노력)"

03:30 서울시청 건물 전경, 시 전경

03:44 자막 "4283년 6월 25일"

03:50 피난하는 사람들, 폭파되는 한강. 쌀을 배급 받아 머리에 이는 여인

04:16 서울 시청 앞에 모인 인파, 향토방위대 결성 모습, 완장을 찬 남녀. 이곳에서 연설하는 이기붕

04:33 여학생들의 모습. 자녀 이강희 양의 기념장학회 푯말

04:46 신문기사 "內閣異動發表 國防長官 李起鵬氏(내각이동발표 국방장관 이기붕 씨)"

04:49 한국전쟁 중 포탄을 쏘는 군인들의 모습, 헬기에서 내리며 미군과 악수하며 군인을 격려하는 이기붕

05:18 자유당 전당대회에 참석해 단상에 오르는 이승만과 이기붕, 실내에 앉은 많은 당원들과 가자들, 이후 민의원 선거하는 모습

06:31 민의원에 당선된 이기붕, 태극기가 걸린 단상 앞에서 꽃다발을 받음, 의장 단상에서 연설하는 이기붕

06:54 국회의사당(현 서울시의회 건물) 전경 회의장 현수막 "慶祝國民會創立十週年記念(경축 국민회 창립 10주년 기념)" 단상에 올라 연설하는 이기붕, 상장을 건네는 이기붕

07:33 태극기가 펼쳐 걸린 국회의사당 의원들 앞에서 연설하는 이기붕

07:52 제4대 민의원 개원식에서 의장으로서 개원을 선포하는 이기붕, 이어 연설하는 이승만, 이를 경청하는 의원들

08:51 회의장에서 많은 이들을 대상으로 연설하는 이기붕

09:30 현수막 "경축 교육총본부 창설 일주년 기념" 국군 행사에 참석해 연설하는 이기붕, 사열한 탱크와 군인들, 육군과 해군 등의 행사에 참여해 설명을 듣고 있는 이기붕

10:46 국제연합 가입을 축하하는 행사에서 연설하는 이기붕

11:02　나무를 심는 이기붕, 초가집 마루와 원두막에 앉아 농민들과 대화를 나누는 이기붕, 어촌을 시찰하는 이기붕

12:02　초상집을 방문, 상주에게 조의를 표하는 이기붕

12:10　많은 인파들이 몰린 야외 행사장에서 연설하는 이기붕, 여성 영화배우들과의 환담을 나누고, 배 위에서 동남아시아예술사절단의 환송식과 영접식에 참석해 연설하는 모습

12:55　현수막 "第三八回全國體育大會(제38회전국체육대회)"에 개회식에서 연설하는 이기붕, 봉화 점화, 참석한 선수들의 경기모습 관중들의 모습이 보이는 경기장

13:38　비행기에서 내리는 이기붕, 도쿄에서 열린 국제올림픽위원회의에서 세계 각국 인사들과 환담 나누는 모습

13:53　도쿄에서 열린 아세아올림픽에 참가한 한국선수들을 방문해 격려하는 이기붕

14:07　이화여자대학교의 전경. 학장의 연설과 강당 안을 가득 채운 학생들의 모습을 교차하여 보여줌

14:32　학교 건물을 가까이서 바라본 화면. 텅빈 강당 안을 걸어 들어가는 이기붕과 그의 부인

14:34　무대 위에서 학생들의 합창대회가 공연되고 있고, 관객석에서 이를 관람하고 있는 이기붕 부부의 모습을 교차하여 보여줌

14:51　밴플리트, 콜터 장군, 다울링 대사 등 미 인사뿐 아니라 서대문 자택에서 줄을 서서 방문하는 많은 사람들과 인사하는 이기붕

06:34　한국을 방문한 해외 인사들과 환담하는 이기붕, 당무회의와 연석회의 등을 주재하는 모습, 이를 공표하는 기자회견을 하는 이기붕

17:46　다시 제9차 자유당전당대회 장면. 연설하는 이기붕과 이에 박수치는 참석자들

▌내레이션

00:08　다가오는 제4대 정부통령 선거를 앞두고 자유당에서는 국내외 정계 이목을 집중시킨 가운데 6월 29일 제9차 전당대회를 개최했습니다. 의의 깊은 이날에 대회를 개회함에 있어서 중앙위원회 의장 만송 이기붕 씨는

00:23　(이기붕 육성연설) : 우리들 전부가 이 대회의 제물이 되기 위하야 *****. 큰 원

칙과 큰 교의를 위해서 **** 있는 아량과 당을 앞세우고 당을 위로하는 정신만 있다면 우리가 비록 백척간두에 서있다 허드래도 두려울 것이 없을 것입니다. 둘째로 우리당과 정책은, 당의 정책은 구호만의 정책이 아니라 실천하는 정책인 것을 각자가 **으로 보여줄 의무를 지켜야 할 것입니다.

01:16 이어서 이날의 대회는 차기 정부통령 후보자 지명대회로 들어가 대통령에는 자유당 총재이신 이승만 박사를, 그리고 부통령에는 이기붕 의장을 만장일치로 추대했습니다. 이와 같이 전 자유당의, 아니 전 국민의 여망을 지니고 부통령 후보의 지명을 받은 이 의장은 일찍부터 이 대통령을 보좌해 온 경력이 있어 이 대통령과는 가족끼리도 한 집안과 같이 다시 없는 정부통령의 결합이라 할 것이며, 또한 자유당을 파란 많던 초창기로부터 실질적으로 지도 육성하여 오늘날의 대 여당으로 만들어놓은 이기붕 의장의 탁월한 정치적 역량을 보더라도 이 의장의 부통령 지명은 너무나도 당연한 일이라고 하겠습니다. 참으로 우리 나라의 오늘날의 정계를 돌아볼 때 이 의장보다도 더 적합한 부통령 후보자는 없을 것입니다.

02:08 이기붕 의장은 이조말엽인 단기 4229년 12월 20일 산 높고 물 맑은 충청북도 괴산군 청천면 후평리에서 엄친 이낙의 공과 자당 은진 송씨의 독자로 태어났습니다. 만송 7세 때 엄친 낙의 공이 별세하자 어머니 송씨의 따뜻한 사랑의 품에 안겨 서울로 올라온 만송은 암운이 감도는 국내 정치하에서 보성중학을 나오고 이어서 미국으로 건너가 아이오와 주 데이버 대학을 나왔습니다. 단기 4278년 8월 15일 민족의 숙원인 조국해방의 날이 찾아왔습니다. 감격의 환호성은 천지를 진동시켰고 일제하 탄압에서 벗어난 만송은 과거 재미 시 이미 독립운동의 지도자로서 모셔오던 이승만 박사의 환국을 맞이해서 다시 한 번 조국독립의 성업에서 이 박사를 보좌하여 공헌을 하게 되었습니다. 이화장에서 이승만 박사의 비서로 활약할 때만 해도 혼란한 정계에서 올바른 길을 찾아 한국정부 수립 추진에 노력하시던 이 박사의 뒷받침을 민활하게 하여 해외와의 연락, 이 박사의 도미 등을 성공적으로 주선하여 드디어 유엔한국위원단의 내한을 맞이하게 되었던 것입니다. 그리고 정부수립 후에는 대통령 비서실장으로서 다망한 국사를 신속하게 처리하고 탁월한 역량을 발휘했습니다. 여기에서 그의 행정수완은 크게 인정을 받게 되어 단기 4282년 6월 6일 서울특별시장에 취임

되어 시와 성으로서 그의 수완을 종횡으로 구사하여 시민 한 사람 한 사람을 위한 선정에 다망한 일과를 보냈습니다.

03:48 그러나 민족의 원한인 6·25동란이 돌발했습니다. 만송 선생은 눈물을 머금고 서울시민들과 더불어 남하했으며 9월 28일에 서울이 다시 수복되자 누구보다 먼저 서울로 귀환하여 공산치하에서 피란도 못하고 박해와 굶주림에서 허덕이던 시민들을 돌보고 그들을 위해서 진두에 나서서 양곡 배급을 지휘하여 시민들을 감격시켰습니다. 이어서 그는 수복한 서울에 새로운 질서를 세우고 시민들의 안전한 생활을 보호하기 위해 재빨리 향토방위대를 결성하여 멸공정신에 불타는 시민들의 지향할 바를 명백히 했습니다. 이와 같이 가지가지의 선정으로 시민들의 애낌을 받던 만송 선생은 시장으로서 많은 미담을 남겼으며, 따님 이강희 양이 이화여중 재학 중 아까웁게도 세상을 떠나자 그 부의금으로 이강희 기념장학회를 세워 현재까지 170명이나 되는 장학생들을 내고 있다는 것도 그중에 하나입니다.

04:50 그동안에도 전세는 악화하여 정부는 다시 한 번 부산으로 피난했으며 만송은 이 중대한 시기에 국방부장관의 중임을 맡게 되었습니다. 국방부장관에 취임한 만송 이기붕 씨는 이웃이 놀랄 만큼 검소한 생활을 하면서 그가 아니면은 해결하지 못할 국민방위군 사건이라든가 거창 사건 등을 명쾌하게 처결하여 그의 과단성에 세인이 탄복했던 것도 아직 우리 기억에 새로운 바가 있습니다.

05:28 한편 이때 정계에서는 기존 정당의 특권당적인 성격을 배제하고 농민과 노동자를 위한 평민당을 지향하여 이 대통령의 주재 아래 자유당이 발족했으나 구 민족청년단 계열의 일부 분자가 자유당 본래의 목적을 이탈하여 그 발전을 저해하므로 당의 개편이 절실한 과제로서 제기되었던 것이며, 자유당의 총무부장으로서 당의 개편과 재조직에 착수했던 것입니다. 그 결과 자유당은 제3대 민의원선거에서 압도적인 승리를 거두었으며 최초로 원내 안정세력을 확보하게 되었습니다. 이것은 만송의 치밀한 조직력이 당원들의 행동에 통일을 가져오고 선거전에 있어서도 우리나라 처음으로 공천제도를 실시하여 당의 권위를 확립한 데에서 온 당연한 결과였던 것입니다. 이리하여 그가 탁월한 역량을 가진 선천적인 민주정치가라는 것은 아무도 부인하지 못할 명백한 사실로 되었으며 이 선거에서 만송은 서대문서 압도적인 득표로서 민의원에 당선됐고 개원 후

124표라는 절대다수로서 제3대 민의원 의장에 당선됐습니다. 그는 이 3대 국회에서 발췌개헌안의 수정통과, 불온문서의 투입사건, 금융계부정사건 등 많은 안건을 해결했고 국회의장으로 또는 자유당의 제2인자로서 더욱 더 원숙해가는 정치적 역량을 발휘하는 한편 국민의 신망도 날로 두터워 갔습니다.

07:03 이에 따라 정계에 있어서의 그의 위치에서도 크게 뛰어났으며 각종 애국단체 등에 관련하여 그들의 활약을 도웁고 그들의 운동을 지도하여 언제나 애국정신의 선양과 국민문화의 향상을 기도하는 가운데 명랑한 민주정치의 발전에 진력해왔습니다.

07:28 그리고 또한 각 도시군 등 지방에서 오는 사람들과도 빈번한 회의를 가짐으로써 언제나 지방 사정을 정확히 파악하여 그 결과를 의사당을 통해서 또는 자유당을 통해서 또는 국민회나 농민회 등의 각 기관을 통해서 대 여당의 리더로서 모든 정책을 행정부에 강력히 반영시키는데 주력해왔습니다.

07:54 이렇게 조직적인 자유당의 체제와 올바른 시책은 제4대 민의원선거에 있어서도 압도적인 국민의 지지를 받았습니다. 이리하여 역사적인 제4대 민의원의 개원식이 또다시 의장에 당선된 만송 선생의 개회사로 시작되었습니다. (이기붕 육성연설)

08:21 이리하여 이 의장께서는 당원들의 행동 통일을 위하여 수차례 걸쳐서 조직의 개편과 함께 당의 질적 강화를 도모하여 큰 성과를 올렸으며, 원내 각종 선거에 있어서도 행동 통일의 결과를 보더라도 그의 정치적 수완을 짐작하고도 남음이 있는 것입니다.

08:54 일찍이 오래이 해외유학을 한 바도 있고 현대 국제적 정치에 심오한 식견을 가지고 있는 이 의장은 항상 국제정세에 유의하여 자유 우방국가와의 우의를 증진하고 또 더 많은 국가와 새로운 우호관계를 맺어 우리나라의 국제적인 지위를 향상하고자 외교 면에 많은 관심을 가지고 있으며 요전에 월남공화국의 영도자이며 아세아 반공국가 간의 영도자의 한 사람인 고 딘 디엠(Ngo Dinh Diem) 대통령이 내한했을 때도 이 원래의 빈객을 국회에 맞이해서 대한민국과 월남공화국과의 우의를 더욱 돈독히 하는데 큰 성과를 올린 바 있습니다. 특히 반공전선의 보루인 국군에 대해서는 만송 자신이 국방장관을 지낸 바도 있어 항시 관심을 가지고 모든 행사에 참석하여 그들의 발전해 나가는 모습을 찬양도 하

고 또한 그들의 노고를 위로도 해줍니다.

09:51 그 옛날 국방부 장관 당시 임시수도 부산으로부터 짚차를 몰아 수시로 일선까지 달리기로 유명하던 이 의장. 오늘날 당시의 실전모습을 방불케 하는 기동훈련을 참관하기도 하고 또한 세계 제4위의 강군으로 자라난 우리의 국군을 일선으로 위문 시찰할 때 참으로 감개무량한 바가 있으며, 그가 국회의장이라는 지위를 떠나 국민의 한 사람이라는 겸허한 마음으로 그들의 노고에 감사한다고 말할 때 가는 곳마다 만송 선생의 위대한 인격에 깊은 감명을 받지 않은 장병이 없습니다.

10:45 한국의 유엔(UN)가입, 이것은 너무나도 당연한 요구입니다. 이 의장은 국제연합 한국협회회장으로 누구보다 앞서서 국민운동을 전개하고 한국의 UN가입을 국제연합에 호소했습니다.

11:05 농사는 천하지대본이다. 삼천만 국민의 8팔을 차지하는 우리나라 농민들의 실정을 모르고 어찌 우리나라의 정사를 논하랴 하시면서 이 의장은 다망한 정무의 틈을 타서 시간만 있으면은 농촌을 찾아 농민들과 마주앉아 그들의 사정 얘기도 듣고 그들과 비 걱정, 바람 걱정도 함께 하여 농민들의 사정을 내 속같이 알아주는 의장님이라고 농민들은 즐거워하고 있습니다. 흙냄새 풍기는 농촌 원두막에서 농민들과 더불어 신선한 참외 맛을 즐기는 만송을 누가 일국의 국회의장이라고 하겠습니까. 여기에 만송의 인간미가 있는 것입니다. 그는 탁월한 역량을 가리우고 겸손하게 평민을 대해줄 줄 아는 것입니다.

11:49 다행히 우리나라에는 나라 일이 어려울 때마다 언제나 뛰어난 애국지사들이 몸을 바쳤고, 또한 이 의장은 이들 가신 선열들을 모시는 데 누구에게도 뒤지지 않았습니다. 선열들의 장례식, 추도식 또는 민족의 자유와 평화를 위해서 산화한 호국영령들의 위령제 등에는 빠짐없이 참석하여 그들의 영혼을 위로도 하고 또한 기념도 합니다. 이 의장의 문화계에 대한 관심은 만송이 일찍이 부산 피난 시절에 그 어려운 살림 속에서도 문화인들을 초대하여 때때로 환담할 기회를 가졌던 것으로써 정계에 그 정평이 있는 것이며, 의장 자신이 일찍부터 음악이 소양이 깊은 바 있어 예술애호가로서도 누구에게도 지지 않으며 한국영화의 육성이라든지 우리나라 예술의 해외진출에는 최대의 노력을 해왔습니다. 영화촬영소의 낙성축하, 영화인의 위안회, 동남아시아예술사절단의 환송 영접 등

은 모두 이 의장의 문화계에 대한 관심을 단적으로 표시하는 것이라고 하겠습니다.

13:01 한편 건전한 운동을 즐길 줄 아는 민족이라야 그 나라의 건전한 발전을 이룰 수가 있는 것이라는 신념 아래 대한체육회 회장으로 계시는 이 의장은 상시 국민보건에 유의해서 각종 체육경기를 장려하고 그간 우리나라 체육계의 발전은 눈부신 바가 있으며 해외 국제경기에도 수없이 참가하여 체육 한국의 명성을 전 세계에 높였던 것입니다. 특히 오늘날 체육이 체육에 그치지 않고 하나의 민간외교까지 담당하는데 있어서 이 의장은 체육에 열의 있는 활동은 국가적으로도 지대한 의의가 있는 것이며 때로는 해외에서 열린 국제회의에까지 참석하십니다. 도쿄에서 열렸던 국제올림픽위원회 제54차 총회에도 참석하시어서 에이베리 브런디지(Avery Brundage) 국제올림픽위원회 회장 그리고 각국 대표들과 국제적인 체육문제를 논의하고 또한 그때 마침 도쿄에서 개막 중이던 아세아 올림픽대회에 참가한 우리나라 선수들을 친히 찾아 조국의 명예를 짊어지고 분투하고 있는 그들에게도 감격적인 격려를 했던 것입니다.

14:44 이와 같이 국내외로 다망한 일과를 보내고 있는 중에도 그칠 사이 없이 찾아드는 각계각층의 손님들을 일일이 접대 환담합니다. 때로는 전국 각지에서 몰려드는 마을의 살림꾼들인 동, 이장들을 접견해서 그들의 노고를 치하하기도 합니다.

15:14 때로는 산업개발의 일선에서 분투 노력하는 모범 광부들을 표창하고 그들의 사기를 높여 더욱 분발하게 하고 또한 어떤 때에는 이 나라의 수호신으로 여러 아들을 조국에 바친 유가족들을 접견하여 따뜻한 인정으로서 위문도 합니다.

15:35 그리고 때로는 이역만리 한국에 와서 주둔하고 있는 유엔(UN)군 사병들을 초청하여 한국적인 온화하고 단란한 가족적 분위기를 맛보게도 해줍니다. 이와 같이 서대문의 의장 댁을 찾는 손님에는 계급의 차이가 없이 오늘은 일 사병이 왔는가 하면 내일은 또한 국방부 장관 시절에 멸공의 전선에서 같이 싸웠던 밴 플리트(James A. Van Fleet) 장군이 내방하여 우정을 토로하시기도 합니다. 또한 한국의 경제부흥과 수도 서울 재건을 위해서 공로가 많은 콜터(John B. Coulter) 장군도 서대문을 자주 찾는 손님의 한 사람이며 이 의장은 그의 빛나는 업적을 찬양했습니다. 또한 떠나는 주한 미국대사 다울링(Walter C. Dawling) 씨를 맞이

해서 그동안 한미 간의 우의 친선을 위해서 노력한 그의 공로를 찬양하고 앞으로의 더욱 돈독한 양국 간의 친교를 도모하는 이 의장이기도 합니다.

16:33   또한 이 의장은 멀리 토이기(Turkey)의 국회의장을 우리나라에 초청해 한토 간의 친교는 물론 반공의 역군으로서 양국 간의 유대를 더욱 견고히 했으며 이에 앞서 우리나라를 방문한 토이기 수상과도 환담을 나눈 바 있습니다.

16:55   이와 같이 이 의장은 각계각층의 국내인사들을 비롯해서 외국 손님들을 접견해서 국내외의 정확한 정세를 파악하고 여기서 우러나오는 견실한 정책이 곧 자유당의 정책으로서 반영되는 것입니다. 즉, 자유당 중앙위원회 의장으로서의 이 의장은 수시로 당무위원과 연석회의를 열고 그때그때에 당면한 국내외의 정세에 기준하여 혁신적인 정책을 수립하고 또한 그 정책을 행정면에 강력히 반영시키기 위해서 정당정치 구현에 박차를 가하고 있습니다.

17:31   이와 같이 해서 이 의장은 당무회의에서 결정된 정책을 수시로 기자회견을 통해서 전 국민에게 공표함으로써 국민의 대다수를 차지하는 노동자와 농민을 위한 당 정책의 실현을 기약해 왔던 것입니다. 이리하여 부통령 후보자로 지명을 받은 이 의장은 승리는 반드시 우리에게 있다고 굳은 자신을 표명했습니다. 항상 국민의 여론에 기반을 둔 민주정치의 이상을 구현하려는 우리의 만송 이기붕 씨야말로 우리나라의 단 한 사람의 부통령 적임자라고 하겠습니다.

순종황제 장례식

제 명	순종황제 장례식
출 처	순종황제 장례식
제작국가	대한민국
제작년도	1958년
상영시간	07분 13초
제공언어	한국어
형 식	실사
컬 러	흑백
사운드	유

▌영상요약

이 영상은 1926년 순종황제 승하 당시 장례식의 모습을 보여주고 있다. 이 영상에는 순종황제 장례식의 빈전과 순종황제 운구 행렬의 모습이 보인다. 더불어 당시의 서울 시가지와 일반 시민들 그리고 운구행렬을 감시하는 일제 순사와 병사들의 모습도 보인다.

▌연구해제

이 영상은 대한제국의 마지막 황제였던 순종황제의 국장 실황을 담은 영상으로, 6월 10일로 예정된 인산을 앞두고 치러진 5월 7일 인산습의 과정을 담은 영상이다. 한국영상자료원에는 동일한 영상이 〈순종황제 인산습의〉이라는 제목으로 소장되어 있다. 이 영상은 1950년대 공보실 영화제작소에서 발굴된 뒤, 대한민국 건국 10주년을 기념하여 1958년에 재편집 되어 제작된 것으로, 원본 필름의 제작 주체 및 소장 내역에 대한 정보는 남아 있지 않다. 순종의 국장은 당시 『조선일보』와 『동아일보』, 그리고 조선총독부를 비롯한 다양한 주체들에 의해 촬영되었다는 기록이 남아 있다.

대한제국의 마지막 황제였던 순종은 1926년 4월 25일 죽음을 맞이했다. 순종의 죽음은 1919년 고종의 인산을 둘러싼 조선인들의 정치적 각성과 3·1운동의 기억을 다시 불러일으키는 것이었기 때문에, 일본은 이 장례 절차들을 철저하게 통제, 감시하고자 했다. 그럼에도 서울은 물론 지방에서도 인산을 보고자 하는 사람들이 대거 몰려들었으며, 행사장에서 독립을 요구하는 인쇄물들이 배포되거나 만세 운동의 사전 모의가 발각되기도 하는 등 추모 열기가 상당했다. 순종의 인산 중이었던 5월 13일에는 조선박람회가 열려 수많은 인파들을 모으기도 했는데 이 모두를 종합한 국장에 대하여 천정환은 "죽은 아비를 장사 지낸 카니발이자 자본주의적 이벤트였고 유행을 창출한 스펙터클"이었다고 표현하기도 했다. 또한, 박혜영은 순종 인산 자체가 "인산 직후 종로 철시 등에도 불구, 인산 관련 물품의 판매 수량이 급증하고 이를 기회로 몰려든 각지의 사람들이 근대적 도시로 변해가는 경성을 시각적으로 체험하는 계기"였다고 평가하기도 했다.

발굴 후 이 작품은 1958년 정부 수립 10주년 기념으로 불이무역주식회사에서 내레이터의 해설과 음악을 입혀 재제작 되었다. "그렇게도 나라 잃은 백성들을 불쌍히 보시던 임금님" 등의 망국의 설움과 저항의 흐름을 서술하던 내레이션이 "지금은 당당한 대한민국으로서 어언 10주년을 맞이"했다는 서술로 이어지는 것은 이 영상이 제작된 목적을 분명히 드러낸다. 즉, 1950년대 후반 재제작된 이 영상은 해방 직후부터 지속적으로 제작되었던 전기영화들과 마찬가지로, 대한민국이 조선·대한제국의 적자임을 주장하면서 이승만 정권의 정통성을 공고히 하기 위한 목적에 봉사하고 있는 것이다. 박혜영에 따르면, 이 영상에는 흥미로운 오류가 있는데, 실제 창덕궁 정문인 돈화문에서 시작된 장례식에 대하여 내레이터가 계속 금호문을 호명하며 서사를 진행시킨다는 점이다. 이에 대하여 박혜영은 이후 영상에서 강조되는 6·10 만세운동이 금호문에서 시작되었다는 점에서 미루어볼 때, 이승만 정권이 스스로를 식민 지배로부터 벗어나게 한 저항의 기호로 환원하기 위하여 이 영상을 활용하고 있다고 지적한다.

따라서 이 영상에는 조선왕조의 장례 관습과 일제에 의해 변형된 의례의 양식 및 1926년 당대 경성 도시의 풍경, 대중들의 모습과 당시 분위기를 보여주는 사료로서의 가치와 함께 1958년 이 영상을 활용하여 정권의 정통성과 이미지를 구축하고자 했던 제작 주체의 의도를 파악해볼 수 있는 흥미로운 지점이 공존하고 있다고 하겠다.

▌참고문헌

김지영, 「근대기 국가 의례의 장으로서의 東郊」, 『서울학연구』 36, 2009.
박혜영, 「1920년대 식민지 근대성과 조선영화-〈순종황제 인산습의〉와 〈아리랑〉을 중심으로」, 한국예술종합학교 영상원 예술전문사학위논문, 2013.
천정환, 『끝나지 않는 신드롬』, 푸른역사, 2005.

▌화면묘사

00:01 자막 "BLE"

00:05 자막 "不二貿易株式會社"

00:06 자동차가 줄지어 궁궐문으로 보이는 곳으로 들어감

00:15 1926년 당시 순종황제 장례식장의 풍경. 창덕궁 정문인 금호문의 모습이 보임

00:49 관료로 보이는 사람들이 장례식장에 방문하는 장면

01:11 장례식 당시의 서울 시가지 모습. 말을 탄 일본 순사들이 길가에 있음

01:21	창덕궁 빈전의 모습이 다시 비춰지고 조문 행렬이 이어짐
01:55	칼을 찬 일제 병사들이 도열해 있고 욱일승천기도 보임
01:57	자막 "오월칠일 인산습의"
02:00	순종황제 운구행렬이 보임. 운구행렬이 도로 중앙으로 지나가고 길가에는 시민들이 있음. 운구행렬과 시민들 사이에 일제 병사들이 서 있음.
02:58	순종황제의 시신을 운구하는 것으로 보이는 상여의 모습 보임. 뒤 이어 상복을 입은 사람들이 등장
03:24	상복을 입은 사람이 조문 깃발을 들고 행진
05:23	순종황제 운구 행렬에서 일제 관료로 보이는 사람들이 보임. 뒤이어 따르는 말을 탄 일제 순사들의 모습
06:40	시가지를 빼곡히 메운 사람들

▌ 내레이션

00:15 지금으로부터 32년 전 단기 4259년 봄빛이 무르익어 창경원의 벚꽃이 만발한 4월 26일 날. 이날은 이조 제27대 임금이시고 순종황제께서는 그 한 많고 파란 많은 생애를 끝마치시는 날이었습니다. 이날은 아침부터 창덕궁 정문인 금호문에는 애수에 찬 듯한 숨이 어리어 보는 이로 하여금 가슴을 아프게 하는 것입니다. 비록 왕관을 쓰고 옥좌에 앉은 지 4년 밖에 안 된 짧은 해이지만 왕께서는 항상 망국의 군주라는 뼈저린 번민에 사로잡혀 인민한 생활을 계속한 지 18년에 마침내 쉰세 살에 보수로서 이조 마지막의 막을 나리신 것입니다. 창덕궁 빈전을 둘러싼 보이지 않는 원한과 통분의 그림자가 돌고 있는 것입니다. 순종황제의 승하가 삼천리 방방곡곡에 널리 퍼지기 시작하자 이 나라의 흰옷 입은 백성들은 남자나 여자나 늙은이나 젊은이 할 것 없이 모두가 하늘을 향하야 호곡하며 그 몸은 앞으로 몰려드는 것입니다. 남자들의 침통한 울부짖는 소리와 함께 여자들은 삼단 같은 머리를 풀어 헤치고 단장의 슬픈 울음을 울면서 금호문 앞에 몸부림치는 것입니다. 삼천만 백성이 함께 우는 것입니다. 실로 하늘도 울고 땅도 우는 것이 아닌가? 이것은 단순히 돌아가신 순종 임금님을 추모해서만 우는 것은 결코 아닐 것입니다. 이조의 519년에 사직을 지켜오던 이 임

금님을 섬겨서 나라를 지키고 산천을 지키던 백성들이 하늘이 무너지는 듯이 놀라운 한일 합병하던 날 융희 4년 8월 29일을 향하고는 비록 임금이 왜놈의 강제에 못 이겨 자리에서는 물러났다 하지만 이 나라의 백성들의 가슴에는 우리 임금님이라는 생각이 떠나지 않았습니다. 더욱 순종황제가 생존했음으로 해서 그들은 아직도 내 나라가 있다는 의식을 잃지 않고 간직해 갔던 것입니다. 그러나 마침내 님은 가시고 만 것입니다. 믿고 의지하고 무슨 일이 있든지 이 불쌍한 백성들을 버리지 아니할 줄 알았더니 님은 가시고 만 것입니다. 백성들은 완전히 외로워진 것입니다. 천하의 고아로서 험악한 세상에 내침을 받은 것처럼 외롭고 슬펐던 것입니다. 마지막 가는 이조 519년을 통곡하는 것입니다. 버리고 떠나시는 마지막 임금을 우는 것입니다. 또 외롭고 의지할 곳 없는 자기의 신세를 호곡하는 것입니다. 이 울분과 이 흥분과 이 통곡 속에서 당시 왜놈의 총독을 죽이려고 비수를 빼 들고 달리는 자동차로 달려든 열사도 생기어 났습니다. 그것이 곧 금호문 앞 사건으로 청사에 길이 빛나는 것입니다. 또 그날 순종황제의 대여와 소여가 당상수와 죽산마를 앞세우고 청량리를 향하는 중에 울분한 백성의 입에서는 알지 못하게 흘러나오는 만세 소리는 마침내 저 유명한 6·10만세사건을 빚어낸 것입니다. 뒤에 남겨놓고 가는 외로운 이 나라의 백성들을 어이 남겨놓고 가시는고. 그러나 역사는 흐르는 것입니다. 님 가신지 어언 32년. 그렇게도 나라 잃은 백성들을 불쌍히 보시던 마지막 임금님. 그러나 지금은 당당한 대한민국으로서 어언 10년, 10주년을 맞이하는 것입니다. 길 좌우에 돌리어 선 흰옷 입은 백성들의 눈물의 전별을 받으면서 마지막 임금님의 자취는 519년을 지켜오던 이 강산과 이 서울과 그리고 백성을 버리고 백성들의 아우성 소리도 못 들었는지 입을 다문 채로 천천히 동대문 밖으로 사라지는 것입니다.

식물원을 찾아서

제 명	식물원을 찾아서
출 처	식물원을 찾아서
제 작 국 가	대한민국
제 작 년 도	1958년
상 영 시 간	09분 41초
제 공 언 어	한국어
제 작	공보실
형 식	실사
컬 러	흑백
사 운 드	유

이 영상은 식물원의 각종 식물들을 소개한다. 이 식물원의 식물군은 열대지방의 식물부터 아열대, 온대의 식물까지 분포도가 다양하다. 아울러 식물원이 인간에 끼칠 수 있는 긍정적 영향을 강조한다.

연구해제

〈식물원을 찾아서〉는 창경궁 대온실에 전시된 식물들을 소개하는 영상이다. 영상의 구성을 보면 식물원의 유래를 간략한 역사 지식과 함께 전달한 후 식물원을 찾은 자매의 관람경로를 따라 각종 식물을 설명하는 방식을 취하고 있다. 이 영상에서 보여주는 식물은 하이비스커스(일명 하와이 무궁화)부터, 문주란, 소철, 호랑가시나무, 몬스텔라, 알로에, 선인장, 용설란(일명 백련초), 협죽도, 바나나 나무, 야자수, 미모사(일명 신경초), 레몬나무, 월하미인까지 총 14종에 이른다. 이 식물들을 살펴보면 우리나라를 비롯한 중국, 대만 등의 아시아가 원산지인 식물들과 열대지방의 식물들이 주를 이루고 있는데, 영상에 담았을 때 보다 인상적인 화초나 국내에서 흔히 볼 수 없는 이국적인 식물을 선택했음을 알 수 있다. 영상은 온실 관람을 끝낸 자매의 모습과 함께 "화초는 사람들의 마음의 벗이 될 수 있습니다. 번잡한 거리를 떠나 식물원을 찾아서 말없이 자라는 그들을 볼 때 우리들의 마음은 스스로 부드러워지며 삶에 대한 새로운 의욕을 느낄 수 있습니다."라는 내레이션으로 마무리된다. 감독인 유병희에 따르면 당시 식물원을 소재로 한 이유는 국립영화제작소가 구비한 미첼 카메라 고속촬영 장비를 활용하기 위해서였다. 이러한 고속촬영은 미모사의 움직임과 월하미인의 개화 장면에서 확인할 수 있다.

이 영상의 배경이 된 창경궁 대온실은 순종 3년(1909년) 건립된 "우리나라 최초의 서양식 온실로 건축 당시 동양 최대의 규모"였다. 창경궁 식물원은 한국전쟁으로 피해를 입어 재건 과정을 거쳤는데 영상이 제작된 1958년까지의 복구상황을 살펴보면 다음과 같다. 전쟁 후 창경원의 개원을 앞두고 있던 1954년 1월 김태선 서울시장을 위원장으로 하는 '창경원동식물원 재건위원회'가 발족되어 복구 작업을 거친 후, 1956년 2월 제반 사무를 '왕궁 재산관리청'에 이양했다. 복구 과정에서 문교부 당국을 통해 삼만 달러를 교부 받아 사자, 호랑이 등의 동물을 구입했고, 식물의 경우는 주로 우방들로부터 기증 받앗다. 또한 1954년 6월 대한물산 사장 김용성이 열대지방 식물 150여 종을 수입해 기증했다. 이로써 해방 전 약 300여 종에 이르렀지만 전쟁으로 소실됐던 식물은 1956년 재건 후 약 180여 종까지 회복되었다.

창경원 식물원은 1983년 창경궁 복원 작업에 따라 동·식물원 일부가 남서울대공원에 인계되었고, 복원공사 후에는 자생목본류와 야생화가 전시되고 있다. 창경궁 대온실은 2004년 2월 등록문화재 제83호로 지정되었다.

█ 참고문헌

「창경원동식물원 재건위원회발족」,『경향신문』, 1954년 1월 14일.
「창경원에 열대식물」,『동아일보』, 1954년 6월 27일.
「각국서 진수구입」,『경향신문』, 1954년 8월 9일.
「왕궁관리청에 이양 동식물원재건위」,『경향신문』, 1956년 2월 4일.
이순진, 「유병희 편」,〈문화영화〉구술채록연구팀,『2014년 한국영화사 구술채록연구
　　　　〈주제사〉』, 한국영상자료원, 2012.
창경궁 홈페이지 http://cgg.cha.go.kr/

█ 화면묘사

00:01　제목 자막 "식물원을 찾아서"
00:12　식물원을 찾아간 자매의 모습. 식물원 내부를 구경하는 자매
01:11　하이비스카스(일명 하와이 무궁화)의 모습. 무궁화의 모양과 흡사
01:33　문주란의 모습
02:02　소철의 모습. 잎이 침엽수처럼 가늘고 길게 뻗음
02:45　호랑가시나무의 모습. 오각형의 잎사귀 모양
03:43　몬스텔라의 모습
04:13　알로에의 모습
04:46　선인장의 모습
05:15　용설란(일명 백년초)의 모습. 용설란을 그리기 시작하는 어린 여자 아이

▌내레이션

00:07 　우리 인류들이 식물을 이용하게 된 것은 상당히 오래된 일입니다. 식물원은 이와 같은 유용식물을 손쉽게 이용하기 위해서 생긴 것이 시초라고 하는데 역사에 나타난 것을 보면 기원전 1500년에는 에집트에서, 기원전 400년경에는 그리스에서, 그리고 기원전 100년경에는 이태리에서 각각 식물원이 설립됐다고 합니다.

00:40 　그런데 우리나라에 식물원이 처음으로 생긴 것은 이조 27대 순종황제 시대이며 그 후 이 식물원은 많은 사람들에게 감상을 받아왔습니다. 오늘은 우리도 이 자매들을 따라서 이 속에 수집된 기화여초를 감상하기로 하겠습니다.

01:10 　봄과 여름철에 걸쳐 꽃이 피는 하이비스카스. 일명 하와이 무궁화라고도 불리우는 이 꽃은 우리나라의 국화인 무궁화를 많이 닮았으며 하와이에 대량 분포되고 있습니다.

01:35 　우리나라 서남해안과 흑산도 지방의 해변에서 자라는 문주란은 그 향기가 짙어서 뱃길을 잃은 사공이 20마일 밖에서도 이 향기를 맡고 육지를 찾게 됐다는 말이 전해지고 있습니다.

02:02 　열대지방 전역에 걸쳐 퍼져있는 소철은 고등식물인데 여름에 꽃이 피며 약 20메터의 높이까지 자랄 수 있는 큰 키의 나무입니다. 그리고 마치 고기 비늘과 흡사한 잎의 흔적이 나무 줄기 전면에 남아있는 것은 다른 식물에서 흔히 볼 수

없는 현상입니다.

02:50 산기슭과 양지쪽에서 자라는 이 호랑가시나무는 원래 남아시아산이며 그 키가 크고 사철 푸르릅니다. 특히 가죽처럼 질긴 그 잎은 오각형으로 돼 있고 그 끝은 모두 단단한 가시로 이루고 있습니다.

03:42 멕시코 지방에서 자라는 몬스텔라는 뿌리가 땅 위의 공간에서 뻗어나는 것이 특색이며 그 형태는 마치 탁상 전기 스탠드를 연상케 합니다.

04:13 일반적으로 선인장과 식물과 그 모양이 비슷하며 재배양식도 같은 이 아로에는 잎에서 나는 액체가 몹시 쓰고 또 이것은 신경통 등의 약용으로도 이용하게 되는데 그의 원산지는 남아메리카입니다.

04:45 멕시코가 원산지인 이 선인장은 순수한 열대사막식물로서 수분을 적게 흡수해야만 성장이 빠르고 꽃도 속히 핍니다.

05:11 수분을 싫어하는 또 하나의 열대식물인 용설란은 미국 남부지방과 멕시코에서 자라며 꽃을 피우기가 몹시 싫은지 100년에 한번 정도 꽃을 보이기 때문에 일명 백년초라고도 부릅니다.

05:55 여름철에 고운 분홍색 꽃이 피는 협죽도는 중국 남부지방에 분포되고 포프라나무와 복숭아를 접한 것이라고 합니다.

06:13 우리나라에서는 생산되지 않아 귀한 과실로 알려져 있는 바나나는 열대아시아 지방에서 많이 자라고 있습니다. 보기에는 우리나라 남부지방에서 볼 수 있는 파초와 흡사한 것이나 바나나는 싹이 터서 약 15개월 후면 꽃이 되고 이어서 열매를 맺게 됩니다. 남방지대의 정서를 담뿍 지닌 야자수는 브라질 남부가 원산지인데 그 씨에서 기름을 짜내기 위해 재배도 하지만 보통 야생하고 있는 식물입니다.

07:51 이 어린이가 보고 신기하게 느낀 미모사는 원산지가 남아메리카이며 그 잎이 자극에 민감하기 때문에 일명 신경초라고도 불리우며 여러 나라에서 많이 재배되고 있습니다.

08:09 레몬하면 우리는 곧 시원한 주스를 생각합니다만 남아메리카에서 생산되는 이 레몬도 우리나라에서 겨울철에 적당히 온도만 맞춰줄 수 있다면 레몬의 대량생산도 가능한 일입니다.

08:27 대만을 원산지로 하는 월하미인은 이름 그대로 달빛아래서만 잠시 은은한 향기

와 더불어 하얀 꽃을 피우고 완전히 시들어 버리는 몹시 애련한 꽃입니다.

08:55 지금까지 이 자매를 따라 돌아본 아름다운 꽃과 신기한 나무들 이외에도 이곳에서는 각종 식물들이 아늑한 분위기 속에서 조용히 자라고 있습니다. 화초는 사람들의 마음의 벗이 될 수 있습니다. 번잡한 거리를 떠나 식물원을 찾아서 말없이 자라는 그들을 볼 때 우리들의 마음은 스스로 부드러워지며 삶에 대한 새로운 의욕을 느낄 수 있습니다.

우리 예술사절단 동남아세아로

제 명	우리 예술사절단 동남아세아로
출 처	우리 예술사절단 동남아세아로
제 작 국 가	대한민국
제 작 년 도	1958년
상 영 시 간	20분 51초
제 공 언 어	한국어
제 작	공보처
형 식	실사
컬 러	흑백
사 운 드	유

▌ 영상요약

한국의 동남아시아친선예술사절단이 미군함 LST 호를 타고 1958년 2월 22일부터 4월 14일까지 50여 일 동안 태국, 필리핀, 베트남, 오키나와를 순방해 한국의 군사, 문화예술과 발전상을 소개하는 것을 기록했다.

▌ 연구해제

1957년 한국아세아반공연맹에서는 베트남의 사이공에서 열리는 3차 반공대회에 예술사절단을 파견한다. 이들은 무용단 20여 명과 오케스트라 90여 명(해군 교향악단)으로 구성되어 무용극 〈춘향전〉을 비롯한 군무, 독무, 독창, 교향악 연주 등을 베트남, 태국, 필리핀, 홍콩, 대만 등에서 선보였다. 한국아세아반공연맹 선전부장이었던 이덕하는 예술사절단의 목적이 "반공연맹 회원 상호간의 문화교류와 친목"을 위하여 "친선순방"을 통해 "우리 문화예술을 그들에게 소개하며 아울러 그들 아세아 사람들의 문화예술을 우리가 흡수하여 새로운 아세아문화창조에 힘이 되"려는 것과 또한 "어디까지나 공산주의와 타협공존할 수 없다고 굳건히 느껴진 아세아 각 민족 간의 유대를 강화"하여 "반공을 통한 민간외교의 선봉"이 되고자 하는 것이라고 언급하였다. 예술단은 출항 전 시립극장에서 환송공연을 가졌는데, 환송공연에서 무용극 〈춘향전〉에 대한 거센 비판이 일면서 위기를 맞게 된다. 즉, 조용자, 정인방 등이 꾸린 무용단에 한국을 대표할 자격이 없는 연습생들이 포함되어 있어 수준 미달이라는 비판이 거셌던 것이다. 당대의 대표적 무용가였던 송범, 김백봉 등도 뒤늦게 합류했다가 "자격 없는 무용가들이 포함되어" "불참"하겠다고 항의하면서 결국 출발이 지연되는 물의를 빚었다. 우여곡절 끝에 동남아시아로 순방을 떠났던 예술사절단은 소기의 성과를 거두었다고 평가받았다.

1958년 2월에 제2차 동남아예술사절단이 출발했는데, 1차 때보다 인적, 물적 규모가 증가하여 공진항을 단장으로 한 269명이 2월 23일부터 약 53일간 연주여행을 떠났다. 1차 때 환송공연으로 여론의 뭇매를 맞았던 탓인지, 이번에는 국내 사전 공연 없이 출항 전 환송식만을 거행했다. 이들의 여정에는 국산품 전시, 한국미술작품 전시 및 반공전시 "슬라이드 영사" 등의 계획도 포함되어 있었다. 특히 상공부에서는 "나전칠기 등 각종 공예품 외 백 수십 종을 선정"하여 동남아 예술사절단 파견선인 해군 LST호 함상에서 전시하도록 하여 "우리 상품을 동남아 각국에 선전함과 아울러 수출시장을 개척하는 사명"도 예술사절단에 부과하였다. 그러나 1958년을 마지막으로 더 이상 동남아예술사절단은 결성되지 않았으며, 1960년에는 어린이예술사절단을 조직하고자 경연대회를 개최하기도 하였으나 실제 순회공연을 떠나지는 않았던 것으로 보인다.

〈우리 예술 사절단 동남아세아로〉는 1958년 2월 23일부터 4월 19일까지 베트남, 태국, 필리핀, 홍콩, 대만 그리고 일본의 오키나와에 방문한 예술사절단의 모습을 담고 있다. 동남아시아 각국의 이국적인 풍광과 정취 및 그들의 문화를 소개하는 데도 공을 들인다. 무엇보다 "약진하는 한국"의 위상을 보여주는 전시회와 사진전, 그리고 김백봉의 부채춤을 비롯한 한국의 예술이 그들에게 환영 받는 모습을 통하여 국내 관객들에게 문화적 자부심을 느끼게 하려는 목적도 드러난다. 한편, NARA에서 수집된 〈방콕에서 춤추는 김백봉 여사〉는 이때 방콕에서 있었던 김백봉의 공연실황을 담은 영상으로 주태국미공보원이 제작한 것인데, 한국에서는 주한미공보원이 시작 부분에 영화배우 복혜숙의 인사말을 넣고 한국어 크레딧을 붙여서 제공, 배급하였다.

▌ 참고문헌

「韓國藝術 使節團 市劇서 歡送公演」, 『경향신문』, 1957년 3월 8일.
이덕하, 「젊은 힘의 결속-예술사절단을 보내며-」, 『경향신문』, 1957년 3월 9일.
「멤버의 再檢討를 바람」, 『경향신문』, 1957년 3월 15일.
「22日 仁川出發 東南亞藝術使節團 香港으로」, 『경향신문』, 1958년 2월 19일.
「民族藝術을 誇示」, 『경향신문』, 1958년 4월 15일.

▌ 화면묘사

00:00   제목 자막 "우리 예술사절단 동남아세아로"

00:05   반공회관 "ANTI-COMMUNIST CENTER"에서 상행식을 하는 동남아시아 예술사절단, 참가자들의 만세삼창

00:24   배웅을 받으며 배에 오르는 예술사절단

00:40   자막 "제2차 4291년 2월22일-4월 14일" 항해를 시작하는 배와 배에서 본 바다의

모습

00:54   태극기가 휘날리는 갑판 위에서의 오락회, 권투 시합, 야간의 갑판 위 공연(노래, 꽁트), 박수치는 사람들, 실탄 사격연습, 구경하는 예술사절단 일행

01:42   배 위에서 실탄 사격 연습하는 해군

02:21   하단자막 "월남 사이공", 사이공에 도착한 예술단 하선, 환영하는 베트남인들이 꽃다발을 증정함

02:49   사이공 건물, 도로 등 시내 풍경

03:36   야자수가 우거진 해변가와 주변 휴양시설, 무리 지어 있는 소, 울창한 고무나무 수풀, 수액 추출 모습

04:12   태극기를 휘날리는 해병 의장대 시가지 행렬, 연도에 도열한 시민들과 베트남 군, 한국해군 의장대 시범, 박수치는 베트남군 장성

04:47   신병훈련소에서 한국군인의 시범에 박수치는 베트남 군인들

04:59   밤, 네온 간판 "DAINAM" 한국예술단 공연(대남극장, 3월 5일) 모습(배경음악 "도라지")

05:24   KBS 교향악단의 연주, 한복을 입은 합창단의 노래, 김백봉의 장구춤, 여성들의 검무

06:13   대통령 관저 작은 홀에서 베트남 대통령을 위한 사절단의 특별 공연 모습, 피아노 연주, 무용 등

06:35   단장 공진항 씨가 베트남 대통령에게 한국의 그림 증정

06:45   사이공을 떠나 물살을 가르는 배, 배에서 내려다본 배웅하는 사람들, 베트남의 해변 풍경

07:04   자막 "태국 방콕" 방콕에 도착해 내리는 사절단 일행

07:14   방콕의 유적, 건물, 기념물, 도로, 궁 등 시내 풍경

08:25   다양한 불상의 모습과 시내 왕궁의 모습

08:43   연날리기 대회에서 연을 날리는 사람들

08:54   태국의 각계 귀빈들이 다수 참석해 문화관에서 사절단의 공연이 펼쳐짐, 교향악단의 연주, 합창, 전통 무용, 관객들의 박수

09:47   찬조공연인 태국의 전통무용

09:56   태국에서의 한국현대회화전, 벽에 "CONTEMPORARY KOREAN ARTS" 푯말과

현대회화 2점, 그림을 감상하는 태국인들이 보임

10:11   태국 수상관저 넓은 뜰에서 파티 하는 모습

10:36   태국 충혼탑, 이를 참배하는 예술사절단

10:56   태국을 떠나는 사절단 일행이 배 위에서 손을 흔드는 모습

11:16   자막 "비율빈 마니라" 항구의 건물 외벽에 "9 PORT OF MANILA"라 적혀있음. 항구에서 사절단을 환영하는 필리핀 인파

11:39   김훈 대사를 비롯해 대사관저에서 사절단을 환영하는 야외 파티 모습

11:44   마닐라 시가지 풍경

12:26   공원에 모여드는 필리핀 사람들, 한국해병의장대의 시범 훈련 거행

12:39   라몬 막사이사이 대통령의 묘, 무명전사의 탑, 위자르의 동상이 차례로 등장

13:06   필리핀 대통령 관저에서 예술사절단을 위해 열린 초청파티 모습

13:33   필리핀 현지에서 열린 한국현대미술전시회 모습

13:46   마닐라 대학에서 열린 사절단 공연, 오케스트라 연주, 전통무용 등

14:01   필리핀의 무용을 비롯한 여러 전통 무용공연

14:22   출렁이는 파도를 가르며 항해하는 배의 모습

14:37   자막 "홍콩". 높은 빌딩 배경

14:40   홍콩 시가지 전경, 이층버스, 각종네온 사인이 즐비한 야경

15:14   홍콩대학 강당. 예술사절단의 오케스트라 연주, 남녀 합창단 합창(아리랑, 명산도 등 전통민요), 장구 춤 등

15:50   다시 항해하는 함선의 뱃머리 화면

15:53   자막 "자유중국". 태극기를 흔들며 환영하는 사람들, 폭죽을 터뜨리는 모습과 꽃다발을 건네는 여학생들, 키룽시장으로부터 "중국지우(中國之友)"라 쓰여진 다포를 증정받는 공진항 단장

16:19   수많은 내외 귀빈이 참석한 사절단의 실내 환영회 장면

16:29   대만의 키룽 시가지 풍경, 자전거를 타고 다니는 수많은 사람들

16:51   손문의 동상

16:54   대북시가지에서 행진하는 해군의장대, 광장에서는 귀빈들이 관람하는 가운데 시범 훈련

17:27   대만의 요인들을 만나 환담을 나누는 사절단 일행

17:41	대만 입법원 공연장에서 부채춤 등을 공연하는 사절단
18:07	한국의 실정을 보여주는 사진들이 걸린 전시장, 이를 관람하는 이들
18:26	강당에서 공연하는 사절단의 실내악단
18:38	한국의 상품을 관람하는 대만 관객들
18:56	오키나와 항구를 배경으로 자막 "유구"(편집자주: 琉球, 오키나와의 옛 지명)
19:01	오키나와 시내 모습, 오키나와타임즈 전시장 내 한국의 발전상 사진전시 모습
19:10	미해병대의 사열모습, 한국해병의장대의 시범
19:30	오키나와 시 오리온 클럽 앞 한국 예술사절단 환영 현수막, 공연 직전 극장 앞에 밀려든 인파
19:39	공연장 내 현수막 "韓國芸能團親善沖*公演(한국예능단친선충*공연)", 예술사절단의 합창, 연주, 무용
20:02	함선에서 찍은 바다를 가르며 항해하는 뱃머리
20:09	인천항에 도착한 엘에스티 호, 항구에 귀국을 축하하는 수많은 환영인파, 함상에서의 환영식, 이 민의원장이 공진항 단장을 비롯한 단원들에게 꽃다발을 증정
20:49	악보를 배경으로 자막 "끝 공보실"

▌내레이션

00:05	우리나라의 예술을 통해서 아세아 반공국가 간의 친목을 도모하려는 우리 동남아세아예술사절단의 상행식이 서울시내 반공회관 앞에서 엄숙히 거행됐습니다. 이날 상행식에서 이 민의원 의장을 비롯해서 송 부흥부 장관 등 각계 내빈의 축사와 만세삼창으로 상도를 축하했습니다. 이리하여 공진항 씨를 단장으로 하는 예술의 사도 우리 동남아세아친선예술사절단 일행 270명은 4291년 2월 22일 인천항을 떠나 해군 엘에스티 편으로 역사적인 상도에 올랐습니다.
00:51	함상에 나부끼는 태극기와 더불어 우리 사절단 일행은 오락회 등을 열어 피로를 잊고, 또한 권투 등 경기로서 사기와 힘을 서로서로 북돋우었습니다. 또한 밤이면 우리 교향악단의 맹렬한 선내 연습. 그리고 노래자랑 또는 스타탄생 등의 재미있는 오락을 즐기면서 남으로, 남으로, 항해를 계속했습니다.

01:42 또한 항해 중 계속되는 해군 승무원들의 실탄 사격 연습.

02:21 이리하여 상도에 오른 지 12일간의 긴 항해 끝에 파이로트(pilot)의 안내로 3월 5일 자유월남공화국의 수도이며 안남미 수출항으로서 알려져 있는 사이공 항에 각계 인사들의 환영을 받으면서 상륙하였습니다.

02:49 사이공시의 가지가지의 아름다운 건물들은 우리 일행에게 남방도시의 인상을 깊게 해주었습니다.

03:36 야자수를 위시해서 이름 모를 가지각색의 식물들. 또한 곳곳에선 풀(pool)이 있어서 시원한 느낌을 주었으며, 뜰에서 평화스럽게 노는 물소들은 자라나는 월남의 힘찬 모습을 엿볼 수가 있었습니다. 또한 가는 곳마다 울창한 고무나무의 수풀.

04:14 사이공 시에 상륙한 사절단 일행은 태극기를 앞세우고 우리 해병의장대의 씩씩한 시범 시가 행렬을 거행했습니다. 태양이 내려 쪼이는 혹서 밑에 늠름하게 자유월남의 수도 사이공의 시가를 걷는 우리 국군의 용맹한 모습을 보임으로써 사이공 시민들에게 깊은 감명을 주었으며, 또한 각종 시범훈련은 절찬을 받았습니다.

04:46 또한 사이공의 신병훈련소에서도 역시 우리 해병의장대의 시범훈련은 우리 한국군에 대한 인식을 새롭게 했습니다.

05:06 우리 친선예술사절단의 첫 공연은 사이공 시에서 제일 큰 대남극장에서 3월 5일 개막돼서 일대 성황을 이루었습니다.

05:24 장엄한 KBS 교향악단의 연주, 이경숙 양의 독창, 합창단의 코러스 등 우리의 고유문화와 예술은 사이공 시민들의 열광적인 인기를 집중시켰습니다. 그리고 김백봉 여사의 유아한 고전적인 장고춤은 월남 국민들에게 깊은 인상을 주었습니다. 이어서 그 옛날 화랑의 슬기로운 기백을 상징하는 듯 무대에 벌어지는 씩씩한 검무는 관중들을 감격케 했습니다. 또한 친선예술사절단 일행은 작년에 우리나라에도 방문한 바 있는 월남 대통령을 예방하고 특별공연을 가졌습니다. 이날 대통령 관저에서는 많은 내빈들이 참석한 가운데 교향악과 성수빈 양의 피아노 독주, 고전무용 등 우리예술의 일대 향연이 베풀어져 고 월남 대통령을 비롯해서 많은 손님들로부터 박수갈채를 받았습니다. 이어서 단장 공진항 씨는 월남 대통령에게 우리나라의 그림 한 폭을 증정했습니다.

07:01 이리하여 사이공을 떠난 우리예술사절단 일행은 3월 12일 태국 수도 뱅코크 (Bangkok)에 도착했습니다. 이곳에서도 역시 우리 일행은 열광적인 환영을 받았습니다.

07:26 인구 130만을 가진 아름다운 남국의 불교도시 뱅코크의 시가. 자유우방의 일원으로 힘차게 향상 발전을 계속하고 있는 태국 수도 뱅코크는 거리거리에 활기가 넘쳐흐르고 있었습니다.

07:54 태국은 그 역사를 통해서 한 번도 외국의 침범을 당한 바 없는 자주적인 나라이며 세계 제일의 불교국이라고 할 만치 가는 곳마다 웅장한 사찰이 많은 것이 특색이며 거리를 활보하는 중의 모습을 엿볼 수가 있습니다.

08:26 가지각색의 불상은 세계적으로도 유명하며, 국민들은 불교의 영향을 받아 예의범절도 대단히 엄격합니다. 그러나 무엇보다도 태국에서 매력적인 존재는 웅장하고 아름다운 왕궁이라고 할 것입니다. 또한 재미있는 것은 태국의 연날리기 대회가 우리나라에 못지 않게 성황을 이루어 흥미를 느끼게 했습니다.

08:55 마침내 3월 13일 태국 수상 겸 국방장 타눙시 부처를 비롯해서 태국의회 의장 파나콘 씨 등이 참석한 가운데 미국의 유명한 NBC교향악단도 공연한 바 있는 문화관에서 한국참전동기회 주최로 공연회를 열었습니다. 우리 교향악단의 세련된 연주와 독창, 합창 또한 예술적인 고전무용은 뱅코크 시민을 황홀경으로 이끌어 열광적인 박수갈채를 받았습니다.

09:48 끝으로 찬조공연으로서의 태국인의 고전무용은 우리 일행에게 매우 재미있는 인상을 주었습니다.

09:58 그리고 다음날에는 우리나라 미술품을 이곳 문화관에서 전시함으로써 태국 국민들로 하여금 우리나라 문화에 대한 인식을 새롭게 해주었습니다.

10:16 그리고 수상관저 넓은 뜰에서는 우리 단원일동을 초청해서 파티를 베풀어 화기가 넘쳐흐르는 가운데 우리 단원들은 피로를 잊어버리고 즐거운 시간을 보냈습니다.

10:38 태국의 자유를 위하여 싸우다 쓰러진 용사들을 기념하는 충혼탑. 우리 사절단 일행은 이 탑에 참배하고 경의를 표함과 동시에 충혼탑 제단에 화환을 증정하고 경건한 묵념을 올렸습니다.

11:02 이리하여 인상 깊은 뱅코크의 공연을 마치고 태국국민들의 환송리에 필리핀의

수도 마니라로 향했습니다.

11:18 3월 22일 마니라에 도착한 우리 일행은 김훈 대사, 우리 교포들, 필리핀 주재 미국대사 등 귀빈 다수의 환영과 더불어 박수에 아가씨들이 마련한 화환과 꽃의 세례를 받으면서 상륙했습니다. 그리고 저녁에는 김훈 대사의 초청으로 우리 대사관에서 파티를 가짐으로써 고국에 돌아온 느낌을 맛보았습니다.

11:46 가자만 맥아더 브리지에서 보는 마니라의 시가. 거리거리마다 현대식 고층건물들이 우뚝 솟았고 자동차가 풀 스피드로 달리는 넓은 도로는 깨끗하고 아담하게 포장돼 있습니다. 그리고 싱싱히 푸르른 가로수와 더불어 약진하는 필리핀의 모습을 넉넉히 엿볼 수가 있습니다.

12:26 3월 23일 로레타 공원에 모여드는 시민이 관람하는 가운데 해병의장대의 시범이 절찬리에 거행됐습니다. 위대한 반공투사 고(故) 라몬 막사이사이 대통령의 묘는 깊은 인상을 주었습니다. 필리핀 국민의 독립정신을 상징하는 무명전사의 탑. 자유 ***의 선구자 위자르의 동상.

13:08 저녁노을이 비춰질 무렵 필리핀 대통령 관저에서 대통령 **의 초청파티가 있었습니다. 교향악단의 연주, 칵테일 파티 그리고 우리 합창단의 노랫소리는 화려한 샹들리에와 더불어 보다 아름다운 분위기를 자아냈습니다.

13:31 또한 ** 자동차회사에서는 우리나라 현대미술의 그림전시회를 개최해서 마니라 시민의 대환영을 받았으며 이들에게 한국에 대한 인식을 더욱 깊게 했습니다.

13:46 마니라 극동대학 강당에서 벌어진 우리 예술사절단의 다채로운 공연은 여기서도 절찬을 받았습니다.

14:01 한편 필리핀 특유의 가지각색의 남방 무용은 이국적인 풍미와 더불어 재미로운 시간을 갖게 했으며 양국 간의 여러 가지 예술의 향연은 한미 두 나라의 친선과 우의를 더욱 두텁게 했습니다.

14:30 마니라를 떠난 일행은 때 아닌 거센 풍랑으로 말미암아 열여섯 시간이나 고생한 끝에 3월 28일 국제도시 홍콩에 도착했습니다.

14:44 세계 각국사람들이 넘나드는 국제도시 홍콩의 거리는 유달리 번화하고 여기를 달리는 이층전차는 더욱 이채로왔습니다. 또한 네온싸인으로 화려하게 장식하는 홍콩의 밤이 깃들면 아롱지게 꾸며진 항구도시는 이국정서가 넘쳐흐릅니다.

15:14 우리 예술사절단은 이날 오후 9시부터 홍콩대학 강당에서 제1회 공연을 가졌으

며 아름다운 이곳의 밤을 더욱 아름답게 수놓았습니다. 특히 이남수 씨가 지휘하는 우리 합창단의 아리랑, 명산도 등 민족정서가 흐르는 노랫소리는 청중들의 감*를 연발케 했습니다. 그리고 우아한 우리 고전음악이 장내에 흐르고 여기에 맞추어 우리 민족정서가 깃든 아름다운 장고무용 역시 절찬을 받았습니다.

15:54 홍콩을 떠나 우리 예술사절단 일행을 실은 해군 엘에스티는 4월 3일 자유중국의 키룽 항에 도착했습니다. 키룽 부두에는 우리 김홍일 대사를 비롯해서 키룽시장과 수많은 교포와 자유중국 국민들이 태극기를 흔들고 환영하는 장면은 이채를 띄웠으며 꽃다발의 증정 또 키룽시장으로부터 중국지우(中國之友)라는 글씨가 쓰여진 다포가 공진항 단장께 증정되었습니다. 이어서 환영회가 벌어졌습니다.

16:29 아담하고 남국적인 정서가 드는 키룽의 시가. 이곳에서 특색을 띄우는 것은 대부분의 시민들이 자전거를 애용하여 마치 시가지는 자전거의 전시장과 같은 느낌을 주었습니다. 자유중국의 국부 손문 선생의 동상은 이 나라 국민의 영광스러운 미래를 말해주는 듯 했습니다. 대북(臺北)시 한복판을 태극기를 앞장세우고 용감스럽게 행진하는 우리 해병의장대. 총성부합 광장에서 자유중국 국방장관 사열이 엄숙히 거행됐으며 여기서도 우리 해병의장대의 씩씩한 시범을 전개함으로써 대한국군의 용단을 마음껏 과시했습니다.

17:27 여로를 풀 사이도 없이 단장과 부단장은 김홍일 대사의 안내로 부총통 신승 씨를 예방하여 환담을 교환했습니다. 그리고 우리 예술사절단 일행은 입법원****에서 내빈 다수와 시민의 환영리에 대예술제전을 베풀었습니다. 특히 우아한 고전음악의 흐름과 더불어 전개되는 고상하고도 아름다운 김백봉 여사의 고전무용은 절찬에 절찬을 받았습니다.

18:07 또한 약진하는 한국의 이모저모를 소개하는 사진전시회가 입법원 의장 내에서 전시됐는데 대북시장을 비롯해서 많은 시민들이 관람했습니다.

18:27 대북 화평동로에 자리 잡은 사범대학 강당에서는 우리 사절단의 실내악단이 한국이 서린 곡목을 연주함으로써 청중의 감탄을 연발케 했습니다.

18:39 한편 엘에스티 선내에서는 식기, 인형, 죽 제품 등 가지각색의 우리나라 국산품이 전시돼서 많은 관람객들을 찾아오게 하여 우리나라 산업의 약진상의 이모저

모를 인식케 했습니다.

09:01 우리 예술사절단의 마지막 공연의 땅 오끼나와에 도착한 것은 4월 8일. 오끼나와타임즈의 전시장에서 사진전시회를 가짐으로써 약진 대한민국의 발전상을 소개했습니다. 그리고 이곳에서는 이 해병 제3사단장의 사열과 아울러 포슬비가 나리는 가운데 우리 해군의장대의 시범훈련은 다대한 성과를 거두었습니다. 우리예술사절단이 나하(那覇, 오키나와) 시에 도착하자 시내의 인기와 여론을 총 집중시켰으며 오리온클럽 극장 앞은 보기 드문 인파의 성으로 말미암아 경찰까지 동원되는 실정이었습니다. 여기서도 우리민족의 정서가 다분히 풍기는 합창과 교향악단의 세련된 연주 또한 무용은 나하 시민들의 대환영을 받았습니다.

20:01 이렇게 예정된 여정을 무사히 끝마친 일행을 싣고, 엘에스티는 함수를 북으로 돌려 귀로에 올랐습니다. 그리하여 50여 일간의 긴 여정을 마치고 4월 14일 마침내 그리운 고국의 항구 인천항에 상륙 귀국했습니다. 이날 오후 2시부터 인천 부두 함상에서 사절단의 환영식이 거행됐는데 이 민의원 의장의 환영사. 이어서 단장 공진항 씨를 비롯해서 단원들에게 꽃다발이 증정됐습니다. 또한 이 민의원의장은 단원들과 일일이 악수를 나누어 그들의 노고를 치하했습니다. 그의 우렁찬 만세소리는 우리 동남아세아예술사절단의 빛나는 업적을 축하하는 듯 했습니다.

가정 교도원

제 명	가정 교도원
출 처	가정 교도원
제 작 국 가	대한민국
제 작 연 월 일	1959년 11월 30일
상 영 시 간	18분 56초
제 공 언 어	한국어
제 작	공보실
형 식	실사
컬 러	흑백
사 운 드	유

영상요약

한 가정교도원이 1년간 농촌 여성들의 의식주 전반에 걸친 가정생활 재교육을 실천하고 결실을 맺는 과정을 극화하여 보여준다.

연구해제

이 영상은 대학을 졸업하고 가정교도원이 되기로 결심한 주인공이 수원 농사원에서 3개월 동안 농촌생활개선 전문지식을 교육받고 군 농사교도소 가정교도원으로 부임한 뒤, 농촌의 생활개선을 위해 노력하는데 점차 변해가는 마을 사람들과 그들의 생활환경을 보며 보람을 느끼게 되었다는 내용을 담고 있다. 이 영상은 가정교도원 제도가 시작되던 당시의 조직화와 교육과정, 농촌 각 가정에서 생활개선사업이 처한 현실적 어려움과 성과 등을 잘 담아내고 있다.

우리나라에서 체계적인 생활개선지도사업을 시작하게 된 것은 1957년부터였다. 농촌생활개선지도사업은 농사원 발족을 계기로 추진되기 시작했는데 이 과정에는 1955년 내한했던 미국 미네소타대학교 농과대학의 메이시 학장 일행의 보고서가 중요한 역할을 담당했다. 이들은 내한 당시 농사교도사업 시범방안에 관한 보고서를 제출했는데, 그중 가정교도전문가 시몬스가 한국농촌을 현지답사하고 생활개선사업 실시의 구체적 방안을 건의했던 것이다. 이에 따라 농사교도사업의 3대사업 중 하나로 농촌생활개선지도사업이 국가사업으로 채택되었고, 농사원 농촌가정과의 설립과 함께 각도 농사원에 생활개선기구가 설립되었다. 1958년 2월에는 생활개선 전문기술원 채용시험이 실시되었고, 도농사원 및 시군농사교도소에 배치할 가정교도원 채용시험을 각도 농사원에서 실시했다. 이에 따라 1958년 4월, 도농사원(2명씩)과 73개소의 시군 농사교도소에 가정교도원 91명을 훈련, 배치하면서 이 사업이 본격적으로 시작되었다.

가정교도원의 활동이 개시되던 1958년은 한국전쟁의 파괴로부터 안정을 되찾고 각 분야에서 부흥작업이 진행되던 시기였다. 새 삶에 대한 의욕과 새 지식에 대한 요구가 높았던 시기이기도 했으므로, 가정교도원을 포함한 농사교도원은 지처에서 환영을 받았다. 가정교도원은 농촌의 의식주생활 및 보건위생 등 '생활 합리화'를 위하여 농촌 주부들을 지도하는 것을 임무로 했다. 1958년에는 2개 군에 1명 정도의 가정교도원이 배치되어, 인력이 심각하게 부족했을 뿐 아니라 생활개선지도사업도 처음 시작되어 체계를 갖추지 못한 상태였다. 이들 지도원은 자신들이 그 방법을 모색해 나가며 고군분투했다. 무엇보다 가정 내에서 여성들의 지위, 경제권 등이 매우 낮았기 때문에 사업 진척이 어려웠다. 농민들의 보수적 생활태도, 가족 관계에서 여성지위의 열등함, 생활개선 문제에 관한 남성들의 이해와 협조 부족, 지방 유관기관과의 협조미비 등이 가정교도원들의 교도사업을 방해하는 요인들로 지적되었다.

그럼에도 이들의 활동은 점차 활기를 띠어갔는데, 초창기 생활개선의 주요과제는 간이작업복 만들기, 영양학적으로 균형 잡힌 식생활, 우물과 변소 및 부엌 개량, 표준주택 설계전시, 여자 4H클럽 부원의 가사과제 지도, 생활개선을 위한 부녀클럽(생활개선구락부) 육성지도 등이었다. 그중 개량메주 만들기, 아궁이 개량, 밥상덮개 만들기 등은 상당한 실적을 올렸다. 또한 생활개선 활동을 위한 농촌부녀자들의 자발적 학습단체인 생활개선구락부의 수도 지속적으로 증가하여 처음에는 전국에 80여 구락부가 조직되었는데 1958년 말에는 418개로 증가했다. 1960년까지 구락부 수는 해마다 약 400~500개씩 증가했고, 부원수도 매년 4천~5천 명씩 증가했다. 이 사업은 1962년까지 진행되다가, 1962년 농촌진흥법이 공포되고 이에 따라 농사원이 농촌진흥청으로 확대, 개편되면서 농촌진흥청 사업으로 흡수되었다.

참고문헌

농촌진흥청, 『한국농촌지도사업 발전과정』, 1979.
한봉석, 「1950년대 말 농촌지도의 한 사례」, 『역사문제연구』 19, 2008.
허은, 「1950년대 후반 지역사회개발사업과 미국의 한국 농촌사회 개편 구상」, 『한국사학보』 17, 2004.

화면묘사

00:00   제목자막 "가정 교도원" 위로 농촌의 길을 자전거 타고 달리는 여성
00:06   농촌 전경과 여성의 얼굴 교차 화면
00:31   한옥 대문으로 자전거 들고 들어가는 여성

00:40	방 안에 들어가 책상 위 초에 불을 켜고 이마에 손을 올리는 여성
01:17	교도일지 쓰는 교도원
01:42	교도원 활동을 하는 사진
01:47	과거의 교도원 얼굴로 화면 변화. 가정 교도원이 되기 위한 복장 수업 듣는 교도원
01:53	복장 수업 강의하는 강사
02:21	옷본을 자르고 재봉틀을 돌리며 옷 만드는 학생들과 학생들 사이를 돌아다니며 교육하는 강사
02:52	식품영양 강의하는 강사
02:58	강사가 가르치는 수업 교재 "애기들에게 무엇을 먹여야 하나? 보리쌀의 암죽, 우유나 계란, 채소나 과일즙"
03:03	음식 만드는 교도원과 학생들 그리고 조언하는 강사
03:11	주먹밥 만드는 교도원
03:18	군 농사교도소 전경
03:22	교도소 내 사무실에서 근무하는 직원들
03:31	소장에게 교도계획 보고하는 교도원
04:06	군 내 지도 가리키며 이야기하는 소장과 경청하는 교도원
04:11	4291년이라고 표기된 지도 클로즈업
04:17	초가집들이 있는 농촌 마을 전경
04:29	여성 주민과 대화하는 교도원
04:46	농가에 들어가는 교도원
04:56	툇마루에 앉아있는 남성과 아기 업고 절구질 하는 순이 엄마
04:58	순이 엄마에게 다가가 인사하고 설명서를 건네주며 이야기하는 교도원
05:25	교도원에게 화내는 순이 아버지
05:30	순이 엄마에게 인사하고 돌아서는 교도원
05:35	다시 절구질 하는 순이 엄마
05:41	동네 길을 걷다 빨래 너는 여성을 도우며 이야기하는 교도원
06:00	아이 안은 여성에게 이야기하는 교도원
06:10	명길 엄마와 웃으며 대화하는 교도원

06:34 빨래터에서 빨래하는 여성들에게 모임 참석 권유하는 교도원

07:13 복장제작 강의하는 교도원과 수업 듣는 여성들

07:56 여성들에게 "농가주부의 간단한 요리법"이라는 책자 나눠주는 교도원

08:14 마루에 모여 앉아 요리 실습하는 교도원과 여성들. 요리하는 모습 뒤로 보이는 설명 패널 "바퀴과자, 재료 밀가루 2컵, ** 1수저, 소금 1/3 수저, 파잎사귀 조금"

08:41 접시 위 바퀴과자에 설탕 뿌리는 모습

08:46 마을에서 놀고 있는 아이들 앞을 지나가는 교도원

09:08 순이 집에 들어와 마루에 앉아 울고 있는 순이 안아주는 교도원

09:18 부엌에서 나와 교도원에게 아이 받아 마루에 앉는 순이 엄마와 그 옆에 앉는 교도원

09:35 우는 순이 머리 쓸어주며 아기장 권유하는 교도원

09:44 마당으로 들어와 순이 업고 나가는 순이 언니

09:49 교도원에게 손 내저으며 거절의사 밝히는 순이 엄마

09:55 집으로 들어오는 순돌이

10:03 바지가 찢겨 들어온 순돌이를 나무라는 순이 엄마

10:07 보자기 풀어 아동용 활동복 꺼내어 활동복의 필요성 설명하는 교도원

10:20 손 내젓는 순이 엄마

10:25 냇가에서 빨래하는 순이 엄마와 여성들

10:43 빨래터에서 일어나 떠나는 순이 엄마와 여성

10:53 돌다리 건너는 순이 엄마와 여성

11:03 마당에서 수동 나무 세탁기로 빨래하는 명길이네 가족

11:10 명길의 집 마당으로 들어오는 순이 엄마와 여성

11:23 세탁기 사용법 설명하는 명길 엄마와 이야기 듣는 순이 엄마와 여성

11:44 세탁기 내부 모습

11:50 교도원에 대해 이야기하는 명길 엄마

12:05 명길 집 나서는 순이 엄마와 여성

12:26 툇마루에서 4H 소녀 부원들에게 뜨개질 가르치는 교도원의 모습을 담 밖에서 바라보는 순이 엄마

13:10   아기가 놀고 있는 아기장 앞에 앉아 뜨개질 하는 명길 엄마

13:17   명길 집 안으로 들어와 명길 엄마와 대화 나누는 순이 엄마

13:39   커튼이 쳐져 있는 창문과 아기장이 있는 명길 집 안 모습에 대해서 이야기하는
        순이 엄마와 명길 엄마

13:51   우물 뚜껑에 망치질하는 명길 아빠에게 다가가는 순이 엄마와 명길 엄마

13:59   우물 뚜껑 들어 우물 안을 본 후 명길 엄마와 대화 나누는 순이 엄마

14:16   동네 여성들에게 월례회에 참가하자고 권하고 다니는 순이 엄마

14:49   자전거 타고 달려오다 내려 자전거 바퀴 살펴보는 교도원

15:18   집 앞에서 일하고 있는 남성에게 자전거 맡기고 걸어가는 교도원

15:39   10여 명의 여성들이 마루에 모여 앉아있는 모습

15:45   대문 열고 들어오며 놀라 웃는 교도원

15:50   여성들 앞에 서서 인사하고 강의하는 교도원

16:11   앉아있는 여성들과 가운데 앉아 있는 순이 엄마

16:17   밥상 덮개 들고 설명하다가 밥상 덮개를 순이 엄마에게 건네는 교도원과 밥상
        덮개 받아 들고 웃으며 이야기하는 순이 엄마

16:40   앞에 앉아있는 명길 엄마와 대화하는 순이 엄마

16:47   재킷 들고 만드는 법 설명하는 교도원

16:58   마을의 게시판에 붙어있는 게시물 "코레라 뉴캣슬 병을 예방"(주사기 그림)과
        "영화의 밤, 부인들의 오늘의 화제, 때: 4월 12일, 곳: 생활구락부" 보며 이야기
        하는 여성들

17:17   양계장 철망을 손보는 여성과 땅을 가는 남성 그리고 닭에 모이 주는 소년

17:40   바람개비 들고 대문 안으로 뛰어 들어가는 순돌이

17:44   순이 집 안의 변화된 모습. 아기장 안의 순이, 순돌이 반기는 순이 엄마, 개량
        복 매무새 만지는 순이 아빠

17:57   아기장 옆에 앉아 장 앞에 매단 나무 인형 흔들어 순이와 놀아주는 순이 엄마
        와 웃으며 쳐다보는 순이 아빠

18:06   순이 아빠의 개량복 단추 잠궈주며 웃으며 대화하는 순이 엄마

18:16   토끼장 안의 토끼에게 먹이를 주는 순돌이

18:22   일어나는 순이 엄마와 웃으며 고개 끄덕이는 순이 아빠

18:26   교도일지 쓰는 현재 교도원의 모습으로 화면전환

18:48   교도일지 덮는 교도원

18:52   한미협조 마크 위로 자막 "끝"

▍ 내레이션

00:11   저는 농촌 가정 살림의 개선을 도와주는 군 가정교도원입니다.

01:11   오늘도 하루의 일을 마치고 돌아온 저는 몸은 좀 피로했으나 마음은 자못 즐겁습니다. 제가 교도원으로 일한 지 어느덧 일 년이 되었나 봅니다. 그동안 처음에는 여러 가지 애로도 많았으나 날이 갈수록 개선되어가는 마을 살림은 제 마음을 즐겁게 해주었습니다.

01:50   작년 사월이었습니다. 농촌에서 태어나서 농촌에서 자라난 저는 대학을 졸업하자 농촌의 생활개선을 위해서 일할 수 있는 가정 교도원이 되고저 이를 지원했습니다. 가정 교도원으로 선정된 저는 다른 동료들과 같이 수원 농사원에서 약 삼 개월 동안 농촌의 생활개선에 관한 전문 지식을 강습 받았습니다.

02:29   값 싸고 편리한 방한복 만들기를 비롯해서 영양이 많은 음식 만들기, 부엌의 개량법 등 하나하나를 배워나갈 때마다 멀지 않아 명랑해질 농촌 풍경들이 우리들의 마음을 벅차게 했습니다.

03:21   강습을 마친 저는 이곳 군 농사 교도소 가정 교도원으로 부임했습니다. 이곳에 부임한 저는 먼저 군 내 각 부락의 생활상을 조사하여 교도 계획을 세우고 소장의 격려를 받는 가운데 저의 교도원 생활은 시작되었습니다.

04:18   농촌 살림을 개선해 보겠다는 큰 포부를 가지고 처음 찾아온 곳이 이 마을입니다. 그러나 이 마을에는 너무나 개선할 일이 많았기 때문에 무엇부터 시작해야 할 지 몰랐습니다. 그래서 먼저 모임을 갖는 것이 중요한 일이라 생각한 저는 이 집 저 집 부인들을 찾아 다니면서 제가 여기 나온 취지를 설명하고 우리의 살림을 개선하지 않으면 안 된다는 것과 모임에 참석해 줄 것을 권유해봤습니다. 그러나 동리 부인들은 그리 달갑게 여겨주지 않았습니다.

05:16   더욱이 제가 순이 집에 들렀을 때 순이 엄마는 도시 무관심 했으며 순이 아버지는 몹시 화난 어조로 "이렇게 바쁜데 어딜 나가. 여자들이 하는 일은 별로 신

통한 일이 없어." 이렇게 말하는 것이었습니다. 저는 몹시 낯이 뜨거웠습니다. 그러나 저는 여기에 실망하지 않고 또 다른 부인들을 찾아다니며 모임에 참석해 줄 것을 권유해봤습니다.

06:12 한편 제가 명길 엄마와 이웃에 사는 몇몇 부인들을 찾아갔을 때 그들은 저의 말을 선뜻 이해하고 모임에 참석해 줄 것은 물론 저와 같이 생활개선을 위해서 일하기를 약속해주었습니다.

06:45 이 마을에 찾아온 첫 날은 그저 온 마을 부인들을 찾아다니며 저의 임무를 설명하고 며칠 후의 모임에 참석해주기를 권유하는 것으로 끝났습니다.

07:16 며칠이 지난 어느 날 저는 명길 엄마와 몇몇 부인들만이 모인 조그마한 회합을 가졌습니다. 좀 더 많은 부인들이 모여주기를 바랬으나 뜻과 같이 되지 않았습니다. 그래서 할 수 없이 저는 이들에게만이라도 부인용 방한복과 그 밖에 몇 가지 어린이 옷에 관해서 친절히 교도했습니다.

07:50 특히 저는 명길 엄마가 제가 설명하는 것을 열심히 듣고 있는 것을 알았습니다. 그래서 저는 앞으로 이 마을에서 일해 가는 데 명길 엄마 같은 부인의 도움이 필요하다고 느꼈습니다.

08:20 오늘의 과제는 요리 실습입니다. 요리는 역시 부인들의 관심을 끄는 문제이니만치 이날의 모임은 시간가는 줄 모르고 재미있게 지났으며 다음 모임에 대한 얘기도 주고받았습니다. 드디어 마을 살림이 조금씩 개선된 것이 눈에 뜨이기 시작했습니다. 조금씩이나마 그러나 확실히 몇몇 부인은 새로운 생각을 받아들여 실천에 옮겼습니다. 단지 또 고집만 부리는 순이 엄마가 걱정이 되는군요.

09:11 오늘도 또 저의 발길은 순이네 집을 찾았습니다. 집안에 들어섰을 때 순이는 마루 위에서 울고 있었습니다. 온 집안 이 구석 저 구석이 모두 어수선해 보였습니다.

09:32 지금 저는 순이 엄마에게 순이를 위해서 애기장을 권유해봤습니다. 그러나 순이 엄마는 여전히 우리 같은 사람이 그런 것을 해 뭣하느냐고 우겼습니다.

09:56 이때였습니다. 이 집 아들 순돌이가 심한 장난 끝에 옷을 찢겨 집에 들어왔습니다. 이것을 본 순이 엄마는 몹시 화를 내서 순돌이를 꾸짖었습니다. 바로 이때라고 생각한 저는 마침 가지고 온 어린이 활동복을 꺼내 들고 장난이 심한 아이들에겐 이런 활동복을 해 입혀야 된다고 말해주었습니다만 그래도 순이 엄

마에겐 별로 반응이 없었습니다.

10:26 날이 차차 풀렸습니다. 들판엔 새싹이 파릇파릇 움트기 시작한 어느 날이었습니다. 빨래터엔 순이 엄마와 몇몇 부인들이 빨래를 하고 있었습니다. 그동안 저는 이 마을에 와서 이들에게 방한복이라든지 작업복이며 음식 만들기며 여러 가지를 얘기해주었는데 지금쯤 저들은 제가 말한 데 대해 얘기나 하고 있는지 모르겠습니다.

11:11 빨래를 마치고 돌아가던 길에 명길이 집 앞을 지나던 순이 엄마는 세탁기로 빨래하고 있는 명길 엄마에게 들렀습니다.

11:42 세탁기에 관해서 몇 마디 말을 주고받은 다음 명길 엄마는 순이 엄마에게 "이 교도원에게서 배워보세요. 얼마나 살림이 편해지는지 모릅니다"라고 말해주었습니다.

12:06 이 말을 듣고 난 순이 엄마는 "정말 그럴까. 정말 이 교도원에게서 배우면 살림이 편해질까." 이렇게 생각하면서 명길이 집을 나섰습니다.

12:28 그때 제가 4H 소녀 부원들에게 뜨개질을 가르치고 있는 것을 순이 엄마가 보고 있다는 것을 알았습니다. 순이 엄마의 호기심이 커감에 따라 저는 또 다른 희망을 가질 수 있었습니다. 그가 나를 이해하고 나를 따라올 날이 있을 것입니다.

13:19 어느 날 아침 순이 엄마는 명길 엄마를 찾아왔습니다.

13:39 집안에 들어서자 그는 여러 가지 변화를 보았습니다. 명길이 놀고 있는 애기장이며 이모저모가 예전에 보던 것과는 달랐습니다. 또한 명길이 아버지는 이제 막 우물뚜껑을 만들어 놨습니다. 순이 엄마는 명길 엄마에게 칭찬을 애끼지 않았습니다. 뿐만 아니라 그의 마음속에는 새로운 무엇을 배워보겠다는 생각이 일어나기 시작했습니다. 한편 명길 엄마도 며칠 후에 있을 월례회에 꼭 참석해 달라고 부탁하는 것이었습니다.

14:24 월례회가 있다는 말을 듣고 난 순이 엄마는 자기가 이 회합에 참석함은 물론 온 동리 부인들이 다 같이 참석하도록 이 집 저 집 돌아다니며 이 사실을 알리고 오늘부터 교도원에게서 배워 우리의 살림을 개선하자고 말하는 것이었습니다.

14:53 한편 저는 이날 월례회에 참석하고저 명길이네 동리를 찾아오는 길이었습니다.

15:18 공교롭게도 자전거가 고장이 나서 할 수 없이 길가 집에 자전거를 맡겨 놓고 먼 길을 걸었습니다.

15:48 그런데 이날은 놀랍게도 많은 부인들이 벌써 모여서 제가 오기를 기다리고 있었습니다.

16:13 그리고 바로 앞에 순이 엄마가 앉아 있었습니다. 저는 이 순간 함께 일하는 사람들의 신임을 받는다는 것이 얼마나 즐거운 일인가를 맛볼 수 있었습니다. 이분들과 같이 밥상덮개 만드는 법을 실습하는 동안 이들은 저의 교도 생활을 이해하기에 이르렀으며 앞으로 이룩해보기로 했습니다.

17:01 그 후 이 마을 부인들은 생활구락부도 조직하고 자기 집을 개선하기에 바빴습니다. 그리고 제가 좀 더 이 마을에 자주 찾아주기를 바라는 한편 한 달에 두 번씩 있는 월례회를 기다리기까지 했습니다. 제가 이 마을을 찾아온 지 1년이 지났나 봅니다. 이제 제가 처음 이 마을을 찾아왔을 때의 초라하고 힘없던 모습은 새롭고 명랑한 모습으로 바뀌었습니다.

17:49 더욱이 끝내 고집만 부리던 순이 엄마와 순이 아버지까지 생활 개선에 앞장을 서서 자기 집은 물론 이 마을을 즐겁게 하는 데 많은 노력을 해왔습니다. 오늘도 개량복으로 갈아입고 즐거워하는 이들에게선 수개월 전의 살림에 지친 모습은 사라졌습니다. 이 얼마나 즐거운 모습들입니까.

18:37 마을 사람들이 즐거워한다는 것, 그것은 또한 저의 즐거움이기도 한 것입니다. 내일은 또 〈부인들의 오늘의 화제〉라는 영화를 보여주어 그들을 기쁘게 해주렵니다.

건강한 어머니와 어린이

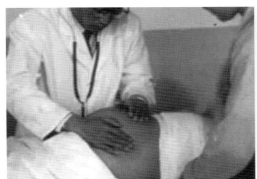 

제 명	건강한 어머니와 어린이
제 작 국 가	대한민국
제 작 년 도	1959년
상 영 시 간	18분 01초
제 공 언 어	한국어
제 작	공보실
형 식	실사
컬 러	흑백
사 운 드	유

▌영상요약

한 농촌 여성이 보건소에서 도움을 받은 사례를 극화하여 여성의 임신과 출산, 신생아 질병 예방 등에 대한 상식을 전달한다.

▌연구해제

이 영상은 임신 중에 보건소를 처음 방문하게 된 한 여성이 내레이터로 등장하여, 임신, 육아를 위해 반드시 보건소를 주기적으로 방문해야 한다는 것을 권고하고, 보건소에서 시행하고 있는 갖가지 예방주사와 건강 검진, 위생 교육 영화 상영 등의 프로그램을 홍보한다.

1951년 "우리나라가 선진국으로부터 보건에 관한 많은 기술적, 경제적 원조를 받고 있는 실정"에서 "특히 전쟁으로 인한 의료시설의 복구와 전쟁동포에 대한 시급한 의료대책을 수립"「국민의료법 제정 이유문」하기 위하여 국민의료법이 제정되었다. 법 제정에도 불구하고 당시 한국정부의 공중보건 체계는 매우 허약한 상황이었다. 인력과 재정의 부족에 더하여 휴전 직후(1953년 12월) 위생업무를 경찰이 담당하게 됨으로써 보건행정체계가 이원화된 문제도 있었다. 위생행정이 보건사회부로 다시 이관된 시점은 1960년 10월이었는데, 위생업무를 경찰이 담당했던 것은 일제 시기의 행정 체계로 이승만 정부는 이를 극복하지 못하고 유지, 반복했던 것이다. 1950년대 위생과 보건에 대한 노력은 한국 정부보다 주한민사처(KCAC)와 운크라(UNKRA) 및 한미재단 등 원조기구들에 의해 이루어진 측면이 컸다. 이들은 보건 위생, 사회복지 분야에 대한 물적 지원뿐 아니라 인적 자원 양성에도 심혈을 기울였다. 전문 의료인력 양성을 위해 해외 의료진의 파견, 대학졸업자들의 해외 파견 등이 이루어졌으며, 한미재단의 지원으로 1953년 9월 보건학교가 만들어지기도 했다.

한편, 한국전쟁 이후 많은 의료 수요가 발생하고 있는 상황에서 민간의 의료자원이 제대로 형성되어 있지 않았기 때문에 국가의 공공의료 행정조직으로서 보건소가 중요한 역할을 담당해야 하는 실정이었다. 여기에도 주한민사처의 역할이 지대했던 것으로 보인다. 미국은 전후 한국사회에 대한 보건위생과 사회복지 활동을 미국의 대외적 위상 강화를 위한 선전소재로 파악했으며, 이에 따라 한국의 보건복지 행정능력 구비와 향상이 주한민사처의 주요 목표 중 하나로 설정되었다. 주한민사처에서는 국민보건 시행의 기초가 되는 보건소의 역할과 지위에 대한 국가의 규정이 보다 명확해지기를 원했고 따라서 한국 정부와 협의하여 '보건소법'을 제정하고 공포하는 데 큰 영향을 미쳤다. 보건소법이 제정됨에 따라 국민 보건관리 기초조직의 지위와 기능이 법제화되었다. 1956년 제정된 보건소법은 입법목적으로 "질병의 예방진료와 공중보건의 향상을 도모"하기 위하여 보건소를 설치할 수 있음을 명시하고 있다. 실질적으로도 보건소는 일반적인 보건에 관한 광범위한 활동뿐 아니라 경제적 여건이나 지역적 편차로 인하여 민간의료가 담당하지 못하였던 국민들에게 주요한 진료기관으로 기능하였다. 주한민사처 지방팀의 위생담당자들은 주한미공보원 등과 협조하여 지역의료인들을 대상으로 한 교육프로그램을 실시하였으며, 일반대중들에게는 강연, 포스터, 시연(demonstration), 자료배포, 영화상영 등 다양한 공보매체를 통해 공중 보건위생 사항을 숙지시켰다. 이 영상에서도 "영화의 밤, '부인들의 오늘의 화제'" 포스터가 붙어 있는 장면과 내레이션을 통해 영화상영을 통한 위생 교육의 현장이 드러난다.

이와 같은 상황에서 제작된 〈건강한 어머니와 어린이〉는 보건소의 활동과 유용성을 홍보하고 병의 치료뿐 아니라 예방과 교육도 이루어져야 함을 임산부의 검진과 출산, 양육의 사례를 통하여 보여주고 있다. 또한, 한미협조 엠블럼이 영화 마지막 장면에 쓰인 것을 찾아볼 수 있다.

참고문헌

박지용, 「보건의료에 대한 헌법적 기초로서 개념적 및 역사적 접근」, 『헌법학연구』 19, 2013.

허은, 「1950년대 전반 미국의 '생체정치'와 한국사회 헤게모니 구축」, 『한국사연구』 133, 2006.

화면묘사

00:01   제목 자막 "건강한 어머니와 어린이"
00:07   한옥 집에서 나와 장바구니 들고 걸어가는 용길 엄마

00:32	몸이 안 좋아 다리 위에 기대는 용길 엄마에게 다가와 보건소에 같이 가자고 데리고 가는 철수 엄마
01:08	"경기도립 고양군 보건소" 현판이 붙은 건물로 들어가는 용길 엄마와 철수 엄마
01:19	응급치료실로 들어가 보건간호원과 의사의 부축 받아 침대에 누워 진찰 받는 용길 엄마
02:35	컵에 물을 떠와 용길 엄마에게 먹이는 보건간호원
03:06	의사에게 철수의 진찰 받는 철수 엄마
03:21	침대에서 일어나 가려는 용길 엄마를 말리는 의사와 보건간호원
03:53	차트를 보며 임신 중에 주의할 점을 알려주는 의사. 차트의 내용 "임부에 있어서의 증세, 69% 증세가 있는 임부, 31% 증세가 없는 임부"
04:07	보건소사업에 관한 차트 보여주며 설명하는 의사. 차트의 내용 "보건소사업 보건소는 다음 사람을 관장한다 (보건소법 제2조) 1. 전염병 기타 질병의 예방진료 및 그 만반 방지에 관한 사항 2. 모자보건에 관한 사항 3. 학교보건에 관한 사항 4. 보건위생과 산업보건에 관한 사항 5. …"
04:16	인큐베이터에 들어가 있는 아기와 병에 걸린 아기들의 모습
04:33	의사에게 진찰 받는 산모들의 모습
04:46	가정 방문해서 산모들을 돕는 보건간호원의 모습
04:55	보건소에서 아기의 체중 재는 보건간호원
04:59	보건소사업에 관한 차트 보며 설명하는 의사와 경청하는 용길 엄마
05:04	보건소 복도에 진열된 음식물 모형들을 가리키며 용길 엄마에게 설명하는 보건간호원
05:28	등록계에서 접수하는 용길 엄마
05:50	체중을 재는 등 철수의 신체검사 받는 철수 엄마
06:20	등록계원과 이야기하는 용길 엄마
06:28	임산과에서 혈압을 재고 소변검사를 하는 등 보건간호원에게 예비 검진 받는 용길 엄마
08:00	의사에게 구강, 복부 촉진 등 진찰을 받는 용길 엄마
09:44	소변 검사 결과 가지고 들어오는 보건간호원과 단백질이 섞여 있어 치료해야 한다고 말하는 의사. 진찰을 계속 받는 용길 엄마

11:02	차트를 보며 이야기하는 보건간호원. 차트 내용 "임신 중에 지켜야 할 사항 1. 적당한 유식을 할 것입니다. 2. 각종 영양 있는 음식물을 먹어야합니다. 3. 심한 노동이나 운동을 삼가야합니다. 4. 보건소에 자주 찾어와서 진찰을 …"
11:20	"임산부 분포도"라고 쓰인 군 내 지도 위에 용길 엄마의 주소를 표시하는 보건간호원
11:42	용길 엄마의 집에 찾어와 용길 엄마를 살펴보는 보건간호원
12:33	보건소에서 진찰 받는 용길 엄마
12:50	태어난 용길과 누워 있는 용길 엄마를 돌보는 보건간호원
13:31	용길 엄마 집에 찾어와 용길과 아기 엄마를 살펴보고 진찰하는 보건간호원
14:42	보건소에서 체중 재는 등 신체검사를 받고 예방주사를 맞는 용길
16:18	모자보건 강의실에서 아기 목욕시키는 법을 듣는 용길 엄마, 철수 엄마와 여러 아기 엄마들
17:56	한미협조 마크
17:58	자막 "끝"

내레이션

00:18	나는 용길이 엄맙니다. 용길이를 뱄을 때의 일입니다만 어느 날 장에 갈려고 집을 나섰습니다. 마을 앞 다리까지 왔을 때 갑자기 몸이 이상해지더니 다리가 휘청거리기 시작했습니다. 억지로 몸을 가눌려고 애써보았지만은 더 걷지 못하고 정신없이 난간에 기대었습니다. 얼마나 지났는지 누가 어깨를 흔들기에 고개를 돌려보니 건너 마을 철수엄마의 얼굴이 둘 셋으로 흐려 보이는 것이었습니다. 철수엄마는 나의 증세가 심상치 않다 하면서 자기도 마침 보건소에 가는 길이라면서 같이 가자고 했습니다.
01:28	철수 엄마는 나를 응급치료실로 안내하고 의사선생님께 다리에서 일어난 일을 설명했습니다. 얘기를 듣고 난 의사선생님은 우선 진찰을 해보자고 했습니다.
02:19	그리고 의사선생님은 자세히 나의 증세를 진찰하기 시작했습니다.
02:40	진찰을 마친 다음 임신 중에 흔히 있는 현기증이니 물을 마시고 조금 쉬면은 나을 것이라고 하면서 보건간호원에게 나의 간호를 부탁하고 철수엄마에게로

갔습니다.

03:08 철수 엄마는 철수의 정기진찰 때문에 왔다고 말했으며 의사선생님은 애기를 돌 봐주는 것이었습니다.

03:24 보건간호원이 준 물을 마시고 나니 정신이 들면서 갑자기 집안일이 걱정이 되어서 침대에서 일어나 주춤주춤 걸어 나갔습니다. 이러한 나를 본 보건간호원과 의사선생님은 놀라며 나를 붙들고 임신 중에 무리를 하면은 좋지 않을 뿐만 아니라 자주 보건소에 나와서 진찰을 받아야 한다고 말했습니다. 그러나 나는 그것을 거절하고 가겠다고 우겨댔습니다. 의사선생님은 임신 중에 잘못하면은 얼마나 무서운 병이 생긴다는 것을 모르기 때문이라고 하고 우리나라 임신부의 69퍼센트가 나쁜 증세를 가지고 있다고 하면서 임신 중 조심하지 않으면 애기를 지우기도 하고 달을 채우지 못하고 낳기도 하며 애기를 낳은 다음에도 잘 길르지 않으면은 폐병, 영양부족, 백일해, 디프테리아 등 무서운 병을 일으켜서 귀여운 애기를 잃게 되는 것이라 했으며 보건소에서는 이런 병을 예방하기 위해서 건강한 어머니라도 정기적으로 진찰을 해서 임부의 건강상태를 유지하도록 하며 보건간호원을 집에 보내서 분만을 돕는 것은 물론 분만에 필요한 것을 준비시키기도 한다는 것이었습니다. 그뿐만 아니라 어린아이가 웬만큼 자라면은 보건소에 오게 해서 정기적인 진찰을 하는 동시에 어머니들에게는 모자보건에 대한 의학지식을 배워준다는 것이었습니다. 의사선생님의 설명을 듣고 나는 보건소에 다녀 볼 생각이 들어 등록을 하기로 했습니다. 등록계에 가는 길에 보건간호원은 복도에 진열된 여러 가지 음식물을 가리키며 산모와 유아에게 적당한 음식물이라고 알려주었습니다. 등록계에 가니 철수엄마가 철수의 등록을 마치고 유아과로 가려는 참이었습니다.

05:52 나중에 들은 얘깁니다만 내가 등록을 하는 동안 철수 엄마는 철수의 천식검사를 받고 있었다 하며 철수가 보건소에 다니기 시작한 후 나날이 건강해지고 무럭무럭 자라는 것을 기뻐하고 있었습니다.

06:28 나는 수속절차를 밟아 등록을 마치고 곧 임산과로 안내되어 보건간호원의 예비진찰을 받게 되었는데 나는 간호원의 질문에 따라서 나의 임산경력과 병력에 대해서 자세히 설명했으며 보건간호원은 그것을 일일이 적었습니다.

06:55 그리고 보건간호원은 이런 진찰이 귀찮을지 모르나 이렇게 해야만 보건소에서

증세를 잘 알아서 나를 돌보아줄 수 있다고 했습니다. 보건간호원은 나의 체중을 측정하고 다시 혈압측정을 해보자고 했습니다.

07:41 그것이 끝나자 보건간호원은 나에게 소변을 받아오라고 했습니다.

08:09 다음 나는 다시 의사선생님께로 가서 재진찰을 받았습니다. 의사선생님은 예비진찰 결과를 살핀 다음에 나의 입과 눈 그리고 목 등을 진찰하고 임신 중에는 철분이 많이 필요하니 미역, 김, 감, 계란, 메르치(멸치), 생선 등을 많이 먹도록 권했습니다.

09:06 다음 침대에서 복부 촉진과 청진을 받았는데 태아의 위치와 심음 즉 태아의 숨소리가 정상적이라고 했습니다. 의사선생님의 말을 듣고 나는 좀 두렵기도 했습니다만은 이런 진찰을 받는 것이 부끄럽고 또 집안일도 바빴으므로 그만 돌아가겠다고 일어났습니다.

09:40 그러나 의사선생님은 놀란 표정으로 나를 잡는 것이었습니다. 그때 보건간호원이 검사를 마친 나의 소변을 가지고 들어왔습니다. 의사선생님은 그것을 자세히 들여다보더니 단백질이 섞여있다고 말하면서 이런 증세를 임신 중에 미리 치료하지 않으면은 *간이나 임신중독에 걸리기 쉽다고 하며 나에게 보여주는 것이었습니다. 나는 몹시 불안한 마음으로 계속 진찰을 받기로 했습니다. 의사선생님은 곧 나의 다리를 진찰했는데 부종 증세가 있다고 해서 나는 더욱 놀랐습니다. 그러나 의사선생님은 이런 증세는 다리를 쳐들고 쉬거나 영양 있는 음식을 먹으면은 치료될 것이니 크게 걱정할 것은 아니라고 일러주었습니다.

10:54 진찰이 끝난 뒤 의사선생님은 나에게 엑스광선 사진을 찍으라고 했으며 이에 앞서 보건간호원은 임신 중에 지켜야 할 일을 설명해주었습니다. 첫째로는 적당한 휴식을 취할 것, 둘째 영양 있는 음식을 먹을 것, 셋째 과로하지 말 것, 넷째 보건소에 자주 나와 진찰을 받을 것 등이었습니다. 설명이 끝나자 보건간호원은 나의 주소를 물어 지도 위에 표식을 하면서 한 번 나를 찾아보겠다고 하는 것이었습니다.

11:47 석 달 후 그러니까 나의 분만예정일로부터 약 한 달 전에 보건간호원은 우리 집을 찾아주었습니다.

12:23 보건간호원은 분만에 필요한 물건들이 잘 준비되어 있는가를 일일이 조사했습니다. 그리고 분만에 지장이 없는가를 간단히 진찰한 다음 보건소로 가자고 했

습니다. 의사선생님은 나의 배를 청진하고 모든 것이 정상적이니 분만에 지장이 없을 거라고 했습니다.

12:59 한 달 후 나는 예정대로 분만하게 되었는데 병원에 입원할 형편이 못되었고 또 우리 마을에는 조산원도 없었으므로 보건간호원이 집에까지 와서 분만을 도와주었습니다. 나는 보건간호원의 극진한 도움으로 순산하게 되었으며 더구나 옥동자를 낳게 되었습니다.

13:35 그로부터 보름 후 보건간호원은 다시 찾아왔습니다.

13:53 그리고 애기와 나의 건강상태를 살폈습니다.

14:17 보건간호원은 애기 목에 땀띠가 돋았다고 하면서 앞으로 정기적으로 보건소에 나와 진찰을 받을 것을 간곡하게 부탁하는 것이었습니다.

14:44 그 후부터 나는 매달 한 번씩 보건소에 찾아가서 애기의 무게와 키, 머리 가슴 둘레 등 종합적인 신체검사를 받았습니다.

15:03 그리고 보건소에서는 애기에게 우유 멕이는 법이라든가 그밖에 애기 기르는 데 필요한 의학지식을 가르쳐주었습니다. 그리고 나는 귀여운 애기가 나날이 자라나는 것을 보는 것이 큰 기쁨의 하나가 되었습니다.

15:48 또 보건소에서는 종두, 디프테리아, 백일해, 파상풍 등의 질병을 예방하기 위해서 여러 가지 소독약을 주기도 했습니다.

16:23 그날 마침 모자보건에 관한 정기 강의가 있었습니다. 강의실에는 여러 어머니들 틈에 철수 엄마도 보였습니다. 오늘은 애기 목욕시키는 법에 대한 강의였습니다. 이 보건소에 자주 나와서 지도를 받는 어머니와 애기는 모두 건강하고 명랑했습니다.

17:34 그러나 한편 우리나라 어머니들의 7할이 무료로 누구에게나 진찰과 치료를 제공하는 보건소를 이용하지 않기 때문에 뜻하지 않은 여러 가지 병으로 고통을 받게 된다는 것을 생각할 때 나는 보건소에 나오게 된 것을 큰 다행이라고 다시금 느꼈습니다.

대관령의 겨울

제 명	대관령의 겨울
출 처	대관령의 겨울
제 작 국 가	대한민국
제 작 년 도	1959년
상 영 시 간	08분 31초
제 공 언 어	한국어
제 작	공보실
제 공	공보실
형 식	실사
컬 러	흑백
사 운 드	유

영상요약

썰매와 스키를 타고 학교를 다니고 스키 시즌을 맞아 관광객이 방문하고 스키대회가 열리는 대관령의 겨울 모습을 기록함

연구해제

이 영상은 새봉에서 지릉에 이르는 대관령의 겨울풍경을 성황당, 축산시설, 서당, 스키장 등의 특징적 장소와 함께 지리적 설명을 곁들여 보여주는 자료이다. 〈대관령의 겨울〉은 1950년대 제작된 공보실 영화과의 문화영화 중에서 유일하게 지역의 풍경을 소개하고 있는 영화로 당시 겨울마다 화제가 되었던 대관령의 스키어(skier)와 스키대회를 중심 소재로 다루고 있다.

영화는 눈 쌓인 대관령의 전경과 함께 "강릉에서 원주로 넘어가는 첫 고개로서 태백산맥에 속하는 높은 지대"라는 지리적 설명으로 시작된다. 이어지는 대관령의 세부적인 모습은 과거와 현대의 대비를 통해 연출된다. 과거 모습을 유지하고 있는 성황당과 댕기머리의 서생들이 공부하는 서당이 "재래종 소와 면양의 품종개량과 증식, 가축 방목에 대한 시험연구"를 진행하는 중앙협산시험장 대관령지원과 현대식 교회 그리고 초등학교의 모습과 대비되어 보인다. 대관령 겨울의 가장 특징적인 모습인 썰매시합과 스키대회 또한 신구의 대비를 통해 소개된다. 교통수단으로 썰매를 타는 지역 주민들과 스키복장을 한 도회인들이 버스에서 내려 스키를 타러 가는 모습은 1950년대 후반 전통과 현대가 공존하는 대관령의 모습을 특징적으로 잘 보여주고 있다.

영화 외적인 측면에서 보면 〈대관령의 겨울〉은 공보실 영화과가 제작한 첫 번째 시네마스코프(cinema scope, 2.35:1의 화면비율) 영화이다. 이것이 중요한 의미를 띠고 있다는 것은 타이틀 자막 등장 전 "시네마스코프 공보실 제공"이라는 자막을 통해서도 드러난다. 시네마스코프로 제작된 이 영상이 중요한 이유로는 두 가지를 들 수 있다. 첫 번째는 한국 상업영화와의 관련성이다. 한국영화에서 첫 번째 시네마스코프 영화는 대한일보의 홍찬이 사장으로 재직했던 수도영화사가 1958년 제작한 이강천 감독의 〈생명〉이다. 이 영화는 최초의 시네마스코프 영화였음에도 불구하고 기술적인 미비로 흥행에 성공하지 못했고 현재 필름도 남아있지 않다. 〈생명〉 이후 1961년 〈성춘향〉(신상

옥)과 〈춘향전〉(홍성기) 전까지 시네마스코프 영화는 제작되지 않았는데 그 이유는 시네마스코프 촬영용 아나모픽 렌즈(anamorphic lens)를 수도영화사만 보유했기 때문이었다. 시네마스코프 영화 〈대관령의 겨울〉이 중요한 이유가 바로 여기에 있는데 당시 공보실 영화과가 아나모픽 렌즈를 보유하고 있었다는 사실을 알려주는 영화이기 때문이다. 공보실 영화과가 상업영화도 갖추지 못한 기자재를 구비하게 된 것은 1957년부터 1958년까지 진행된 한미양국경제조정관 보도기술개량사업 덕분이었다. 테드 코넌트 콜렉션의 〈Welcome to Motion Pictures〉(1958)에 따르면 이 보도기술개량사업으로 공보실 영화과는 "ICA 원조금 9만 1천여 불로 미첼(Mitchell) 동시녹음 촬영기 부속품 등을 도입하고 정부 예산 22만 8천불을 더해 자동현상기와 고속도 인화기, 시네마스코프 렌즈, 줌 렌즈 등을 들여왔다." 그리고 국립영화제작소의 전신인 영화제작소 건물을 완성했는데, 이 보도기술개량사업에 사용된 "정부 예산의 원조 총액은 47만 5천불"이었다.

이에 따라 〈대관령의 겨울〉은 원조사업의 혜택으로 최첨단 설비를 갖춘 공보실 영화과가 시네마스코프 장비를 활용하기 위해 기획된 문화영화였음을 확인할 수 있다. 아름다운 대관령의 설경과 이색적인 스키대회는 시네마스코프 화면에 담아내기에 적절한 소재였음을 알 수 있다. 또한 현존하는 1950년대 시네마스코프 영화라는 것에도 의미를 둘 수 있다.

참고문헌

「눈을 정복하는 사람들, 대관령은 스키야들 활무대」, 『경향신문』, 1958년 1월 25일.
「스키이야에 낭보, 대관령 일대 강설」, 『동아일보』, 1960년 1월 17일.
김미현 외, 『한국 영화기술사 연구』, 영화진흥위원회, 2002.

화면묘사

00:01   자막 "시네마스코프"
00:03   자막 "공보실 제공"
00:08   제목 자막 "대관령의 겨울"
00:16   눈 덮인 대관령의 모습

00:37 눈 덮인 새봉의 모습

00:45 스키 타고 내려오는 두 사람

00:58 스키 타던 사람들이 산 위에서 대관령 전경을 바라보는 모습

01:16 눈 속에 꽂혀 있는 팻말 "대관령 해발 865m ** ** 어서오십시오 강능경찰서"

01:20 눈 덮인 대관령의 전경

01:30 새봉의 성황당 모습

01:51 중앙협산시험장 대관령지원의 소와 면양들 모습

02:22 썰매와 스키를 타는 어린이들

02:29 눈을 치우고 장작을 패는 주민들

02:48 저장해놓은 옥수수와 감자를 꺼내는 여성들

03:09 무명옷 입고 머리를 땋아 늘어뜨리고 서당으로 향하는 서생들

03:43 서당에서 공부하는 서생들

03:56 스키 타고 등교하는 초등학생들. 운동장에서 눈싸움하는 학생들의 모습

04:36 지릉의 능선에서 썰매 시합하는 사람들

04:51 주일예배를 보러 교회 가는 어린이들

05:15 제설 작업하는 트랙터

05:29 버스에서 스키 장비를 들고 하차하여 스키 타러 가는 사람들

06:01 지릉의 스키장에서 스키 탈 준비를 하는 사람들

06:26 스키 연습을 하고 스키대회 코스를 활강해 내려오는 사람들의 모습

07:59 눈이 녹기 시작하는 대관령의 모습

08:26 자막 "끝"

▌ 내레이션

00:24 대관령의 겨울은 모든 것이 흰 눈 속에 잠드는 계절. 새봉 지릉의 산에도 눈이 쌓이고 산마루 이 집 저 집이 눈 속에 덮일 무렵이면 나는 계절 따라 찾아오는 철새처럼 매년 이곳을 찾아옵니다.

01:02 대관령은 강릉에서 원주로 넘어가는 첫 고개로서 태백산맥에 속하는 높은 지대입니다. 해마다 12월 초가 되면 이곳에 첫눈이 내리기 시작하여 새봉 같은 높

은 곳에는 다음해 4월 초순까지 눈이 쌓여있습니다.

01:27 새봉에서 좀 내려오면 성황당이 있습니다. 이 성황당 자리는 대관령의 지금의 새길이 나기 전 옛길의 길목이었으며 지나가는 길손들의 안전을 가호하는 산신을 모시고 있습니다. 이곳에서 좀 내려오면 중앙협산시험장의 대관령지원이 있습니다. 이 대관령지원에서는 주로 우리나라의 재래종의 소와 면양의 품종개량과 증식 그리고 가축의 방목에 대한 시험연구를 하고 있습니다.

02:19 눈이 내리기 시작하면 어린이들은 썰매나 스키를 탈 수 있게 되어 즐겨 날뛰고 강아지는 까닭 없이 좋아합니다.

02:32 그러나 대관령의 겨울은 모든 것이 눈과 더불어 긴 휴식을 갖게 되는 계절입니다. 함박눈이 그칠 사이 없이 내리기 시작하면 집 주변은 눈 동산을 이루고 나뭇가지에는 흰 눈꽃이 핍니다. 이럴 때는 이웃 간에 오고 가는 사람도 없고 이곳 사람들은 집안에서 강냉이와 감자를 먹으며 겨울이 가기를 기다릴 뿐입니다.

03:14 대관령 기슭의 새로운 현대교육은 아는지 모르는지 한학만을 배우기에 여념이 없는 한 서당이 있습니다. 이곳 글방의 서생들은 머리를 잘라서는 안 되며 옷도 흰 무명옷밖에 입지 못하게 되어 있습니다. 선인의 법과 예의를 그대로 이어서 후세에 전하려 하는 것이 서당을 차린 이유라는 이 글방은 현재 십오 명의 머리를 길게 땋은 총각과 몇 사람의 어른들이 논어, 맹자를 열심히 외우고 있습니다.

03:55 글방에서 한 고개를 넘어서면 이와는 대조적인 현대식 국민학교가 있습니다. 눈이 많이 오는 곳이면 어디나 마찬가지이겠지만은 이곳 아이들은 대부분은 스키를 타고 학교에 옵니다. 손발이 어는 추운 날도 아이들은 추운 것을 모르는 것입니다. 눈사람을 만들고 때로는 눈싸움이 벌어져서 일대 열전을 이루기도 합니다.

04:32 지릉의 능선 위에 눈이 쌓이면 이곳에서는 매년 썰매 시합을 합니다. 썰매는 스키의 원시적인 것으로 겨울철 눈이 많은 이곳 사람들에겐 없어서는 안될 교통 하나인 것입니다.

04:55 매주 일요일이 오면 이곳에도 교회의 종이 울리고 아이들은 주일예배를 보기 위해 모여듭니다.

05:11 대관령에 겨울이 오면 자동차는 일방통행입니다. 오전에는 강릉에서 올라오고

오후에는 강릉으로 넘어가게 되어 있습니다. 허나 눈이 많이 내리는 날이면 제설작업이 끝날 때까지 모든 교통은 두절됩니다.

05:34 해마다 스키 시즌이 되면 많은 사람들이 스키를 즐기기 위해서 대관령을 찾아옵니다. 이때가 되면 한산하던 대관령에도 가지가지 색깔의 스키복장을 차린 도회인들이 웅성대어 순백한 설원의 하나의 이방지대를 이룹니다.

06:01 일년 내 방치되어 있던 지릉의 스키장의 산장에도 또 다시 주인이 찾아 들어 쌓였던 먼지를 털고 불 꺼진 아궁이에 새로이 불을 지름으로써 궁벽한 이 산중에 사교장으로 등장하게 됩니다.

06:23 이곳에서는 매년 전국체육대회 동기 스키대회와 전국 스키선수권대회 두 차례의 스키대회가 거행됩니다.

06:41 대회 날이 가까워오면 더 많은 사람들이 모여들고 이곳 저곳에서 모두들 스키연습에 여념이 없습니다.

07:15 활강, 회전연습도 하며 나무 사이로 빠지기도 하고 때로는 장거리연습도 합니다.

07:52 스키대회가 끝나고 나면 모두들 돌아갈 준비를 합니다. 어떤 사람은 한 달을 있었고 어떤 사람은 두 달을 이곳에서 지냈다고 합니다. 이때가 되면 눈 속에 덮인 개울에 맑은 물이 흐르기 시작하고 눈꽃이 핀 나뭇가지에 새움이 틉니다. 이것은 대관령에도 또 다시 봄이 찾아올 날이 머지않음을 말하는 것입니다.

발전은 협력에서

제 명	발전은 협력에서
출 처	발전은 협력에서
제 작 국 가	대한민국
제 작 년 도	1959년
상 영 시 간	15분 33초
제 공 언 어	한국어
제 작	공보실
형 식	실사
컬 러	흑백
사 운 드	유

영상요약

태풍으로 재해를 입은 농촌의 한 마을에서 사람들이 힘을 합쳐 둑을 쌓아 마을을 재건했다는 실화를 극화하여 보여준다.

연구해제

〈발전은 협력에서〉는 빈번히 수해로 피해를 입던 강원도 명주군 강동면 모전리 주민들이 힘을 모아 제방을 건설해 마을 재건에 성공한 실화를 바탕으로 한 문화영화이다. 배석인과 함께 1950~1960년대 공보실 영화과(1961년 이후의 국립영화제작소)를 대표하는 양종해 감독이 연출했다. 이 영상은 공보실 영화과와 주한미국경제협조처(USOM)가 '한미 경제 조정에 관한 협정'에 따라 공동 제작한 문화영화이다.

영화는 여러 면에서 실화를 각색하고 있다. 군선강 상류에 자리한 지리적 여건 때문에 해마다 일어났던 홍수는 "어느 해 일어난 급작스러운 수해"로, 7년에 걸쳐 이루어진 제방 건설은 3년에 걸쳐 이루어진 것으로, 실화의 주인공인 박익동 이장은 방 이장으로 각색되었다.

〈발전은 협력에서〉는 화면과 내레이션 조합이라는 기본적인 공보실 문화영화의 틀을 갖추고 있으며, 모전리의 이야기는 재연을 통한 드라마로 구성되었다. 극중에서 화자 역할을 하는 청년과 이들에 반대하는 주민 등의 주요 배역은 연기학원 출신의 무명 연기자들이 맡았고, 실화의 주인공들인 박익동 이장과 모전리 마을 주민들이 직접 출연해 연기했다. 이야기의 구성은 몇몇의 각색을 제외하면 실화에 바탕을 두고 이루어진다. 이장의 뜻을 따르는 청년들과 반대하는 청년들이 갈등 끝에 힘을 모으고, 모든 주민들이 돌을 날라 제방을 완성해 평화롭고 희망찬 마을을 이룩해낸다는 메시지를 전달한다.

'한미협조' 타이틀을 달고 제작된 이 영화는 농촌 지역의 이동영사를 통한 농촌지도훈련과 직접적인 관련을 맺는 농촌의 구습 타파와 지도·협동을 통한 재건에 큰 비중을 둔다. 공보실 영화과는 1958년부터 1960년까지 〈발전은 협력에서〉를 필두로 '농촌 지도'를 주제로 하는 다수의 문화영화를 제작했는데 이것은 당시 "미국 주도의 농촌사회 개편"을 목표로 하는 지역사회개발사업의 일환으로 볼 수 있다. 영화 곳곳에서도 이러한 목표가 드러난다. 제방을 완성한 후 마련된 군의 축하행사에서 군수는 남녀 부락 지도원을 소개하는데 이들을 통해 생활이 개선되고 있다는 것을 마을에 설립된 유치원과 가마니를 짜는 여성들의 모습 등을 통해 보여준다. 실제 모전리의 경우도 '지역사회개발중앙위원회'의 지원을 받아 '모전리 지역사회개발계'가 조직되어 문화관, 도정공장, 창고, 공동재봉소, 수력발전소 등이 건설되었고, 주방 개량사업이 진행되었다. 이러한 모전리의 발전과정은 〈부락은 밝아오다〉(양종해, 1961), 〈우리마을〉(양종해, 1963)에서 또 다른 이야기로 각색되었다.

내용적인 측면 외에도 〈발전은 협력에서〉는 공보실 영화과의 대표적인 문화영화 중 한 편이라고 할 수 있다. 이는 앞서 설명한 실화를 바탕으로 드라마화한 문화영화의 전형이기 때문이기도 하지만 〈둑〉이라는 제명으로 1960년 도쿄에서 개최된 제7회 아시아영화제에서 비(非)극영화 부문 기획상을 수상해 최초로 해외영화제에서 수상한 문화영화로 기록되었기 때문이다.

▌참고문헌

「신고(辛苦)7년! 새 낙토를 건설, 가난과 수마로부터 온 마을 구출」, 『경향신문』, 1961년 7월 23일.
공영민, 「양종해」, 한국영상자료원 편, 『한국영화사구술총서03 : 한국영화를 말한다 ─ 한국영화의 르네상스』 2, 이채, 2006.

▌화면묘사

00:00 먹구름 낀 하늘
00:01 농촌의 마을길을 걸어가며 하늘 쳐다보는 지게 진 진식과 바구니 든 여성이 지나가는 집 마당에서 술을 먹고 있는 마을 주민 남성들
00:05 진식에게 술을 권하는 주민들과 쳐다보고 지나가는 진식과 여성
00:17 비 오는 밤, 처마 밑에서 하늘을 쳐다보는 진식과 여성
00:26 동네 주민의 "진식이, 진식이. 빨리 오게."라는 대사와 함께 비 맞는 나무와 비가 세차게 내리는 땅의 모습
00:32 불 켜진 집 향해 손짓하며 남성이 소리 지르는 모습. "빨리들 나와요. 앞 냇가

에 제방이 터졌어요."

00:34 방 안에서 나오는 진식과 계속해서 손짓하는 남성

00:38 비를 맞으며 뛰어가는 사람들과 진식의 모습과 동네 주민의 외침. "제방이 터졌어요."

00:50 물이 마당까지 차오른 집에서 나오는 사람들과 떠내려가는 소를 잡아끄는 남성

01:08 방에서 나와 허리까지 찬 물 사이를 걸어 나가는 할머니와 소년과 진식

01:26 창고까지 수영해서 짐 받아 나오는 진식과 그 뒤에 짐 들고 나오는 또 다른 남성

01:56 집 밖 언덕에서 밥 짓고 있는 여성과 남성에게 다가와 인사하고 이야기 나누는 방 이장

02:20 실내에서 부락 회의하는 방 이장과 마을 사람들

02:31 하나 둘씩 자리에서 일어나 떠나는 마을 사람들

03:00 한숨짓는 방 이장의 모습

03:05 길에서 주민과 이야기하는 방 이장

03:14 야외에서 부락 회의하는 방 이장과 마을 사람들

03:24 제방이 빗물에 깎여 내려간 냇가의 모습

03:27 마을 사람들 둘러보며 이야기하는 방 이장

03:32 실내에서 부락 회의하는 방 이장과 마을 사람들. 칠판에 그림 그리며 설명하는 방 이장. "여기가 산이고 물이 이렇게 빠져나갑니다. 그러므로 여기서 여기까지만 둑을 쌓으면 우리는 우선 홍수를 막을 수 있습니다."

03:43 방 이장에게 삿대질 하며 이야기하는 주민. "아, 이 사람아. 얼마나 큰 둑을 쌓아서 홍수를 막겠는가?"

03:47 삿대질 하며 이야기하는 장 서방. "아니 그럼 둑을 쌓는 몇 해 동안 우린 굶어 죽으란 말인가?"

03:52 고개 끄덕이며 답변하는 방 이장. "사실 옳은 말입니다. 나두 일이 손쉽게 되리라곤 생각지 않습니다. 그러나 온 마을 사람이 전부 협동을 해서 일 한다면 될 수 있는 일이라고 생각합니다."

04:07 주민들 사이에서 삿대질하며 이야기하는 장서방의 모습. "여보, 그런 일은 군이나 도에다가 협조를 요청하면 될 일이 아니겠소, 어?"

04:13 답변하는 방 이장. "물론 군이나 도에서 도와줄 수 있을 겁니다. 그러나 우리들이 할 수 있는 일을 해보지도 않고 정부에서 해주기만 바라는 마음을 버려야 합니다."

04:18 방 이장의 이야기 듣는 주민들과 담배 피며 삿대질하고 이야기하는 장 서방. "아이, 이 사람아. 몇 해 동안 둑을 쌓아서 홍수를 막을 수 있단 말인가?"

04:30 이야기 듣는 주민들의 모습과 "안 될 일이지. 되긴 뭐가 돼?"라는 말소리

04:32 이야기하는 방 이장. "삼 년간이오. 삼 년만 고생하면 우리들 자손 대대로 잘 살 수 있을 것을 그래 삼 년이 길단 말이오?"

04:40 담배 피며 이야기하는 인구. "그러나 저렇게 황폐된 냇가에 둑을 쌓는다는 것은 불가능한 일입니다."

04:45 팔 내저으며 이야기하는 남성. "아, 안 되고 말구. 불가능한 일이야. 안 돼."

04:48 이야기하는 방 이장. "불가능? 해보지도 않고 불가능이란 말이오? 우리들이 여기 모인 온 마을 사람들이…"

04:53 심각한 표정으로 이야기 듣는 마을 사람들

05:18 쟁기 등의 기구를 들고 냇가를 걸어가는 마을 사람들의 행렬

05:29 손짓하며 이야기하는 방 이장

05:31 돌을 날라 둑을 쌓는 사람들

06:25 둑을 쌓고 있는 곳에 모여 앉아 이야기하는 사람들

06:35 사람들에게 되지도 않는 일을 하지 말라며 둑을 쌓는 것을 방해하는 장 서방과 인구

07:06 마을 사람들에게 와서 이야기하는 방 이장과 진식

07:27 방 이장에게 항의하는 말을 하는 마을 사람들. "해결을 좀 지어주시오. 에?" "*** 못하겠소." "어떻게 되는 거요, 이게 당최" "이거 좀 와서 뭐 해주시오. 이걸 좀. 에?"

07:36 마을 사람들을 진정시키며 이야기하는 방 이장. "앉으시오. 앉으시오. 여러분 여러분의 심정은 나도 잘 알고 있습니다. 그렇지 않아도 여기에 대해서 나도 여러 번 생각한 바 있습니다. 이 문제는 제가 책임지겠습니다."

07:56 소를 팔기 위해 가는 방 이장

08:13 길에서 인구를 만나 이야기하는 장 서방과 인구. "여보게 인구. 어, 인구. 사실

은 어제 일은 우리가 아마 잘못한 거 같애. 오늘 아침에 들으니 이장이 동리를 위해서 자기 소까지 팔았다네." "그래요?" "자, 인구. 우리 이러지 말고 방 이장 말 대로 우리도 협력을 하세."

08:46 밥 짓는 여성들과 머리에 돌을 지고 나르는 여성들과 둑 쌓는 남성들

09:56 둘러앉아 춤추고 박수 치며 즐기는 사람들. 배경음악 "정선아리랑"

10:13 바구니로 돌을 나르고 지게로 돌을 날라 둑을 쌓는 사람들

11:38 완성된 둑 앞에 모인 마을 사람들 앞에서 이야기하는 군수. "어, 또한 이 고장에 방 이장의 지도 정신을 받들어 도저히 불가능 했던 제방이 저와 같이 완성된 것은 오로지 여러분의 협력의 결과라고 나는 생각합니다."

12:10 남성과 여성 부락 지도원을 소개하는 군수

12:23 완성된 둑 위를 행렬하며 잔치를 벌이는 사람들의 모습

13:21 벼 익은 논의 모습과 추수하는 사람들

13:44 양계장 안에서 모이 주는 여성

13:51 두건과 앞치마를 두르고 여성 부락 지도원과 요리 실습하는 여성들

14:06 "우리마을 유치원"이라는 명판이 붙은 유치원 마당에 모여 선생님의 율동 따라 하며 노래하는 어린이들. 배경음악은 동요 "새 눈" (가사) "나뭇가지에 새 눈이 텄네요. 맨몸뚱이로 겨울 난 이 나무에 쬐꼬만 쬐꼬만 연두 눈이 텄네요. 새 눈은 아기 눈, 봄이 오나 보네요."

14:45 가마니 짜는 여성들

14:58 가마니 지고 둑 위를 걸어가는 사람들

15:08 산과 논이 보이는 마을 전경

15:28 한미협조 마크

15:30 자막 "끝"

▌ 내레이션

00:55 That night the great storm hit the valley and old river broke up bounds.

02:10 그 심한 비바람은 우리들의 모든 것을 앗아가 버렸습니다. 농토는 물론이거니와 허물어져 가는 집마저 쓰러뜨리고 말았습니다. 그날 저녁 우리들은 부락회

의를 열었습니다. 그러나 몸서리나는 홍수를 겪고 난 마을 사람들은 만사에 지칠 대로 지쳐서 아무런 의욕도 없었습니다. 어떤 사람들은 묵묵히 앉아만 있고 대부분의 사람들은 자리를 떠나고 말았습니다.

03:07 방 이장과 나는 다시 마을 사람들을 권유하기 시작했습니다. 두 번째 모임에는 대부분이 둑을 쌓아야 우리들이 살 수 있다는 의견에 동의하는 사람들이었습니다. 그 후 우리들은 다시 한 번 부락회의를 열었습니다.

04:57 이날 여러 가지 의견들이 많았습니다만 마침내 대부분의 마을 사람들은 방 이장의 말씀대로 둑을 한 번 쌓아보기로 했습니다.

05:23 다음 날부터 우리들은 둑을 쌓기 시작했습니다. 물론 마을 사람들이 다 나온 것은 아니지만 그래도 생각 외로 많은 사람들이 나왔습니다. 사실 터무니없이 황폐된 냇가에 둑을 쌓자니 누구나 다 처음에는 막연했으나 제각기 힘 자라는 데까지 모두들 열심히 일을 했습니다.

06:29 약 한 달이 지나 일은 많이 진척됐으나 하루는 뜻하지 않았던 일이 생겼습니다. 둑을 쌓는 데 대해서 처음부터 반대해오던 장서방과 인구는 둑 공사를 방해하기 시작했습니다. 장 서방은 되지도 않는 일을 가지고 뭣 때문에 고생들을 하느냐, 오늘부터라도 그만두라고 마을 사람들을 선동했습니다.

07:05 그러지 않아도 더위와 굶주림에 시달린 마을 사람들이라 장서방의 말에 곧 호응하기 시작하여 우리가 현장에 돌아왔을 때는 자못 험악한 분위기였습니다. 이유는 이 이상 먹지 않고는 일을 계속 못하겠다는 것이었습니다.

08:00 방 이장은 자기의 소 한우를 팔아 둑을 쌓는 한 여름 동안에 마을 사람들의 식량 문제를 해결하기로 결심했던 것입니다.

08:49 우리들은 다시 일을 시작했습니다. 방 이장이 자기의 사재를 팔아서 식량을 마련했다는 데 감격한 마을 사람들은 둑 공사에 전보다 더 열을 냈습니다.

09:23 이것을 본 장 서방과 인구도 둑을 쌓는 데 협조를 했습니다.

09:57 그날부터 우리들은 점심 식사를 마친 후에는 모두들 한 곳에 모여 춤도 추고 노래도 부르면서 고된 작업 중에 한 때를 즐겼습니다.

10:18 우리들의 노력으로 둑은 점점 완성되어 갔습니다. 물론 그동안 여러 가지 애로가 많았습니다만 누구 하나 불평을 하지 않았습니다.

10:52 어느덧 계절은 바뀌어 여름이 가고 가을도 지나갔습니다. 그동안 우리들은 꾸

준히 둑을 쌓았습니다.

11:26 둑을 쌓기 시작한 지 삼 년째 되는 가을 드디어 우리들은 우선 홍수를 막을 수 있는 둑을 완성했습니다.

11:39 우리들은 이날을 기념하기 위하여 온 마을 사람들이 한 곳에 모여 큰 잔치를 열었습니다.

12:04 군수 영감께서는 정부에서 할 일을 우리들 스스로가 먼저 했다는 데 대해서 심심한 사의를 표하면서 지역 사회 개발에 있어서 보다 나은 기술적인 면을 통하여 우리들을 도와주기 위해서 오게 된 부락 지도원 두 분을 소개하셨습니다.

12:41 우리들은 이날을 마음껏 즐겼습니다. 마을 사람 전부가 춤을 추고 마을 사람 전부가 노래를 부르며 우리들 손으로 쌓은 둑 위로 걷고 또 걸었습니다.

13:24 둑은 우리들에게 오래간만에 풍작을 가져왔습니다. 무르익은 벼를 추수하는 마을 사람들은 비로소 삶의 즐거움을 느꼈습니다.

13:44 황폐되었던 농토는 해마다 복구되고 빈곤했던 마을은 날로 발전해 갔습니다.

13:56 마을에 배치된 지역사회 개발 부락 지도원은 여러 가지 사업을 통하여 우리들에게 많은 도움을 주었습니다. 식생활도 개선되고 유치원도 생겼습니다.

14:51 오늘의 이 평화로운 우리 마을은 오직 둑이 있음으로 이루어진 것이기에 나는 해마다 가을철이 되면은 둑과 우리 마을을 다시 한 번 생각해 보는 것입니다. 여러분. 우리 마을의 얘기는 곧 여러분의 얘기도 될 수 있는 것입니다. 속담에 백지장도 맞들면은 낫다고 했습니다. 서로가 협력만 한다면은 거기에는 반드시 발전을 가져 올 것입니다.

새로운 돼지 울

제 명	새로운 돼지 울
출 처	새로운 돼지 울
제 작 국 가	대한민국
제 작 년 도	1959년
상 영 시 간	20분 12초
제 공 언 어	한국어
제 작	공보실
제 공	농사원
형 식	실사/애니메이션
컬 러	흑백
사 운 드	유

영상요약

이동식 우리를 지어 돼지를 위생적으로 기르는 방법을 4H클럽에 참여한 한 소년의 사례로 극화했다.

연구해제

  본 영상은 농촌의 한 소년이 돼지우리 개량을 통해 보다 질 높은 돼지 사육을 하게 되는 과정을 다루고 있다. 주인공 박 소년은 친구 홍 소년의 소개로 4H클럽 활동을 소개받아 참여한 후, 재래식 돼지우리를 개량된 이동식 돼지우리로 교체하여 돼지 사육을 개량할 수 있게 된다. 4H클럽에서 교육받은 개량된 이동식 돼지우리는 재래식에 비하여 위생적·실용적이기 때문에 돼지의 품질을 높일 수 있었다. 또한 이동식이었기 때문에 이동이 간편하였고, 기존 돼지우리로 이용하였던 토지는 거름이 풍부하여 작물재배에 이용할 수 있었기 때문에 실용적이었다. 돼지 품질을 개선한 박 소년은 같이 시장에 갔던 김 씨에 비해 높은 값으로 돼지를 팔 수 있었다. 박 소년은 자신의 경험을 예로 들며 김 씨에게도 재래식 돼지우리가 아닌 개량된 돼지우리를 설치하여 사육할 것을 권한다.

  이 영상의 제공자인 농사원은 영상을 통해 4H운동의 필요성과 효용성을 강조한다. 농촌 청소년을 대상으로 한 4H운동은 1950년대 농사교도사업의 일환으로 시작되었다. 4H운동은 미국에서 처음 등장하였는데, 당시 미국에서는 미 농무부, 대학교육기관, 학교, 농촌 지도자들이 상호부조를 통해 도시와 농촌 간 문화적 격차를 해소하고 농촌 청소년 교육을 향상시키려는 목적으로 시작했으며, 소득 개선을 중요한 유인 조건으로 삼았다. 4H운동이 한국에 처음 도입된 것은 일제시기였던 1926년이었다. 당시에는 기독교청년회에 의해 '사각소년회(四角少年會)'라는 명칭으로 활동하였으나 일제의 탄압으로 소멸하였다. 4H운동은 1947년 경기도 군정 앤더슨 중령에 의해 '농사청년구락부'라는 명칭으로 재도입되었다. 여기에서 4H란 Head(지육), Heart(덕육), Hands(노육), Health(체육), 즉 지·덕·노·체를 상징한다. 앤더슨 중령은 식량난에도 불구하고 토종 작물 이외의 것을 수용하지 못하는 한국인들을 효과적으로 훈련·계몽시키기 위한 방안 중 하나로 4H운동을 도입했다. 이후 4H운동은 미 원조당국이 사업의 방침과 기술 지원을 담당하고, 실질적 운용은 한국 정부, 특히 농사원의 군단위 지방조직인 농사교도소가 담당하였다.

농촌 기술지원의 형태를 띤 4H운동은 한국인에게 민주주의를 전파하는 프로그램의 일환으로 기획된 것으로서 개인과제, 단체과제의 수행과 회의 진행을 통해 민주시민을 육성하는 것을 그 목적으로 하였다. 영상에서 박 소년이 4H 회원들과 회의하고 성과를 발표하는 모습들이 이러한 특성을 잘 보여준다. 이 중 개인 과제는 청소년 스스로 과제 성취에 대한 책임감, 자부심, 성취감을 느껴 운동의 지속적인 발전을 도모하기 위하여 부과되었다. 구체적인 과제로는 야채와 가축 키우기, 가사 도모, 환경개선, 보건위생, 식량증산, 조림, 자금사업 등을 들 수 있다. 과제의 수행과정에서 청소년들은 회의 진행과 오락 활동을 통해 종합적으로 민주주의를 학습할 수 있었다. 특히 회의 진행은 직접적 교육이 아닌 문화 전파라는 점에서 이 시기 농촌 청소년들에게 절차적 민주주의를 체득케 하였다.

그러나 이러한 활동은 농촌 청소년들에게 민주주의를 회의 절차로 환원하여, 결과적으로 민주주의를 회의 진행으로 한정하는 결과로 이어졌다. 또한 4H운동은 그 근간에 반공주의적·국가주의적 요소를 내재하였으며, 4H 캠프에서의 의식 행사 등을 통해 반공주의와 국가주의를 농촌 청소년들에게 주입하는 장치로 기능하기도 하였다.

▌ 참고문헌

한봉석, 「4H 운동과 1950년대 농촌 청소년의 '동원' 문제」, 『역사비평』 83, 2008.

▌ 화면묘사

00:00 한미협조 마크와 자막 "한미협조"

00:06 자막 "농사원 제공"

00:12 자막 "공보실 제작"

00:18 제목 자막 "새로운 돼지 울"

00:28 농촌의 논 전경

00:37 수레에 돼지 태우고 시장에 가는 교복차림의 박 소년

00:49 지게에 돼지를 얹고 가는 한복차림의 이웃마을 김 씨를 만난 박 소년

01:13 지게에 고통스럽게 메인 돼지를 손수레에 싣고 같이 떠나는 박 소년과 김씨

01:46 사람들과 가축들로 가득 한 시장의 모습

01:58 시장에 도착해 돼지를 보러 온 손님과 박 소년과 김씨

02:18 30,000환에 돼지를 팔고 기뻐하는 박 소년의 모습

02:40 새끼 돼지를 사러 가는 박 소년

02:46 20,000환에 돼지를 팔고 불만스러워 하는 김씨

03:13 되돌아 온 박 소년과 자리를 옮겨 앉아서 얘기 듣는 김씨

04:02 지난 여름 박 소년의 집 앞으로 화면 변화. 돼지 울 앞에 앉아서 칼을 갈고 있는 박 소년의 아버지와 박 소년

04:17 동리 4H 회합에 참석하러 가는 길에 들른 박 소년의 친구 홍 소년

04:31 울안의 새끼 돼지를 들여다보고 난 후 박 소년과 이야기하는 홍 소년

04:55 놀고 있는 박 소년을 동리 4H 회합에 같이 데리고 가는 홍 소년

04:58 4H 깃발이 꽂혀 있는 야외에 모여 앉아 농사 교도원의 이야기 듣고 있는 소년, 소녀 회원들

05:06 들어서며 농사 교도원에게 인사하는 박 소년과 홍 소년 그리고 박 소년에게 책 자를 건네주는 농사 교도원

05:24 박수치는 회원들

05:37 전통적인 돼지 울 사진을 들고 설명하는 교도원

05:47 돼지 우리들로 화면 전환

06:12 전통적인 돼지 울 사진을 들고 설명하는 교도원

06:26 돼지 사진을 들고 설명하는 교도원

06:35 애니메이션으로 화면전환. 사료를 먹고 배설하는 돼지의 모습. 안 좋은 환경으로 감염되어 병이 걸리는 돼지의 모습을 애니메이션으로 보여줌

07:57 돼지 사진 들고 설명하는 교도원과 경청하는 회원들 모습

08:11 이동식 돼지 울 모형을 들고 설명하는 교도원

08:23 실제 이동식 돼지 울 모습으로 화면전환

08:36 돼지 울을 만드는 교도원과 회원들

08:57 철판, 철망, 아카시아 나무, 대나무 등으로 만든 돼지 울의 모습

09:07　돼지 울 모형 들고 설명하는 교도원과 경청하는 회원들

09:20　돼지 울 짓는 회원들과 박 소년

10:31　집으로 돌아와 아버지에게 돼지 울에 대해 설명하는 박 소년과 홍 소년

11:11　홍 소년의 집에 가서 돼지 울을 보는 세 사람

12:00　집에 돌아와 돼지 울을 만들기 위해 짚을 엮는 박 소년의 아버지

12:12　박 소년의 돼지 울을 짓기 위해 도와주는 홍 소년과 4H 회원들

13:55　새끼 돼지를 사라고 박 소년에게 돈을 주는 아버지

14:13　이웃마을 이장 집으로 뛰어가는 박 소년

14:18　새끼 돼지를 고르고 있는 김씨와 이장

14:46　새끼 돼지를 울에서 골라 값 치르고 집으로 가는 박 소년

15:35　우리에 들어간 새끼 돼지를 쳐다보며 웃는 박 소년과 아버지, 소년들

16:04　콜타르로 울타리에 칠하는 박 소년

16:14　돼지 자라는 과정을 일기장에 기록하는 박 소년

16:18　코스모스가 피어 있는 가을철로 화면전환

16:23　다 자란 돼지에게 사료 주는 박 소년

17:03　박 소년을 방문에 조언하는 농사 교도원

17:35　하교 후 집으로 돌아오는 박 소년과 홍 소년

17:47　돼지 우리 옆의 밭을 갈고 있는 박 소년의 아버지와 돼지 울에 들어가 돼지를
　　　　돌보는 박 소년과 홍 소년

18:25　야외 4H 회합에서 발표하는 박 소년

18:43　박 소년의 돼지 모습

18:48　시장에서 앉아 이야기하고 있는 박 소년과 김씨로 화면전환

19:01　새끼 돼지들을 손수레에 싣고 돌아가는 박 소년과 김씨

19:37　헤어지며 인사 나누는 박 소년과 김씨

19:41　손수레 끌고 가는 박 소년의 뒷모습

20:06　한미협조 마크

20:08　자막 "끝"

내레이션

00:40   부드러운 햇볕이 흐르는 어느 겨울철 일요일 박 소년은 오랫동안 모든 정성을 다 해서 길러낸 돼지를 팔기 위해서 시장으로 떠났습니다. 때마침 이웃마을에 사는 김씨도 시장에 가는 길이어서 두 사람은 서로 만나게 됐습니다. 그러나 아무렇게나 지게에 묶여 있는 김씨의 돼지는 몹시 고통스럽게 보였습니다. 이러한 돼지의 취급방법이 곧 돼지의 건강에 해롭다는 것은 사람의 경우와 하나도 다름이 없다는 것을 잘 아는 박 소년은 김씨의 돼지를 자기의 손수레에 옮겨 싣고 시장으로 떠나게 됐습니다.

01:48   일주일에 한 번씩 열리는 이곳 시장에는 농민들이 힘들여 길러낸 여러 가지 가축들이 나와있었습니다.

02:03   이윽고 시장에 도착한 두 사람은 손님과 흥정을 시작하게 됐습니다. 그런데 손님은 김씨의 돼지는 거들떠보지도 않고 박 소년의 돼지만을 손쉽게 30,000환에 사갔습니다.

02:35   박 소년은 무척 기뻤습니다. 그리고 곧 예정대로 새끼를 사기 위해서 다른 곳으로 갔습니다.

02:48   한편 김씨는 초조한 마음에서 손님을 맞이했으나 박 소년이 받은 그 값보다도 훨씬 떨어지는 20,000환밖에 받지 못했습니다.

03:07   김씨는 몹시 불만스러웠지만은 하는 수 없었습니다. 더욱이 김씨는 박 소년의 돼지와 자기 돼지 값이 그렇게 차이가 생길 줄은 생각지도 못했던 일이었습니다. 왜냐하면 오늘 팔게 된 박 소년의 돼지와 자기 돼지가 새끼였을 때 꼭 같은 값으로 각각 사게 됐던 것을 잘 기억하기 때문입니다.

03:45   그래서 김씨는 박 소년의 돼지 기르는 방법을 듣고 싶어 했습니다. 박 소년은 서슴지 않고 지난 이른 여름철의 일까지 더듬어 올라가서 얘기를 시작했습니다.

04:05   박 소년의 얘기는 대략 다음과 같았습니다.

04:19   어느 일요일 친구인 홍 소년은 동리 4H 회합에 참석하러 가는 길에 박 소년을 찾아왔습니다. 홍 소년은 울 안에 있는 박 소년의 돼지가 쇠약해진 것을 보고 박 소년에게 잘 돌봐줄 것을 말했지만은 박 소년은 아무 흥미를 느끼지 못했습니다.

04:52   이때 홍 소년은 아무 하는 일이 없이 놀고 있는 박 소년에게 4H 회합에 갈 것

을 권했습니다.

05:03 때때로 열리는 동리 4H 회합은 오늘도 가축 기르는 문제 중 돼지 기르는 방법에 대해서 농사 교도원으로부터 얘기를 듣고 있었습니다.

05:33 우리나라의 농촌에서 옛날부터 사용해오던 돼지 울은 사실상 비위생적인 것이어서 돼지를 기르는 데 오히려 해로운 경우가 많습니다. 즉 비좁은 울 안에서 자라는 돼지는 충분한 운동을 할 수 없으므로 발육하는 데 지장이 많습니다. 또한 변소 옆이나 퇴비장 옆에 있는 돼지도 나쁜 균의 영향으로 병에 걸리기가 쉬운 것입니다. 태양빛을 받지 못하는 돼지는 비타민 D군을 섭취 못하므로 쇠약해집니다. 그리고 다른 가축사육장 옆에 돼지 울이 있게 되면은 그 가축에게까지 나쁜 병을 전염시키는 경우도 있는 것입니다.

06:28 이상과 같이 좋지 못한 환경에서 자라는 돼지는 여러 가지 병에 걸리기 쉬운데 그중에서도 가장 흔히 가질 수 있는 병을 보면은 돼지 울안에 배설된 오물 중에는 회충알이 섞여있는데 이것을 돼지가 먹으면은 유충이 되어서 돼지 몸 안에서 영양분을 도식하면서 자라납니다. 이 병에 걸린 돼지는 영양실조, 폐렴 등 심하면은 폐출혈까지 일으키게 합니다. 다음 돼지의 촌충은 돼지 장벽에 파고들어 자라는 악착같은 기생충으로서 돼지의 영양분을 도식하고 또 장염증, 쇠약증, 빈혈증 같은 병을 일으키게 합니다. 한편 돼지 편충은 돼지 뱃속에서 유충이 되어서 대장에 자리 잡고 크며 이 병에 걸린 돼지는 자라지 않고 나날이 쇠약해지며 뇌출혈이나 설사를 하게 됩니다.

08:03 이와 같은 불결한 환경에서 벗어나 돼지를 더 효과적으로 기를 수 있는 방법으로 돼지 울을 마련했습니다.

08:21 그런데 이러한 이동식 돼지 울은 운동장과 잠자리가 따로 있기 때문에 돼지는 마음대로 운동할 수도 있으며 잠자리를 편히 가질 수도 있는 것입니다. 또 그 짓는 방법이 극히 간단해서 아무나 손쉽게 지을 수 있습니다. 한편 이동식이므로 5~6개월에 한 번씩 그 장소를 옮길 수 있는데 돼지 울이 있었던 곳에는 잡곡이나 가축사료를 심게 되면은 돼지의 오물에 의해서 기름지게 되어 보통 토질의 땅에서 자란 것보다는 훨씬 크게 자랍니다. 특히 새로운 돼지 울의 울타리는 못쓰는 철판이나 철망, 아카시아나무 그리고 대나무 등을 이용할 수 있습니다. 한편 돼지가 등이 가려울 때 긁을 수 있는 부빌대도 있습니다. 이 부빌대

에 지게기름을 부어두면은 자연히 돼지의 피부를 보호하게도 됩니다. 다음으로 이동식 돼지 울을 짓는 법을 보면은 먼저 돼지방의 3면에 벽을 세웁니다. 이동식인 관계로 모든 부분은 앞서 조립할 수 있게끔 마련해놓고 그것들을 순서 있게 이어나가면 됩니다. 지붕도 아무것이나 비와 눈을 막을 수 있는 재료라면은 이용할 수가 있는 것입니다.

10:13 그리고 돼지가 운동할 수 있는 땅을 약간 경사지게 골라서 비가 와도 물이 고이지 않게 합니다.

10:33 회합이 끝나고 집에 돌아온 박 소년은 자기도 그렇게 편리하고 위생적인 돼지 울을 짓겠다고 마음먹고 또한 앞으로도 4H 회원으로 활동할 것을 결심했습니다.

10:51 그래서 박 소년은 아버지에게 새로운 돼지 울을 짓기를 상의했지만은 아버지는 전혀 흥미 없다는 듯이 응해주지 않았습니다. 그러나 박 소년은 홍 소년의 돼지 울을 아버지에게 보여드리고 더 자세히 얘기하고 싶었습니다.

11:21 박 소년의 아버지는 직접 이 돼지 울을 보고 나니 깨끗하고 편리한 것임을 느끼고 또 그 필요성을 느끼게 됐습니다.

12:01 그래서 박 소년과 아버지는 곧 새로운 돼지 울을 짓기 시작했습니다.

12:14 한편 홍 소년은 다른 회원들과 함께 박 소년을 힘껏 도와주었습니다.

12:31 박 소년은 4H 회원들이 서로서로 돕고 지나는 것이 4H클럽의 주요한 목적의 하나라는 것을 다시 한 번 인식했습니다.

13:53 모든 일이 순서 있게 잘 진행되어 가고 있을 때 박 소년의 아버지는 새로 새끼 돼지 한 마리를 사라고 돈을 주었습니다. 박 소년은 춤을 출 듯이 기뻐했습니다. 그리고 곧 아버지가 일러준 이웃마을 이장 집으로 뛰어갔습니다.

14:22 박 소년이 이장 집에 왔을 때 우연히 그 마을에 사는 김씨를 만나게 됐으며 김씨 역시 새끼 돼지를 사러 왔던 것입니다.

14:50 이곳에서 박 소년도 새끼 돼지 한 마리를 골라 김씨와 꼭 같은 값으로 사가지고 집에 돌아왔습니다.

15:37 박 소년이 돌아왔을 때는 이미 깨끗한 돼지 울이 완성됐습니다. 박 소년과 아버지는 물론 모든 회원들까지도 그 새끼 돼지를 바라보며 무한히 기뻐했습니다.

16:03 박 소년은 며칠 후 콜타를 구해서 울타리에 칠하고 나무가 썩지 않게 했습니다. 그리고 날이 가고 달이 바뀌면서 박 소년은 돼지 자라는 과정을 일기장에 기록하기도 했습니다. 이렇게 지나는 동안에 어느덧 가을철에 접어들고 박 소년의 돼지도 훌륭하게 자랐습니다. 박 소년은 항상 돼지의 건강에 주의를 기울이고 또 사료도 지방질, 광물질 그리고 신선한 풀과 야채 등을 마련해주었습니다.

17:07 또한 군 농사 교도원은 때때로 박 소년을 방문하고 여러 가지로 좋은 말을 많이 해주었습니다.

17:33 그 후에도 박 소년과 홍 소년은 학교에서 오는 길에 서로의 집을 들러 돼지 기르는 데 대해서 여러 가지 좋은 의견을 교환하기도 하고 또 직접 돕기도 했습니다.

17:50 박 소년의 돼지 울은 며칠 전 그 장소를 옮기고 울이 있었던 곳은 적으나마 밭으로 이루었습니다.

18:16 돼지의 피부는 항상 깨끗이 해주고 이 **은 진드기 같은 벌레가 생기지 않도록 주의했습니다.

18:26 박 소년은 그가 기르는 돼지에 관한 연구도 해보고 그 결과를 4H 회합에서 발표하기도 했습니다. 그때마다 교도원은 여러 가지 좋은 방법을 가르쳐주었습니다. 그러는 동안 박 소년의 돼지는 무럭무럭 자라서 오늘에 이르렀던 것입니다.

18:51 이상과 같은 박·소년의 지난날의 얘기를 자세히 듣고 난 김씨는 이때까지 자기가 돼지를 길러오던 방법과 비교해 볼 때 느끼는 바가 있었습니다. 박 소년은 뜻한 대로 새로운 세 마리의 새끼 돼지를 싣고 앞으로도 크고 건강한 돼지를 길러 볼 생각을 하면서 희망에 찬 발걸음을 집으로 옮겼으며, 한편 김씨도 이번 경험을 통해서 박 소년이 말해준 여러 가지 좋은 방법을 이용해서 자기 집에도 새로운 돼지 울을 세울 것을 생각하면서 새로운 희망을 안고 흐뭇한 마음으로 집을 향해 걸어갔습니다.

제5차 아시아민족반공대회

제 명	제5차 아시아민족반공대회
제 작 국 가	대한민국
제 작 년 도	1959년
상 영 시 간	20분 57초
제 공 언 어	한국어
형 식	실사
컬 러	흑백
사 운 드	일부 소실

영상요약

제5차 아세아민족반공대회가 1959년 6월 1일부터 10일간 서울에서 개최되었다. 회원국인 호주, 버마, 대만, 홍콩, 마카오, 말레이시아, 파키스탄, 필리핀, 유구(오키나와), 싱가포르, 태국, 터키, 자유월남 등 13개국 대표단과 그리고 8개 지역 옵서버로 미국, 인도네시아, 이란, 뉴질랜드, 서부독일, 자유 러시아 망명인단 등의 대표가 참가하였다. 이승만 의장은 집단 안전보장에 입각한 제도를 창설 할 것을 제창하였다. 대회는 인류의 자유와 안전을 위해서 보다 더한 세계적인 반공투쟁을 전개하려는 결의를 새로이 한다는 대회선언문을 채택하였다.

연구해제

이 영상은 1959년 6월 1일 서울에서 열린 제5차 아시아민족반공대회의 주요 회의장면과 각국 대표단의 방한 일정을 소개하고 있다. 한국을 비롯하여 대만, 홍콩, 마카오, 필리핀, 싱가포르, 베트남 등의 지역대표와 미국을 비롯한 옵저버 국가의 대표단 37명이 참석한 이 대회는 서울 진명여고의 삼일당에서 개최되었다. 이승만 대통령을 비롯하여 장면 부통령과 조용순 대법원장, 국무위원들이 참석한 가운데 전개된 제5차 아시아민족반공대회에서는 주로 한국과 베트남의 통일, 중국본토의 수복, 티베트의 '반공의거' 지원 등에 대한 논의가 이루어졌다. 즉, 이 대회는 아시아 자유진영의 국가 상호간의 반공유대를 강화하여 공산주의와의 공존 거부를 다시금 확인하고 모든 가맹국 정부로 하여금 지역적 반공동맹의 체결을 촉구하는 것에 목적이 있었다.

본래 아시아민족반공대회는 반공국가의 결집이라는 명분으로 이승만 대통령의 주도 아래 1954년 6월 15일 진해에서 제1차 대회가 개막된 것에 연유한다. 이 대회에는 한국, 대만, 필리핀, 태국, 베트남의 5개국과 홍콩, 마카오, 오키나와의 3개 지역 대표 30명이 참석하였다. 이 대회는 공산권을 겨냥하여 결성된 반공적인 성격과 함께 반일(反日)적인 성격을 내포하고 있었다. 회의 폐막 후 각국별로 국내 반공조직체 강화를 촉구하는 대회결의문이 채택되었으며 대회의 명칭을 아시아민족반공연맹(APACL: the Asian People's Anti-Communist League)으로 할 것, 가능한 한 10월 이내에 제2차대회를 대만의 타이페이에서 개최할 것, 차후 회의가 있을 때까지 서울에 중앙연락소를 설치할 것 등에 합의하였다. 아울러 의장에 이범녕, 사무총장에 최규남을 선임하고 총 4장 25조의 아시아반공연맹 헌장을 채택하였다.

그러나 아시아민족반공대회 2차 회의는 대만에서 열릴 수 없었다. 이 시기 대만은 중화인민공화국의 금문도 침공 등으로 인해 위기감이 고조되자 일본과 같은 아시아의 비공산국가와도 동맹할 수 있다는 적극적인 의사를 피력하였으나, 한국은 일본을 포함한 방위기구 결성에 반대했다. 즉, 일본과의 동맹체결 가능성에 대해 한국과 대만이 의견을 달리하였던 것이다. 양국의 의견차는 일본의 아시아반공연맹 가입문제를 둘러싸고 표면화되었다. 아시아반공연맹 대만대표는 두 차례 한국을 방문하여 일본의 가입 여부를 이승만과 논의했다. 그러나 이승만은 일본에 대한 심각한 불신을 피력한 채 대만의 요청을 거절하였다. 결국 1956년 3월 필리핀 마닐라에서 열린 제2차 아시아반공연맹 대회의 참가국은 1차 대회 당시 제정한 헌장의 초안을 거의 수정 없이 만장일치로 통과시켰다. 이와 같이 이승만의 의견이 관철된 것은 아시아반공연맹에 그의 영향력이 강력했음을 의미하였다.

그러나 아시아반공연맹을 통한 이승만의 태평양동맹 추진은 일본을 중심으로 아시아의 집단안보체제를 구축하려 한 미국의 정책과 상충되었다. 이로 인해 이승만은 아시아반공연맹을 결성하고도 미국과 지속적인 갈등의 양상을 보였다. 특히 미국은 1954년 9월 동남아시아조약기구(SEATO)를 출범시키면서 이승만의 정책 수행에 제약을 주었다. 이와 함께 소련 흐루시초프의 평화공존론 주창, 중국과 소련의 '평화공세' 등은 미국으로 하여금 공산주의와 소련을 타협과 공존의 대상으로 생각하게 했다. 그러나 이승만과 아시아반공연맹의 회원국들은 공산주의와 소련을 결코 협상의 대상으로 생각하지 않았을 뿐만 아니라 공산주의자들과의 공존 또한 절대 불가능하다고 인식하고 있었다. 그 결과 아시아반공연맹은 이승만이 하야하기 전까지 총 다섯 차례의 회의를 개최하면서 아시아 지역에서 반공 운동을 벌였지만, 독자적인 정부 간 기구로 성장해 나가지 못하고 민간 차원의 기구에 머물렀다. 아시아반공연맹을 창설할 때 이것이 아시아의 반공동맹으로서 공고한 역할을 하면서 미국의 지원까지도 받을 수 있을 것이라 생각했던 이승만의 기대는 결국 실현되지 못한 것이다.

참고문헌

「亞細亞民族反共大會 開幕」,『동아일보』, 1959년 6월 1일.

노기영, 「이승만정권의 태평양동맹 추진과 지역안보구상」,『지역과 역사』11, 2002.

조무형, 「아시아민족반공연맹(APACL)의 창설과 좌절」,『세계정치』10, 2008.

화면묘사

00:00	회전하는 지구
00:09	'Northwest' 항공기에서 내리는 사람들과 이들을 맞이하는 사람들. 제5차 아시아민족반공대회에 참석하기 위해 한국을 방문한 여러 나라의 대표들. 기자들과 인터뷰를 하는 이들의 모습
00:46	아시아를 나타내는 지도. 지도 상 참가국의 위치에 해당 국가의 국기가 나타남
01:26	충무공 상
01:29	펄럭이는 참가국의 국기들
01:32	개회사를 하는 이승만 대통령. 연설을 하는 각국 대표들
01:58	서울 번화가 앞
02:01	제5차 아시아민족반공대회를 알리는 영자신문 기사들. 신문제목은 "The Korean Republic"이며 기사 제목들은 "urge for United Move Unanimously Voiced", "Coexistence Impossible … President Rhee", "APACL Meeting Opened" 등
02:08	"WELCOME DELEGATES TO THE FIFTH APACL CONFERENCE", "환영"이라고 쓰고 각국의 국기를 게양해놓은 깃대. 대회장으로 입장하는 각국의 차량들. 도로 가에 운집하여 차량행렬을 환영하며 태극기를 흔드는 사람들
02:17	대회장인 진명여고 강당 전경. 입장하는 각국의 참가자들 및 이승만 대통령
02:46	진명여고 강당 전경
02:55	대회사를 낭독하는 백낙준 박사
03:09	복정강 자유중국대표의 연설
03:47	영어로 연설하는 이승만 대통령
04:58	원각사 전경

05:10	의사봉을 두드리는 의장
05:15	연설하는 호주 대표 와잇트
05:55	연설하는 홍콩 대표
06:11	연설하는 한국 대표 공진항
06:31	연설하는 마카오 대표
06:47	연설하는 말레이 대표 디히리
07:03	연설하는 파키스탄 대표 칸
07:26	연설하는 필리핀 대표
07:51	연설하는 싱가폴 대표 차이 ** 쌩
08:24	연설하는 태국대표 프로이프롬
08:49	연설하는 쿠웨이드 대표 트라발
09:18	연설하는 자유월남 대표
09:38	정원에서 환담을 나누는 참가자들
09:52	전통무용 및 음악 공연
10:18	연설하는 인도네시아 대표 가자리
10:43	연설하는 이란 대표 볼보
11:17	연설하는 요르단 대표 샤피크(샤휘크)
11:22	연설하는 뉴질랜드 대표
11:47	자막 "OBSERVER OF U.S.A. MR. MARVIN LIEBMAN". 연설하는 미국대표 리프만
12:17	자신의 자리에 앉아 연설을 듣는 호주와 버마 대표
12:29	자막 "OBSERVER OF N.T.S. MR. ALEXEY MALYSHEW" 연설하는 자유러시아 망명인 단체 대표 말리슈
13:01	환영 파티장
13:16	코리아 하우스(한국의 집) 전경
13:26	코리아 하우스 내 방에서 만찬을 하는 각국 대표들
13:38	전통공연을 펼치는 예술인들
13:53	경주역. 각국 대표들이 타고 온 기차 주변에 운집해 태극기를 흔들거나 박수를 치는 사람들. 각국 대표들에게 꽃을 달아주는 학생들
14:12	불국사를 방문하는 각국 대표들

14:20 다보탑

14:25 다보탑과 석가탑

14:37 석굴암

15:02 첨성대

15:06 포석정. 전통무용 공연을 펼치는 예술인들

15:25 소를 몰아 논을 가는 농부. 모내기를 하고 있는 농부들

15:36 현충원. 무명용사의 묘 앞에서 향을 피우고 묵념하는 각국 대표들

15:55 군인들을 사열하는 각국 대표들. 6군단의 엠블럼

16:20 태권도 시범을 보이는 6군단 장병들

16:26 포 사격 시범

16:39 판문점을 방문하여 정전위원회 제134차 본회의를 참관하는 각국 대표들

17:02 아세아민족반공대회 대표환영 및 반공국민총궐기대회

17:32 이승만 대통령의 메시지를 대독하는 최인규 내무부장관. 서울중앙방송국의 호
       출부호(HLKA) 및 대한늬우스 글귀 보임

17:33 연설문을 낭독하는 사람(확인이 안됨)

17:42 자유당 대표 정운갑, 민주당 대표 조병옥의 연설 장면

17:52 각국 대표들에게 기념품을 전달하는 대한반공예술인단의 영화배우들

18:10 국회를 방문하여 연설을 하는 호주대표 화이트

18:23 이화여자대학교를 시찰하는 각국 대표들

18:39 공장 시설을 참관하는 각국 대표들

18:55 ‘수도영화 안양촬영소 SUDO FILM ANYANG STUDIO’, ‘수도영화주식회사 안양
       촬영소’라고 기재된 간판. 수도영화 안양촬영소를 참관하는 각국 대표들

19:17 경무대를 방문하여 이승만 대통령과 악수를 나누는 각국 대표들

19:47 신문기사 Anti-Red Conference Final Sessions Held

19:51 폐회식에서 연설을 하는 사람(신원확인 안됨)

19:59 자신의 자리에서 연설을 듣고 있는 파키스탄, 필리핀 대표

20:09 회의장을 나서는 각국 대표들

20:30 출국하는 각국 대표들

20:41 비행기 상공에서 바라 본 시가지

▎내레이션

00:10   아세아 자유애호국민 상호간의 반공유대를 강화하고 공산주의와의 타협이나 공존을 일체 거부함을 다시금 확인하고 모든 가맹국 정부로 하여금 유엔 헌장과 집단안전보장원칙에 입각하여 지역적 반공동맹의 체결을 촉구하는데 새로운 계기가 될 제5차 아세아민족반공대회가 단기 4292년 6월 1일부터 10일간 대한민국 수도 서울에서 온 세계의 이목을 집중시킨 가운데 개최되었습니다.

00:39   대회개막을 앞 둔 5월 말에는 한국을 제외한 총회원국인 호주, 버마, 자유중국, 홍콩, 마카오, 말레, 파키스탄, 필리핀, 유구, 싱가폴, 태국, 터키, 자유월남 등 13개국 대표단과 그리고 8개 지역 옵서버로 미국, 인도네시아, 이란, 요르단, 뉴질랜드, 서부독일, 자유 노서아 망명 인단, 동구라파 망명정권 의회 대표들이 속속 우리의 수도 서울로 모여들었습니다.

01:25   지금으로부터 5년 전, 즉 1954년 6월 세계적인 반공지도자이신 우리 이대통령 각하의 제창으로 한국 땅 시내에서 처음 결정을 본 이 아세아민족반공연맹은 처음 대회에는 우리 한국을 비롯한 자유중국, 홍콩, 마카오, 필리핀, 유구, 자유월남 등 극동의 7개국 대표들이 참가했으나 그간 4차에 걸친 대회를 통해서 반공투쟁의 행동강령과 조직원칙의 채택 그리고 아세아반공헌장의 제정 그리고 회원국의 확대 등 눈부신 성과에 따라서 5년 후인 이번 대회에는 동남아시아에서 중동의 자유국가들까지 포함한 14개 회원국과 자유세계 각지의 옵서버 지역 대표들이 참석한 범세계적인 기구로 확대 강화되었습니다.

02:17   한국과 베트남의 국토통일, 중국본토의 수복 그리고 티베트의 반공의거 지원 등의 문제를 주로 토의하게 될 이번 대회는 드디어 6월 1일 오전 서울 시내 진명여고 강당 삼일당에서 그 역사적인 개회식을 거행했습니다.

02:54   이날 먼저 이번 대회 의장인 한국의 백낙준 박사는 그 개회사에서 공산주의를 말살하기 위해서 전 아세아 민족은 단결하며 전 세계의 민주우방과의 결속을 더욱 공고히 해야 한다고 말했습니다. 이어서 전번 대회의장이었던 곡정강(谷正綱) 자유중국대표는 중공의 인민공사제도는 전 중국본토인을 노예화한 것이라고 신랄하게 비난하며 중공정권의 내분은 아세아에 철의 장막을 제거할 시기가 온 것이라고 말하며 이 연맹의 새로운 과업을 역설했습니다.

04:04 그리고 이날 본 연맹의 창설자이신 이 대통령 각하께서는 그 환영사를 통해서 아세아반공연맹이 10년이나 20년 전에 발족했더라면은 공산주의는 벌써 멸망했을 것이다. 모든 자유를 사랑하는 국민들은 그들 자신이 공산주의자들과 공존할 수 없다는 것을 알게 되었으며 오직 이들을 제거해야만 우리는 생존의 길을 찾을 것이다. 이 기구의 특징은 공산주의와는 정반대로 그것이 국민의, 국민에 의한, 국민을 위한 것이라고 말씀하시고 이번 대회에서 집단 안전보장에 입각한 하나의 제도를 창설하실 것을 제창하신 다음 이번 서울회담이 공산주의 종식의 계기가 되는 동시에 자유와 민주의 세계적인 새 시대의 **으로써 길이 역사에 남게 될 것을 바란다는 뜻 깊은 말씀을 하셨습니다.

05:00 이어서 대회는 이날 오후부터 서울시내의 원각사에서 제2차 본 회의로 들어가 여기서부터 10일간 각국대표의 연설로부터 제반 문제 토의가 진행되었습니다.

05:19 먼저 호주대표 와잇트 씨는 전 아세아 자유민들은 반공의 영웅이신 이승만 한국대통령의 위대하신 반공 투쟁 이념 아래 일치단결해야 하며 자유진영의 결속을 이완시키는 대공통상은 반공국가의 자멸의 씨를 뿌리는 것이라는 요지의 열변을 토했습니다.

05:56 홍콩대표 *씨는 모든 자유세계 사람들은 지금 중공의 포악한 인민공사제도를 벗어나 피난해 나오고 있는 수많은 중국인들을 구조할 대책을 조속히 세워야 한다고 말했습니다.

06:13 한국대표 공진항 씨는 한국이 당면한 반공투쟁은 북한 괴뢰 파괴분자의 남침방지와 일본정부의 한국인 추방 행위를 분쇄하는 두 가지 점에 주력한다는 요지의 연설을 했습니다.

06:32 다음 마카오 대표 *씨는 대공통상의 부당성과 경제봉쇄로써 공산주의자들을 응징해야 한다고 역설했습니다.

06:48 말레이 대표 디히리씨는 과거 말레이 반도에는 공산괴뢰자가 많았지만 그들의 포악성을 체험한 지금에는 9할 이상의 주민들이 반공주의자로 전환되었으며 더욱이 종교인들의 반공열은 대단한 바가 있다고 그들의 실정을 피력했습니다.

07:05 파키스탄 대표 칸씨는 인간의 존엄성과 평화로운 민주주의 사회를 위협하는 공산주의를 무찌르는 대책을 그 나라에 따라서 실질적인 조건에 따라 강구해야 한다고 연설했습니다.

07:28 그리고 필리핀 대표 *** 씨는 필리핀 국민의 오랜 반공투쟁은 국내 공산당을 섬멸하는데 성공했으며 우리는 아세아 최대 침략자인 중공의 흉계를 쳐부수는데 과감할 것이라고 말했습니다.

07:53 이어서 싱가폴 대표 차이 ** 쌩 씨는 싱가폴은 어떠한 공산주의 세력의 침투도 방지할 결의를 가지고 있으며 자주적인 입장에서 그들과 무자비하게 싸울 것이라고 말했습니다.

08:25 이어서 태국대표 프로이프롬 씨는 공산주의에 대한 유화는 절대 있을 수 없으며 우리는 정치 경제 등 모든 면에 있어서 국제공산주의의 침투를 방지할 강력한 대책을 각국마다 세워야 한다고 말했습니다.

08:51 다음에 토이기 대표 *** 여사는 한국 사람들의 굳센 반공 투쟁에 경의를 표하며 소련의 오랜 역사상의 남침정책으로 말미암아 그들과 숙원관계에 있는 토이기는 어느 나라보다도 공산당의 전략을 잘 알고 있으며 훌륭히 이것을 막아내고 있다고 말했습니다.

09:20 그리고 자유월남 대표 ** 씨는 지난해 베트남을 방문해주신 한국의 이대통령 각하께서 월남 국회에서 연설 하신 바 아세아 반공공동전선 결성안에 전면적으로 찬성하며 한국국민과 더불어 국토통일에 매진하겠다고 말했습니다.

10:19 인도네시아 대표 가자리 씨는 수카르노 정권의 위협에서 자유를 향한 우리 혁명 정부는 민주우방의 지지를 받게 됐으며 인도네시아 반공연맹도 아세아민족 반공연맹에 정식으로 가입하기를 바란다고 말했습니다.

10:46 이란 대표 ** 씨는 지난 날 바그다드 협정에 이란이 가입하자 소련은 극력 우리를 방해하여 왔다. 그러나 우리 이란은 이 바그다드 협정으로 민주우방과 공고한 유대를 맺고 모든 면에 커다란 발전을 가져왔다고 말했습니다.

11:17 요르단 대표 샤피크(샤휘크) 씨는 본인은 요르단 보다 아랍인들을 대표해서 우리 아랍민들이 (영상 끊김)

11:26 그리고 뉴질랜드 대표 *** 씨는 우리는 비교적 공산세력의 침투가 적으나 뉴질랜드 국민은 전 자유진영의 사람들과 모든 희생을 무릅쓰고 공산당과 싸우겠다고 말했습니다.

11:54 끝으로 미국 대표 리프만 씨는 오늘날 반공이라는 문제는 아시아에서만이 아니라 전 세계가 당면한 가장 큰 문제인 것이다. 우리는 공산당의 비인도적인 지

배세력에 대항해서 모든 자유세계 사람들이 한 마음 한 덩어리가 되어 이것을 제고 하는데 총궐기해야 한다고 말했습니다.

12:35 다음은 적색 제국주의 소련을 탈출해온 자유노서아 망명인 단체 대표 말리슈 씨는 지금 소련 본토에도 공산주의를 반대하는 많은 동지들이 있는데 우리가 적극 힘써 나가면 그들은 우리에게 호응할 것이라고 철의 장막 내부를 폭로했습니다.

13:02 대회를 계속 중인 각국 대표들은 저녁에는 우리나라 국회의장을 비롯해서 외무부장관, 내무부장관, 은행가협회 그리고 주한 외교관들이 베푸는 환영 파티에 참석해서 여러 나라 사이의 친선을 도모했습니다. 또한 서울 시내 코리아 하우스에서는 정부대변인 전성천 공보실장이 초대하는 만찬회에 참석해서 한국요리를 맛보며 환담을 교환했습니다.

13:36 그리고 각국 대표들은 우리 예술인들의 초청을 받고 서울시내 원각사에서 한국의 고전음악과 고전무용 등 여러 가지 민속 예술을 감상했습니다. 가야금의 영롱한 운율에 맞춘 우아한 우리의 고전 무용은 각국 대표들의 절찬을 받았습니다.

13:57 그리고 각국 대표 일행은 6월 3일부터 2일간 한국의 명승지를 관광했습니다. 먼저 이 나라에서 가장 빛나던 신라 천 년의 문화를 간직한 경주에 도착해서 이곳 주민들의 열렬한 환영을 받았습니다. 유명한 불국사를 찾아서는 동양불교 문화의 정화라고 할 다보탑과 석가탑의 조형미를 보고 우리 고대 문화를 극구 찬양했습니다. 그리고 경주 근교의 박물관, 첨성대, 포석정 등을 차례차례로 구경하고 또한 부석사까지도 탐승했습니다. 일행은 우리 한국의 수려한 강산과 눈부신 문화사적에 놀라움을 금치 못했습니다.

15:39 관광여행에서 돌아온 대표일행은 6월 6일 자유를 위해서 목숨을 바친 한국군 용사들의 명복을 비는 현충일, 서울시내 국군묘지에서 거행된 추도식에 참석해서 영령들의 무덤 앞에 묵념을 드렸습니다.

15:58 그리고 6월 7일 반공 제일선에서 철통같은 방위 태세를 갖추고 있는 한국 육군 제6군단을 방문했습니다. 먼저 군단 사령부에 도착한 일행은 위용도 당당히 연병장에 늘어선 군단 장병들을 사열했습니다. 그리고 다음에는 용사들의 당수도 시범을 관람하고 이어서 지난날 대공투쟁에서 영웅적으로 싸와 그들의 침공을 물리친 우리 용사들의 전투훈련을 참관했습니다.

16:42 또한 대표들은 한국휴전회담의 본거지 판문점으로 한국군사정전위원회를 찾아서 이날 개최 중인 정전위원회 제103차 본회의 광경을 구경했습니다.

17:05 그리고 6월 8일 서울운동장에서는 아세아민족반공대회 대표 환영 및 반공 국민 총궐기 대회가 거행되었습니다. 이날 이 대통령 각하께서는 최 내무부장관이 대독한 메시지를 통해서.

17:42 이어서 자유당을 대표하는 정운갑 씨와 또한 민주당을 대표하는 ***씨는 각각 아세아민족반공연맹의 업적을 찬양하는 요지의 환영사를 했습니다. 그리고 대한반공예술인단의 영화배우들은 한국국민들이 대표들에게 보내는 기념품을 전달했습니다. 이렇게 이날 한국 사람들의 열광적인 환영과 불타는 반공이념을 접한 각국 대표들은 크게 감격했습니다.

18:12 그리고 대한민국 국회를 방문한 호주대표 와잇트 씨는 한국의 놀라운 부흥에 경의를 표하며 하루 바삐 국토가 통일되기를 바란다는 요지의 연설을 했습니다.

18:26 한편 대표일행은 이화여자대학교를 방문해서 한국의 교육시설과 아울러 한국 여성들의 고등교육 상황을 시찰했습니다.

19:18 이렇게 반공투쟁사에 길이 빛날 서울회의를 계속 중인 각국 대표들은 대회폐막을 하루 앞두고 5년 전 본 대회를 제창, 창설하신 우리 이 대통령 각하를 경무대 관저로 예방했습니다. 이날 각하께서는 반가이 일행을 맞이하시며 대공투쟁에 있어서 우리들의 승리를 확신하며 모든 한국 사람들은 그들이 힘써 얻은 자유를 확보하고 국토를 통일할 결의를 가지고 있다는 요지의 말씀을 하셨습니다. 이어서 각하께서는 다과연을 베푸시고 이들과 환담을 나누셨습니다.

19:56 6월 1일 폐회되어 전 아시아 민족의 집단적인 반공투쟁을 위해서 커다란 성과를 얻은 제5차 아시아 민족 반공대회는 6월 10일 그 폐회식에서 인류의 자유와 안전을 위해서 보다 더한 세계적인 반공투쟁을 전개하려는 결의를 새로이 한다는 대회선언문을 채택하고 그 역사적인 막을 내렸습니다. 그 다음 1960년 제6차 대회는 자유중국에서 열릴 것이며 곡정강(谷正綱) 씨가 차기대회 의장으로 선출되었습니다. 5월 말에 한국을 찾아와 10여 일간을 한국에 머물면서 빛나는 대회성과와 더불어 약진하는 대한민국의 힘찬 모습을 샅샅이 돌본 각국 대표들은 6월 11일 열광적으로 그들을 환영해준 한국국민들과 석별의 정을 나누면서 각각 귀로에 올랐습니다.

밝아오는 내일

제 명	밝아오는 내일
출 처	밝아오는 내일
제작국가	대한민국
제작년도	1960년
상영시간	13분 55초
제공언어	한국어
제 작	공보실
형 식	실사/애니메이션
컬 러	흑백
사운드	유

1960년 12월 1일 인구주택조사와 1961년 2월 1일 농업조사 등 해방 후 처음으로 진행되는 국세조사를 앞두고 사업의 목적과 효과를 선전하기 위하여 제작된 영상이다.

■ 연구해제

본 영상은 1960년 12월 1일부터 실시될 국세조사와 1961년 2월 1일 실시될 농업조사를 예고하는 영상이다. 이때 실시된 국세조사와 농업조사는 해방 이후 정치적 혼란으로 인구조사만이 실시되던 상황에서 처음으로 실시된 종합적 조사였다. 영상에서 장면 총리는 "통계는 그 나라 문명의 척도를 알 수 있는 것"으로 국민들이 적극적으로 참여해 줄 것을 호소하고, "사실을 알려주면 이를 정치에 반영시킬 것"이라 말하며 국세조사와 농업조사의 중요성을 강조하고 있다. 본 국세조사를 위해 전문조사위원회가 구성되어 방법과 대책이 토의되었으며, 약 10만 명의 조사원이 훈련되었다. 국세조사는 인구를 비롯해 주택, 농업 등에 관련한 총체적인 통계를 작성하기 위해 실시되었다. 구체적인 내용으로는 6·25전쟁을 전후해 급격히 변화한 인구조사가 실시되었으며, 효과적 성인교육을 위한 문맹자 수 파악, 의무교육 실시를 위한 어린이 수 파악, 실업자 실태, 주택조사 등을 들 수 있다. 농업조사에서는 농지면적 및 재배작물, 수확량, 농업인구 등에 대해 조사가 이루어졌다.

이때 실시된 국세조사 및 농업조사는 해방 이후 처음으로 실시된 대규모 조사로서, 장면 정부가 경제개발계획을 추진하기 위해 사전 조사 작업을 실시한 것으로 볼 수 있다. 장면 정부는 이승만 정부가 산업개발위원회를 구성하여 작성한 경제개발 3개년계획의 정책기반과 경험을 계승하여 제1차 5개년경제개발계획을 수립하였다. 장면 정부는 출범 직후부터 '경제제일주의'를 내세우면서 경제개발계획 시행의사를 밝혔다. 1960년 10월 장면 국무총리는 「한국의 경제개혁방책에 관한 각서」를 미 국무부장관에게 제출, 경제개발계획 의지를 표명함으로써 미국 측에 공식적으로 원조를 요청하였다. 이후 장면 정부는 부흥부 산하 산업개발위원회를 통해 본격적으로 경제개발계획 원칙과 방침을 수립하려 하였다. 1961년, '경제건설 출발의 해'를 구호로 내세우며 경제개발계획의 방향을 '안정'에서 '성장'으로 혁신한다고 밝힌 장면 정부는 1961년 2월 「경제개발5개년계획 수립요강」을 작성했고, 5월 12일에는 국무회의에서 「제1차 5개년경제개발계획」을 발표했다.

그러나 5·16군사정변이 발생하면서 장면 정부의 경제개발계획은 본격적으로 시행되지 못하였다. 대신 군사정부가 장면 정부의 「제1차 5개년경제개발계획」을 수정하여 1962년 「제1차 경제개발5개년계획」을 발표하면서 그 경험적·정책적 기반이 되었다. 하지만 1962년 통화개혁 실패와 한해(旱害)로 인해 경제정책이 연이어 실패하는 가운데 「제1차 경제개발5개년계획」은 미국의 압력으로 수정·변용되었다.

▌ 참고문헌

김기승, 「제2공화국의 경제개발에 관한 연구-군사정부의 경제개발계획과의 비교를 중심으로」, 『한국민족운동사연구』 30, 2002.

박태균, 『원형과 변용 – 한국 경제개발계획의 기원』, 서울대학교 출판부, 2007.

정진아, 「제1공화국기(1948~1960) 이승만정권의 경제정책론 연구 : 국가 주도의 산업화 정책과 경제개발계획을 중심으로」, 연세대학교 박사학위논문, 2007.

▌ 화면묘사

00:01   제목 자막 "밝아 오는 내일"

00:09   "미국, 영국, 비율빈, 한국"의 인구, 주택, 농업 조사 자료를 애니메이션으로 표현

00:55   광장에 가득 모인 인파의 모습

01:00   주택들의 모습

01:04   벼 베는 농촌의 모습

01:13   (장면 총리 육성연설) "금년은 국세조사의 해입니다. 국세조사라는 것은 여러분께서도 자세히 아시는 바와 마찬가지로 국가정책을 세우는 데 가장 근본적인 통계를 얻기 위해서 인구, 주택 또는 농업, 그 세 가지 부문에 대한 종합적인 조사를 시행하는 것이올시다. 에, 지금 선진국이란 나라들은 통계가 완비 돼 가지구 있고 그와 반대로 후진국이라고 불리우는 나라에서는 통계가 미비 돼서 있는 것으로 볼 때 즉 바로 통계야말로 그 나라 문명의 정도를 헤아리는 척도

가 돼있다고 볼 수 있습니다. 국민을 위한 정부의 일에 국민이 스스로 참여해서 적극적으로 돕는 것이 바로 민주주의의 기본원칙이라고 할 수 있습니다. 국민 여러분께서는 어디까지나 국민 여러분을 위해서 정부에서 이렇게 막대한 돈과 사람을 동원해서 실시하는 이 국세조사에 자진 호응하셔서 바른 대로 사실을 사실대로 알려주시면 국가로서 여러 가지 필요한 기본 숫자를 가지고 이것을 정치에 반영시켜서 여러분의 모든 생활하시는 데 도움이 될 것으로 아는 바이올시다. 부디 여러분께서 여기 많이 협력해주시길 바라는 바이올시다."

02:59 국세조사 전문위원회 토의 모습

03:21 국세조사를 위한 설문지를 인쇄하고 조사 준비를 하며 사무에 임하는 조사원들의 모습

04:01 가정 방문해서 국세조사를 하는 남성 조사원과 조사에 답하는 여성들

04:23 자막 "세계 여러 나라의 살림을 비교하여 서로의 협조를 두텁게 합니다"

04:30 쌀가마니를 트럭에 싣는 인부들과 쌀을 사고파는 사람들의 모습

05:01 마당에 고추 너는 여성에게 편지를 갖다 주지만 읽지 못해 아들이 대신 읽어주는 모습

05:24 초등학교에서 수업하는 모습

05:36 자막 "공공시설을 얼마나 느리면 되는가를 결정합니다"

05:43 직원모집 공고를 바라보는 사람들과 탑골공원에 모여 있는 실업자들의 모습

06:03 실업자들이 회사에 취직하는 모습을 애니메이션으로 보여줌

06:24 자막 "직업이 없는 사람을 정확히 알아내어 대책을 세웁니다"

06:31 공장에서 일하는 사람들의 모습

07:01 판자촌들의 모습

07:30 주택 건설현장의 모습

07:46 건설된 주택들과 아파트 등의 모습

08:24 농촌에서 일하는 사람들의 모습

08:56 "미국, 영국, 자유중국, 한국의 1924년부터 1956년까지 각국 농업조사 실시 년도표"를 애니메이션으로 보여줌

09:38 자막 "정부가 농업 및 경제계획을 세우는 데 참고로 합니다"

09:45 가정 방문하여 농업조사하는 조사원과 조사에 응하는 사람들의 모습

10:42 하천의 모습

10:57 농에서 일하고 있는 사람들의 모습

11:02 소를 끌며 밭가는 사람들의 모습

11:07 밭에 비료 뿌리는 사람들의 모습

11:24 호미로 밭가는 사람들의 모습

11:32 곡식 가마니 싣고 곡식 탈곡하는 모습

11:51 과수원에서 과일을 따고 누에 돌보는 사람들의 모습

12:05 닭, 돼지, 소 등 가축들의 모습

12:25 농촌 농가들의 모습

12:36 댐이 건설되고 전신주가 세워지는 등 농촌의 변화하는 모습을 애니메이션으로
       보여줌

13:04 자막 "우리 국세 바로 알고 새살림을 설계하자"

13:13 자막 "국세조사 정확해야 나라 살림 바로 된다"

13:21 자막 "복지 위한 국세조사 숨김없이 알려주자"

13:29 도시 주택가의 모습

13:38 소를 끌어 논가는 농부의 모습

13:48 자막 "인구 주택 조사는 12월 1일 농업 조사는 내년 2월 1일"

▌내레이션

00:27 이미 오래 전부터 선진 각국에서는 그 나라의 살림을 더욱 튼튼히 하기 위해서
       10년 내지 5년 만에 한 번씩 인구, 주택 그리고 농업에 대한 국세조사를 가장
       과학적인 방법으로 실시하고 그 자료를 기준으로 해서 합리적인 정책을 세워
       나라살림을 하고 있습니다. 그런데 우리나라에서는 해방 이후 정치적인 혼란과
       6·25동란으로 말미암아 간이한 인구조사만으로 국세를 파악하려고 해왔으나
       이것으로 국세 전반을 파악한다는 것은 도저히 불가능한 일이었으며 더욱이 농
       업국가인 우리나라가 농업 조사를 한 번도 가져보지 못했다는 것은 극히 유감
       된 일이라고 하겠습니다.

03:03 한편 정부에서는 이번 실시되는 국세조사의 철저를 기하기 위해서 전문위원회

를 구성하고 그 방법과 대책을 토의했습니다.

03:24 그리고 국세조사위원회에서는 다가오는 국세조사를 앞두고 막대한 예산으로 모든 준비를 착착 진행하고 있으며 전국적으로 약 100,000명에 달하는 조사원을 특별히 훈련시켜 이 일에 종사시키게 됐습니다.

04:23 세계 여러 나라의 살림을 비교하여 서로의 협조를 두텁게 합니다.

04:33 먼저 인구조사에 대해 보면은 2차 대전과 6·25동란을 전후해서 여러모로 인구의 변동을 많이 가져온 우리나라에 있어서 국민의 총수를 정확하게 파악하지 않고서는 국민생활의 절대적 요소가 되는 식량문제의 원활한 해결책을 강구하지 못 할 것이며 이는 곧 이번 실시되는 국세조사에서 나타나는 통계로서 기대할 수 있게 된 것입니다.

05:06 또한 우리나라 국민들 가운데 한글을 해독하지 못하고 있는 사람들을 계몽시키기 위해서 오래 전부터 문맹퇴치운동을 전개해온 바 있으나 효과적인 성인교육을 실시하기 위해서는 이번에 시행하는 바와 같은 국세조사를 통해서 문맹자의 정확한 숫자를 파악해야 하며 또 의무교육의 혜택을 받아야 할 어린이들의 실태도 이번 국세조사를 통해서 정확히 알아내야 하겠습니다.

05:37 공공시설을 얼마나 늘이면 되는가를 결정합니다.

05:46 직업을 구하지 못해서 생활의 위협을 받고 있는 국민들이 우리나라에는 아직도 많이 있습니다. 그러나 그 수효를 모르고서는 대책을 세울 수 없기 때문에 이번 국세조사에서 나타나는 정확한 숫자는 정부가 이들의 구호대책을 세우는 데도 크게 도움이 될 것입니다.

06:04 그러므로 이번 실시되는 국세조사에는 그 실태를 정확하게 조사원에게 일러주셔야 하겠습니다. 이렇게 함으로써 머지않은 장래에 국민들 모두가 일자리를 갖고 광명의 새 사회를 이룩할 수 있는 길을 마련하게 될 것입니다.

06:25 직업이 없는 사람을 정확히 알아내어 대책을 세웁니다.

07:03 다음은 우리의 주택문제입니다. 인구가 증가함에 따라 더 많은 주택이 필요하다는 것은 누구나 다 아는 사실입니다. 더욱이 6·25동란으로 말미암아 많은 주택이 손실되어 한 집에 여러 세대가 모여 산다든가 불결한 개천가나 터널 속 또는 판잣집에서 불편을 느끼며 사는 사람이 아직도 많은 이때 우리는 하루 속히 주택문제를 해결해야 하겠습니다.

07:29 그러므로 우리는 이 기회에 주택조사에서 이러한 실정을 반영시켜 앞으로 정부에서 주택정책을 세우는 데 좋은 참고자료를 제공해야 하겠습니다.

07:43 이것이야말로 우리가 머지않아 주택난을 벗어나 누구나가 다 내 집을 갖고 평안하게 살 수 있게 되는 가장 가까운 길인 것입니다.

08:29 이번 실시되는 국세조사 가운데 무엇보다도 특기할 수 있는 것은 우리나라 건국 이래 처음으로 실시하게 된 농업조사가 있습니다. 이미 다른 나라에서는 오래 전부터 철저한 농업조사를 실시해서 농업정책 수립에 많은 자료를 제공해 큰 효과를 거두고 있습니다.

08:57 그중 미국은 1925년도부터 10년마다 한 번씩 실시해서 벌써 네 번을 완료했고

09:07 영국은 1930년부터 시작해서 역시 10년마다 한 번씩 도합 세 번의 조사를 했으며

09:19 자유중국은 1956년도에 농업조사를 마쳤으나 우리나라는 아직 한 번도 실시해본 일이 없으니 농업국가로서 부끄러운 일이 아닐 수 없습니다.

09:40 정부가 농업 및 경제계획을 세우는 데 참고로 합니다.

09:48 비록 처음으로 맞이하는 이번 농업조사이긴 하지만은 정확하게 실시해서 지금까지 알지 못했던 새로운 사실을 파악해 농업정책을 세우는 데 훌륭한 자료를 제공함으로써 농촌과 도시생활의 균형적 성장을 꾀할 수 있는 기초가 될 것이며 나아가서는 전 국민이 다 잘 살 수 있는 길을 마련하는 것이 되겠습니다. 더욱이 이번 실시되는 국세조사에 나타나는 모든 사실은 세금이나 병역 또는 형사문제에는 이용하지 못하게 돼있기 때문에 만약 조사원이 개인의 비밀을 국세조사 이외의 목적에 누설할 경우에는 법에 의해서 상당한 처벌까지 받게 돼있습니다. 그러므로 우리는 마음 놓고 모든 사실을 국세조사원에게 말할 수 있는 것입니다.

10:41 그러면 농업조사에 있어서 몇 가지 중요한 조사사항을 추려보겠습니다. 먼저 농토에 이용되고 있는 물은 어떻게 마련되고 있는가?

10:56 농사에 이용되고 있는 땅의 넓이와 그 이용하는 내용은 어떠한가?

11:03 농기구는 어떠한 것을 사용하고 있는가?

11:08 어떠한 비료를 얼마나 사용하고 있는가?

11:14 실제 농사에 종사하고 있는 사람은 몇 명이나 되는가?

11:31 어떠한 곡식을 얼마만큼 수확하고 있는가?

11:50 과수원이나 뽕나무밭 또는 묘포는 어떠한 실정에 놓여있는가?

12:05 집에서 어떠한 가축을 몇 마리나 길르고 있는가?

12:22 그밖에 농업에 관한 여러 가지 일들을 상세하게 조사하는 것이 농업조사의 중요한 과제가 돼있습니다.

12:35 우리는 이러한 농촌의 실정을 이번 조사를 통해서 자세히 알아야 하겠습니다. 이것은 농민들의 살림살이를 더욱 풍부하게 만드는 데 도움이 될 것이며 또한 농사를 전문적으로 연구하는 사람들에게도 훌륭한 자료가 되는 것입니다.

12:59 모래 위에 진 집은 쓰러집니다. 우리는 튼튼하고 부강한 나라를 이루기 위해서 튼튼한 터전을 닦아야 하겠습니다. 우리의 터전은 우리 자신을 아는 것입니다. 우리는 이번 국세조사를 통해서 다 같이 숨김없이 올바르게 우리 자신을 알아 밝아오는 내일의 명랑하고 부강한 우리사회를 이룩해야 하겠습니다.

울릉도

제 명	울릉도
출 처	울릉도
제 작 국 가	대한민국
제 작 년 도	1960년(실제 제작은 1961년 6월~ 1962년 3월 사이로 추정)
상 영 시 간	09분 53초
제 공 언 어	한국어
제 작	국립영화제작소
제 공	공보부
형 식	실사
컬 러	흑백
사 운 드	유

▌ 영상요약

울릉도의 역사와 자연 환경, 지역민들의 생활을 한 초등학생의 생활로 극화하여 보여준다.

▌ 연구해제

이 영상은 초등학교 남학생을 주인공으로 하여 그의 내레이션으로 울릉도의 전설과 역사, 지리, 산업, 교육 여건 등을 소개한다. 다양한 각도에서 울릉도의 아름다운 풍광들을 소개하고 있으며, 특히 촬영에서 카메라의 유려한 움직임이 돋보인다. 1960년에 제작된 것으로 소개되고 있지만, 공보부 제공, 국립영화제작소 제작이라는 엔딩 타이틀로 미루어 이 영상은 1961년 이후에 제작된 것으로 추정된다.

내레이터로 등장하는 소년은 지난주에 있었던 "도내 수학여행"에서 작성한 관찰보고를 수업시간에 발표하게 되는데 영상의 중반부터는 소년의 관찰보고 내용이 주를 이룬다. 아버지의 배를 타고 물길을 통해 가면 금방이지만 산길을 넘어 학교에 가려면 십리도 더 험한 산길을 걸어가야 한다고 말하면서도 소년은 "학교 가는 길은 늘 다녀도 멋있는 길"이라거나 "십 리 넘는 고갯길도 동무와 함께 꿈 많은 이야기를 하며 가면 금세 넘어집니다"라고 밝은 어조로 이야기한다. 또한 육지에서는 식량이 오고 울릉도에서는 해산물과 가축이 나간다고 이야기하면서 오징어 배 밤낚시 풍경을 아름답게 비추고, 동백꽃이나 향나무, 촛대암과 죽도, 관음도 등 그림 같은 울릉도의 자연풍경을 정성 들여 화면에 담는다. 이렇게 아름답고 살기 좋은 곳으로 묘사되는 울릉도의 이곳저곳을 소개한 소년은 마지막 장면에서 할아버지와 함께 낚시를 하러 가서 할아버지로부터 육지에 대한 여러 가지 이야기를 들으면서 "언젠가 육지에 가보겠다는 나의 동경"을 되새기고, "더욱 더 커가는 육지에 대한 동경을 되새기면서 집으로 돌아"간다.

1950년대 후반부터 1960년까지 울릉도에 대한 신문기사들은 대체로 기후로 인한 자연재해, 국내외의 구호물품 전달, 육지와 섬을 연결하는 정기선의 부재에 대한 도민들의 문제제기 등이 주를 이룬다. 1960년까지 이 섬에 단 한 명의 의사와 한 개의 보건소만이 존재했는데, 1961년 5월에는 '한국의 슈바이처'라고 불린 이일선 목사 겸 의사가 울릉도로 이주하여 울릉도의 '향상'에 몸을 바치기로 했다는 기사(『동아일보』 1961.5.11)가 실린다. 또, 1962년 10월에는 대통령권한대행 국가재건최고회의 의장 박정희가 울릉도의 저동에 방문하여 전기와 항만시설 부족에 대한 이야기를 듣고 지원을 약속했다는 기사 (『동아일보』 1962.10.11), 그리고 1963년 부산-포항-울릉도를 잇는 정기여객선 취항의 소식(『동아일보』 1963.7.23) 등이 전해진다.

이로 미루어볼 때 1950년대 말부터 1961년 초까지 울릉도에는 자연재난과 각종 사고 소식을 제외하고는 크게 기사화될 만한 사건들이 존재하지 않으며, 이후 1961년 5월 이일선 목사의 이주, 1962년 박정희 최고의장의 방문, 1963년 정기 여객선 취항 소식으로 뉴스거리가 풍부해진다. 예외적으로, 『경향신문』에서 1959년 2월 말~3월 초 3차례에 걸쳐 연재했던 "울고왔다 울고가는 섬"에서 비교적 자세히 울릉도의 역사, 지리, 산업 등의 환경을 소개하며 정기선 부재와 항만시설 부족에 따른 문제 제기가 이루어졌다. 〈울릉도〉가 국립영화제작소 타이틀을 달고 있으므로 1961년 6월 이후에 제작되었다고 본다면, 1962년 3월에 열렸던 우수영화 시상에서 문화영화상을 받은 것으로 미루어 이 영화는 1961년 6월 이후 1962년 3월 이전에 제작된 것으로 추정할 수 있다. 또한, 수상 내역에 따르면 감독은 조근재였다. 이 시기에 제작된 영화 〈울릉도〉는 극심한 자연재해와 제반 시설의 취약함, 그리고 국가의 지원 부족으로 인해 울릉도민들이 당시 겪고 있었던 어려움에 대해서는 언급하지 않은 채, 울릉도민들이 오징어 어획과 가공, 향나무 세공 등으로 경제적 어려움조차 별로 겪지 않으면서 아름다운 환경 속에서 '이상적인' 삶을 살고 있는 듯이 각색하고 있다. 다만, 두 번이나 반복하여 "점점 더 커지는" "육지에 대한 동경"을 말하는 소년의 마지막 내레이션을 통해서 섬 생활의 고단함을 어렴풋이 짐작할 수 있을 뿐이다.

참고문헌

「鬱陵島에 때 아닌 大雪 最高 750미리 農作物 큰 被害」, 『경향신문』, 1958년 4월 6일.
「鬱陵島의 定期運行을 바람」, 『경향신문』, 1958년 10월 7일.
「勞賃撒布要望 鬱陵島凶漁對策」, 『동아일보』, 1958년 11월 11일.
「總一千六百餘萬圜 鬱陵島 우박 被害」, 『동아일보』, 1958년 11월 12일.
「굶주리는 鬱陵島民」, 『경향신문』, 1959년 2월 10일.
「울고왔다 울고가는섬(1)-(3)」, 『경향신문』, 1959년 2월 24일; 1959년 2월 26일; 1959년 3월 1일.

「鬱陵島雪禍 調査團構成議決)」, 『경향신문』, 1961년 2월 11일.
「李一善 목사 무사히 도착」, 『경향신문』, 1961년 6월 2일.
「鬱陵島에 큰눈 90리까지」, 『경향신문』, 1961년 12월 30일.
「映畵祭出品, 最優秀作 심사」, 『경향신문』, 1962년 3월 18일.

█ 화면묘사

00:00 제목 자막 "울릉도"

00:06 바다 위 일출 모습

00:10 바다 멀리 보이는 울릉도의 모습

00:22 절벽 해안 등 울릉도의 이곳 저곳의 모습

00:33 바닷가에 몇 채의 집들이 모여 있는 모습

00:41 파도가 밀려오는 해변의 모습

00:47 종윤이 타고 있는 배를 띄우고 노를 저어가는 종윤 아버지의 모습

01:26 배 여러 척이 정박해 있는 도동항구에 배를 정박시키고 배에서 내리는 종윤 부자

02:17 친구를 만나 아버지에게 인사하고 학교로 향하는 종윤

02:40 학교 가는 길에 피어있는 동백꽃을 구경하며 가는 종윤과 친구

03:04 산 위에서 무선전신국과 학교, 경찰서가 자리하고 있는 마을 쳐다보며 이야기 하는 종윤과 친구

03:32 교문으로 들어가는 학생들의 모습

03:49 선생님이 칠판에 붙여놓은 "우리고장 우리독도"라고 표기되어 있는 지도를 보고 "여기에 우리 고장의 지도가 걸려 있습니다."라고 이야기하며 설명함.

03:56 선생님이 학생들을 보며 "오늘 사회생활 시간에는 우리 고장에 대한 관찰보고를 여러분한테서 들어보기로 하겠습니다. 누구 발표하고 싶은 사람 없어요?"라고 이야기 함

04:04 "저요, 저요."하며 손드는 학생들

04:06 한 학생을 가리키며 "종윤이"라고 말하는 선생님

04:08 일어나서 발표하는 종윤

04:09 칠판 위의 지도 모습

04:16	나리분지의 모습과 나리분지에 자리한 너와지붕을 올린 집들의 모습
04:46	옥수수를 따서 정리하는 주민들의 모습
05:02	해변가 산 위의 향나무들을 보여줌
05:28	수원지에서 물이 흘러 바다로 들어가는 모습
05:52	촛대암의 모습
05:58	죽도의 모습
06:02	관음도의 모습
06:13	바다에서 해산물 채취하는 해녀들의 모습
06:27	삼선암의 모습
06:45	구멍바위의 모습
06:56	오징어 잡이 나간 배들이 오징어를 잡아들이는 모습
07:40	칠판에 붙은 지도가 보임
07:45	자리에 앉는 종윤
07:49	학교 건물 전경
07:53	향나무 세공하고 있는 종윤의 할아버지와 집에 들어오며 인사하는 종윤
08:02	할아버지와 낚시하러 가는 종윤
08:15	마을 여성들과 오징어 손질하는 종윤의 어머니. 건조를 위해 널어놓은 오징어 모습
08:40	할아버지와 바다에 도착해 낚시하는 종윤
09:33	촛대암의 모습
09:48	자막 "끝 공보부 제공 국립영화제작소 제작"

▌ 내레이션

00:09	황막한 동해바다의 한복판, 단조롭게 파도치는 해면에 항거하듯 바다를 뚫고 솟아난 조그마한 섬이 있으니 이곳이 우리의 고장 울릉도입니다. 옛 이름은 우산국이라고 하며 신라 지증왕 때 나무로 만든 사자를 거느리고 와 정복했다는 전설이 있으며 많은 사람들이 살기 시작한 것은 지금으로부터 80년 전입니다.
00:44	기후는 해양성 기후이고 육지에 비해서 눈이 오는 날이 많으며 약 73평방킬로

미터의 면적을 가진 이 섬에는 17,000여 명의 인구가 살고 있으며 우리는 할아버지 때부터 이 섬에 살아 왔습니다.

01:07 한 달에 두 번씩 육지에서 오는 화물선이 앞바다를 지나면 마을사람들은 바다에서 낚아 올린 오징어를 싣고 긴요한 곡식과 일용품으로 바꾸려고 도동항구로 몰려갑니다.

01:26 아버지가 장에 가시는 날은 나도 배를 타고 학교에 갑니다.

01:33 험한 고갯길을 오르내리는 산길에 비하면 물길은 한결 편하며 또 지름길이 됩니다.

01:45 육지와의 유일한 교통기관인 화물선이 들어오는 날은 항구는 갑자기 활기를 띠우며 풍성한 장이 벌어집니다. 육지에서 가져오는 물건은 쌀과 보리 등 식량이 대부분이며 나가는 것은 오징어, 북어 등 해산물과 소와 염소 등 가축들입니다.

02:15 아버지와 함께 도동항구에 이르면 나도 커서 저런 배를 타고 육지에 가보려니 생각하면서 아버지와 헤어져 학교로 갑니다.

02:37 학교 가는 길은 늘 다녀도 멋있는 길입니다. 동백꽃은 울릉도의 꽃입니다. 사철 피는 이 꽃은 산길마다 붉게 피어 있어서 섬사람들의 사랑을 받고 있습니다.

02:54 10리 넘는 고갯길도 동무와 함께 꿈 많은 얘기를 서로 하고 가면 금세 넘어집니다.

03:04 산 위에는 육지와 연락하는 무선전신국이 있고 그 아래 우리 학교가 자리 잡고 있으며 군청과 독도를 수비하는 경찰서가 내려다보입니다.

03:30 울릉도에는 중고등학교가 하나 있고 전체 국민학교 생도 수는 약 3,000명이 됩니다.

04:08 나는 지난 주일에 한, 도내 일주 수학여행을 회상하면서 우리 고장의 명승지와 주민들의 생활상에 관한 관찰을 발표했습니다. 나리분지. 화산의 분화구가 식어서 되었다는 도내의 유일한 평야입니다. 울릉도에 처음 이민해 온 사람들은 여기에 자리를 잡았는데 지금은 20호가량의 집이 있습니다.

04:38 지붕은 거의 너와지붕인데 보이기는 엉성하지만 비바람을 막는 데는 제일이랍니다.

04:47 이 섬에서는 옥수수가 주 되는 농산물인데 여기서 나는 식량은 도민의 4개월분밖에 못되어서 육지에서 들여와야 하는 것입니다.

05:07 해변가에 있는 산은 모진 비바람에 씻겨 앙상한 뼈만 남았지만 어느 산이고 산정에는 이곳의 명물인 향나무가 줄기차게 뿌리를 뻗고 있습니다.

05:30 나리분지에 고인 물이 땅 속 깊이 스몄다 세차게 솟아난다는 수원지. 물은 바다로 퍼져서 떨어집니다.

05:50 바다 위에 촛대처럼 우뚝 솟은 돌기둥. 이름은 촛대암이라고 합니다. 그리고 그 뒤에 죽도가 보입니다. 이곳은 관음도. 거센 파도는 돌기둥을 깎아 마치 해상 석굴암을 지어놓은 듯 합니다.

06:15 맑은 바닷속은 연간 2천만 환에 해당하는 해삼, 김, 미역이 채취되는 바다의 보고입니다.

06:28 의좋은 삼형제처럼 나란히 하늘에 치솟은 삼선암.

06:44 돌벽돌로 쌓아 올린 듯한 구멍바위. 그 위에 집을 지으면 마치 동화 속에 나오는 성문과도 같을 것입니다.

07:02 마을에 어두움이 깃들면 오징어배가 바다로 떼를 지어 나갑니다. 오징어 배에는 오징어를 모여들게 하는 간데라(candela) 등불이 있어서 밤이면 마치 별빛처럼 아름답게 반짝거립니다.

07:18 육지에서 기름진 논밭에서 곡식을 걷어들이듯 여기서는 도민의 8할 이상이 이 조그마한 배로 무진장한 바다의 보배를 걷어 올리는 데 밤이 깊어가는 줄 모릅니다.

07:40 나의 관찰보고가 잘 되었다는 선생님의 칭찬을 듣고 즐거운 기분으로 학교에서 돌아와보니 아버지는 벌써 오징어 잡이를 떠나셨고 할아버지는 향나무 세공을 하고 계셨습니다.

07:59 그래서 나는 할아버지에게 낚시질을 가자고 졸랐습니다.

08:13 한편 우리 어머니는 마을 아주머니들과 함께 아버지가 잡아온 오징어를 말리는 데 한창 바쁘셨습니다.

08:51 내가 즐겨가는 단골 낚시터에 이르면 육지의 여러 곳을 다녀보신 할아버지는 그곳의 여러 가지 재미나는 얘기를 들려주십니다. 할아버지의 얘기는 언제나 낚시질의 흥을 돋구어 주며 언젠가 육지에 가보겠다는 나의 동경을 더욱 더 즐거운 곳으로 만들어줍니다.

09:20 이윽고 해가 수평선 너머로 사라질 때 찾아 드는 밤과 더불어 나는 더욱 더 커가는 육지에 대한 꿈을 되새기면서 집으로 돌아갑니다.

흘러간 옛노래

제 명	흘러간 옛노래
출 처	흘러간 옛노래
제 작 국 가	대한민국
제 작 년 도	1960년
상 영 시 간	27분 31초
제 공 언 어	한국어
제 작	공보부
형 식	실사
컬 러	흑백
사 운 드	유

영상요약

가수들이 박시춘이 지휘하는 악단 연주에 맞춰 자신들의 대표곡을 부르는 것을 기록

연구해제

이 영상은 박시춘 악단, 고복수, 황금심, 남인수, 현인, 이난영, 진방남 등 식민시기부터 유명했던 "왕년의 가수"들의 공연을 보여준다. 각 가수들에 대한 소개가 내레이션으로 덧붙여지면서, 스튜디오에 마련된 세트에서 무용단과 가수들이 차례로 등장하여 공연을 선보인다. 춤과 노래, 콩트 등으로 이루어진 공연 또는 방송 포맷의 문화영화들은 1960년대부터 상당히 많이 제작되었는데, 이 영상들은 1960년대 대중 예술인들의 공연 실황 등이 거의 남아 있지 않은 상태에서 당대 공연의 무대 구성 및 악단, 대중예술인들의 면면을 보여주는 귀중한 자료가 된다. 한편, 이 영상들은 월남 파병 장병들의 위문을 위한 공연 영상, 새마을 운동에 여념 없는 국민들을 위로하기 위한 공연 영상 등으로 시기별로 다른 관객들을 대상으로 제작되기는 하지만 거의 같은 포맷을 띠고 있다. 더불어 이 영상들은 TV나 라디오가 없고 공연을 보는 것도 여의치 않았던 지방 관객들을 대상으로 하는 오락 프로그램으로도 중요하게 사용되었다.

〈흘러간 옛노래〉의 내레이터는 "아득한 그 옛날 우리의 심금을 울려주던 그 노래"라거나 "일제에 항거해 고향을 등진 우리 겨레가" 즐겨 듣던 노래, "일제의 탄압 아래서 우리 민족이 자주 부르던 노래" 등으로 이 노래들의 '민족적' 의미를 강조하며, 이 영상의 맨 마지막에 가서는 "흥겨운 노래 속에 새나라 건설"과 "너도 나도 다 같이 합심해서 남북통일 이룩"하자는 메시지를 전달한다. 이같이 가수들의 공연을 담으면서 제작주체가 의도한 내용을 내레이션이나 콩트, 만담 등에 넣어 전달하는 방식의 문화영화는 1960년대와 1970년대에 상당히 많이 제작되었는데, 1960년대 후반 이후에는 보다 교훈적인 내용의 코미디가 첨가되면서 메시지를 분명히 전달하고자 하는 경향으로 변화한다.

이 영화를 연출했던 김인태 감독의 증언에 따르면, 이 영화는 동시녹음 촬영 시설을 갖춘 국립영화제작소의 B 스튜디오에서 현장의 소리를 담아 촬영된 영화였다. 당시 국립영화제작소에서 촬영과 이후 사진기록을 담당했던 이정섭에 따르면, 이 영화는 방음 카메라가 들어온 뒤에 제작된 최초의 동시녹음 영화였다고 한다. 또한, 이정섭은 이 영

화가 동시녹음이 가능하다는 것을 이용하여 유명 가수들의 공연을 담고자 하는 의도로 제작 기획되었는데, 소장과 기술과장 등이 흔쾌히 동의하여 만들어지게 되었다는 에피소드를 증언하기도 했다. 〈흘러간 옛노래〉 촬영현장 사진은 이정섭에 의해 촬영되어 현재 이지완 감독이 소장하고 있으며, 이순진 구술채록 『문화영화구술 자료집 1권』(한국영상자료원, 2012)에 수록되어 있어, 당시 스튜디오와 동시녹음 카메라를 활용한 영화 촬영 현장의 모습을 생생하게 확인할 수 있다.

▌ 참고문헌

이순진 구술채록, 「김인태」, 「이정섭」, 『문화영화구술 자료집』 1, 한국영상자료원, 2012.

▌ 화면묘사

00:01 꼭두각시 춤추는 여성 무용가 4인
02:15 허수아비 등 농촌 풍경으로 꾸민 무대의 양쪽에서 등장하는 고복수와 황금심. 징을 든 황금심과 장구를 든 고복수
02:45 "풍년가" 부르는 황금심과 고복수 "3~4월 단비에 종자를 뿌려서 6~7월 햇빛에 오곡이 익었구나 얼씨구나 좋구나 풍년이 왔구나 풍년이 왔네 앞집의 참봉님은 아, 지게를 지고요 뒷집에 아가씨는 아, 낫들고 나가신다 얼씨구 좋구나 풍년이 왔구나 풍년이 왔네 풍년이 왔네 풍년이 왔어 풍년이 왔네 / 앞 강의 뜬 배는 돈 실러 가는 배 아, 뒷강의 뜬 배는 돈 지고 오는 배 얼씨구 좋구나 풍년이 왔구나 풍년이 왔네 앞집의 막둥이는 장가를 든다지요 뒷집의 순이는 시집을 간대지 얼씨구 좋구나 풍년이 왔네 풍년이 왔네"
04:47 성 배경의 무대에 남인수 등장
05:15 "황성옛터" 부르는 남인수 "황성옛터에 밤이 되니 월색만 고요해 폐허에 서른 회포를 말하여 주노라 아 외로운 저 나그네 홀로 잠 못 이뤄 구슬픈 벌레소리에 말없이 눈물겨요 / 성은 허물어져 빈터인데 방초만 푸르러 세상이 허무한 것을 말하여 주노라 아 가엾다 이내 몸은 그 무엇 찾으려 덧없는 꿈의 거리를 헤매어 있노라 / 나는 가리로다 끝이 없이 이 발길 닿는 곳 산을 넘고 물을 건

너서 정처가 없이도 아 한없는 이 설움을 가슴 속 깊이 안고 이 몸은 흘러서 가노니 옛터야 잘 있거라"

07:51   악단의 연주를 지휘하는 박시춘 뒷모습

08:10   황금심 등장하여 "알뜰한 당신" 부름 "울고 왔다 울고 가는 설운 사정을 당신이 몰라주면 누가 알아주나요 알뜰한 당신은 알뜰한 당신은 무슨 까닭에 모른 척 하십니까요 / 만나면 사정하자 먹은 마음을 울어서 당신 앞에 하소연 할까요 알뜰한 당신은 알뜰한 당신은 무슨 까닭에 모른 척 하십니까요"

10:20   연주하는 악단과 지휘하는 박시춘. 고복수 등장해 "타향살이" 부름 "타향살이 몇 해든가 손꼽아 헤어보니 고향 떠난 십여 년에 청춘만 늙어 부평 같은 내 신세가 혼자도 기막혀서 창문 열고 바라보니 하날은 저쪽 / 고향 앞에 버드나무 올 봄도 푸르련만 버들피리 꺾어 불던 그때는 옛날"

13:02   무용가 권효숙의 춤. 배경음악 "군밤타령" 연주곡

15:30   목포 항구 배경의 무대에서 기타 연주하는 박시춘과 아코디언 반주하는 연주가

15:43   이난영 등장해 "목포의 눈물" 부름 "사공의 뱃노래 가물거리면 삼학도 파도 깊이 스며드는데 부두의 새악씨 아롱 젖인 옷자락 이별의 눈물이냐 목포의 설움 / 밤 조각달은 흘러가는데 어찌타 옛 상처가 새로워진다 못 오는 님이면 이 마음도 보낼 것을 항구에 맺은 절개 목포의 사랑"

18:06   연주하는 악단과 지휘하는 박시춘

18:43   진방남 등장해 "마상일기" 부름 "밤이 새면 장거리에 풀어야 할 황아 짐 별빛 잡고 길을 물어 가야 할 팔십리란다 나귀 목에 짤랑짤랑 향수 피는 방울소리 구름잡고 도는 신세 발길이 설다 / 경상도다 전라도다 충청도에 강원도 오양간 나귀 몰아 조바심 몇 십 년이나 길 친구의 입을 빌어 더듬어 본 추억 속에 말만 들은 옛 고향의 처녀를 본다"

20:20   연주하는 악단과 지휘하는 박시춘

20:42   백난아 등장해 "아리랑 낭랑" 부름 "진달래 핀 아리랑 고개 나물 캐는 아리랑 고개 꽃 가마에 이쁜이가 시집가는 아리랑 고개 아리 쓰리랑 아리랑 고개는 새 악시 고개 연지 찍고요 곤지 찍고요 살짝 웃었오 / 산새 우는 아리랑 고개 토끼 노는 아리랑 고개 달랑달랑 조랑말에 장가가는 아리랑 고개 아리 쓰리랑 아리랑 고개는 도련님 고개 사모 쓰고요 꼬까신 신고 점잔만 빼네"

22:34 첨성대 배경의 무대. 색소폰으로 반주하는 연주자 기타 치는 박시춘, 콘트라베이스 연주자와 아코디언 연주자의 반주. "신라의 달밤" 부르는 현인 "아 신라의 밤이여 불국사의 종소리 들리어 온다 지나가는 나그네야 걸음을 멈추어라 고요한 달빛 어린 금옥산 기슭에서 노래를 불러보자 신라의 밤 노래를 / 아 신라의 밤이여 아름다운 궁녀들 그리워라 대궐 뒤에 숲 속에서 사랑을 맺었던가 님들의 치마 소리 귓속에 들으면서 노래를 불러보자 신라의 밤 노래를"

25:20 향로 배경의 무대에 권효숙무용단원들 등장해 춤을 춤. 배경음악 "닐니리야" 연주곡

27:26 무대 위 향로 클로즈업

내레이션

01:39 흐르는 세월 속에 수많은 사람들이 춤추며 즐겨왔습니다. 흐르는 세월 속에 수없는 사람들이 노래 부르며 살아왔습니다. 그리고 흐르는 세월 속에 수많은 젊음도 노래와 함께 흘러갔습니다. 이제 아득하게 멀어져 가는 그 옛날 우리의 심금을 울려주던 감회 깊은 옛 노래를 다시 한 번 엮어서 여러분들에게 보내드리겠습니다.

02:20 그러면 흘러간 노래의 첫 번째 순서는 왕년의 가수 고복수 씨와 황금심 씨의 멋드러진 풍년갑니다. 삼천리 강산에 풍년이 왔네. 기름진 옥토에 풍년이 왔네. 앞집의 순이는 시집을 가고 뒷집의 막둥이는 장가를 간다네. 얼씨고 절씨고 풍년이로세. 우리의 살림은 풍년이로세.

04:54 잡초만이 무성한 성토에는 고요한 달빛만이 푸르게 비친다. 어디서 들리는지 풀벌레소리 외로운 나그네의 발걸음을 멎게 한다. 일제의 탄압 아래서 우리 민족의 시름을 실어 즐겨 부르던 황성의 옛터 남인수 씨의 등장입니다.

08:02 울고 왔다 울고 가는 설은 사정을 당신이 몰라주면 누가 알어 주나요. 황금심 씨의 두 번째 등장으로 애달픈 여인의 심정을 노래하는 알뜰한 당신.

10:28 타향살이 몇 해련가 손꼽아 헤어보니 고향 떠난 십여 년에 청춘만 늙고. 애수에 찬 이 노래는 일제에 항거해 해외로 망명한 우리 겨레가 고향을 그리며 불르던 타향살이. 고복수 씨의 등장입니다.

13:12 다음은 순서를 바꿔서 권효숙 양의 군밤타령 멋있는 춤가락을 보십시오.

15:41 부둣가 등불 아래 눈물 젖는 아가씨 이별의 눈물인가 목포의 설움. 추억을 더 듬는 이난영 씨의 목포의 눈물.

16:55 님 실은 나룻배 하염없이 떠난다. 못 오는 님이면 내 마음도 보낼 것을 님 그려 우는 마음 목포의 설움.

18:19 목포의 눈물에 뒤 이어 오늘은 이 거리 내일은 저 마을 말 닭는 소리 벗을 삼아 팔도강산을 헤매도는 외로운 나그네의 향수 어린 마상일기. 진방남 씨의 노래입니다.

19:27 산 구비 물 구비를 주름 잡아 몇 해던가. 싸늘한 별을 보고 불러 보는 옛 노래 나귀 몰고 가는 마을 갈 길이 멀다.

20:27 마상일기의 다음은 백난아 씨의 아리랑 낭랑. 꽃가마에 울렁출렁 시집가는 아리랑 고개. 오늘도 새신랑이 쪼랑말 타고 장가간다는 아리랑 낭랑입니다.

22:44 밤이슬 소리 없이 서라벌에 내린다. 고요한 달빛 속에 목탁 소리 처량하고 궁녀들의 치마소리 귀 밑에 간지럽다. 해방과 더불어 가요계에 선풍을 일으킨 현인 씨의 신라의 달밤입니다.

25:30 다음은 언제 들어도 흥겨운 우리의 민요 닐니리야를 권효숙 무용단의 춤으로 보내드리겠습니다.

26:56 닐니리야 닐니리야 노래 부르며 춤추자. 흥겨운 노래 속에 기쁨이 온다. 즐거운 노래 속에 행복이 온다. 흐르는 세월 속에 새봄이 다시 왔습니다. 새봄과 더불어 즐거운 노래 속에 새나라 건설하고 너도 나도 다 같이 합심해서 남북통일 이룩합시다.

가족계획 1 - 가족계획의 중요성

제 명	가족계획의 중요성
출 처	가족계획
제 작 국 가	대한민국
제 작 년 도	1960년(1961년 4월 이후 추정)
상 영 시 간	06분 33초
제 공 언 어	한국어
제 작	국립영화제작소
형 식	실사, 애니메이션 혼합
컬 러	흑백
사 운 드	유

영상요약

라디오방송 〈가정의학〉 시간에 서울대학교 의과대학 교수 권의혁, 고려대학교 경제학과 교수 조동필, 대한가족계획협회 이사장 양재모, 가정주부 명계인 네 사람을 패널로 가족계획에 대한 필요성을 강조하는 좌담회를 개최한다.

연구해제

　문화영화 〈가족계획〉은 '가족계획의 중요성'을 이야기하는 라디오 대담 프로그램의 녹화장면을 수록한 〈가족계획의 중요성〉과 그 라디오 프로그램을 듣고 가족계획의 필요성을 깨달아 보건소에서 열리는 강습회에 참석한 부인의 이야기를 그린 〈가족계획 강습회〉 두 가지로 구성된다. 〈가족계획의 중요성〉에서는 서울대 의대 교수 권의혁, 고려대 경제학과 교수 조동필, 대한가족계획협회 이사 양재모, 가정주부 명계인 네 사람이 등장하여 각각 가족계획의 중요성을 경제적 이유를 중심으로 설파한다. 그리고 〈가족계획 강습회〉에서는 도표와 애니메이션, 도구를 활용하여 직접적인 피임법(살정제, 여성용 콘돔, 남성용 콘돔)을 설명하고 있다. 제작년도는 1960년이라고 기록되어 있지만, 대한가족계획협회가 1961년 4월 조직되었으므로, 협회의 이사가 패널로 등장하는 이 영상은 1961년 4월 이후에 만들어졌을 것으로 추정된다.

1950년대 중반까지 인구가 곧 국력이라는 인식이 있었으나 실제 1950년대 후반 많은 여성들이 경제적, 우생학적, 건강상의 이유로 산아제한의 필요성을 절감하고 있었다. 1958년 대한여자의사회와 사회학자 고황경의 주도로 대한어머니회가 설립되고 모성보건상담실을 운영, 가정방문사업을 벌여 산아제한을 홍보, 교육한 것이 최초의 공식적인 산아제한 운동의 움직임이었다고 할 수 있다. 그런데, 1960년대 초 인구문제가 한국사회의 공론장에 등장하고 국가가 정책적으로 출산을 조절하고 이를 통해 인구성장을 억제함으로써 경제발전을 추구할 수 있다는 경제발전을 위한 인구통제 테제가 한국사회 내에서 힘을 얻으면서 남성 주도의 정책적 가족계획이 만들어지게 된다. 1961년 4월 대한가족계획협회가 조직되고, 군사정부에 의해 같은 해 11월 가족계획사업의 국가정책화가 선언된 이래 다양한 구호를 앞세워 '조국근대화'를 위한 인구통제가 이루어졌던 것이다. 가족계획은 재건국민운동의 중요한 목표로 설정되면서, 알맞은 수의 자녀를 낳아 잘 키우는 일은 근면하고 검소한 가정생활, 허례허식 타파와 간소한 가정의례, 의식주 생활에서 위생과 영양을 고려하는 것과 함께 여성들에게 부여된 '조국 근대화' 과업의 일부가 되었다.

이후 1965년 루프 피임법에 대한 설명을 중심으로 가족계획에 대한 문화영화 〈가족계획(알맞게 훌륭하게)〉을 출처로 하는 〈부부수첩〉, 〈루프피임법〉, 〈루프피임법 권장만화〉가 등장하며 1966년 〈딸 3형제〉, 〈행복의 계단〉이 제작되었다.

참고문헌

배은경, 『현대 한국의 인간 재생산 – 여성 모성 가족계획사업』, 시간여행, 2012.

00:00 사이렌 소리와 함께 경쾌한 음악이 흐르고, "가족계획"이라는 타이틀 자막 뒤로 수많은 사람들의 모습을 공중 쇼트로 보여줌

00:10 송전탑 보인 뒤 방송국 외관에서 줌 인으로 방송국 안으로 들어가서 시계 클로즈업

00:28 라디오 방송 시작하는 모습. 피디가 수신호를 보내면 "방송중 ON AIR" 표지에 불이 들어옴

00:30 부스에 앉아있는 여자 아나운서의 상반신의 미디엄 쇼트에서 카메라가 점차 뒤로 물러나면서 부스 앞 테이블에 앉아 있는 사회자와 패널의 모습을 보여줌

아나운서: 가정의학 시간이 돌아왔습니다. 오늘 이 시간에는 가족계획에 대한 좌담을 보내드리겠습니다. 나오실 분은 서울대학교 의과대학 교수 권의혁 씨, 고려대학교 경제학교수 조동필 씨, 대한가족계획협회 이사장 양재모 씨, 그리고 가정주부 명계인 씨, 이상 여러분을 모시고 강영숙 아나운서의 사회로 말씀 드리겠습니다.

00:54 강영숙 아나운서가 인사와 함께 진행을 시작함

강영숙 아나운서: 바쁘신데 이렇게 나와주셔서 감사합니다. 1초마다 사람이 세 사람씩 지구상에 태어난다고 그러는데, 지금 우리가 이렇게 얘기하고 있는 동안에도 많은 인구가 지금 지구상에 태어난 것 같습니다. 오늘은 먼저 국가 경제의 전망과 가족계획의 필요성에 대해서 경제학교수로 계신 조동필 씨께서 말씀해주시면 감사하겠습니다.

01:20 조동필 교수가 이야기를 시작함

조동필: 우리네들 어머니들께서나 할머니들께서는 세상에 사람들이 바깥에 나올 적에는 다 저 먹고 살 것은 가지고 태어난다 이렇게들 말씀하시고 또 그렇게 생각하고 계시지만은, 그러나 사실 사람이 세상 바깥으로

나올 때에는 저 먹고 살 것을 아무것도 타고나오는 것은 아닙니다. 결국은 먹는 물건이라든지 입는 옷감이라든지 또는 사는 집 같은 것을 우리 스스로가 만들지 않으면 안 되는 것입니다. 우리나라 인구의 증가율이 1년에 약 2.9%로 되어 있습니다. 실수로 보면 약 70만 명씩 늘어갑니다. 그러면 식량에 있어서 연간 약 70만석의 양곡이 더 늘어야 합니다. 그리고 입는 옷감을 한 사람이 평균 10마를 소비한다고 가정하면 연간 700만 마의 옷감이 더 생산되어야 합니다. 또 한 사람이, 한 집에서 다섯 사람씩 산다면은 약 14만 호의 집이 늘지 않으면 안 되는 것입니다. 이러한 어려운 문제가 경제적으로 나타나는 것입니다.

조동필 교수가 이야기하는 동안 화면에 "우리나라 인구증가율 약 2.9% / 1년에 70만명 증가", "쌀 1인당 1섬 / 70만석", "옷감 1인당 10마 / 700만마", "한집에 다섯식구 / 14만호"라는 글씨가 차례로 쓰임

02:23 강영숙 아나운서 바스트 쇼트.

아나운서: 정말 그렇습니다. 이제는 인간은 핵무기를 무서워할 것이 아니라 인구 폭탄에 대해서 정말 두려워해야 할 것 같아요. 이번엔 권선생님께서 인구증가율이라고 그럴까요? 거기에 대해서 말씀해주시면 좋겠습니다.

02:40 풀 쇼트로 다섯 명의 대담자들이 앉아 있는 모습 보이고 권의혁 교수 발언하는 소리가 들림

권의혁: 인구증가율이라고 하는 것은, 다시 말하면 이게 자연증가율을 말하는 건데요 1년에 몇 사람이 생겨나고 몇 사람이 죽느냐 그 차이를 가지고 따지는 겁니다. 보통은 알기 쉽게 하기 위해서 천 명을 대상으로 해서 그 숫자를 잡습니다. 그러니까 이, 우리나라의 경우를 보게 되면은 1년에 천 명에 대해서 40명이 탄생이 되고 그리고 이제까지 나타난 것을 보게 되면 11.2명이 죽는 걸로 되어 있습니다. 그러니까 결과적으로 봐서 1년에 천 명당 28.8명이 늘어나간다 이렇게 되는 거죠. 그러니까

이런 숫자로 나갔을 적에 과연 어떻게 되겠느냐 이 얘깁니다. 만일에 천 명에 대해서 28.8명이 증가하게 된다고 한다면, 1967년엔 3천만을 돌파하게 됩니다. 또 25년 후가 되게 되면은 5천만을 돌파하게 되는 것으로 우리가 추측할 수 있는 건데요. 그만큼 이게 기하급수적으로 올라가기 때문에, 그렇게 때문에 가족계획을 함으로써 인구를 조절해 보겠다, 이건 아마 틀림없는 사실로 생각하고 있습니다.

권의혁 교수 이야기하는 동안 화면에는 "우리나라 인구 증가율 1000명을 대상 / 40명 출생 / 11.2명 사망", "1년동안 / 1000명에서 28.8명씩 는다", "1967년 3천 만 돌파", "25년 후 5천만 돌파" 등이 차례로 쓰임

03:50 강영숙 아나운서 이야기하는 모습과 전체 테이블 참석자 모습 풀쇼트로 보임

강영숙: 그러니까 저, 인간은 핵무기를 다룰 것이 아니라 인간폭탄을 다뤄야 되 지 않을까 이런 얘기가 나오는 것도 무리가 아닐 거라고 생각해요. 저, 어떻습니까. 가정부인으로 계시는 명계인 씨께서는.

04:05 명계인 얼굴 클로즈업. 이야기를 시작하면, 한 시골 가정에서 마루 식탁에 어 린이 6명이 오밀조밀 앉아서 밥을 먹고 있는 모습, 아버지에게 돈을 받아가는 학생모자 쓴 소년 등의 모습이 비춰짐

명계인: 옛날엔 저희들 가정에 어린애가 많으면 많을수록 좋다고 얘기 했는데 지금으로선 도저히 그렇게 생각할 수 없고, 제가 방문한 어느 농촌 가 정의 예를 들 것 같으면, 어린애가 대여섯 되는데 부모가 그 어린애를 책임지고 길러주느냐 하면 그렇지도 못하고 일일이 손이 돌아가지 않 기 때문에, 저희들이 보는 견지에서는 그 부모가 자식에 대한 일종의 죄를 짓고 있지 않나 이렇게까지 생각이 됩니다. 그래서 절대적으로 가족계획을 해서 책임지고 그 어린애들의 교육문제라든가 또 그 지위 향상 문제도 생각해줘야 할 것 같다고, 그렇게 생각하고 있습니다.

강영숙 아나운서의 목소리가 들리면서, 농촌 가정의 어린이들 모습이 보임

강영숙: 알겠습니다. 그러면 저, 이야기를 좀 농촌방향으로 이끌어볼까 하는데요, 이 서울 지방이라든지 저 지식층에서는 대략 가족계획을 실시해야 되겠다 이런 것을 미리 알고 있는데 농촌에 가면 산아제한과 가족계획을 혼동하는 경향이 있다고 보는데요. 이 점에 대해서 대한가족계획협회 이사장으로 계시는 양재모 선생님이 말씀을 해 주시면 좋겠어요.

강영숙 아나운서 이야기하는 동안 어린 아기를 업고 농사일을 하는 어머니, 어촌 어린이들의 모습. 수십 명의 어린이들이 옹기종기 모여 앉아서 각종 놀이하는 모습이 비춰짐

05:12 어린이들 노는 모습. 몇 열로 늘어서 있는 어린이들의 얼굴 클로즈업 쇼트로, 왼쪽으로 팬하면서 보여줌

양재모: 네, 시대가 바뀌어짐에 따라서 우리 사회 살림살이 형편도 옛날하고 달라서 점점 어려워지고 또, 이제는 애기들도 잘 죽질 않기 때문에(여성들 웃음 소리) 옛날처럼 열 명이나 낳아봤댔자 그중에 한 다섯은 남고 또 한 댓은 자란다는 그런 생각을 가지고 미리 많이 낳을 필요도 없는 거고, 또 옛날하고 달라서 꼭 아들이라야 되겠다 할 이유가 없기 때문에 딸이 한 너, 댓 있는데도 계속해서 아들을 보기 위해서 계속해서 어린애를 부모가 몸도 튼튼하지 못하고 가정 살림도 넉넉하지 못한데, 애들을 자꾸 낳아서 그래가지고 너무 많은 애기들을 잘 기르지도 못하고 비참한 생활을 시키고 또 자기도 못 사는 이런 걸 피해서, (병원에서 진료 받는 젊은 여성, 울고 있는 어린이들의 얼굴 클로즈업 화면이 보임)

05:58 양식으로 꾸민 도시의 가정. 노래하며 춤추는 여자 어린이, 한 명은 무릎에 앉히고 한 명은 바닥에 엎드려 있으며 조금 큰 어린이는 화면을 등지고 앉아 있다. 네 명의 어린이 곁에 부부가 웃으며 춤추는 어린이를 보고 있음

양재모: 이제는 머리 좋고 몸 좋은, 좋은 애기를 알맞게 낳아서 자기 형편에 알맞게 낳아서, 그 대신 낳은 애기는 잘 기르고 잘 교육시켜서 부모나 애기들이나 다 잘 살도록 해보자 하는 신생활운동이 곧 가족계획입니다.

06:23 다시 화면으로 돌아가서, 테이블에 앉아 있는 사회자와 패널을 보여줌

강영숙: 권선생님, 양선생님, 조선생님, 명선생님, 바쁘신 가운데 좋은 말씀 해주셔서 대단히 감사합니다. (패널들 인사)

06:32 부스 안에 앉아 있는 아나운서로 줌 인.

아나운서: 이상으로 가족(뒷말 끊김)

▌내레이션

(내레이션 없음)

가족계획 2 - 가족계획 강습회

제 명	가족계획 강습회
출 처	가족계획
제작국가	대한민국
제작년도	1960년(1961년 4월 이후 추정)
상영시간	10분 01초
제공언어	한국어
제 작	국립영화제작소
형 식	실사, 애니메이션 혼합
컬 러	흑백
사운드	유

영상요약

가족계획상담소에서 개최하는 가족계획에 관한 강습회의 모습. 많은 부인들이 참석한 가운데, 여성 강사가 임신과정에 대해 설명하고 남성과 여성의 각각 기구나 약물을 사용하는 피임법을 설명. 마지막에 남성 내레이터가 적게 낳아 잘 기르자는 가족계획이 곧 신생활운동임을 역설

화면묘사

00:00   라디오 부스에서 방송을 하는 여성 아나운서의 모습, 이 라디오 방송을 누워서 청취하는 한 여성, 나란히 아이가 둘 누워있음

라디오 방송 소리: …. 마치겠습니다. 이어서 이 지방 소식을 말씀 드리겠습니다. 공주보건소의 가족계획상담소에서는 매주 월요일 오전 10시부터 11시 사이에 가족계획에 관한 강습회를 연다고 합니다. 강습회는 무료라고 하며 주부 여러분의 많은 참석을 바라고 있습니다. 다음 소식, 여름철을 맞아…

라디오를 들으며 생각에 잠긴 한 여성

00:30 양산을 쓰고 보건소로 향하는 한복차림의 부인들. 건물 앞 푯말 "재건", 수십 명의 여성들이 교육실에 들어와 있음

00:54 가족계획에 관한 강습회를 시작. 여성의 생식기가 그려진 도표를 통해 강의를 하는 여성 강사의 모습, 이를 경청하는 부인들

가족계획 강사: 여러분 안녕하셨습니까? 바쁘신데 많이 참석해 주셔서 대단히 감사합니다. 그럼 먼저 가족계획을 하자면은 임신이란 어떻게 이루어지며 월경의 생리란 무엇인지에 대해서 알아봐야겠습니다. 그러면은 임신 과정을 이 도표를 통해서 살펴보기로 합시다. 먼저 여성 생식기 단면을 본다면은 요도, 질구, 질, 자궁, 난소 등으로 조직돼 있습니다. 자세히 살펴보면 난소, 자궁 그리고 자궁구로 조직돼 있어서 여자는 임신을 할 수 있게 돼 있습니다. 그러면 임신은 어떻게 이루어지나를 자세히 살펴봅시다. 여자의 난자는 이곳에서 자라나며 자란 난자는 난관 내로 흘러내리게 돼 있습니다. 그러면은 난자가 한 달 동안 자라나는 과정을 살펴보실까요? 부인은 누구나가 매달 한 개씩의 난자가 이와 같이 자라납니다. 이것을 배란이라고 하며 배란된 난자는 난관 끝에 있는 난관체에 의해서 흡입되어 난관 내로 들어오게 됩니다.

강사가 이야기는 하는 동안 여자의 성기 도표의 그림 "여자의 성기, 난소, 자궁, 질, 항문, 질구, 요도", 다음 자궁의 그림 "자궁, 난소, 자궁구" 보여줌

가족계획 강사: 한편 남자의 성기를 본다면은 정자는 남자의 고환에서 분비되는데 분비되는 정액은 정관을 통해서 부인의 질강 내에 삽출됩니다. 이것을 사정이라고 하며 단 한번 사정되는 데에 정자수는 약 4억 내외나 됩니다. 질 내에 삽출된 정자는 올챙이 같이 스스로의 운동으로 자궁, 질을 지나 난관에 이르게 됩니다. 이곳에서 단 한 마리의 정자가 난자와 결합하게 됩니다. 이것을 수정이라고 하며 수정된 난자를 수정란이라고 합니다. 수정란은 여러 가지 복잡한 세포 변화를 거듭하면서 자궁, 질 안에 들어오게 되는 것입니다. 이리하여 자궁 내막에 붙게 되는데 이것을 착상이라고 합니다. 착상한 곳에 태반이 생기며 태반을 통해서 모체로부터의 영양을 받아 태아가 자라나게 됩니다. 그리고 월경의 생리란 알기 쉽게 말하자면은 월경주기 전반에는 손님대접으로 상 준비를 하고 배란 후인 후반기에는 상에 음식을 차린다고 생각하면 됩니다. 임신이 안되면은 여러 가지 준비했던 자궁 내막이 떨어져서 모두 밖으로 배출되는데 이것이 곧 월경인 것입니다.

강사가 이야기하는 동안 여성의 난소 그림을 통해 임신과정에 대해 설명을 보여주는 애니메이션, 남성의 성기 그림을 통해 임신과정에 대해 설명을 보여주는 애니메이션이 진행됨

04:59 자리에 앉으며 다음 설명을 하는 여성 강사, 이를 경청하는 부인들

가족계획 강사: 다음은 피임법에 대해서 설명하겠습니다. 피임법은 여러 가지 방법이 있으나 그중에서 가장 효과적이고 비용이 적게 드는 간단한 방법으로 현재 영미 각국에서 가장 많이 사용되고 있는 것을 추려서 몇 가지 설명하겠습니다. 그러면은 기구나 약물을 사용하여 피임하는 방법이 있는데 정제, 제리(gel) 등의 약을 써서 살정하는 방법입니다.

피임 약물로 정제와 젤을 보여주는 강사

가족계획 강사: 이 정제를 사용하는 방법은 사용 전에 이와 같이 쥔 다음에 자궁 질 속에 넣습니다. 처음 감각으로는 화끈한 느낌이 있으나 신체에 아무런 장애를 일으키지 않습니다. 5분이 경과하면 완전히 용해해서 이때 들어오는 무수한 정자를 이 약에 의해서 모두 살정되고 마는 것입니다. 이것은 제리라는 약물을 손대신 기구를 사용해서 삽입하는 방법인데, 먼저 약이 든 주머니를 기구 끝에 연결시킨 다음 이렇게 자궁 질 속에 넣습니다. 완전히 넣은 다음에 약 기구를 짜면 약은 질 속에 들어가게 되는 것입니다. 다음은 기구를 사용하여 피임하는 방법이 있는데 이것은 다이아후램(diaphragm) 혹은 페싸리(pessary)라고도 합니다. 이 방법은 먼저 표면 안팎에 제리를 이와 같이 바르고 사용하면은 더욱 안전한 방법입니다. 삽입할 때는 페싸리를 먼저 손끝에 길게 끼우고 질 속에 넣습니다. 완전히 질 속에 넣은 다음 손끝으로 페싸리의 둥근 고리가 자궁에 끼워지게 씌워둡니다. 이렇게 완전히 자궁에 끼워지면은 사정된 정자를 자궁에 못 들어가게 막는 역할을 합니다. 한번 사용한 후에는 여덟 시간을 그대로 끼워두어야 하며 사용 후에는 다시 사용하기 위해서 깨끗이 소제한 다음 보관해야 합니다. 특히 페싸리를 구입할 때에는 자기 몸에 알맞은 사이즈를 구해야 합니다. 다음은 남자에 의해서 피임하는 방법으로 남자의 음경에 씌우는 콘돔법인데 완전한 방법으로는 제리를 표면에 가볍게 바르고 사용하면은 더욱 효과적인 방법인 것입니다. 콘돔을 씌울 때는 공기가 들어가면은 찢어질 우려가 있으므로 이와 같이 끝에 공기를 빼고 사용합니다. 이 방법은 사정된 정액을 콘돔 안에 받도록 함으로써 정액이 질 내에 들어가는 것을 막는 방법이며 일시적인 피임방법으로 효과적인 것입니다.

강사가 이야기하는 동안, 정제를 사용한 피임방법을 여성의 성기 그림을 통해 설명하는 애니메이션, 이후 움직임이 둔한 정자들의 실사, 이어서 젤을 사용한 피임법을 여성의 성기 그림을 통해 설명하는 애니메이션. 그리고 다이아프램을 이용한 피입법을 여성의 성기 그림을 통해 설명하는 애니메이션. 그 다음으로 남성의 성기에 씌우는 콘돔법을 시연, 이를 경청하는 부인들을 보여줌

08:36 마무리 인사를 하는 여성 강사와 이를 듣는 부인들의 얼굴

가족계획 강사: 그러면 이제까지 가족계획에 관해서 여러 가지 피임방법을 여러분과 공부했습니다. 아무쪼록 여러분 가정에 올바른 가족계획을 이루셔서 복된 가정을 그리고 더 나아가서는 복된 우리 사회를 이룩합시다. 감사합니다.

강사에게 감사인사를 하고 "가족계획상담소"를 나서는 부인들
09:57 자막 "제공 국립영화제작소"

내레이션

09:04 남성 내레이터 : 옛날하고 달라서 꼭 아들이라야 되겠다 할 이유가 없기 때문에 딸이 한 너댓 있는데도 아들보기 위해서 또 계속해서 어린애를, 부모가 몸도 튼튼하지 못하고 가정생활 살림도 넉넉지 못한데 애들을 자꾸 낳아서 그래 가지고 너무 많은 애기들을 잘 길르지도 못하고, 비참한 생활을 시키고 또 자기도 못 사는, 이런 걸 피해서 이제는 머리 좋고 몸 좋은, 좋은 애기를 알맞게 낳아서 자기 형편이 알맞게 낳아서 그 대신 낳은 애기는 잘 길르고 잘 교육시켜서 부모나 애기들이나 다 잘 살도록 해보자 하는 신생활운동이 곧 가족계획입니다. (〈가족계획1 – 가족계획의 중요성〉의 일부 내용 재수록)

재일교포 고국 방문

제 명	재일교포 고국 방문
출 처	재일교포 거류민단
제작국가	대한민국
제작년도	1961년
상영시간	07분 37초
제공언어	한국어
제 작	국립영화제작소
제 공	공보부
형 식	실사
컬 러	흑백
사운드	유

재일교포 동경 상은신용조합의 이사들이 7차 이사회를 열고 수해의연금을 전달하기 위해 모국을 방문했다. 정일권 국무총리와 경제 각료들을 만나 인사를 나누고, 홍종철 문화공보부장관의 안내로 고궁을 구경하며 발전된 고국을 느끼고 자부심을 갖게 되었다는 내용.

연구해제

본 영상은 동경상은신용조합 이사장 허필석을 비롯한 이사들이 제7차 이사회를 한국에서 열기 위해 방한하였을 때의 일정(정확한 일정은 특정되지 않는다)을 담았다. 동경상은신용조합 이사들은 방한하여 산업시설을 시찰하였다. 이후 정일권 국무총리를 비롯한 경제 각료들을 예방하고, 한양대학교에서 제7차 이사회를 개최했다. 이사회 이후 홍종철 문화공보부 장관의 주선으로 고궁을 관광하였다. 이 영상에서 동경상은신용조합 이사들은 경제개발계획 시행 이후 한국의 발전상을 목격하였으며 정일권 국무총리와 경제각료들과 만나며 한국의 경제개발과 재일교포들의 협력에 대해 논의한 것을 볼 수 있다. 이러한 모습들은 경제개발계획의 추진과정에서 박정희 정부가 재일교포들을 활용하여 경제개발의 추진과정에서 필요한 외자를 도입하기 위해 노력했던 것을 보여준다.

동경상은신용조합은 일본 거류민단 산하 재일교포들의 신용조합 중 하나였다. 일제시기 강제징용 등의 이유로 일본으로 건너갔다가 해방 이후 귀국하지 못한 재일교포들은 일본은행에서 대출을 받지 못하는 상황에서 스스로 금융기관을 결성하였다. 1953년 오사카에서 대판상은(大阪商銀)이 결성된 이래 대판흥은(大阪興銀), 애지상은(愛知商銀), 동경상은(東京商銀), 경도상은(京都商銀) 등 5개의 재일교포 신용조합이 차례로 결성되었다. 그리고 1955년에는 이들 5개 조합이 협력하여 재일한국인신용조합협회(在日韓國人信用組合協會)가 결성되었다. 본 영상에 등장하는 동경상은신용조합은 이때 결성된 재일교포들의 자조적 신용조합 중 하나였다.

한편, 박정희 정부는 1962년 제1차 경제개발계획 원안이 1963년 일련의 경제정책 실패와 미국의 개입에 의해 수정되는 과정에서 외자 중심의 경제개발계획으로 선회하였다. 본 영상에서 등장하였던 재일교포들의 방한과 정일권 국무총리 등 정부 고위관료들의 영접은 박정희 정부가 외자를 도입하는 과정에서 재일교포들의 자금을 유치하려 하였던 모습을 보여준다. 실제로 1965년 4월 방한하였던 허필석 당시 재일교포상공회연합 회장은 "만약 본국정부가 교포의 투자문제를 보장해주는 확고한 체제를 마련해 준다면 재일교포가 가진 재산 가운데 연간 1억불씩은 본국 공업화에 기여할 수 있다"며 재일교포의 보호대책을 마련해 준다면, 거류민단 소속 재일교포들이 한국에 투자할 의향이 있음을 밝히기도 했다. 따라서 본 영상은 박정희 정부가 재일교포를 어떤 방식으로 활용하여 그들의 자본을 경제개발계획의 추진과정에서 이용하고자 하였는지를 보여준다.

█ 참고문헌

「교포재산 연 1억불유치」, 『동아일보』, 1965년 4월 27일.
「서로 돕는 재일들－한국인 신용조합」, 『경향신문』, 1969년 11월 26일.
기미야 다다시, 『박정희 정부의 선택－1960년대 수출지향형 공업화와 냉전체제』, 후마니타스, 2008.

█ 화면묘사

00:00 "재일교포 모국방문" 타이틀
00:07 케이블카
00:20 각종 공장의 외관, 공장 내부에서 기계 돌아가는 모습, 시멘트 공장 등
00:40 서울의 고층 빌딩
00:46 비행기 착륙하는 모습, 꼬리에 "Northwest"라고 적힌 비행기에서 내리는 인사들
01:00 서울의 거리, 숭례문 등
01:15 정일권 국무총리를 예방하여 악수를 나누는 재일교포 인사들
01:34 정일권 총리에게 수해 의연금을 전달하는 재일교포 인사들, 이들과 대화를 나누는 정일권 총리
02:19 "동경상은신용조합 이사회 대기실"이라는 종이가 붙은 문
02:25 대기실에서 한양대 학생들의 현악 연주를 감상하며 차를 마시며 환담을 나누는

인사들
02:53 식순이 적힌 종이
03:00 이사회 개최, 허필섭 이사 및 이사 30여 명의 회의 장면
03:26 현 이사장 허필섭의 발언 장면과 경청하는 참석자들
03:46 "敦化門" 정문, 고궁 관광을 하는 일행들, 고궁 곳곳의 모습, 기념촬영 하는 모
      습, 담배를 피우며 담소를 나누는 모습 등(국악 소리)
07:19 서울 시가지, 하늘에서 바라본 고속도로의 모습
07:35 자막 "끝"

▌ 내레이션

00:11 연간 13.1퍼센트의 경제성장으로 날로 발전하는 우리의 조국.
00:35 전국 곳곳에 건설의 메아리가 울려 퍼지고 수도 서울은 국제도시로 그 면모를
      바꿔가고 있다.
00:50 결실의 계절, 동경 상은신용조합은 제7차 이사회를 발전하는 고국에서 열기 위
      해 10월 8일 3일간의 일정으로 김포공항에 도착했다.
01:04 흙 내음은 향기롭고 마주치는 눈길은 정답기만 한 고국의 정서를 느끼며 도착
      즉시 정일권 국무총리를 예방, 인사를 나누었다.
01:35 이어 수해 의연금을 전달했다.
02:06 정총리와 잠시 국가 경제에 관해 의견을 나눈 후에 경제 각료들과 오찬을 베풀
      었다.
02:24 이튿날 한양대학교에서 제7차 이사회를 열었다. 회의에 앞서 마련된 대기실에
      서 모국 음악인이 베푼 연주를 감상하며 잠시 여독을 풀었다.
02:56 이어 이사회는 개최됐다.
03:06 허필석 이사장을 위시해서 역대 이사장과 이사 30명이 모인 가운데 진지한 토
      의를 진행했다.
03:25 현 이사장 허필석 씨는 14년 전에 창설된 교포의 중소기업을 위해 기여한 바
      크며, 허필석 씨가 이사장이 된 후 30여 개 예금고가 늘었다.
03:50 회의를 마친 일행은 홍종철 문화공보부 장관의 주선으로 권경국 문화선전국장

의 안내를 받아 역사를 간직하고 있는 고궁을 관광했다.

05:25   화려했던 우리 조상의 발자취를 더듬으며 기념촬영을 하는 등 즐거운 한 때를 보냈다.

07:00   타는 듯 붉게 물든 단풍, 아름다운 시새움을 나누는 꽃나무, 정답게 창공을 가르는 새들, 일행은 이 아름다운 자연 속을 거닐며 모국의 정서에 도취했다.

07:22   남의 도움을 받아온 모국은 이제 남을 돕는 나라로 성장했고 아시아의 주도국으로서 계속 국력을 신장해가고 있다.

개미와 베짱이

제 명	개미와 베짱이
출 처	개미와 베짱이
제 작 국 가	대한민국
제 작 년 도	1962년
상 영 시 간	04분 46초
제 공 언 어	한국어
형 식	애니메이션
컬 러	흑백
사 운 드	무

영상요약

개미는 여름 철 열심히 양식을 모았고 베짱이는 편히 쉬었다. 겨울이 되자 개미는 따뜻한 집에서 식사를 하는 반면, 베짱이는 개미에게 구걸한 후 눈을 맞으며 걸어가다 쓰러지고 만다는 이솝 우화를 애니메이션으로 만든 영화.

연구해제

〈개미와 베짱이〉는 이솝 우화를 원작으로 한 4분 45초 분량의 흑백 애니메이션으로 개미의 성실함과 배짱이의 나태함을 대비해 보여주며 교훈을 전달하는 전형적인 교육 계몽 문화영화이다. 잘 알려진 이야기를 다루고 있는 이 영상이 특별한 이유는 광고를 제외한 소위 '최초의 순수 애니메이션'으로 기록되고 있는 작품이기 때문이다. 그런데 〈개미와 베짱이〉를 정부기관인 국립영화제작소에서 교육계몽을 목적으로 제작한 선전 영상으로 본다면 최초의 '순수' 애니메이션이라는 명칭은 고려해보아야 한다. 게다가 국립영화제작소는 〈개미와 베짱이〉 이전 대한뉴스의 부록으로 〈쥐를 잡자〉(1959)라는 1분 분량의 애니메이션과 〈살기 좋고 밝은 나라, 내가 가진 이 한 표로〉(1961)라는 3분 분량의 애니메이션을 제작한 바가 있다. 〈쥐를 잡자〉는 만화가 김용환의 캐릭터인 코주부를 내세워 각종 전염병 예방뿐만 아니라 양곡 피해를 줄여 경제 부흥에 적극적으로 협조하기 위해 쥐를 잡아야 한다는 내용이고, 〈살기 좋고 밝은 나라, 내가 가진 이 한 표로〉는 1961년 7월 29일 민·참의원 선거 투표를 독려하는 내용으로 두 편 모두 정책홍보를 목적으로 하는 선전애니메이션이다.

국립영화제작소의 애니메이션은 산업·기술이나 경제 분야에 비해 좀 더 광범위한 대중을 대상으로 하는 보건·사회와 선거 등의 행정 분야에서 활용되었다. 이 시기 국립영화제작소의 문화영화들은 농사 기술, 통신 기술, 모자보건처럼 부처별 주요 정책에 맞춰 특정 소재를 전문적으로 설명하고 교육하는 방식으로 제작되었다. 이에 따라 국립영화제작소 문화영화는 내용을 설명하기 위한 내레이션의 비중이 매우 높은데 반해 국립영화제작소의 애니메이션은 내레이션보다는 시각적 전개를 통한 내용 전달에 중점을 두어 누구나 이해할 수 있다는 특징을 갖는다. 이와 같은 특징을 보여주는 대표적인 애니메이션이 〈개미와 베짱이〉다. 〈개미와 베짱이〉는 내레이션 없이 캐릭터의 동작과 배경음악만을 활용해 1962년 제1차 경제개발5개년계획에 맞춰 계몽 운동과 근로정신을 강조한 정부 시책을 이해하기 쉬운 방법으로 선전한다. 이 애니메이션을 통해 "국민의 지식수준 향상과 민주 사상의 고취를 위해 전국적인 문맹 해소와 계몽 운동을 촉진할 것이고 이에 따라 근로정신을 위시한 도의 진작에 치중할 것"이라는 정부의 목표는 베짱이처럼 놀지 말고 개미처럼 성실히 일해야 한다는 단순화된 교훈으로 전달된다.

〈개미와 베짱이〉는 국립영화제작소에서 미술을 담당한 박영일이 연출을, 정도빈이 작화를 맡았으며, 작곡가 정윤주가 음악을 담당했다. 〈개미와 베짱이〉 이후에도 국립영화제작소는 미술부의 박영일과 정도빈 그리고 한성학을 중심으로 여러 편의 단편 애니메이션을 제작했다.

참고문헌

「박의장 시정 연설 전문」, 『동아일보』, 1962년 1월 6일.
공영민, 「제2차 세계대전 전후 선전 애니메이션과 1950~60년대 한국 국립영화제작소 애니메이션의 관계」, 한국영상자료원 엮음, 『지워진 한국영화사 − 문화영화의 안과 밖』, 한국영상자료원, 2014.

화면묘사

00:00	타이틀 "개미와 베짱이"
00:04	자막 "감독 박영일", "촬영 이신복", "작화 정도빈", "음악 정윤주"
00:15	언덕, 숲을 일렬로 걸어가는 개미 세 마리
00:34	연못에 발을 담그고 잠을 자는 베짱이. 그 옆을 지나가다 베짱이가 자는 것을 보고 되돌아가 나뭇가지 위로 올라가 지나가는 개미들
01:18	성급하게 가다 가지 위에서 떨어져 베짱이의 배 위에 떨어지는 개미 한 마리. 그 충격으로 복통을 느끼는 베짱이. 베짱이를 바라보고 도망가려는 개미의 다리를 잡음
01:44	눈을 부라리며 펜치 같은 손으로 베짱이의 팔을 무는 개미. 오히려 그 충격으로 베짱이의 몸에서부터 날려와 동료 개미들 뒤로 떨어져 친구들을 황급히 뒤

쫓는 개미

02:00   수풀 속에서 흙을 굴려 큰 공을 만드는 개미들. 힘들어하며 자갈 밭 위로 공을 자루 위에 올려 운반해가는 개미들

02:43   공을 지고 보금자리로 돌아오는 개미들. 집 안으로 공을 굴려 들어가는 개미들

03:09   나뭇가지에 열매가 열리고 잎이 시듦. 잠을 자던 베짱이 얼굴로 열매가 떨어짐

03:82   눈이 내림. 개미들의 집. 개미들이 식사를 하고 있음

03:42   내리는 눈을 헤치며 기타를 이고 힘들게 걸어가는 베짱이

03:56   개미들의 집 문 앞에 다다른 베짱이. 문에 난 작은 문을 열고 베짱이를 내다보는 개미. 잠시 후 문을 닫아버리는 개미. 다시 문을 열고 베짱이에게 먹을 것을 주는 개미. 고맙다고 절을 하는 베짱이. 기타를 바닥에 떨어트린 채 되돌아감

04:31   길바닥에 쓰러지는 베짱이

04:43   자막 "끝"

▌내레이션

(내레이션 없음)

이태리, 실내합주단 '빌토지 디 로마'의 협주곡

제 명	이태리, 실내합주단 '빌토지 디 로마'의 협주곡
영문제명	1962 1st SEOUL INTERNATIONAL MUSIC FESTIVAL VIRTUOSI DI ROMA
출 처	국제음악제
제작국가	대한민국
제작년도	1962년
상영시간	03분 00초
제공언어	한국어

제 작	국립영화제작소
제 공	공보부
형 식	실사
컬 러	흑백
사 운 드	유

▌ 영상요약

1962년 4월 18일 시민회관에서 개최된 국제음악제의 이탈리아 실내합주단 비루투오지 디 로마의 연주회를 기록

▌ 연구해제

1962년 5월에 열린 국제음악제는 '5 · 16혁명' 1주년 기념으로 기획된 국제행사 중 하나였다. 이해 5월에는 국제음악제를 비롯하여 아시아영화제, 국제반공대회 등 천여 명 이상의 국외 인사들을 초청하는 국제행사들을 유치했으며, 국내의 각종 스포츠대회와 음악경연대회 등 '혁명1주년기념'의 국내대회들을 창설했다. 이 행사들은 '혁명정부'의 정당성을 확보하고 국민들에게는 친근한 느낌을 주며, 대내외적으로 '문화적'인 '군사정권'임을 홍보하고자 하는 목적이 있었던 것으로 보인다. 국제행사를 치르기 위하여 도로 정비와 호텔 건립, 택시의 서울 집중 등을 추진하고 "관광영접위원회"를 구성하여 "국제 관광 코스에 우리나라를 포함시키려는 계획"을 드러낸다.

그런데 국제음악제는 5월 개최를 앞두고 2월까지도 행사를 주관할 조직이 정비되지 않아 난관을 겪었다. 지휘자 안익태와 공보부에서 각각 음악제를 추진하고 있었기 때문인데 양측의 합의가 이루어진 것은 2월 12일로, 3월 말이 되어서야 중앙공보관에서 발족위원회를 열고 고문에 안익태, 대회장에 박태준, 명예회장에 오재경 공보부장관을 선임하였으며 문화예술계 실행위원 30명을 추대하여 본격적인 정비를 서둘렀다. 그러나 3월 말에도 한국의 연주진이 꾸려지지 않았고, 해외 초청 게스트들의 윤곽도 뚜렷이 결정되지 않았던 것으로 보인다. 4월 오사카 음악제전에 초대되었던 국제적 명성이 있는

음악가들을 "안씨(안익태) 개인적으로 잘 알고" 있던 친분을 이용하여 서울에 초대하는 것으로 윤곽이 잡혔던 서울국제음악제전은 오사카 공연에 참석했던 이탈리아 실내악단 비르투오지 디 로마(Virtuosi Di Roma)의 공연을 4월 18일과 19일 시민회관에서 먼저 개최하고, 이어 5월 1일 국악의 밤을 시작으로 본격적인 국제음악제를 열었다. 니카놀 자바레타(Nicanor Zabaleta) 하프독주회, 앙드레 나바라(Andre Navarra) 첼로독주회, 리카르도 오도노포소프(Ricardo Odnoposoff) 바이올린 독주회 등이 열렸고, 오사카 페스티벌에 참석한 독일인 가수 3명과 일본 도쿄국립예술대학교 교수인 독일 가수 게하르트 휫슈(Gerhard Hüsch)를 초빙하여 오페라 〈휘데리오(Fidelio)〉를 연주했으며, 5월 16일에는 그 중 가장 저명한 음악가인 바리톤 게하르트 휫슈의 독창회를 열어 슈베르트의 〈겨울나그네〉를 연주하면서 폐막했다.

5·16혁명 1주년을 기념하기 위하여 5월에 행사를 치러야했던 제1회 국제음악제는 준비부족으로 인해 안익태가 지휘하고 서울시립교향악단이 연주를 맡았던 "교향악의 밤"에서 연주가 중단되고 연주자를 나무라는 지휘자의 목소리가 객석까지 들림으로써 비난을 면치 못하였으며, 무리한 일정으로 해외 연주자들을 섭외하여 단 한 번의 연습도 없이 협주를 하는 등 다양한 에피소드를 만들었다. 당시 언론은 특히 안익태가 지휘했던 교향악의 밤에 대해 문제제기를 했는데, "듣는 음악회라기보다 보는 음악회"였으며 "장내가 불안"했다고 평가하기도 했다. 그럼에도, 국내에서 처음 열리는 대규모 국제음악제를 통해 저명한 해외 연주자들의 다양한 음악을 들을 수 있었다는 점에서 청중들은 만족했던 것으로 보인다. 또한 이 행사를 위하여 한국국립교향악단이 창설되었고 한국합창단도 발족될 예정이었으나 서울시립교향악단과 KBS 합창단, 시내 각 대학 음악대학연합합창단 및 "실행위원회가 선정한 독창자" 들로 구성된 출연진이 한국 대표로 참석했다.

국립영화제작소는 4월에 있었던 이탈리아의 실내악단 비르투오지 디 로마의 공연실황을 비롯하여 5월 1일부터 16일까지 계속되었던 음악제의 연주 실황 일부를 각 연주자별로 편집하여 총 10편으로 제작했다. 한편, 이 영화가 앞서 언급했던 대로 정권의 '문화적'이고 '평화적'인 모습을 드러내고자 하는 의도로 개최된 행사를 녹화했음에도, 박정희 의장의 기념사를 비롯한 '관제' 행사의 면면을 드러내지 않고 오롯이 연주 실황만을 편집하여 단편으로 만들었다는 데에서 당시 문화영화 제작자들이 누렸던 일종의 자유를 확인해볼 수 있다. 이 영화의 연출자였던 김인태 감독은 이 영화가 국립영화제작소

에 동시녹음 카메라가 들어온 뒤 실황녹화를 통해 녹음한 최초의 영화였다고 증언하기
도 하였다.

참고문헌

「革命 한 돌 記念 國際音樂祭典」, 『동아일보』 1962년 1월 18일.
「國立交響樂團 곧 創設」, 『동아일보』 1962년 1월 19일.
「익어가는 5월 國際音樂祭」, 『경향신문』 1962년 2월 6일.
「세 音樂大學에 親筆書翰」, 『동아일보』 1962년 4월 1일.
「6個國에서 26명 빌토지디.로마등 參加확정」, 『경향신문』 1962년 4월 5일.
「觀光의 봄 5月은 오는데…」, 『경향신문』 1962년 4월 10일.
「第一回 서울 國際音樂祭典」, 『동아일보』 1962년 4월 10일.
「國際音樂祭에 寄함」, 『동아일보』 1962년 4월 18일.
「서울國際音樂祭典開幕」, 『동아일보』 1962년 4월 19일.
「權威에 알맞은 嚴選을 躁急히 마련된게 아닌가?」, 『경향신문』 1962년 4월 30일.
「현란한 開幕」, 『경향신문』 1962년 5월 1일.
「아쉬운 純粹性 '交響樂의 밤' 公演評」, 『경향신문』 1962년 5월 3일.
「觀覽席에서」, 『경향신문』 1962년 5월 7일.
「비로소 이루어진 합동 오페라」, 『경향신문』 1962년 5월 8일.
「往年의 貫祿을 誇示」, 『동아일보』 1962년 5월 13일.
「돈 들인 보람은 있었어…」, 『동아일보』 1962년 5월 14일.
「國際音樂祭 휘나레」, 『동아일보』 1962년 5월 16일.

화면묘사

00:00 팜플렛 표지 클로즈업. "1962 1st SEOUL INTERNATIONAL MUSIC FESTIVAL
VIRTUOSI DI ROMA 빌토오지 디 로마"

00:04 팜플렛을 넘기고 첫 페이지 클로즈업. "토마스 알비노니 작곡 오보에와 현과
보조의 쳄바로를 위한 협주곡 Concerto in D minor OP.10. No. 2Thommaso

Albioni"

00:16   연주하는 합주단의 모습

00:18   연주하는 합주단의 모습. 자막 "이태리 실내합주단 빌토지 디 로마"

00:27   연주하는 합주단의 모습. 자막 "지휘 레나토 파샤노"

00:36   연주하는 합주단의 모습. 자막 "4월 18일 시민회관"

02:56   팜플렛 속 페이지 클로즈업. "토마스 알비노니 작곡 오보에와 현과 보조의 쳄
         바로를 위한 협주곡 Concerto in D minor OP.10. No. 2Thommaso Albioni"

02:58   "國樂의 밤 KOREAN CLASSICAL MUSIC CONCERT 2" 팜플렛 표지

▎ 내레이션

(내레이션 없음)

국악의 밤, 아악 연주

제 명	국악의 밤, 아악(雅樂) 연주
영 문 제 명	KOREAN CLASSICAL MUSIC CONCERT 2
출 처	국제음악제
제 작 국 가	대한민국
제 작 년 도	1962년
상 영 시 간	03분 32초
제 공 언 어	한국어
제 작	국립영화제작소
제 공	공보부
형 식	실사
컬 러	흑백
사 운 드	유

영상요약

1962년 5월 1일 국립극장에서 열린 국립국악원의 김기수가 지휘한 아악 연주 "수제천"을 기록

화면묘사

00:00 팜플렛 표자 클로즈업. "國樂의 밤 KOREAN CLASSICAL MUSIC CONCERT 2"
00:03 팜플렛을 넘기고 첫 페이지 클로즈업 "아악(雅樂) 수제천 Korean Court Music Soo Jae Chun"

00:10   아악 연주하는 국립국악원 단원들. 자막 "한국, 연주 국립국악원"

00:17   연주하는 단원들. 자막 "지휘 김기수"

00:22   연주하는 단원들. 자막 "5월 1일 국립극장"

03:29   팜플렛 속 페이지 클로즈업 "아악(雅樂) 수제천 Korean Court Music Soo Jae Chun"

03:31   "SYMPONIC CONCERT 교향악의 밤" 팜플렛 표지

▌ 내레이션

(내레이션 없음)

교향악의 밤

제 명	교향악의 밤
영 문 제 명	Symphonic Concert
출 처	국제음악제
제 작 국 가	대한민국
제 작 년 도	1962년
상 영 시 간	02분 18초
제 공 언 어	한국어
제 작	국립영화제작소
제 공	공보부
형 식	실사
컬 러	흑백
사 운 드	유

영상요약

1962년 5월 2일 시민회관에서 열린 교향악의 밤에서 베토벤 교향곡 9번 합창 4악장을 연주하는 지휘자 안익태와 교향악단과 합창단

화면묘사

00:00 (박수소리) "SYMPHONIC CONCERT/ 교향악의 밤"이라고 쓰여 있고, 그 밑에 베토벤 얼굴이 그려진 팜플렛 표지

00:05 (소프라노와 테너의 노래 소리) 팜플렛 속지 "베에토벤 작곡 교향곡 제9번 합창

제4악장/ Symphony No.9 "Choral" Fourth Movement Beethoven"

00:13   태극기와 국제음악제 로고가 새겨진 무대 뒷 배경, 그 앞에 수많은 합창단원들
         과 오케스트라. 자막 "지휘 안익태 54세 / 스페인 마욜카 교향악단 전속지휘자"

00:26   소프라노, 알토, 테너, 베이스 각 한국 솔리스트들 노래하고, 지휘자의 뒷모습
         보이는 가운데 자막 "총출연 인원 800명"

00:32   자막 "5월2일 시민회관"

02:17   (박수소리) 팜플렛 속지 "베에토벤 작곡 교향곡 제9번 합창 제4악장/ Symphony
         No.9 "Choral" Fourth Movement Beethoven"

▌ 내레이션

(내레이션 없음)

니카놀 자바레타 하프 독주회

제 명	니카놀 자바레타 하프 독주회
영 문 제 명	1962 1st SEOUL INTERNATIONAL MUSIC FESTIVAL 4 HARP RECITAL NICANOR ZABALETA
출 처	국제음악제
제 작 국 가	대한민국
제 작 년 도	1962년
상 영 시 간	03분 12초
제 공 언 어	한국어
제 작	국립영화제작소
제 공	공보부
형 식	실사
컬 러	흑백
사 운 드	유

영상요약

1962년 5월 3일 시민회관에서 열린 국제음악제 중 스페인의 니카놀 자바레타(NICANOR ZABALETA)의 하프 독주회를 기록함

화면묘사

00:00 팜플렛 표지 클로즈업. "1962 1st SEOUL INTERNATIONAL MUSIC FESTIVAL 4 HARP RECITAL NICANOR ZABALETA 니카놀 자바레타 하프 獨奏會(독주회)"

00:05 팜플렛을 넘기고 첫 페이지 클로즈업. "살세도 작곡 밤의 노래 Chanson dans la Nuit Salzedo"

00:10 하프 연주하는 니카놀 자바레타

00:12 연주하는 모습 위로 자막 "스페인, 연주 니카놀 자바레타 55세"

00:19 연주하는 모습 위로 자막 "연주기록 2000회 돌파 파리음악원 심사원(21세 때)"

00:28 연주하는 모습 위로 자막 "5월 3일 시민회관"

03:09 팜플렛 속 페이지 클로즈업. "살세도 작곡 밤의 노래 Chanson dans la Nuit Salzedo"

▌ 내레이션

(내레이션 없음)

프랑스, 앙드레 나바라 첼로 독주회

제 명	프랑스, 앙드레 나바라 첼로 독주회
영문제명	Cello Recital Andre Navarra
출 처	국제음악제
제작국가	대한민국
제작년도	1962년
상영시간	03분 13초
제공언어	한국어
제 작	국립영화제작소
제 공	공보부
형 식	실사
컬 러	흑백
사운드	유

영상요약

1962년 국제음악제 중 시민회관에서 열린 프랑스의 저명 첼리스트 앙드레 나바라의 첼로 연주회 실황

화면묘사

00:00   연주회 팜플렛 첫 장으로 보임. "앙드레 나바라 첼로 독주회/ CELLO RECITAL, ANDRE NAVARRA" (사람들 박수소리)

00:05 연주가 시작되고, 팜플렛 속지, "파가니니 작곡, 롯니시의 주제에 의한 변주곡, Variations on a theme of Rossini / Paganini"

00:11 피아노 반주에 맞춰 첼로 연주를 하는 앙드레 나바라, 그 위로 자막 "불란서, 연주 "앙드레 나바라" 61세 / 불란서 문화훈장 및 문화예술훈장 수장 / 5월 4일 시민회관" 등의 자막이 지남

03:11 다시 한 번 팜플렛 속지 "파가니니 작곡 롯시니의 주제에 의한 변주곡, Variations on a theme of Rossini / Paganini"

▌ 내레이션

(내레이션 없음)

오라지오 후루고니, 피아노 협주곡의 밤

제 명	오라지오 후루고니, 피아노 협주곡의 밤
영 문 제 명	ORAZIO FRUGONI
출 처	국제음악제
제 작 국 가	대한민국
제 작 년 도	1962년
상 영 시 간	03분 56초
제 공 언 어	한국어
제 작	국립영화제작소
제 공	공보부
형 식	실사
컬 러	흑백
사 운 드	유

영상요약

1962년 국제음악제 중 5월 5일 시민회관에서 개최된 오라지오 후루고니(ORAZIO FRUGONI)의 피아노 연주회 실황

화면묘사

00:00 팜플렛 표지 클로즈업. "오라지오 후루고니 피아노 協奏曲(협주곡)의 밤 ORAZIO FRUGONI"

00:04	팜플렛을 넘기고 첫 페이지 클로즈업. "베에토벤 작곡 32의 변주곡 C단조 32 Variations in C minor Beethoven"
00:11	피아노 연주하는 오라지오 후루고니
00:13	연주하는 모습 위로 자막 "미국, 연주 오라지오 후루고니 41세"
00:20	연주하는 모습 위로 자막 "5월 5일 시민회관"
03:54	팜플렛 속 페이지 클로즈업. "베에토벤 작곡 32의 변주곡 C단조 32 Variations in C minor Beethoven"

▌ 내레이션

(내레이션 없음)

독일, 오페라 '휘데리오'

제 명	독일, 오페라 '휘데리오'
영문제명	Opera Fidelio
출 처	국제음악제
제작국가	대한민국
제작년도	1962년
상영시간	03분 14초
제공언어	한국어
제 작	국립영화제작소
제 공	공보부
형 식	실사
컬 러	흑백
사운드	유

영상요약

1962년 국제음악제 중 5월 7일 시민회관에서 열린 게르하르트 휫슈 지휘의 베토벤의 오페라 '피델리오' 마지막 장면 공연 실황

화면묘사

00:00   팜플렛 표지 "OPERA FIDELIO 오페라 휘데리오"
00:02   속지 "베에토벤 작곡 가극 "휘데리오" 중에서 2막 2장 Opera "Fidelio" Beethoven"

00:09 베토벤의 오페라 '피델리오'의 마지막 장면

00:11 자막 "독일", "쏘푸라노 크리스텔골스", "테너 프리쓰 울", "바리톤 요셉 메테르
      닛히"

00:22 자막 "공연", "오현명 이인영 김자경 이우근"

00:29 자막 "지휘 만프레드 구르릿트", "연출 게르하르트 휫슈"

00:38 자막 "반주 KBS교향악단", "5월 7일 시민회관"

03:05 오페라의 막이 내림

03:13 속지 "베에토벤 작곡 가극 "휘데리오" 중에서 2막 2장 Oprea "Fidelio" Beethoven"

03:14 팜플렛 표지 "Gerhard Hüsch Recital "휫슈" 독창회"

▎ 내레이션

(내레이션 없음)

오드노포소프 바이올린 독주회

제 명	오드노포소프 바이올린 독주회
영 문 제 명	Odnoposoff Violin Recital
출 처	국제음악제
제 작 국 가	대한민국
제 작 년 도	1962년
상 영 시 간	06분 23초
제 공 언 어	한국어
제 작	국립영화제작소
제 공	공보부
형 식	실사
컬 러	흑백
사 운 드	유

영상요약

1962년 국제음악회 실황. 5월 13일 시민회관에서 열린 오스트리아의 리카르도 오드노포소프(Ricardo Odnoposoff) 바이올린 독주회 실황. KBS 교향악단 연주, 임원식 지휘

화면묘사

00:00 공연 팜플렛 표지, "오드노포소프 바이어린 獨奏會"(독주회) 한 장을 넘기면 내용 "부라암스 작곡, 협주곡D장조 제1악장, Concerto D major OP.77 Brahms"

00:15   태극기와 기타 다른 기가 걸린 무대에서 오케스트라의 연주회 장면. 하단 자막
        "오스트리, 연주 리카르드 오드노포소프 48세", "유진 이사이 콩클" 제1위", "지
        휘 임원식, KBS 교향악단", "5월 13일 시민회관"
06:21   연주가 끝난 후, 다시 팜플렛 내용 "부라암스 작곡, 협주곡D장조 제1악장,
        Concerto D major OP.77 Brahms"
06:22   한 장 넘기자 "OPERA FIDELIO, 오페라 휘데리오"

▌ 내레이션

(내레이션 없음)

휫슈 독창회

제 명	휫슈 독창회
영 문 제 명	Gerhard Hüsch Recital
출 처	국제음악제
제 작 국 가	대한민국
제 작 년 도	1962년
상 영 시 간	04분 00초
제 공 언 어	한국어
제 작	국립영화제작소
제 공	공보부
형 식	실사
컬 러	흑백
사 운 드	유

영상요약

1962년 5월 12일 제1회 국제음악제 중 게르하르트 휫슈의 독창회 실황 녹화

화면묘사

00:01 "Gerhard Hüsch Recital 휫슈독창회"라고 적혀 있는 팜플렛이 비춰지고 박수를 보내는 관객들

00:07 "슈베르트 연가곡집 "겨울나그네" 중에서 보리수 Winterreise "Der Lindenbaum"

Schubert"라고 쓰여진 팜플렛 내용이 비춰짐

00:13   자막 "독일 바리톤 "게르하르트휫슈" 64세"

00:20   자막 "궁정가수의 칭호수여(1937년) 동경국립예술대학교수"

00:24   무대에서 노래하는 게르하르트 휫슈가 비춰짐

00:29   자막 "5월 12일 국립극장"

03:57   "슈베르트 연가곡집 "겨울나그네" 중에서 보리수 Winterreise "Der Lindenbaum"
         Schubert"라고 쓰여진 팜플렛 내용이 비춰짐

▌내레이션

(내레이션 없음)

한국 작곡가의 밤

제 명	한국 작곡가의 밤
영 문 제 명	Korean Composer Concert
출 처	국제음악제
제 작 국 가	대한민국
제 작 년 도	1962년
상 영 시 간	06분 55초
제 공 언 어	한국어
제 작	국립영화제작소
제 공	공보부
형 식	실사
컬 러	흑백
사 운 드	유

영상요약

1962년 국제음악회 실황 중 5월 15일 시민회관에서 열린 '한국작곡가의 밤' 실황. 김동진의 "양산가", 안익태의 "한국환상곡"을 오케스트라가 연주하는 장면

화면묘사

00:00 팜플렛 표지 "韓國作曲家의 밤 KOREAM COMPOSER"(한국작곡가의 밤), 다음 장을 넘기면 "김동진 작곡, 서곡 "양산가", Overture "Yang Sand Ka" Dong Jin

Kim"

00:12 태극기가 걸려있는 무대에서 오케스트라의 공연, 하단 자막 "한국, 지휘 작곡 김동진 49세", "5월 14일 국립극장"

04:00 팜플렛 내용 "안익태 작곡, 한국환상곡, Symphonic Fantasia "Korea", Eaktay Ahn"

04:07 태극기가 걸려있는 극장에서 오케스트라의 공연 장면, 하단 자막 "한국, 지휘 작곡 안익태 54세", "5월 15일 시민회관"

05:59 연주곡이 애국가로 전환되자 객석 기립하여 애국가 제창

06:50 기립 박수치는 관객들, 자막 "끝 공보부 제공"

▎ 내레이션

(내레이션 없음)

나는 간첩이었다

제 명	나는 간첩이었다
출 처	나는 간첩이었다
제 작 국 가	대한민국
제 작 년 도	1962년
상 영 시 간	38분 51초
제 공 언 어	한국어
제 공	국립영화제작소
형 식	실사
컬 러	흑백
사 운 드	유

영상요약

간첩 김혁은 4·19 이후 혼란스러운 정국에 남파되어 아무도 눈치 채지 못하게 사회의 일원인 양 생활해오며 북한과 교신하고 지령을 받아왔다. 하지만 대한민국에서 누리는 자유의 소중함, 북한으로부터 받는 감시, 경찰에 의한 적발의 두려움, 북한으로부터 내려진 부담스러운 지령 등으로 고민하던 김혁은 자수를 결심한다. 용서를 받은 김혁은 경찰에 협조하여 간첩색출에 주력한다. 김혁은 간첩은 특별히 표식을 가지지 않으며 사회 곳곳에 침투해있으므로 국민 개개인이 경계심을 가져야 한다고 주장한다.

연구해제

〈나는 간첩이었다〉는 남파간첩 김혁의 실화를 통해 대남간첩의 활동과 위험성을 알리는 선전영상이다. 이 영상은 김혁이 남한에 도착해 간첩 활동을 벌이고 자수에 이르는 과정을 극화했는데, 극중 김혁의 역할은 영화배우 김웅이 맡고 있다. 김혁은 영화에 직접 출연해 해설자의 역할을 하는데, 오프닝에서는 김웅과 함께 등장해 본인 소개와 영화 소개를 하고 클로징에서는 영화를 마무리하며 간첩의 위험성을 다시 한 번 강조한다. 이야기의 주인공이 직접 출연하는 것은 실화를 소재로 한 문화영화의 전형적인 스타일로서, 상업영화와 구별되는 특징 중 하나로 볼 수 있다. 이러한 방식으로 영화의 내용이 허구가 아니라 사실이라는 것을 강조하면서 설득력을 갖게 된다. 국립영화제작소의 문화영화에 전문 연기자가 출연하는 것은 흔한 일이었는데, 그중에서도 김웅이 이 영화의 주인공을 맡았다는 것은 흥미롭다. 왜냐하면 그가 출연한 주한미공보원(USIS-Korea)의 문화영화 〈황토길(Litany of Hope)〉(1962)과 〈나는 간첩이었다〉가 유사성을 갖고 있기 때문이다. 한센병 시인 한하운의 일생을 극화한 〈황토길〉의 오프닝에서 김웅은 한하운과 함께 출연해 인물과 사연을 소개한다. 그리고 타이틀 자막이 올라가며 극화한 '영화'가 시작된다. 〈나는 간첩이었다〉 또한 김웅의 안내로 김혁이 등장해 사연을 소개하고 타이틀 자막과 함께 '재연'이 시작된다. 〈황토길〉과 차이점이 있다면 〈나는 간첩이었다〉는 김혁이 클로징에 등장하는 액자구성을 취함으로써 영화가 허구가 아니라 사실에 바탕을 둔 선전영상이라는 것을 다시 한 번 강조한다는 것이다. 따라서 〈나는 간첩이었다〉와 〈황토길〉은 국립영화제작소와 주한미공보원 영화과라는 각각의 공보기관에서 제작한 영화들이 인력을 공유하고 형식적인 영향을 주고받은 예시로 활용될 수 있다.

실화의 주인공인 김혁은 인민군 대좌이자 평양방직공장 정치부장 출신으로 1960년 1월 남하해 부산에서 세탁소를 경영하며 간첩활동을 하다가 1961년 3월 경남경찰국에 자수했다. 이후 그는 방첩강연회, 신문기사, 도서(『나는 김일성의 스파이였다』, 1962) 등을 통해 간첩활동과 북한실정을 폭로하는 반공선전 활동을 했다. 5·16군사정변 이후의 국립영화제작소 문화영화를 살펴보면 주제별 비율이 달라지는 것을 확인할 수 있는데, 그중에서도 가장 눈에 띄는 것은 군사정부를 선전하는 정치 분야 영상의 증가이다. 이에 따라 5·16 이전에는 주로 〈대한뉴스〉를 통해 다루어졌던 '간첩'이 '반공을 국시의 제일로 삼고 지금까지 형식적인 구호에만 그친 반공태세를 재정비 강화한다'는 혁명공약 제1항에 부합하는 중요한 소재로서 문화영화에 포함되었다고 볼 수 있다. 간첩들의 자수를 권고하기 위해 제작하는 문화영화(〈자유의 품 안으로〉(1960))에서 대남간첩의 특징 및 활동을 선전해 반공사상을 고취시키는 문화영화로 방향이 정해지면서 국립영화제작소는 1962년 〈나는 간첩이었다〉와 〈간첩은 노린다〉를 제작했다. 이후 간첩은 반공과 사회혼란을 주제로 한 문화영화에서 주요한 소재가 되었다. 한일협정조인(〈책임있는 언론〉(1964), 〈다시는 속지 말자〉(1964), 〈이것이 간첩이다〉(1966)), 향토예비군 창설(〈내 고장은 내 힘으로〉(1967), 〈싸우며 건설하자〉(1968), 〈수상한 사람〉(1968)), 긴급조치 제9호(〈자수간첩의 고백〉(1976))같은 사건을 배경으로 '간첩'이 지속적으로 등장하는 것을 확인할 수 있다.

▋ 참고문헌

「붉은 간첩을 적발하자!」, 『경향신문』, 1961년 11월 7일.
「간첩생활 폭로 전 인민군 대좌 김혁 씨 강연회」, 『동아일보』, 1961년 11월 7일.
「반공의 기치든지 여덟 돌 아세아연맹창립기념식」, 『동아일보』, 1962년 6월 16일.
「6·25 남침 이렇게 준비됐다」, 『동아일보』, 1965년 6월 24일.
「6·25 남침의 진상은 이렇다 전 인민군 대좌 김혁 씨 폭로」, 『경향신문』, 1962년 6월 25일.

▌화면묘사

00:00   검은 방에서 한 남자(김웅)가 양복입고 들어서는 남자(김혁)를 맞이함

김웅: 어서 오십시오. 요즘 어떻게 사업이 대단히 바쁘시죠.

김혁: 별일 없습니다.

김웅: 자 말씀하세요

김혁: 여러분 안녕하십니까. 제가 북한에서 김일성이로부터 직접 명령을 받아 가지고 대한민국에 간첩으로 남파되었던 김혁이올시다. 제가 북한에 있을 때의 간단한 경력을 말씀 드리자면 육이오 사변 당시에 괴뢰인민군 대좌로서 군사동맹부장을 역임해왔습니다.

00:25   자막 "전 괴뢰군 대좌(대령) 평양 방직공장 정치부장" 남파되기 직전에는 평양 방직공장 정치부장의 위치에서 공작을 하다가 공산당원으로서 공산당과 김일성이로부터 가장 두터운 심임을 받는 한 사람으로서 김일성이로부터 직접 명령을 받아가지고 대한민국에 나가서 대한민국 도처에, 다시 말씀드리면 공장 농촌 어촌 학원 또는 군대내부에 공산당 지하당을 조직하고 대한민국의 국가와 민족을 분열시키고 와해시키라는 중요한 임무를 지니고 나왔습니다. 제가 나와 가지고 짧은 기간이나마 활동하던 이야기를 지금부터 하겠습니다. 유감스럽게도 제가 직접 나오지 못한 것은 사업이 복잡한 관계상 본 영화에 직접 출연하지 못한 것을 유감스럽게 생각합니다. 당시에 제가 나올 당시에는 4·19 이후 대한민국이 가장 혼란한 시기에 남파되었습니다. (여기서부터 김혁의 대역 김웅이 등장)

01:23   숲 속을 몰래 이동하는 세 명의 무장 군인

01:42   자막 "제공 국립영화제작소"

02:28   타이틀: 나는 간첩이었다

김혁: (독백) 나는 호송을 담당한 괴뢰군과 밤을 이용하여 국군 장교 복장으로 가장, 휴전선을 넘어 이남 땅에 발을 들여놓게 되었습니다. 100명의 간첩

이 월남하다가 90명이 잡혀 죽는다는 말을 들은 나의 심장은 걷잡을 길 없이 두근거리기 시작했습니다. 이렇게 하여 약 일주일간 모든 난관을 돌파해가며 미리 지정된 루트를 따라 드디어 동두천 뒷산에 도착하였습니다. 동두천 뒷산에 도착한 날은 휘황찬란한 시가를 보고 깜짝 놀랐습니다. 그것은 매일같이 북한 선전 당원의 말이 생각난 것입니다.

02:53   북한 선전 담당원: 남반부는 전기가 아직 모자라 암흑세계와 같소. 그 대신 양 초 공장과 남폿불이 발달해 있는 것이오.

02:55   밝은 시내의 야경

      김혁: 여보, 대한민국 촛불과 남폿불은 굉장히도 밝군요. 우리 이북 전기와 같 지않소. 거참 신기한데요.

      호송군인: 아니 그게 무슨 말이요. 이 양반이 일주일 동안 고생하더니만 아주 돌아버리셨네.

      김혁: 저건 멀쩡한 전깃불입니다.

03:28   야경

03:34   경계를 서고 있는 동료 간첩. 양복으로 갈아입는 김혁. 구멍에 군복을 숨기는 동료 간첩들. 동두천 행 버스에 오르는 김혁. 버스 앞까지 다가와서 김혁을 배 웅하는 호송군인들

      김혁: (독백) 우리는 그날 밤을 숲 속에서 새우고 이튿날 오후 세시쯤 되어서 행동하기 시작했습니다. 나는 미리 준비해왔던 신사복으로 갈아입었습니다. 이 옷은 나의 몸에 맞춰 일부러 남한에서 맞춘 것인데 일본을 통해서 가져온 것입니다. 그리고 내가 입고 있던 군복 등은 구멍을 파서 숨겨두었습니다. 이들 괴뢰군은 참말 대단했습니다. 이들은 아무 거리낌 없이 버스 정류장까지 나와 나를 송별하는 게 아니겠습니까. 그런데 나는 큰 실수를 했습니다. 이 버스가 어디로 가는 버스인지 묻지도 않고 타버린 것입니다.

04:13   버스 내부

김혁: 차장, 이 차 어디까지 가나?

차장: 동두천이에요.

북한 선전 담당원: 서울로 즉시 가시죠. 만약 동두천에 머물게 되면 미군이나 국군부대가 많아 틀림없이 잡혀 죽고 마오.

김혁: 그럼 서울 가는 버스는 없나?

차장: 마지막 버스가 벌써 떠났는데요?

김혁: (독백) 나는 하는 수 없이 불안한 마음을 안고 죽는다는 동두천으로 향했습니다.

05:06　여관방에 들어선 김혁

김혁: (독백) 여관방에 도착한 나의 심정은 무척 복잡하고 괴로웠습니다. 틀림없이 잡혀 죽는다는 동두천 이 낯선 여관방에서 나는 이 복잡한 난관을 어떻게 돌파할 것인가. 이모저모로 복잡한 생각 중일 때 밖에서 이상한 소리가 들려왔습니다.

손님: 저, 방 있나요?

주인: 아 모처럼 오셨는데 참 안됐습니다. 아 웬일인지 오늘은 손님이 만원 됐어요.

손님: 그래요? 딴 곳도 가봤더니 역시 만원이던데.

주인: 아휴 모처럼 오셨는데 어떡하나.

김혁: (독백) 나는 이 말을 듣고 이제 살았구나 생각했습니다. 잘 방이 없는 저 사람을 이용해서 같이 행동하면 혼자 있는 것보다 의심을 덜 받게 될 것 아닌가. 나는 이런 결심을 하고 나서 상대방을 본 순간 나는 그만 가슴이 철렁 내려앉았습니다.

06:00　방문을 열고 나온 김혁.

32:48　여관 여주인과 마주 서 있는 군인이 김혁을 바라봄.

김혁: (독백) 왜냐하면 그 사람은 간첩인 나로선 상대 못할 무서운 사람이었습

니다.

김혁: 아주머니, 냉수 한 그릇 주시오.

여주인: 예.

손님 국군: 여보세요, 실례합니다만, 이북서 왔죠?

김혁: (독백) 이순간 나는 모든 것을 포기했습니다. 그러나 마음을 가다듬고

김혁: 예, 그렇습니다. 근데 왜 그러십니까?

국군: 네, 나도 고향이 이북입니다.

김혁: 아, 반갑습니다.

김혁: (독백) 몹시 놀랐습니다. 고향이 이북이라고 말을 걸어온 이 군인은 몹시
　　　외로워 보였습니다. 또한 이 장교의 거동은 나의 정체를 아직 발각하지
　　　못한 것이 분명했습니다.

06:49　담배를 서로 나누는 두 사람

06:57　술집에 온 두 사람. 담배에 불을 켜주는 기생과 담배 불을 붙이는 김혁

김혁: (독백) 나는 이 외로워 보이는 소령을 술집으로 꼬여냈습니다. 목적은 정
　　　신을 잃을 때까지 술을 먹여 나와 같이 유숙하는데 있었습니다. 그렇게
　　　되면 육군소령과 같이 자는 나를 누가 감히 간첩으로 생각하겠습니까?
　　　나는 마침 좋은 생각이 떠올랐습니다.

김혁: 이렇게 해서 어디 밤새겠어? 우리 사발식으로 하지.

술집여성: 그렇게 합시다. 자요 받아요.

술에 몹시 취한 국군 소령.

김혁: (독백) 이렇게 하여 나는 이 군인이 의식을 잃도록 하는데 성공했습니다.

07:58　둘은 방으로 돌아와 소령은 자고 옆에서 김혁은 담배를 핀다

김혁: (독백) 나는 일부러 소령의 군복을 벗기지 않았습니다. 그것은 임검할 때
　　　쉬 눈에 띄도록 하기 위해서였습니다. 그러나 나의 마음 한구석에는 불
　　　안과 공포가 가시지 않고 점점 높아만 갔습니다. 내일 서울까지 무사히

가려면 어떠한 방법을 취할까? 어느 시간에 무슨 편을 이용하는 게 나을까? 헝클어진 생각을 가다듬으며 어느덧 나는 내가 교육을 받던 평양의 일번 교육소를 생각하고 있었습니다.

08:30 교육소 회상 장면. 두 북한군이 담배를 피며 테이블에 지도를 펴놓고 가리키며 대화함. 대한민국의 영화배우들, 대한민국 자동차 '시발', 동대문, 시가지 등의 사진을 훑어봄. 모르스 부호를 연습함

　　　 김혁: (독백) 나는 여기서 1년 8개월 동안 가족은 물론 지도원 외에는 아무도 만나볼 수 없었습니다. 또한 나는 여기서 많은 교육을 받았습니다만 특히 서울시 중구 오장동에서 20년간 살아온 사람으로 가장하기 위해 서울시의 지도와 사진을 놓고 치밀한 연구를 하였습니다. 대한민국에서는 무슨 극장이 있으며 무슨 영화를 했는가 영화내용은 무엇이며 인기 배우는 누구누구인가 또한 '시발'이라는 자동차는 어떻게 생겼으며 동대문은 어떻게 생겼는가 심지어 목욕탕의 위치와 이발소 직공의 이름까지도 연구했습니다. 그리고 또한 앞으로 몇 년간 계속해서 쓸 수 있는 암호문을 배웠으며 십 분 동안에 무전기를 조립하는 기술도 습득했습니다. 또한 감시를 받을 때는 우선 장소를 빨리 옮겨야 하고 감시원의 긴장이 늦춰지는 공휴일이나 일요일에 가장 복잡한 차를 이용해서 아침 일찍 행동해야 한다는 것입니다. 그것은 사람의 심리가 아침부터 딱딱하게 대하는 것을 귀찮아하기 때문입니다.

10:07 잠자는 국군 소령을 바라보는 김혁

　　　 김혁: (독백) 그래서 나는 내일 아침 일찍 첫 버스를 타기로 결심했습니다.

10:15 대로를 달리는 택시 속에서 두리번거리는 김혁

　　　 김혁: (독백) 서울에 도착한 나는 화려한 이 도시의 모습에 깜짝 놀랐습니다.

먼저 눈에 띄는 것은 화려하고 아름다운 여자들의 몸단장과 자유스러움이었습니다. 북한에서는 배우 외에는 모두가 무명옷이나 광목 옷을 입고 강제노동에 종사하고 있기 때문에 이렇게 활기 있는 모습은 구경할 수가 없었습니다. 그리고 서울시는 폐허와 같이 완전히 파괴되어 있으며 거지 떼가 우글우글하고 시민들은 먹을 것을 못 먹어 모두 비틀거림을 친다는 공산당의 거짓선전에 놀랐습니다. 공산당의 고급간부인 나까지도 거짓선전에 속아 살아온 것입니다. 그러나 어마어마한 사명을 띠고 월남한 이상 나는 이제 한시라도 어떻게 하면 발각되지 않고 내 목숨을 유지하느냐가 관건이었습니다. 그래서 나는 경찰이나 특무대원들이 내 뒤를 미행하지나 않을까 해서 차를 타고 네 시간이나 돌아다닌 끝에 한 여관에 들어갔습니다.

11:14   차가 한 건물 앞에서고 김혁 내림

김혁: 여보세요? 여보세요? 아무도 없나?
김혁: (독백) 여관에 도착한 나는 이곳이 과연 서울에서 나의 아지트가 될 수 있는지 시험해 보았습니다.

11:43   접수대에 엎드려 자는 여주인

김혁: 아줌니, 아줌니? 술마셨어요?
여주인: 어서오세요.
김혁: 내 보니 아주머니 인상이 좋아서 (안주머니에서 돈다발을 꺼내며) 이 집에 한 달쯤 있다 가려고 하는데 어디 조용한 방이라도 있소?
여주인: 아휴 어쩐지 이런 점잖으신 손님이 오시려고 간밤에 꿈자리가 좋드라. 돈은 나중에 치르시고 저 안방으로 들어가세요. (남학생에게) 얘 뭘 꾸물대고 있어?
여주인: 오래 계시려면 좋은 방 있습니다. 경찰 임검도 없어요.
김혁: 아이고 아주머니 제가 무슨 죄지은 사람이오? 무슨 경찰 임검 없는 방을

주게.

여주인: 그래도 귀찮으실 거 아니에요. 어서 안으로 들어오세요.

12:54 김혁이 남학생에게 담배심부름을 보냄.

김혁: (나가는 남학생에게) 애, 나 담배 하나 사다 줘.

김혁: (독백) 나는 이들이 하는 짓을 보고 안심했습니다. 앞으로 나의 임무를 위해서 얼마든지 이용할 수 있고, 돈만 주면 맘대로 심부름시킬 수 있다는 것을 확신했습니다. 서울에서 나의 임무란, 본격적인 활동을 할 부산으로 내려가기 전에 서울의 지리를 익히고 대한민국의 삶의 방식을 몸에 익히는 일이었습니다.

13:24 서울곳곳을 여관 남학생을 데리고 구경하고 다님. 레코드 가게를 나선다

김혁: (독백) 나는 또한 곧 입대한다는 여관집 대학생을 포섭했습니다. 그것은 대학생들의 생활 감정과 사상적 조류를 감지하는데 도움이 되었고, 잘만 하면 군에 입대한 뒤에 군의 기밀을 알아낼 수 있었기 때문입니다. 또한 나는 용돈도 주고 갖고 싶다는 것을 다 사주면서 이 학생을 앞장세워 서울 시내 곳곳을 샅샅이 살피며 다녔습니다. 그러나 쓸쓸한 평양의 길과 달리 서울은 어딜 가나 찬란한 자유의 입김을 빛을 내뿜고 있었습니다. 이렇게 나는 한 달 동안 이 학생을 앞장세워 다녔습니다.

14:20 김혁과 남학생 둘은 방에 들어와 가져온 라디오를 켜고 듣는다

방송: 이런 난동사건으로 말미암아 기물파손이 있었는데 자세한 사항에 대한 보도는 없었습니다. 어제 밤 기어이 사회대중당에서는 남북협상을 의제로 군중대회를 열고 오늘 오전 열 한 시…

김혁: (독백) 사회가 소란하거나 예감이 이상하면 나는 학생 방에서 같이 자기도 하며 일주일에 두 서너 번 나오는 임검에 한번도 걸린 일이 없습니다.

이러는 동안 나의 서울에서의 임무는 끝나 완전한 아지트를 서울 복판에 만드는데 성공했습니다.

15:10   이동하는 기차 안

김혁: (독백) 이렇듯 서울에서 임무가 끝난 나는 목적 근거지인 부산으로 가기 위해 통일호에 몸을 실었습니다. 물론 복잡한 삼등칸을 선택했습니다. 나는 갑자기 외로움을 느꼈습니다. 그것은 다들 저렇게 즐겁게 떠들며 여행을 하는데 나 혼자만이 어떤 고아가 길 떠나듯이 홀로 서서 가는 것이 퍽 불안하고 외로웠습니다. 더욱이 서울에서의 한 달 동안의 여관생활을 통하여 북한에서 맛보지 못한 인정은 나로 하여금 더욱 공허하게 하고 나의 어리석음을 깨닫게 하였습니다. 같은 민족으로 태어나 이렇게 자유스럽고 즐거운 세계에 있으면서 나는 나의 동포와 형제를 두려워하고 불안 속에서 떨고 있어야 하는 것. 그러나 잡히면 죽는다는 이북에서의 말을 생각할 때 나는 살아야 하겠다는 인간의 본능으로 돌아갔습니다. 이때였습니다.

경찰 승객: 여보, 당신 어디까지 가시오?
김혁: 네, 부산까지 갑니다. 저 선생님은 어디까지 가십니까?
경찰 승객: 나 밀양까지 갑니다. 여기 좀 앉으시죠.
김혁: 이거 감사합니다.
김혁: (독백) 나는 또 슬그머니 겁이 났습니다. 그것은 이 경찰관이 나의 인생 생활을 차근차근 캐묻는다거나 국내 형편이나 세계정세 같은 이야기를 하게 된다면 어떻게 답변할까 생각하니 가슴이 조마조마해갔습니다.
경찰 승객: 여보, 우리 먼 길 가는데 어디 재밌게 가봅시다.
김혁: 좋은 말씀입니다. 이거 다 인연 아닙니까? 이거 날씨도 무덥고 한데 우리 맥주나 한 잔 하십시다.
경찰 승객: 네 좋습니다. (모자를 벗는다.)
김혁: (독백) 그는 두말없이 빙그레 웃으면서 따라 나섰습니다.

17:13　다시 자리에 돌아와 앉아있는 두 사람. 경찰관의 모자가 떨어짐

경찰 승객: 아니 이놈의 모자가 왜 자꾸 말썽이야?
김혁: (모자를 집으며) 어디 나도 한 번 만져봅시다. (모자를 한 번 써본다) 주임님, 이거 나도 어울립니까?
경찰 승객: 아 근사한데요?

두 사람은 호탕하게 같이 웃는다.

김혁: (독백) 이 순간 나의 공작은 성공한 것입니다. 간첩의 머리 위에 대한민국 경찰 간부의 금테두리 모자가 씌워졌으니 제아무리 심경이 칼끝 같은 형사라도 나의 정체를 간파할 순 없을 게 아닙니까?"

18:08　부산역 플랫폼. 내려서는 김혁
18:18　펄럭이는 플래카드 "방첩강조 기간: 7월9일-7월"

김혁: (독백) 나는 이렇게 하여 부산까지 무사히 도착했습니다. 그러나 마침 방첩 기간인데다가 경계가 삼엄했습니다. (곳곳에서 검문하는 경찰과 헌병의 모습) 어떻게 이 난관을 빠져나갈까 하는데 한 쪽을 보니 어느 아주머니가 보따리와 어린애 때문에 몹시 힘들게 걸어가고 있었습니다. 그래서 나는 친절을 베푸는 체 하여 이 아주머니를 이용했습니다. 즉, 정다운 부부로 가장하기 위해 되도록 가까이 걸었으며 쓸데없는 이야기도 주고받았습니다.

19:00　세탁소 전경. "세탁", "순드라이크리닝 제일사"라는 간판

김혁: (독백) 나는 그 후 세탁소를 경영했습니다. 전기를 많이 쓰게 되므로 무전 연락할 때 편리하고 찾아오는 손님 가운데 이용할 만한 사람을 선택할 수 있기 때문입니다. 그리고 또한 나는 이 직공들을 포섭했습니다. 물

론 이 사람들은 내가 간첩이라는 것을 추호도 모르고 있었으며 서울서 큰 사업을 하다 온 사람으로만 알고 있었습니다.

19:33   직공들과의 술자리

　　　김혁: (독백) 나는 개업축하를 한답시고 한자리에 모이게 하여 과연 내가 이용할 만한 인물이 있는가를 재검토해 보았습니다.

　　　직공1: 또 시작이구나. 큰일 났어. 큰 일. 밤낮 저 모냥이니. 응?

　　　직공2: 아닌 게 아니라 음식 해놓으면 데모다 날뛰니, 아 저 사람들은 데모로 먹고 사나?

　　　직공3: 아 또 요즘은 민족통일당이니 혁신당이니 해서 공산주의까지 노골적으로 선전하니 이제 우리나라도 말롭니다 말로.

　　　직공1: 정말 이러다가는 우리나라도 웬 통 빨갱이 소굴이 되겠어. 치 빌어먹을 자식들. 아니 6·25 사변 때 고생하던 생각들 벌써 잊었나?

　　　기생1: 틀림없이 간첩이 저 속에 끼어있을 거예요.

　　　김혁: (독백) 나는 내심 두렵기도 하고 우습기도 했습니다. 간첩인 나를 앞에 두고 또 자기네들이 나의 꼬임새에 넘어가고 있는 줄도 모르고 저렇게 떠들어 대고 있다니 정말 우습기도 하고 두렵기도 했습니다.

　　　직공1: 이것은 정치가들 잘못이야. 백성은 굶주리고 있는데 신파니 구파니 싸움만 하고 있으니 원

　　　직공3: 요사이 정치가들은 다 썩었어 썩었어.

　　　김혁: (독백) 나는 이때 겁이 왈칵 났습니다. 북한에서 같으면 김일성이나 공산당에 대해서 한마디도 비판을 하다간 귀신도 모르게 없어지고 마는 것입니다. 나는 불안해서 일어섰습니다.

　　　김혁: 저 내 그만 바쁜 일을 깜빡 잊었수다. 곧 다녀오리다. 곧 다녀오겠습니다.

21:35   붙잡으려는 직원들을 뒤로하고 사장인 김혁은 나간다. 횃불 들고 시위하는 시위대 모습

　　　김혁: (독백) 무질서한 사회와 이 과도기를 이용해서 어떤 간첩이 멋지게 지휘

하고 있을 것이라고 생각했습니다. 나는 이 데모 뒤에 서서 회심의 미소를 띠고 있는 간첩을 눈앞에 보고 있는 것 같았습니다.

22:08   서울시청 앞 운집한 군중의 모습

김혁: (독백) 사실인즉 요즘 사회질서는 극도로 혼란에 빠져 있었으며 2대 악법 반대니 뭐니하며 데모를 하고 군중대회를 하는데 간첩인 내가 보기에도 뻔한 공산주의를 선전하고 있었습니다. 아니, 열성 공산당원 이상 가는 행동이었습니다. 이렇게 가다간 얼마 안가 대한민국은 공산당의 발길에 짓밟힐 것이라고 생각되었습니다.

22:31   바닷가 바위 위를 걸어가며 무엇인가를 찾아다니는 김혁

김혁: (독백) 이러는 동안 내가 무사히 목적지인 부산에 제대로 도착했다는 것을 표시하기 위하여 이북에서 지정해 준 날 지정된 장소인 송도 바닷가로부터 두 번째인 바위에 지정된 숫자를 적었습니다.

23:15   김혁이 숫자를 쓰고 떠나자 바위 뒤쪽에서 선글라스를 낀 여성이 나타나 김혁을 바라본다

김혁: (독백) 이때부터 나는 나를 감시하는 또 다른 간첩의 눈초리를 느낄 수 있었습니다.

23:19   세탁소로 들어가는 김혁과 그 뒤를 감시하는 간첩여성

(세탁소 내부)
윤계장: 아 사장님 안녕하십니까.
김혁: 어우 윤계장. 신문사 일은 잘 돼요?
윤계장: 예. 그런데 저 만 원만 어떻게 돌려주실 수 없을까요?
김혁: 만 원? 그래 주지

직공들: 우리 사장, 기마이야? 최고야 최고 나도 오만 원 꿨어. 그래?

김혁: (독백) 나는 돈을 주어 닥치는 대로 포섭했습니다. 그러나 내가 가지고 있는 가짜 도민증이 문제였습니다. 그래서,

김혁: 저 박형, 나 오늘 저녁차로 서울 좀 갔다 와야겠는데.

박형: 아니 갑자기 서울은 왜요?

김혁: 여기 장사도 잘 되니 아예 부산서 살기 위해 도민증도 띄고 또 길게도 아주 이 기회에 옮기려 하는데.

직공: 아니 사장님, 돈 삼천 원만 있으면 여기 앉아서도 만들 수 있는 도민증을 뭣 때문에 서울까지 고생하며 올라가시렵니까? 호적계 직원과 도민증 해주는 형사와는 나와 아주 친한 사이입니다. 더욱이 사장님 일이신데 돈 삼천 원만 있으면 문제없습니다. 틀림없습니다.

25:07　직공에게 돈을 쥐어 보내는 김혁

김혁: (독백) 나는 이날 삼천 원의 십 배인 삼만 원을 쥐어 보냈습니다. 그리하여 며칠 후 나는 진짜 도민증을 얻는데 성공하였습니다.

25:13　김혁의 손에서 펴보는 진짜 도민증

25:24　집에 앉아 신문을 보는 김혁

김혁: (독백) 무엇인가 꼭 일어나고야 말 것이라는 나의 생각이 적중했습니다. (신문기사 제목. "오늘 上午 政杖正式引受") 오고야 말 것이 온 것입니다. 사실 나 자신 간첩으로서 이러한 혁명을 은근히 바랬지만 이 군사혁명만은 간첩인 나에게도 절대로 불리한 것이었습니다. 그것은 혁명정부가 내세운 혁명공약 전부가 휴회만을 노리는 공산당에게 불리한 것이었습니다. 나는 잠시 나의 마음을 가다듬고 생각에 잠겼습니다. 그리고서 결론을 내렸습니다. 그것은 이 혁명을 이용해서 애국자로 가장하자는 것입니다.

26:01　문패가 보임. 5동 8반장 김혁

김혁: (독백) 나는 그 후 교묘히 애국자로 가장하여 반장이 되었으며, 40세 넘는 사람이 홀몸으로 있다는 것도 정부기관에 이상하게 보일 것 같아서 결혼까지 했습니다. (상을 들고 들어오는 아내와 웃으며 같이 식사하는 김혁) 그러나 이렇게 아늑하고 다정스러운 가정과 분위기는 나로 하여금 심각한 구렁에 헤매게 했습니다.

26:36 밥을 먹으면서 생각에 잠기는 김혁

김혁: (독백) 간첩생활 6개월을 통해 이북에서는 결코 맛보지 못한 자유의 존귀함, (번화한 시내의 길을 걷는 김혁) 누구의 감시나 위협도 받지 않고 살아가는 인간의 자유와 권리, 이것을 보호하고 보장해주는 대한민국의 제도 속에 숭고한 인간애와 인간성이 따뜻하게 자라나는 이 사회제도, 인간의 고귀한 권리와 자유를 말살 당하고 항상 불안정한 생활을 하는 불쌍한 북한 동포들. 지난 달 북한에서 최대의 자유를 누리던 노동당 간부인 나의 생활보다 오히려 항상 공포에 떨며 사는 지금의 간첩생활이 훨씬 더 자유스러운 것이었습니다. 나는 불현듯 이 자유스러운 세상에서 단 하룻밤이라도 두 다리 쭉 뻗고 자고 싶다는 욕구가 가슴속 깊은 곳에서 메아리 치는 것을 느꼈습니다. 그렇담, 나의 죄를 뉘우치고 용서받자. 자수를 하자. 아 그러나. (경찰서 앞에서 머뭇거리는 김혁. 김혁에게 들리는 목소리 "동무. 죽고 싶소. 자수하면 모두 죽인다는 것을 모르오?")
김혁: (독백) 나는 나는 그만 발길을 돌리고 말았습니다.

27:54 경찰서를 지나치는 김혁 뒤로 슬며시 돌아보는 여자 간첩
28:02 술집에서 괴로워하며 혼자 술을 마시는 김혁

김혁: (독백) 그 뒤부터 나의 생활은 불안과 공포 그리고 고민의 계속이었습니다. 이렇게 세월은 흘러 이제 북한 김일성과 약속한 무전연락을 할 날이 바싹바싹 다가오고 있었습니다.

28:41 밤거리 자신의 가게로 주위를 살피고 들어가는 김혁

29:30 무전기 앞에 앉아 고민하는 김혁

김혁: (독백) 7월 23일 드디어 김일성에게 무전을 쳐야 할 날은 오고야 말았습니다. 나는 뱀에 홀린 개구리 마냥 숙명적인 손을 올려 무전기를 조립했습니다. (담배를 꺼내 피는 김혁. 담배 속에서 암호문을 꺼내 펴 든다. 새벽 3시를 알리는 종소리) 무전은 세시 삼십 분에 치기로 약속이 돼 있었습니다. 침묵은 나의 멸망적인 운명을 실험하는 것 같았습니다. 아 무서운 침묵의 흐름.

시계를 바라보며 땀 흘리던 김혁은 세시 반이 되자 헤드셋을 착용하고 무전을 치기 시작

30:54 헤드셋 착용 후 무전을 침

31:04 라디오 스피커에서 이북으로부터의 지령이 들림

라디오: 동무의 사업의 성공을 축하한다. 지령 제1호. 학생들과 불평분자를 선동, 민심과 사회질서를 교란시켜, 그리고 반동분자를 암살하라. 다음 연락은 8월 30일. 끝.

지령을 다 받아적고 좌절하듯 엎드리는 김혁

31:36 어두운 방에서 한 사람은 모스부호를 듣고 받아쓰고 있고, 정보과 직원 세 사람은 숫자로 된 암호표를 들고 서 있다

정보과직원1: 음 전혀 새로운 암혼데? 이걸 모두 복사해서 정보부로 보내시오.
정보과직원2: 예
모스부호를 듣는 사람: (받아쓴 모스 부호를 세 사람에게 건네주며) 전파감시자로부터 보고입니다.

32:17 정보과직원1이 지도를 펴고 손으로 가리킴

정보과직원1: 음. 주파 파장으로 볼 때 바로 여긴데 (하며 손가락으로 지도의 한 위치를 가리킨다) 여기서 어떤 간첩이 무전을 쳤군. 이 지점을 철저히 감시하고 수사를 하시오.

정보과직원2: 그런데 이 지점에는 칠성사라는 다방과 제일사라는 세탁소가 있는데요.

정보과직원1: 아, 그래요?

32:38 대낮, 골목길을 걸어 내려오는 김혁. 뒤에 선글라스를 낀 한 남자가 걸어오고 있고 김혁은 미심쩍은 듯 계속 흘긋흘긋 뒤를 돌아본다

김혁: (독백) 그후부터 나의 공포증은 더해갔습니다. 길을 걸어갈 때도 꼭 경찰에게 미행을 당하고 있는 것만 같았습니다.

33:07 다방에 들어가 앉아 주위를 두리번대는 김혁

김혁: (독백) 또한 누가 나를 두 번 만 쳐다봐도 나를 주목하고 감시하는 것만 같았습니다.

바로 일어나 나가버리는 김혁. 반대편 구석에 앉아있는 김혁을 감시하는 다른 간첩

33:33 다시 무전을 치고 있는 김혁의 손에 누군가 수갑을 채운다. 놀라는 김혁. 도망가는 김혁에게 그가 총을 쏘고 김혁은 쓰러진다

33:53 천둥소리와 함께 악몽에서 깨어나는 김혁. 비 내리는 소리

부인: 웬일이세요?

김혁: 아냐 아무것도 아냐.

34:18 바닷가 파도치는 바위. 세탁소 직원 박형과 나란히 앉아있는 김혁

김혁: 박형, 나의 말 꼭 하나만 들어줄 수 없소? 이건 내가 지금까지 아무에게
    도 말하지 못한 사정이오.

박형: 아니, 사장님. 새삼스럽게 그게 무슨 말씀이세요? 어서 속 시원히 이야기
    나 하십시오.

김혁: (독백) 나는 과거에서 현재에 이르는 나의 행동이 양심의 가책을 받을 뿐
    만 아니라, 실제로 대한민국으로 와서 내 눈으로 보니 모두 공산당 놈들
    에게 속아왔다는 것을 깨닫고서 하루바삐 불안한 생활을 청산하려고 했
    으나, 마음이 약해 오늘날까지 혼자 고민하여 왔다고 낱낱이 고백했습니
    다. 그리고 나대신 경찰에 가서 이야기해달라고 부탁했습니다.

박형: 알았습니다. 정말 말씀 잘 해 주셨습니다. 제가 가서 말씀 잘 드리겠습니
    다. 사장님은 댁에 가 계십시오.

김혁: 고맙소, 정말 고맙소.

김혁: (독백) 나는 박씨라는 직공의 도움으로 자수했습니다.

35:55 경찰서 내 정보과장실

김혁: (독백) 정말 경찰에서는 상상 외로 친절했습니다. (정보과직원들 앞에서
    무전을 치는 김혁) 나는 나의 죄를 용서받고 자유와 정의를 위해서 경찰
    당국과 협조해서 이북과 무전 연락을 팔십여 회나 했으며 간첩체포에 헌
    신했습니다.

36:04 해안가에 나타나는 작은 배와 바위 뒤에 숨어 있다 그 배를 총으로 겨누고 채
    포하는 경찰들의 모습

36:38 보창한의원에서 잡혀 나오는 한의사로 가장한 간첩

36:47 경찰과 협조하여 이북에 무전을 치는 김혁

36:50 김혁의 협조로 또다시 잡힌 두 명의 남녀 간첩

36:59 경찰에 협조하는 김혁을 지켜보다가 경찰에 잡히는 여자 간첩의 모습

37:00 김혁을 감시하는 여간첩이 체포되는 모습

37:38 실제 김혁: (독백) 그리고 경찰은 수사를 강화하여 항상 나를 감시하던 여간첩

도 체포하였습니다.

37:37　다시 검은 방에 김혁 본인이 말하는 모습. (여기서부터는 김혁 본인이 등장)

　　　　김혁: 여러분, 보시는 바와 마찬가지로 간첩이란 표식이 없습니다. 저의 활동을
　　　　　　　보십시오. 동두천에서 국군 소령을 이용하던 방법, 또한 서울에 와가지고
　　　　　　　모 대학생을 이용하던 방법, 부산에 내려갈 때에 경찰관을 이용하던 방
　　　　　　　법, 또한 역전에서 모 부인을 이용하던 방법 등등을 보면 여러분이 앉은
　　　　　　　그 좌석에도 누가 간첩이 없다고 ** 하십니까? 간첩들은 지금 여러분들의
　　　　　　　뒤에 앞에 있습니다. 오늘날 북한 공산당은 대한민국을 공산화 시키기
　　　　　　　위해서 남한출신으로서 약 20만 명을 간첩의 교육 훈련을 주고 있습니다.
　　　　　　　이들은 휴전선으로 동서해로 일본으로 홍콩을 통해서 매일매일 침입해
　　　　　　　옵니다. 간첩의 색출은 어떤 수사기관에 있는 사람들만이 색출한다는 이
　　　　　　　러한 관념을 버리고 간첩이란 여러분이 사는 국민방에서 같이 삽니다.
　　　　　　　오직 간첩의 색출은 전 국민이 군경민 할 것 없이 합동하여 색출하지 않
　　　　　　　으면 색출할 수 없다는 것을 말씀드립니다.

38:46　자막 "끝"

▌ 내레이션

(내레이션 없음)

농가방송토론그룹 – 진행 요령 및 과정

제 명	진행 요령 및 과정
출 처	농가방송토론그룹
제 작 국 가	대한민국
제 작 년 도	1962년
상 영 시 간	05분 30초
제 공 언 어	한국어
형 식	실사
컬 러	흑백
사 운 드	유

농가방송토론그룹의 토론 진행 요령에 대한 안내와 그들이 작성한 토론 결과가 농가방송토론그룹운영위원회로 송부되어 그 의견이 해당 부서로 전달되어 시책이 되고, 또 농가방송토론 방송에 반영되어 재편성되어 방송되는 과정을 보여줌

■ 연구해제

본 영상들은 1962년 8월 공보부의 주도로 서울중앙방송국 제1방송에서 시작된 〈농가방송토론그룹〉의 진행요령 및 구체적인 방송의 진행과정을 담았다. 이 〈농가방송토론그룹〉은 공보부를 중심으로 당시 문교부, 농림부, 재건국민운동 본부, 농업협동조합, 농촌진흥청, 주간 『새나라』신문사, 중앙교육연구소, 서울중앙방송국의 협조 속에서 매주 30분씩 방송되었다. 본 영상에 따르면 〈농가방송토론그룹〉은 라디오와 신문과 같은 대중매체를 매개로 이루어졌다. 토론은 방송 1주일 전에 배포되는 주간 『새나라』신문을 통해 토론 자료가 될 읽을거리가 농가에 전달되고, 방송 당일 라디오가 있는 농가에 농민들이 모여 좌담을 하는 형식으로 진행되었다. 토론 이후에는 그 내용을 전국에 알리기 위해 농가방송토론 운영위원회에 보고서를 제출토록 하였다. 취합된 보고서와 현지에서 녹음해 온 중요한 의견은 방송을 통해 청취자에게 전달되는 동시에 관계기관에도 전달되어 농가의 문제를 직·간접적으로 해결하는 데 도움이 되었다.

군사정부는 농어촌 주민들을 대상으로 한 정책들을 〈농가방송토론그룹〉을 통해 쉽게 설명함으로써 관심을 이끌어내고자 하였다. 이를 위한 방법으로 농업기상·병충해통보, 라디오 농업학교, 농사상담 등 농어업 생산에 관련한 내용과 함께 오락·음악방송이 포함되었다. 영상에 등장하는 고춘자와 장소팔 콤비의 만담은 이러한 교육계몽과 오락이 어우러지는 특징을 잘 보여준다.

이처럼 〈농가방송토론그룹〉은 군사정부가 라디오와 신문 등의 대중매체를 통해 정부의 시책을 농촌사회에 전달하기 위한 공보(公報) 수단으로 기능했다. 남한 정부의 공보정책은 이승만 정권이 6·25전쟁을 거치며 반공이데올로기 선전기관으로서 대통령 직속으로 공보실을 설치하면서 강화되었다. 이승만 정권은 공보실을 통해 동원한 문화·공보 관련 조직을 정권 유지를 위한 선전도구로 활용하고자 하였다.

이후 5·16군사쿠데타를 통해 집권한 군사정부는 국가와 대중을 직접 연결시키는 기제로서 문화·공보 기구의 역할을 주목하였다. 본 영상에 등장하는 〈농가방송토론그룹〉은 군사정부의 이 같은 의도를 잘 보여주는 프로그램의 하나였다. 1961년 6월 22일 개정된 정부조직법에 따라 공보 담당 행정조직은 공보부로 승격되어 국가의 공보, 선전 및 정보 수집 업무를 총괄하는 위상을 부여 받았다.

군사정부는 공보기관의 확대 개편을 통해 기존 도시에 편중되어 있던 공보 활동을 농촌 중심으로 개편하고 문화와 지식의 공유에서 소외된 농민들을 국가의 영역으로 포괄하고자 하였다. 1961년 11월 '시범도 공보 활동'과 함께 공보부는 각 도(道) 공보실뿐만 아니라 사설문화원, 농촌교도소, 경찰, 방송국 등의 공보 관료들을 교육시켰다. 특히 군사정부는 국민 전체를 대상으로 창간했던 주간 『새나라』를 농어민대상 신문으로 개편시켜 마을에 무료로 배포하였는데 이 신문은 1963년에 이르면 매주 30만 부씩 농촌에 배포 될 정도로 정부시책의 중요 전달매체로 기능하였다. 이 외에도 군사정부는 라디오·앰프 보급, 농촌문고 발행, 영화 상영 등을 통해 농촌지역에 대한 문화 공보활동을 적극 펼쳐나갔다. 이를 통해 군사정부는 농촌사회에 국가를 인식시키고, 그 영향력을 농촌사회로까지 확대시키고자 하였다.

▌ 참고문헌

「농가방송토론그룹 광복절에 첫 시도」, 『동아일보』, 1962년 8월 3일.
「강화된 농촌방송」, 『경향신문』, 1962년 8월 7일.
허은, 『미국의 헤게모니와 한국 민족주의－냉전시대(1945~1965) 문화적 경계의 구축과 균열의 동반』, 고려대학교 민족문화연구원, 2008.

▌ 화면묘사

00:00 농가방송토론 그룹 진행을 위해 모여 책상에 둘러앉아 방송을 듣는 농민들, 방송을 듣고 토론하는 모습
01:20 방송을 듣고 논의한 토론 결과를 공책에 적어 반송 봉투에 넣는 한 농민
01:55 현판 "농가방송토론그룹운영위원회"로 들어가는 한 남성

02:01 전국에서 보내온 보고서를 하나하나 종합 검토하는 농가방송토론그룹운영위원회의 모습

02:24 농어촌 현지에서 녹음해 온 농어촌민들의 의견을 청취해서 의견을 채택하고 채택된 문제 해결책 관계 기관에 시달

02:43 방송국 "편성계", 여러 곳에서 들어온 토론 결과 보고서에 의한 농·어촌민들이 여론을 참작하여 방송프로그램 재편성하는 모습

03:14 농가방송토론 프로그램을 만드는 모습, 이를 청취하는 모습이 번갈아 보여짐, 가축사료 개선 문제에 관한 방송을 듣고 보고서를 제출한 농민들이 그들의 의견이 방송에 나오자 기뻐하는 모습

04:28 농촌진흥청 관계자가 라디오 방송에 나와 정보를 제공함, 사일리지에서 먹이를 꺼내 소에게 주는 농민, 이를 잘 먹는 소

05:25 송전탑 배경으로, 자막 "끝"

내레이션

00:16 레디오는 노래나 오락프로만을 들려주는 것이 아니라 우리가 살고 있는 현 사회 안에서 일어나는 여러 가지 문제를 알려주고 있으니 우리는 이러한 문제를 알기 위해 노력해야 하며 특히 농어촌에 계시는 여러분들을 위해 마련한 농가방송토론그룹 시간을 귀담아 듣는 습관을 길러야 하겠습니다. 여기서 토론을 진행해 나가는 데 몇 가지 요령과 방법을 간단히 살펴보겠습니다. 먼저 좌담을 하기 위해 좌석을 원형으로 둘러앉게 하고 모든 사람이 다른 사람을 볼 수 있게 합니다. 그리고 중앙에 필기할 준비를 한 책상을 놓고 되도록 즐거운 환경을 만들기 위해 꽃을 꽂아 놓거나 담배를 준비하는 것이 효과적입니다. 그리고 사회자라 할지라도 특권적인 위치에 있는 것처럼 행세함이 없이 다 같이 평등한 위치에서 서로의 의견을 주고받아야 합니다. 또한 방송을 듣고 토론을 한 여러분들의 좋은 의견을 전국에 알리기 위해서 여러분들이 토론 결과를 적어 보내도록 이러한 보고서 용지와 반신료가 붙은 반신용 봉투를 각 그룹에게 정기적으로 무상으로 보내드립니다.

01:59 농가방송토론 운영위원회에서는 전국 여러분들에 여러 곳에서 보내 온 보고서

를 종합 검토하게 됩니다. 또한 농어촌 현지에서 녹음해 온 농어촌민의 의견을 청취해서 건전한 의견을 채택하며 채택된 문제 해결책을 관계기관에 시달하며 농어촌민들의 큰 관심사가 돼 있는 문제를 직접 간접으로 해결해줍니다. 또한 여러 곳에서 들어온 토론 결과보고서에 의한 농어촌민들의 여론을 참작해서 방송 프로도 재편성하며 농민들이 알고저 원하는 새로운 농사지식 등 즐거운 방송 프로를 만들어 방송해 드립니다.

03:47 라디오 아나운서: 농가방송토론그룹 여러분, 그동안 안녕하십니까. 에, 그럼 먼저 여러분의 그룹 소식을 전해드리겠습니다. 전라남도 여천군 삼일면 낙포리 삼천 부락에서는 가축 사료 개선문제에 관한 방송극을 보시고 이러한 보고서를 보내오셨습니다.

여성 아나운서: 우리 그룹에서는 싸일로(silo)를 공동으로 만들고 엔시레지(ensilage)도 공동으로 관리해서 엔시레지를 만들지 않은 마을 사람들에게도 시험적으로 **** 있습니다.

남성 아나운서: 네. 다음에는 화학비료 사용 문제에 관해서 농촌진흥청에 계시는 최 선생님께서 말씀이 있겠습니다.

최 선생님: 여러분들이 알고저 하고 있는 화학 비료 사용 문제에 대해서 지금 각 도 농사교도소에서 교도관들이 동원되어 적극적인 지도를 하고 있으며 **영사반이 화학 비료 사용에 대한 영사를 하고 있습니다.

00:48 이와 같이 여러분들이 보내신 토론결과보고서에 의한 여러분들 자신의 의견이 채택되면 그 문제 해결 방법이 직접 또는 간접으로 마련되는 것입니다. 전국에 계신 농어촌 주민 여러분. 우리나라 농어촌을 발전시키고 농어민들의 생활을 향상시키기 위해 여러분들의 도움을 주고저 하는 취지에서 하고 있는 농가방송토론그룹 운동에 다 같이 참가합시다.

농가방송토론그룹

제 명	농가방송토론그룹
출 처	농가방송토론그룹
제작국가	대한민국
제작년도	1962년
상영시간	13분 47초
제공언어	한국어
형 식	실사
컬 러	흑백
사운드	유

영상요약

농가방송토론 그룹에 대해 소개하고 홍보하는 영상. 농가방송토론그룹 운영위원회를 소개하고 라디오 방송에서 장소팔과 고춘자의 만담으로 농가방송토론그룹이 무엇인지를 소개. 한 마을에서 농가방송토론그룹을 만들게 되고 라디오 방송을 열심히 청취해 그룹 활동을 열심히 하는 모습을 보여줌

화면묘사

00:00 방송탑 로앵글을 배경으로, 제목 자막 "농가방송토론그룹"
00:08 서울방송국 방송탑의 모습
00:11 윤전기가 돌아가며 신문이 발행되는 과정

01:07 라디오를 듣는 할아버지, 할머니와 아기, 회사원들 등 여러 사람들의 모습

01:22 다시 서울방송국의 송전기, 그리고 폭풍 경보 뉴스를 전하는 방송 부스 안의 아나운서

01:41 기상관측소 직원들, 폭풍우가 밀려오는 농촌과 어촌의 모습, 폭풍으로 피해를 입은 모습들 신문기사 "漁船五隻이 沈沒"(어선5척이 침몰), "漁船12隻 87名 실종"(어선12척 87명 실종)

02:22 회의실에서 농가방송토론그룹 운동을 위한 회의 모습

03:37 농가방송토론그룹 위원회의 회의 모습, 재건국민운동 본부, 주간 새나라 신문사, 중앙교육연구소, 문교부, 공보부, 서울중앙방송국, 농림부, 농업협동조합, 농촌진흥청 등 운영위원회에 참여한 관계기관의 대표들의 모습

04:03 농가방송토론 그룹에 관한 홍보 방송을 하는 모습, 고춘자, 장소팔이 만담을 통해 농가방송토론그룹에 대해 소개함, 라디오에서 흘러나오는 방송을 듣는 할아버지의 모습

06:25 농가방송토론 방송을 듣고 있는 남 1의 집을 방문한 남 2, 이에 대해 대화를 나눔, 새나라신문을 보는 남 2

(장소팔 고춘자의 라디오 만담 소리와 이를 듣고 있는 두 남자의 대화가 겹침)

남 1: 안녕하십니까?

남 2: 네, 거기 앉으세요.

남 1: 예. 저기 이것 좀 보시죠.

남 2: 거참, 입때 이런 토론크럽운동이 있었다는 것을 모르고 있었군 그래요.

남 1: 우리 마을에선 벌써부터 방송토론크럽운동을 해서 여러 가지로 생활에 도움을 받고 있습니다. 이 마을에서도 그룹 조직을 해 보시지요.

남 2: 증말입니다. 그렇지 않아두 지금 방송을 듣고 우리 마을에서도 그룹을 조직할 생각을 가졌습니다, 그려.

남 1: 거참 잘 생각하셨습니다.

남 2: 그럼 나가 보실까요? (아내에게) 나 좀 다녀 오겠수다.

07:36 동리 어귀 나무 아래에서 장기를 두는 남자들

남 3: 그 놈의 화학비료는 어떻게 쓰라지? 도대체 알 수가 있어야지? 올 해도 농사는 흉작이네.

남 4: 그러나 저러나 올 겨울엔 가축을 어떻게 먹이느냐가 큰 걱정인데.

장기두는 남자들: 장이야, 아 멍이야. (다투는 소리), 이거 놔.

남 1: 아, 여보게 들. 맨날 그 고리타분하게 장기판만 끼고 앉아 있으면은 아, 무슨 큰 수가 생기나? 싸움들 그만 두고, 아, 내 말 좀 들어 보게나.

남 3: 무슨 좋은 일이 생겼단 말이요?

남 1: 응, 여기 좋은 일이 생겼어요. 우리두 농가방송토론그룹을 조직하여 생활을 한번 개선해 봅시다, 그려.

남 5: 방송토론그룹이라는 게 도대체 뭔가요? 방송이니 뭐니, 아 말이 났으니 말이지. 요 사이는 방송도 뭐도 전부 다 신식 노래잖아. "아리랑 만보"니, 아 "도라지 차차차"니. 도무지 우리 귀에는 시끄럽기만 하구, 정신만 빼 놓으니.

남 2: 그럼 영감님이 듣고 싶은 노래가 있으면은 말씀해 보세요.

남 5: 뭐, 누가 들려준답디까?

남 2: 그러믄요. 이것이 바로 여러분의 의견을 듣고자 하는 것입니다. 에, 우리 마을에선 지난 번에두 벼병충해에 대한 방지책을 운영위원회에 문의하여 그 해결책을 알게 되었으며, 에 그 외에두 우리 마을에서는 에, 토론그룹 활동을 하고부터 에, 여러 가지루 생활에 도움을 받고 있습니다.

남 1: 즉, 여러분이 방송을 듣구, 신문을 읽구, 토론하구 그 결론에 대한 보고서를 농가방송토론크럽 운영위원회에 보내게 되면 말씀입니다. 에 그곳에서 여러분들의 좋은 의견을 신문이나 방송을 통해 여러 분들에게 전할 수 있는 일이 됩니다.

남 4: 이 봐, 여기 월동 가축 사료문제가 나왔구먼.

남 1: 여러분들, 의견들이 어떠십니까?

남자들: 예, 좋습니다.

남 1: 그렇다면 우리두 토론그룹을 만들어 봅시다.

남자들: 좋습니다.

10:03 송전탑의 모습, 농가방송토론 프로그램을 방송하는 부스 안의 모습, 이를 듣는

농민들

11:05　농가방송토론 프로그램 녹음을 하고 있는 성우들, 가축사료에 대한 정보를 알려줌, 이를 경청하는 농민들의 모습

▌내레이션

01:30　라디오 아나운서: 폭풍 경보를 알려드리겠습니다. 965 ***의 제28호 태풍 카라는 매시 육십 키로미터(60Km)의 속도로 오키나와로부터 북진해서 우리나라의 남해와 서해안 지역을 통과할 것으로 보입니다. 따라서 남해와 서해안 지방은 주의를 요하며 항해하는 선박도 주의해주시기 바랍니다. 특히 작은 배는 항구를 떠나지 말아주시기 바랍니다. 폭풍 경보를 마치겠습니다.

02:11　내레이터: 우리들은 매번 왜 이런 참변을 당하게 됩니까. 그것은 우리 모두가 모든 세정에 어두웠다는 것도 원인의 하나라고 하겠습니다. 정부에서는 농어촌의 여러분들을 이러한 재난으로부터 구출하고 그들의 생활향상을 돕고저 여러 가지 생각을 한 끝에 농가방송토론그룹 운동을 전개하기로 했습니다. 즉 신문과 방송을 함께 이용해서 농어촌주민을 읽기, 듣기, 토론, 행동의 과정으로 이끌어 농어촌 주민들을 위해 세운 정책들을 알기 쉽게 풀이해서 설명해주고 전국 농어촌민이 큰 관심과 기대를 가지고 있는 문제를 어떡하면 성취시킬 수 있게 하겠는가 하는 방법들 외에도 교양과 흥취를 돋구기 위한 여러 가지 다채로운 기사와 오락을 그 내용으로 담게 되는 것입니다. 그리하여 농어촌민들의 생활 향상을 직접 간접으로 돕고저 하는 것입니다.

03:35　농가방송토론그룹 운영위원회에 참여하고 있는 관계기관은 재건국민운동 본부, 주간 새나라 신문사, 중앙교육연구소, 문교부, 공보부, 서울중앙방송국, 농림부, 농업협동조합 그리고 농촌진흥청 등입니다.

04:06　여성 아나운서: 농어촌에서 수고하고 계신 여러분, 그동안 안녕하셨습니까. 그럼 오늘은 먼저 여러분에게 우리나라 농촌과 농민 여러분들 자신의 생활을 행상 발전시키기 위한 좋은 선물하나를 **해 드리겠습니다.

고춘자: (웃음) 아이고 척척박사님, 오래간만입니다.

장소팔: (웃음) 호호 아가씨. 한참 만에 뵙겠습니다.

고춘자: 그러지 않아두요, 제가 척척 박사님을 좀 만나뵐라고 했어요.

장소팔: 왜요?

고춘자: 뭘 좀 물어볼라구요.

장소팔: 아이구, 물어보면 피가 줄줄 나게요?

고춘자: 으이구, 깨밀어 보는 줄 아세요? 뭘 좀 여쭤 보겠단 말이죠.

장소팔: 네에, 뭡니까?

고춘자: 저, 농가방송토론그룹이란 무엇을 말하는 겁니까?

장소팔: 뭐 이거 보기에는 근사한 아가씨가 그것도 모르는 걸 보니까 아주 *로 군. 이것 보세요. 아가씨뿐만 아니라 다른 분들도 모르는 분이 계시다 면 그 현대인으로서 챙피스러운 일입니다. 농가방송토론그룹이란 말씀 이야, 레디오가 있는 농가를 집회장소로 하고, 매주 일요일 밤마다 이 웃들끼리 한데 모여 오손도손 도손오손 이야기도 하고 말씀이지.

고춘자: 네. 그러니까 글을 읽고 방송을 듣고 서로 토론하는 가운데 농민들 자 신의 교양과 생활의욕을 북돋아주기 위해서 만들어진 모임이라 그런 말이지요?

장소팔: 아니 근데 누굴 놀리쇼? 다 알면서 왜 물어보셨구 그래?

고춘자: (웃음) 박사님의 실력을 테스트 해보느라고 그랬어요.

장소팔: 근데, 아가씨. 아가씨 말씀하신 그 교양이란 시골에서 기르는 양입니 까?

고춘자: 시골에서 기르는 양이라뇨? 그게 어째서 교양이란 말예요?

장소팔: 우우. 도외지에서 기르는 양은 도양, 교외에서 기르는 양은 교양.

고춘자: (웃음) 아이고 이 무식이 최고도로 전진을 하고, 유식이 초속도로 후퇴 를 할 양반아. 교양이란 배우고 알아서 자신의 지식과 덕을 쌓는다는 말이에요.

장소팔: 네네. 그러니까 많이 보고 많이 듣고 이렇게 이야기하는 가운데 자연 아는 것이 많아짐으로써 살림살이에 도움이 된다는 말씀이죠.

고춘자: 그렇지요.

장소팔: 그러구 참 저, 농가방송토론그룹 활동을 할려면 이웃끼리 오 명 내지

십 명씩 한 데 모여서 그 대표자와 서기를 지명하고 각 회원들의 주소 성명과 집회장소를 서울중앙방송국 농가방송토론그룹 운영회에 알려 준다면서요.

고춘자: 네, 그렇습니다. 그리구 그 그룹에 대해서는 정부가 직접 매 호마다 주간 새나라 신문을 펴내게 된답니다.

장소팔: 새나라 새소식에 새살림을 이룩하세.

고춘자: 즐겨 웃는 우리 모임 늘어 가는 우리 살림.

10:11 라디오 여성 아나운서: 지금까지 제주도 북제주군 구좌면 동김녕리 구기동그룹 에서 전국그룹 여러분께 선사해 드리는 우리민요를 함께 들으셨습니다. 다음 일요일 방송에는 싸일로(silo)와 엔슬리지(ensilage)를 중심으로 가축 사료의 개선에 관한 얘기를 보내드릴 예정입니다. 농가방송토론그룹 여러분, 다음 방송 시간까지 안녕히 계십시오.

10:54 남성 아나운서: 농가방송토론그룹 시간입니다. 오늘은 지난 번에 보내드린 방송에서 말씀 드린 바와 같이 가축 사료 개선에 대한 문제를 방송극으로 엮어서 보내드리겠습니다. 다음 방송극을 들으시고 여러분이 길르고 계시는 가축들이 여러분에게 무엇을 원하고 있는가 하는 것을 한번 생각해 보시기 바랍니다.

(닭소리)

남 6: 그 엔슬레지라는 게 도대체 뭐요?

남 7: 예, 엔슬리지란 말은 원래 미국에서 건너온 말이랍니다. 그걸 우리말로 번역을 하자면 ****

모두: ***요? 그렇지, 응.

남 7: 아닌 게 아니라 한번도 먹어보지 못한 여러분들도 김치 하면 침이 넘어 갈 지경이죠. 참 맛이 있습니다.

남 6: 아니 그럼 형님은 그 엔실레지라는 걸 먹어 보셨어요?

남 7: 네, 먹어 봤죠. 그날 묘하게도 읍내에서 쉬어오게 돼서 얻어먹어 봤습니다.

남 8: 그 역시, 사람들이 먹는 것처럼 담그는 건가요?

남 7: (웃음) 아닙쇼. 아 그렇게 돈이 드는 거라면 인간들이 어림이나 있겠요? 그럼 검은 소님이 먹는 건 우리가 요즘 흔히 먹고 있는 쇠풀과 **넝쿨이 섞였습니다.

남 6: 그걸 어따가 담궜어요?

남 7: 예. 싸이로에다가 담았습니다.

모두: 싸이로?

남 7: 예. 우리말로는 독이라는 뜻이죠.

여: 아니 누런 소님, 독이 얼마나 많아서 그 많은 걸 다?

남 7: 네. 역시 인간님들이 쓰는 그런 독이 아니라 땅을 한 평이나 반 평쯤, 그렇지. 검은 소님네꺼는 깊이가 일 메타(1m)가량 되든가, 아무튼 그렇게 파 가지구, 세멘트(cement)루 둘레에 담을 쌓더군요. 그래가지구선 생풀과 고구마넝쿨, 좀 더 이상적이라면 부패하는 세균도 방지하구 맛도 더 있게 당분이 많이 섞인 옥수수나 수수 같은 매초를 공기가 들어가지 못하도록 채곡채곡 재어놓고 그 우에 나무판자라든가 포장지 같은 걸로 덮구선 흙으로 묻어 놓면 그뿐이라는 거예요. 그래가지곤 얼마간 있다가 미리 마련된 뚜껑을 열구 조금씩 꺼내 주는데 이게 창자에 들어가는 대로 죄다 살이 되고 피가 돼서 검은 소님의 건강은 그날이 갈수록 좋아졌대지 뭡니까. 에, 여러분 어떻습니까?

아시아영화제

제 명	아시아영화제
출 처	아시아영화제
제 작 국 가	대한민국
제 작 년 도	1962년
상 영 시 간	21분 25초
제 공 언 어	한국어
제 작	국립영화제작소
제 공	공보부
형 식	실사
컬 러	흑백
사 운 드	유

영상요약

1962년 5월 서울에서 개최된 제9회 아시아영화제를 소개하고, 그 성과를 홍보하고 있다. 총 6개국에서 참가한 대표단들이 입국하는 장면에서 시작하여 개회식, 국립묘지 참배, 판문점 시찰, 서울 유람 등을 소개하고, 폐회식에서 거행된 시상식을 보여준 뒤 참가 각국 대표단의 귀향까지 담았다. 카메라는 번화한 서울의 거리, 화려한 영화제, 용맹한 국군, 백화점 등 이들이 방문한 곳을 따라다니며, 또 박정희 대통령권한 대행 국가최고위원회의 의장, 송요찬 내각 수반 등이 각국 배우단을 환영하는 등의 모습을 보여주고 있다. 또한 일본 여배우들이 아리랑을 부르거나 한복을 입고 귀국하는 모습 등에 특별히 주의를 기울이며, 한국어로 노래 부르는 필리핀 여배우 등 다양한 볼거리를 제공한다.

연구해제

아시아영화제는 일본 다이에이(大映) 영화사 사장 나카타 마사이치(〈라쇼몽〉 제작자)가 출범을 제의하면서 시작되었는데, 아시아 영화인들의 교류와 협력을 모토로 했다. 최초의 명칭은 동남아시아영화제(1954~1956)로, 이후 아시아영화제(1957~1982), 호주와 뉴질랜드의 가입 이후 아시아태평양영화제(1983~2006)로 명칭이 변화했다. 1954년 도쿄에서 제1회를 개최한 이후 2006년 제51회까지 개최되었다. 회원국을 순회하며 매년 5월 개최되었던 아시아영화제는 회원국 간 영화산업의 공동증진, 영화의 기술 및 예술성 향상, 영화를 통한 문화교류 촉진 및 참가국 간의 친선도모를 목표로, 영화의 예술성을 논하는 경쟁영화제의 성격보다 전시와 문화, 상업적 교류 및 연대를 위한 비경쟁 영화제의 성격을 띠었다. 한국의 경우 비용 문제로 아시아재단 후원을 받아 제2회 아시아영화제에 옵서버 자격으로 참가한 뒤, 한국영화제작가협회를 발족하고 1956년 3회부터 정식으로 아시아영화제작가연맹에 가입하여 회원국가가 되었다. 이후 처음으로 영화를 출품한 제4회 아시아영화제에서 〈시집가는 날〉이 최우수 희극영화상을 수상한 뒤, 아시아영화제는 한국영화산업의 기준을 제시하는 데 큰 영향을 미치게 된다.

아시아영화제는 한 국가나 자치단체 주최가 아니라 산업 주체인 제작자들의 연대로 출범하여 산업적 교류의 '틀'과 '기준'으로 작용했다는 점에서 주목할 만하다. 특히 한국은 일본과 홍콩이 중심이 된 아시아영화제작가연맹과 아시아영화제에 적극 참여함으로써 이들 국가의 영화산업 시스템을 참고하고 이들과의 적극적인 연대를 통해 50~60년대 다양한 합작영화를 탄생시켰고, 해외 시장을 개척할 수 있었다.

이 영상에서 소개된 것은 제9회 아시아영화제로 1962년 5월 12일부터 16일까지 서울에서 열렸다. 이 시기 한국은 1960년 4·19와 1961년 5·16군사정변 등 극심한 사회적 혼란을 겪었으며, 1962년 영화법 제정과 제작사 통폐합 등으로 영화계 역시 혼란의 와중에 있었다. 1961년 신상옥의 〈성춘향〉이 기록적 흥행을 한 뒤에도 대작 중심 영화들의 유행으로 제작비 상승, 경제 위기 등의 문제로 제작편수는 20% 감소하는 등 영화계의 침체가 지속되던 와중에 개최하게 된 제9회 아시아영화제는 단순한 시상식이 아니라 "민족문화 선전을 위한 행사"로, 국가의 강력한 지원하에 개최(총 예산비용 8천 3백여만 환 중 5천만 환 정부 지원)하게 된다. 또한 아시아영화제 이전, 국제영화제 출품작 선정을 겸해 3월에 제1회 대종상 시상식을 개최했다. 그런데 아시아영화제는 해방 이후 최초로, 공식적으로 일본영화가 국내에서 상영되는 기회였기 때문에 일본영화에 대한 대중들의 관심이 집중되는 한편, 일본문화 유입에 대한 우려의 시선도 존재했다.

따라서 제9회 아시아영화제를 기록한 이 문화영화에는 한국의 영화 수준에 대한 과시, 화려한 거리, 상점, 도시의 모습을 통해 발전상을 보이는 한국에 대한 강조, 판문점, 국군 훈련 등 '안정'과 '반공'에 대한 강조, 또한 일본 배우들이 아리랑을 부르고 한복 입은 모습을 반복해서 보여줌으로써 일본에 대한 경계심을 완화하고 친근감을 부추기려는 의도 등을 찾아볼 수 있다.

▌참고문헌

공영민, 「아시아영화제를 통해 본 한국영화 : 1950~60년대 해외 진출을 중심으로」, 중앙대학교 석사학위논문, 2009.

▌화면묘사

00:00 　세종풍작상(*아시아영화제 골든 하베스트상에 세종상을 새긴 제9회 아시아영화제의 공식 트로피) 6개가 서 있는 화면
00:06 　서울 시가지

00:17	공항. 신영균, 김진규, 엄앵란 등 배우들이 꽃다발을 들고 공항에서 기다리는 모습. 비행기에서 내리는 타국의 배우들
01:15	조선호텔 외관
01:20	심사위원들이 조선호텔에서 첫 회의를 개최하는 모습. 한국의 모윤숙이 심사위원장으로 선출되어 인사하는 모습
01:39	공보부 국립영화제작소 현판
01:48	국립영화제작소 시사실에서 심사위원들이 영화 관람하는 모습. 각국 영화의 스틸 사진
02:35	조선호텔 외관, 내부에서 아세아영화제작자연맹 이사회 개최 및 기자회견 장면
02:57	동작동 국립묘지에서 참배하는 모습. 여배우들이 무명용사의 비 앞에 화한 증정하는 모습
03:46	광화문 거리
03:55	시민회관 외관. 개회식 장면. 집행위원장 이병일, 제작자연맹 회장 일본의 나가타 마사이치, 홍콩의 란란쇼, 말라야싱가폴 럭콴토 등이 인사하는 모습, 심사위원장 모윤숙, 공보부 장관 등이 무대에 선 모습 중간 중간 각국 여배우들의 클로즈업 삽입
05:01	각국 배우들이 모두 호명에 따라 무대에 오르고, 한국 배우 여배우들이 그들에게 꽃다발을 증정하는 모습, 여배우들 일렬종대로 서서 사진기자들을 위해 포즈를 취해 주는 모습 등을 비춰줌
06:39	국군을 방문하여 기동연습을 참관하는 배우들 및 관계자들, 신영균 모습 등
07:07	버스를 타고 가는 배우들, 자유의 마을에 소를 기증하고 농민들과 악수하는 배우들, 태극기를 흔드는 마을 주민들, 판문점을 방문하여 미군의 설명을 듣고 회담 장소 등을 방문하는 일행
08:00	청와대 후원 행사에 참석하여 박정희 의장 내외와 악수하고 환담을 나누는 배우들
08:20	송요찬 내각 수반과 악수하며, 비원에 마련된 테이블 등에서 식사하는 배우들
08:57	반도호텔에서 기자회견을 하는 각국의 배우들
09:29	백화점에서 쇼핑을 하고, 남산의 케이블카, 번화한 서울 거리 등을 돌아다니는 대표단

09:57	시민회관 폐회식, 나가타, 송요찬 등 축사하는 모습, 모윤숙 심사위원장 등
10:25	각종 시상
15:10	무대로 올라오는 박정희 의장 내외, 문화영화 최우수 작품상 말라야싱가폴 〈황금의 성〉 배우들에게 육영수가 트로피를 수여하는 모습, 극영화 〈사랑방 손님과 어머니〉로 최우수 작품상을 수상하기 위해 무대로 오르는 신상옥, 최은희 부부, 박정희 의장에게 큰 절을 하고 트로피를 받는 최은희, 신상옥과 최은희 함께 인사하는 모습 등
16:30	각국 여배우들의 공연 장면
20:34	돌아가는 참가국 대표들. 사진 찍는 여배우들
20:57	한복 입고 비행기에 오르는 일본 여배우들
21:07	활주로를 떠나는 비행기, 손 흔드는 한국의 배우들
21:22	"제공 공보부, 제작 국립영화제작소"

▌ 내레이션

00:10	전국 영화팬들이 기다리던 제9회 아시아영화제가 1962년 5월 서울에서 개최됐습니다.
00:33	아시아영화제작자연맹 회원국인 심사위원을 비롯해서 연맹회장, 이사, 배우들이 이 영화제에 참가하기 위하여 우리나라에 왔습니다. 이 영화제는 도쿄에서 그 첫 막을 올린 이후 아시아 여러 나라 사이의 영화를 통한 교류와 우호관계 증진을 위해서 많은 교류를 해 왔습니다.
01:20	5월 3일 각 국에서 2명씩 선출된 12명의 심사위원들이 조선호텔에서 첫 회의를 개최하고, 한국의 모윤숙 여사가 심사위원장으로 선출됐습니다.
01:44	각국에서 제출된 영화의 심사가 심사실에서 개최됐는데, 출품된 영화의 총수는 극영화가 22편, 문화영화가 17편이며, 그 내역은 극영화 22편, 문화영화 17편 출품. 자유중국에서 극영화1편, 문화영화 1편이며 홍콩에서 극영화 3편, 일본에서 극영화 5편, 문화영화 5편, 한국에서 극영화 5편, 문화영화 5편, 말라야, 싱가폴에서 극영화 4편, 문화영화 5편, 비율빈에서 극영화 4편, 문화영화 1편 등을 각각 출품했으며, 참관국으로 캐나다 문화영화 2편/캄보디아 문화영화 1편/

월남 문화영화 1편을 각각 보내왔습니다.

02:37 한편 5월 10일 조선호텔에서는 아세아영화제작자연맹 이사회가 개최됐고 다음 날 기자회견이 열렸습니다.

03:05 5월 12일 오전 서울 동작동에 자리 잡은 우리 국군묘지에 각국 대표 일행이 참배해서 수석대표가 여배우들과 같이 무명용사의 비석 앞에 화환을 바쳤습니다.

03:38 5월 12일 오후 5시 서울 중심지에 자리 잡은 시민회관에서 제9회 아시아영화제의 역사적인 개막식이 시작되었습니다. 아시아영화제의 집행위원장 이병일 씨의 개회선언에 이어 아시아영화제작자연맹 회장 나가타 마사이츠 씨의 개회사가 있었습니다. 그리고 홍콩 대표 란란쇼 씨의 출품영화에 대한 소개가 있은 다음, 말라야 싱가폴 대표 럭콴토 씨의 식사가 있었습니다. 다음 비율빈 대표 마누엘 씨의 연맹 이사 및 심사위원 소개가 있었고 심사위원장 모윤숙 여사의 식사에 이어 오 공보부 장관의 축사도 있었습니다.

05:03 개회식에 이어 각국에서 참가한 배우들의 소개도 있었습니다. (이후 자유중국, 일본, 비율빈, 말라야, 싱가폴 등 각국 참석 배우들의 이름 일일이 열거 소개)

06:40 영화제에 참가한 각국 대표 일행은 5월 13일 우리 국군 육군단을 방문해서 실전을 방불케하는 기동연습을 참관했습니다.

07:06 다음날 일행은 휴전선을 방문하기 위해 버스로 서울을 출발했습니다. 휴전선 완충 지대에 있는 자유의 마을을 찾아 참가 각국에서 한 마리씩, 소 여섯 마리를 기증했습니다. 일행은 곧 판문점을 방문해서 회담장소와 공동관리구역을 시찰했습니다.

07:57 각국 대표들은 5월 13일 대통령 권한 대행 국가재건최고회의 박정희 의장의 초청으로 청와대 후원에서 화기가 넘치는 가운데 다과회를 즐겼습니다. 같은 날 저녁, 송요찬 내각의 초청으로 비원에서 환영만찬회가 베풀어졌습니다. 우리 국악의 우아한 운율과 유서 깊은 풍경, 동양의 미녀들이 모인 이 자리는 한층 아름다운 분위기를 이루었습니다. 그리고 대표들은 서울에 체류하는 동안 다른 여러 환영회에도 참석해서 우의와 친선을 더욱 깊게 하는 기회를 가졌습니다.

08:55 5월 15일 반도호텔에서 각국 배우들과의 기자회견을 가졌는데 차례로 한 명씩 마이크 앞에 나와 기자들과 명랑한 대화를 주고받았습니다.

09:29 또 각국대표들은 바쁜 일정의 틈을 타서는 서울의 거리에서 우리 국산품을 기

념품으로 사는 등 약진을 거듭하는 번화한 우리 서울의 모습을 구경했습니다.

09:58   5월 16일 저녁, 오천여 명의 관객으로 만원을 이룬 폐회식이 거행되었습니다. 나가타 연맹회장의 시상식 인사에 이어 송요찬 내각수반의 축사가 있었습니다. 그리고 모윤숙 심사위원장의 심사 총평에 이어 이병일 영화제 집행위원장에 의해서 역사적인 시상식이 거행되었습니다. 먼저 다섯 개의 특별부문상에 있어서 자유중국의 로완틴 소년이 영화 〈태풍〉으로 연기상을 받았습니다. 홍콩의 〈종말 없는 사랑〉이 주제가상을 받았습니다. 일본영화 〈벌거숭이〉는 교육문화상을, 비율빈의 〈대방송〉은 안무상을 받았습니다. 또 말라야싱가폴 영화 〈***〉은 향토예술상을, 문화영화 부문에 있어서 일본 〈물새의 생활〉이 천연색 촬영상을 받았습니다. 한국의 문화영화 〈새로운 고향〉에서 허동학 씨는 흑백촬영상을 수상했습니다. 일본문화영화 〈거대한 유조선〉이 기획상을, 일본의 마츠무라 씨가 그의 영화 〈차의 고백〉에서 최우수 감독상을 받았습니다. 한국의 김강윤 씨는 〈상록수〉에서 최우수 각본상을 받았습니다. 일본의 〈위를 보고 걸어라〉가 최우수 천연색 촬영상을 받았습니다. 일본 스바키 상지로가 최우수 흑백 촬영상을, 일본의 〈차의 고백〉이 최우수 편집상을 받았습니다. 그리고 한국의 정윤주 씨는 〈상록수〉에서 최우수 음악상, 일본의 스바키 상지로가 최우수 녹음상을, 한국의 〈연산군〉이 최우수 미술상을 받았습니다. 한국의 허장강 씨는 〈상록수〉에 출연해서 최우수 조연 남우상을 받았습니다. 자유중국의 통바우엔 양은 〈태풍〉의 출연으로 최우수 조연 여우상을, 한국의 신영균 씨가 〈상록수〉에 출연해서 최우수 주연 남우상을 받았습니다. 홍콩의 림다이 양은 〈종말 없는 사랑〉에 출연해서 최우수 여우상을 받았습니다.

15:10   최우수 작품상을 수여하기 위해서 박정희 의장 내외분이 이 자리에 특별히 참석했습니다.

15:49   극영화의 최우수 작품상은 한국의 〈사랑방 손님과 어머니〉에게 수상됐는데, 박정희 의장이 신상옥 씨 부부에게 손수 수여한 이 상패는 세종풍작상이라고 부르며 성명이 금으로 만든 판에 새겨져 있습니다.

16:26   21개 부문에 걸친 상이 수여되는 동안 열광적인 박수를 보낸 관중들은 다음 참가국의 배우들이 공연하는 재미있는 여흥에 넋을 잃었는데, 이것은 자유중국의 통 바우엔 양이 추는 검무입니다.

| 16:57 | 다음은 홍콩의 리샹춘 양이 혼자서 추는 고전 "노인과 미인" |

16:57 　다음은 홍콩의 리샹춘 양이 혼자서 추는 고전 "노인과 미인"

17:39 　이어서 참가한 일본 여배우 전원이 추는 일본 민요 "오오에또 니혼바시"입니다.

18:12 　그리고 일본 여배우들이 우리 민요 "아리랑"을 불렀습니다.

18:50 　다음은 말라야싱가폴의 싸움 무용 "펜챠"

19:25 　그리고 비율빈의 센잘 양은 아시아 각국의 노래 하나씩을 불렀는데 그중에 우리 노래 "노란 샤쓰 입은 사나이"가 대인기였습니다.

20:03 　끝으로 한국의 서애자 양의 타령춤을 비롯해서, 장고춤, 농악 등이 있었습니다.

20:39 　닷새 동안에 거친 제9회 아시아영화제가 대 성황리에 막을 내리자 짧은 기간이나마 많은 추억들을 남기고 참가국 대표 일행은 서울을 떠나갔습니다. 그중에서는 우리 한복으로 아름답게 차린 일본 배우들이 더욱 이채를 띠었습니다. 이날 비행기에 오르면서 작별의 인사도 알뜰한 아시아영화인들은 내년에 자유중국에서 열리는 제10회 아시아영화제에서 다시 만날 것을 기약했습니다.

의자공과 소년들

원 제 명	THE CHAIRMAKER AND THE BOYS
출 처	의자공과 소년들
제 작 국 가	대한민국
제 작 년 도	1962년
상 영 시 간	20분 33초
제 공 언 어	한국어
제 작	캐나다국립영화제작소(The National Film Board of Canada)
컬 러	흑백
사 운 드	유

▌ 영상요약

캐나다의 한 계곡 마을에서 의자를 만드는 할아버지와 꼬마 단켄의 하루. 할아버지는 물레방아의 수차를 이용해 의자를 만들고 있다. 단켄은 친구 브루스와 할아버지의 작업장에서 놀다가 수로 안에 갇힐 뻔한 사고를 겪지만 내일도 의자를 만드는 할아버지를 다시 방문할 것이다.

▌ 연구해제

〈의자공과 소년들〉은 캐나다국립영화제작소(NFB: The National Film Board of Canada)가 1959년 제작한 21분 분량의 흑백 문화영화로 원제는 〈The Chairmaker and the Boys〉이다. 영화는 물레방아의 수차를 이용해 의자를 만드는 할아버지와 손자 단켄의 하루를 통해 어린이들의 안전 교육을 강조한다. 물레방아 옆에 위치한 할아버지의 작업장을 좋아하는 던컨은 옆집 친구 브루스와 작업장에서 놀다가 수로 안에 갇힐 뻔한 사고를 겪는다. 아이들을 무사히 구출한 할아버지는 손자를 꾸짖은 뒤 안전 교육을 하고, 던컨은 주의를 다짐한다.

〈의자공과 소년들〉은 캐나다 케이프 브렌튼(Cape Breton) 섬 마가리밸리(Margaree Valley)의 대장장이자 목수인 어네스트 하트(Ernest Hart)의 실화를 바탕으로 극화한 영상이다. 어네스트 하트는 영화에 직접 출연해 가구 장인으로서의 모습을 보여준다. 이 영화의 감독인 그랜트 크랩트리(Grant Crabtree)는 1950년대부터 1970년대까지 캐나다국립영화제작소에서 프리랜서로 활동하며 다수의 문화영화를 연출했다. 〈의자공과 소년들〉은 1960년 캐나다 지니 시상식(Genie Awards), 1962년 프랑스 어린이영화국제대회(the International Meeting of Films for Youth) 등을 비롯한 다수의 영화제에서 수상하며 어린이 안전교육을 대표하는 문화영화로 자리매김 했다.

이 영화가 국립영화제작소의 소장영화로 기록된 배경에는 1961년 12월 캐나다국립영화제작소와 국립영화제작소 간에 맺어진 문화영화 교환협정이 있다. 양측은 문화영화 교환협정에 따라 문화영화를 교류했는데 국립영화제작소는 캐나다국립영화제작소에 〈새로운 고향〉(1961)을 배급하고, 교육 문화영화 〈협동조합(The Rising Tide)〉과 〈의자공과 소년들〉을 들여와 우리말로 내레이션을 녹음해 상영했다. 〈협동조합〉은 캐나다 노바스코샤(nova scotia) 지역의 협동조합의 사례를 통해 협동조합 설립의 필요성을 강조하는 영화이다. 1950~1960년대 국립영화제작소의 감독인 양종해가 연출한 〈새로운 고향〉은 도시에서 실업으로 전전하다가 난민정착사업의 하나인 간석지 공사장으로 가서 새로운 농토를 마련하고 행복한 생활을 설계하는 피난민의 이야기를 그린 영화이다.

"캐나다인들에게 캐나다를 이해시킨다"는 목적으로 1939년에 설립된 캐나다국립영화제작소는 국립영화제작소 설립 초기 분야별 소재에 따른 분업화와 1인 제작 시스템을 적용하는 데 역할모델이 되었다. 이에 따라 국립영화제작소의 문화영화 감독들은 캐나다국립영화제작소의 영화들을 시사하고 제작에 참조했으며, 최봉암, 김인태 등의 감독들이 1960년대 중후반 캐나다 외무성의 지원을 받아 캐나다국립영화제작소에서 연수를 받았다.

▌ 참고문헌

「카나다와 문화영화 교환협정」, 『경향신문』, 1963년 2월 11일.

공영민, 「양종해」, 한국영상자료원 편, 『한국영화사구술총서03 : 한국영화를 말한다 – 한국영화의 르네상스』 2, 이채, 2006.

공영민, 「제2차 세계대전 전후 선전 애니메이션과 1950~60년대 한국 국립영화제작소 애니메이션의 관계」, 한국영상자료원 엮음, 『지워진 한국영화사 – 문화영화의 안과 밖』, 한국영상자료원, 2014.

이순진, 「김인태」, 『2014년 한국영화사 구술채록연구 〈주제사〉』, 한국영상자료원, 2012.

캐나다국립영화제작소 홈페이지 https://www.nfb.ca/

▌ 화면묘사

00:00   자막 "이 영화는 우리 공보부와 카나다 사이에 체결된 문화영화 교환협정에 의하여 국립영화제작소에서 녹음 복사 제작된 것입니다."

00:17   제목 자막 "의자공과 소년들"

00:24   두 사람이 그려진 그림에, 자막 "THE NATIONAL FILM BOARD OF CANADA Presents", 의자가 그려진 그림에, 자막 "THE CHAIRMAKER AND THE BOYS"

00:37 스태프 명단 자막 "Written and Photographed by Grant CRABTREE Editing Robert Russel Music Maurice BLACKBURN Sound Kathleen SHANNON Re-recording Ron ALEXANDER Producer Tim WILSON Executive Producer Nicholas BALLA"

00:48 평화스러운 계곡 마을의 전경

01:17 마구간에서 말을 타고 할아버지 댁에 가는 단켄, 저녁에 늦지 말라고 말하는 어머니

02:28 할아버지가 있는 집에 도착해 여러 가지 기구가 있는 물방앗간을 구경하는 단켄

02:54 마차 바퀴를 고치고 있는 할아버지, 쇠둘레를 불에 달궈 나무바퀴에 끼우는 모습, 할아버지를 도와주는 단켄

04:11 할아버지의 부탁으로 수문을 열러 가는 단켄, 물과 경주를 하며 물방앗간으로 뛰어오는 단켄

04:46 수문을 열면 물레방아가 돌아 할아버지의 선반을 움직임, 물레방앗간의 기계들이 움직이는 모습

05:29 수차가 움직인 선반으로 나무를 깎아 의자 다리를 만드는 할아버지의 모습, 이를 구경하다가 보트를 만드는 단켄

07:20 단켄이 만든 보트를 보여주자 보청기를 끼우고 단켄과 대화하는 할아버지

07:40 물가에서 나무 보트를 띄우는 단켄의 모습

07:57 못과 아교 없이 나무망치질로 의자를 만드는 할아버지

09:15 물위를 떠가는 단켄의 배. 할아버지 농장 옆에 사는 브루스와 배를 가지고 노는 단켄

09:43 물에 담가둔 물푸레나무를 가지러 가는 할아버지. 의자 안장을 만들기 위해 물푸레나무를 결대로 갈라지도록 두드리는 모습, 이를 보는 브루스와 단켄

10:30 배를 두고 수차에서 떨어지는 물줄기 아래에 옷을 벗고 들어가 물장난을 하러 가는 아이들

10:46 물푸레나무로 의자 안장을 짜는 할아버지

11:09 물줄기로 뛰어들어 노는 아이들

11:56 안장을 완성해 가는 할아버지

12:15	물줄기 아래 노는 브루스와 단켄
12:30	물놀이를 마치고 할아버지의 휴식시간 동안 수차 간 안을 들여다보는 아이들
13:28	주방으로 와 오후 차를 마시는 할아버지
13:32	신기한 물건들을 가지고 놀던 브루스와 단켄은 수차간의 깊은 수로에 내려감
15:14	차를 다 마시고 다시 수차 간으로 돌아오는 할아버지, 그걸 모르고 노는 아이들
15:44	할아버지가 돌아오는 소리에 수로 밖으로 나가려는 아이들, 하지만 너무 높아 올라가지 못하고 큰 소리로 도움을 요청하지만 귀가 어두운 할아버지는 듣지 못함
16:38	아이들이 수로에 있는 줄 모르고 댐의 물을 열러 가는 할아버지, 안간힘을 써 겨우 올라온 단켄, 하지만 브루스는 올라오지 못함
17:28	수로를 여는 할아버지에게 달려가 이 사실을 알리는 단켄, 수로로 흘러내리는 물, 수로 위로 올라가려는 브루스
18:21	브루스에게 끈을 던져 끌어올리는 할아버지와 단켄
18:57	브루스를 집에 보내고 단켄에게 매를 든 할아버지
19:38	단켄을 부르러 온 단켄의 어머니, 말을 끌고 집으로 돌아가는 단켄과 어머니
20:00	자막 "The Chairmaker and the Boys THE END Produced by THE NATIONAL FILM BOARD Canada memills" "끝"

내레이션

00:50 게티트 브레컴 섬에 있는 어느 산꼭대기든지 올라가면 아름다운 마가리 계곡이 내려다 보입니다. 여기에 그 평화스럽고 조용한 계곡이 눈 앞에 전개되어 있습니다. 이곳은 세상에서 가장 평화스러운 곳입니다. 그러나 계곡에 있는 농장에 사는 두 명의 열 살짜리 소년들에게는 여기는 흥분과 모험의 터전입니다. 어느 여름 오후 단켄은 마구간에서 그의 말을 끌어내고 있었습니다. 어머니가 어데로 가느냐고 물었습니다. "할아버지 집에 가요." "그래, 저녁 때 늦지 마라, 꼭." 하고 말씀을 하셨습니다. 할아버지의 농장은 일 마일 거리도 안 되며 단켄은 그곳에 자주 갑니다.

02:01 그러나 시냇물을 건너 설 때마다 그는 마치 이것이 첫걸음이고 새로운 모험인

것처럼 흥분하기 시작합니다. 그리고 어떤 의미에서는 그곳에 갈 때마다 그것은 새로운 방문입니다. 왜냐하면은요, 할아버지가 계신 곳은 아주 특별한 곳이기 때문입니다. 여기서 아이들은 여러 가지 재미나는 일들을 볼 수 있습니다. 농장에는 백 년 이상 묵은 물방아가 있습니다. 여기에서 할아버지는 여러 가지 물건을 만듭니다. 단켄의 말에 의하면은 할아버지는 아무 것이라도 고치고 만들 수 있다고 합니다. 이 기계로서 양털을 빗질하기도 하고 그리고 대장간 일까지도 합니다. 할아버지가 마차 바퀴를 고치고 계십니다. 그는 쇠 둘레를 불에다 달구고 그 다음에 그것이 식기 전에 나무 바퀴에다가 씌웁니다. 냉각함에 따라서 이 철 둘레는 나무 주위에 조여 듭니다.

03:20 할아버지는 단켄이 도와주는 것을 좋아하십니다. 이것을 완전히 냉각시키기 위해서 할아버지는 그 바퀴를 드디어 시냇물 속에 넣습니다. 이제는 다 끝나 가는 것 같습니다. 할아버지는 단켄에게 댐을 열라고 하셨습니다. 단켄은 이런 일을 제일 좋아하지요. 먼저 시냇물을 따라서 댐 쪽으로 뛰어가고 그 다음에 물과 경주를 하면서 물방앗간 쪽으로 뛰어 옵니다. 이것은 그가 항상 시냇물하고 하는 게임인데 한 번도 이긴 일이 없습니다. '다음 번에는 경주할 때 꼭 이겨야지.' 단켄은 수문으로 쏟아져 들어오는 물을 바라보기를 좋아합니다. 그리고 할아버지는 늘상 조심하라고 말씀을 하십니다. 댐이 열려있을 때에는 물방앗간은 위험합니다. 물이 쏟아져 들어와 점점 깊어질 때 수통은 특히 위험합니다. 드디어는 물이 부글거리고 돌고 하다가 수차바퀴를 돌려서 할아버지의 선반을 움직이게 합니다.

05:38 오늘은 할아버지가 의자를 만들고 계십니다. 의자 다리를 하나 만드십니다. 할아버지의 이름은 어네스트 하트라고 하는데 의자를 약 오십 년 동안이나 만들고 있습니다. 그리고 못이나 아교를 쓰지 않고 만드는 이 의자들은 오십 년 이상 쓸 수 있습니다. 단켄도 여기에서 일하기를 좋아합니다.

06:36 단켄은 보트를 만들고 있습니다. 할아버지는 계곡에 있는 나무들로서 의자를 만듭니다. 의자 대는 자작나무로 만들고 뒤에 있는 판대기는 고목나무고 백목은 단풍나무고 다리는 검정물푸레로 만듭니다. 할아버지는 잘 듣지 못하십니다. 보청기가 없이는 조금도 듣지 못합니다. 보트를 잘 만들었지요?

07:42 물방앗간 못 위에 띄워놓고 바람만 잘 갈 것입니다.

07:57　하트 할아버지는 기술자의 정열과 익숙한 솜씨로서 일을 열심히 하고 있습니다. 그는 의자가 마치 그대로 나무에서 자란 것처럼 모든 부분을 서로 맞추어서 훌륭한 의자를 만듭니다. 그의 오랜 경험을 통해서 습득한 기술 중에 하나는 의자에 쓸 나무를 어떻게 준비해 두는가 하는 것입니다. 자작나무 대는 젖은 대로 보존하는데 단풍나무는 완전히 말립니다. 완전히 말린 횡목을 젖은 대에다가 맞추어 놓으면은 그 젖은 대는 건조해짐에 따라서 줄어들고 횡목 둘레에 조여 듭니다. 그래서 마치 한 나무에서 자란 두 가지처럼 단단히 결합되는 것입니다.

09:20　단켄의 친구 브루스는 할아버지 농장 옆에 살고 있는데 가끔 물방앗간에 놀러 옵니다. 지금 수문 밑에 물어 담가두었던 검은 물푸리나무가 쓸 수 있게 되었습니다. 할아버지는 지금 솜씨 있게 이것을 두들깁니다. 너무 심하지도 않게 너무 팽팽하지도 않게 다만 나무발을 상하지 않고 나무발을 따라서 나무가 갈라질 수 있도록 두드립니다. 검은물푸리의 오락지들은 스프린터(splinter)라고 하는데 의자 안장을 짜는 데 사용됩니다.

10:52　스프린터는 짤 때 젖어 있습니다. 인디안들은 하트 할아버지와 똑 같은 방법으로 이 나무를 다루어서 광주리와 다른 많은 물건들을 짭니다.

11:56　지금 또 하나의 의자가 거의 완성되었습니다. 이것은 마가리 계곡의 나무와 시냇물과 거기에 사는 사람의 솜씨로서 만들어진 의잡니다. 그리고 만약 사용할 때 조심스럽게 잘 다루기만 하면 백 년 동안은 튼튼하고 단단한 대로 있습니다.

13:04　수차간 안을 들여다보기에 좋은 시간입니다. 이 안에 있는 것들을 한번 보세요. 단켄과 브루스에게는 이 물방앗간은 진귀하고 뜻하지 않던 물건으로 가득 찬 보물집입니다. 할아버지가 오후 차 잡술 시간입니다. 여기 아니면은 어디서 이렇게 오래된 스케이트들을 볼 수 있겠습니까. 그러나 수차간 자체가 그것이 어떻게 운전되는가 하는 것이 무엇보다도 가장 흥미를 끄는 일입니다. 댐이 열리면은 수로에 물이 찹니다. 얼마나 깊을까요? 아주 깊겠지요? 단켄은 거기에 들어갈 수 있을까요? 아니 그곳은 대단히 위험한 곳입니다. 할아버지는 수로에 절대로 내려가지 말라고 말씀을 하십니다. 물건을 살피면서 돌아다니는 흥분 속에 할아버지가 하시던 주의 말씀은 까마득하게 잊어버립니다.

15:26 수차간이 다시 분주해질 시간입니다.

15:52 "단켄 빨리와, 할아버지가 댐을 열러 가신다." 하고 말을 합니다. ('Help"라 소리지르는 아이들)

18:50 할아버지는 말씀을 많이 하시지 않습니다. 말씀을 하실 필요도 없습니다. 소년들은 그가 노한 것을 압니다. 할아버지는 집에 가서 옷을 갈아입으라고 하시면서 브루스를 집에 보냅니다. 그리고 주의하는 말을 다시는 잊지말라고 단켄에게 다짐합니다. (매 맞는 소리)

19:41 "단켄이 왜 저녁 때 집에 오지 않았지요?"하고 어머니가 묻습니다. 대단히 바빴기 때문에 늦어지는 것을 깨닫지 못했다고 할아버지는 말씀을 하시고 다시는 이런 일이 없도록 하겠다고 다짐을 합니다. 내일은 다시 단켄이 그의 말을 타게 될 것입니다. 오늘 저녁은 조용하고 평화스러운 계곡을 지나서 집으로 걸어가는 것이 나을 성 싶습니다.

피 어린 600리

제 명	피 어린 600리
출 처	피 어린 600리
제 작 국 가	대한민국
제 작 년 도	1962년
상 영 시 간	17분 37초
제 공 언 어	한국어
제 작	국립영화제작소
형 식	실사
컬 러	흑백
사 운 드	유

영상요약

휴전선 600리를 서해 강화도에서부터 임진각, 판문점, 철원, 향로봉 등을 거쳐 동해까지 보여주는 영상

연구해제

〈피 어린 600리〉는 동서로 가로지르는 휴전선 '600리'를 따라가며 전쟁과 분단의 모습을 보여주는 영상이다. 이 영상은 노산(鷺山) 이은상이 1962년 6월 15일부터 7월 27일까지 42회에 걸쳐 『조선일보』에 연재한 동명의 기행수필을 원작으로 국립영화제작소의 배석인 감독이 연출했다. 원작자인 이은상은 배석인의 부탁으로 42회분의 원고를 20분 분량으로 본인이 직접 축약 작성했다. 전쟁을 통해 애국사상을 고취하는 원작의 주제는 600리 분단 지역의 시각적인 모습에 덧입혀져 〈피 어린 600리〉가 갖는 선전 기능을 배가시킨다.

영상은 한국전쟁의 격전지 중 한 곳인 강화 교동도에서 출발해, 김포 유도섬, 임진강, 파주 대성동 자유의 마을, 판문점, JSA, 자유의 다리, 설마리까지 휴전선 서쪽 지역을 보여준다. 이어서 신철원, 구철원으로 시작되는 중부전선은 최전방인 철원 김화지구까지 이어진다. 카메라는 백마고지, 화천발전소 파로호, 양구 펀치볼, 향로봉, 명파리로 이어지는 동부전선의 모습을 따라가며 끝을 맺는다.

〈피 어린 600리〉에서 보여주는 각 지역은 한국전쟁 당시 대표적인 격전지였거나 한국의 휴전 상황을 보여주는 상징적인 곳들이다. 따라서 각 지역은 전쟁·휴전과 관련된 이미지들로 구성된다. 전선을 경비하는 군인들, 비무장지대 마을 주민들, 격전지마다 세워진 전적비, 판문점의 군사정전위원회 회담, 자유의 다리 등의 이미지에 이은상의 글이 내레이션으로 덧입혀져 감성에 호소하는 전쟁 이미지들로 창출된다. 끊어진 철로 모습 위로 기차소리 효과음과 함께 "철마야 너 왜 입을 다물고 잡초 속에 쓰러져 누웠느냐 벌떡 일어나 우렁차게 울어 이 적막한 하늘을 뒤흔들어라 지금 곧 북으로 북으로 냅다 한번 달리자꾸나"라는 내레이션을 삽입하고, 동부전선 최북단 명파리의 휴전선을 경비하는 군인의 모습 위로 "길이 끝났네. 더 못 간다네. 병정은 총을 들고 앞길을 막네. 마지막 쇠말뚝은 파도를 얼싸안고 바닷가 모래 위에 주저앉아 파도도 울고 나도 울고"

라는 내레이션을 덧붙이는 식이다.

기행수필 『피 어린 600리』는 1965년 제2차 교육과정을 통해 처음 교과서에 실린 후 1984년 제4차 교육과정 교과서에도 포함되었는데, "전쟁을 간접화하여 제시한 작품으로 서는 처음으로 국어교과서에 모습을 드러낸 '전쟁의 표현물로 추상화되고 파편화된 전쟁의 단면만이 한 개인의 목소리를 통해 드러난다"는 비판을 받기도 한다. 영상화된 〈피 어린 600리〉에서는 개인의 목소리가 국가의 공보로 확장되는 시청각적 효과를 확인할 수 있다.

참고로 이 영상은 1963년 공보부가 주관한 제2회 대종상에서 문화영화작품상을 수상했고, 1963년 베를린영화제에서 극영화 〈열녀문〉(신상옥, 1962)과 함께 초청 상영되었는데, '분단'이라는 소재로 주목을 받았다.

▌ 참고문헌

「피 어린 600리」, 『조선일보』, 1962년 6월 15일~1962년 7월 27일.

김혜영, 「박수갈채 속에 시상. 공감 받은 피 어린 6백리」, 『조선일보』, 1963년 8월 21일.

김동환, 「한국전쟁, 국어교육, 국어교과서」, 김귀옥 외, 『전쟁의 기억 냉전의 구술』, 선인, 2008.

김승경, 「배석인」, 『2009년 한국영화사 구술채록연구 〈생애사〉』, 한국영상자료원, 2009.

『국제영화』, 국제영화뉴우스사, 1963년 4·5월 통합호, 1963.

▌ 화면묘사

00:00	산 정상에서 찍은 산봉우리들의 모습, 봉우리와 계곡의 모습들
00:46	계곡을 흐르는 물
01:00	절벽 바닷가, 파도치는 풍경
01:13	분단되어 있는 우리나라의 전도 모형, 38도를 가로지르는 선
02:14	피 어린 600리가 시작되는 서해 바다의 모습, 경계를 서는 국군과 순찰선의 모습
03:11	김포 조강 하류의 모습과 뱀섬의 모습, 이곳에서 경계를 서는 군인, 이곳에서 농사짓는 사람들의 모습

04:09   무너진 임진각 철교 모습, 끊겨 녹슨 철도, 우거진 수풀 속 스러진 철마의 모습
05:53   푯말 "TAE SONG DONG 대성동(VILLLAGE OF FREEDOM 자유의 마을)", 대성
        동 마을에서 농사를 짓고 가축을 기르며, 학업에 열중하며 평화롭게 살고 있는
        사람들의 모습
06:43   DMZ 푯말, 경계를 엄정하게 서고 있는 판문점의 모습, 판문점을 오가는 남북
        경계 군인들과 미 헌병의 모습
07:26   판문점에서 내외에서 회의를 하고 있는 양측 대표들의 모습
08:21   보초 초소 옆의 푯말 "군사분계선 軍事分界線"
08:29   돌아오지 않는 다리의 모습과 철조망 너머 능선의 모습
08:52   영국군의 전멸을 위로하기 위한 설마령 기념탑 "BATTLE OF SOLMARI"
09:32   백마고지전적비가 있는 신 철원의 전경과 폐허가 되어버려 잡초만이 무성한 구
        철원의 모습
10:33   낙화고지와 백마고지의 전경, 휴전선 부근을 순찰하는 군인들의 모습
11:50   중부전선 최전방 김화지구, 끊어진 교량으로 폐허가 되고 잡초가 무성한 모습
12:39   파로호라는 비석이 세워진 화천발전소의 저수지 전경
13:07   초소에서 경계를 서고 있는 군인의 모습, 양구에서 바라다 보이는 북쪽 고지들
13:25   동란시 폐허가 되었던 펀치 볼 마을의 모습과 비석, 마을을 재건하기 위해 힘
        쓰는 마을사람들의 탈곡하는 모습
13:58   향로봉의 전투전적비, 향로봉 지구에서 경계를 서는 군인, 향로봉의 고목들
15:19   눈이 쌓인 산에서 경계를 서고, 눈보라 속에 전투 훈련을 하는 장병들의 모습
15:54   휴전선 피 어린 600리의 마지막 철조망 동해의 바다, 마지막 명판 "SOUTH
        LIMIT DEMILITARIZED ZONE"과 철조망 경계를 서는 군인과 경비견
17:18   동해바다로 솟아오르는 아침 해

█ 내레이션

00:45   이것이 한국의 산이요, 들이요, 그리고 물이다. 자유와 정의와 사랑을 제 생명
        처럼 귀중히 여겨온 것이 이 땅 이 겨레의 전통이기에 우리의 조상들은 오랜
        역사를 통하여 이 아름답고 평온한 한국의 강산을 지켜왔던 것이다. 그러나 여

기 슬픈 역사가 있고 각박한 현실이 있다. 1945년 8·15해방과 함께 국토의 허리를 ** 끄는 38선 그게 벌써 언제적 일인가. 그리고 1950년 6·25동란. ** 속에 쓰러진 원혼들이 무려 삼백 만. 그건 또한 언제적 일인가. 다시 또 1953년 **** 과 함께 지도 위에 **을 그어놓은 군사 분계선. 그것인들 또한 언제적 일인가. 이제 와서는 눈물조차 말라 버린 듯, 한숨도 그쳐버린 듯. 그날그날의 각박한 현실 속에 남북한 십 리의 기름진 땅을 비무장지대로 만들어 버린 휴전선은 서해에서 동해까지 **** ** 600리에 이르고 있다.

02:20 물결만이 출렁거리는 서해의 ** 끝섬에서부터 민족의 울분과 원한이 맺힌 600리의 휴전선은 시작된다. 서해의 물결을 타고 거슬러 오면은 이북의 연백평야와 이남의 교동과 강화 사이를 흐르는 소강, 이 강이 바로 휴전선을 이루고 있다. 주인 없는 빈 강은 사람이 그리운 듯 소리 없이 흐르기만 하고 단지 날카로운 군인들의 시선과 오늘도 북향을 바라보고 돌아오라고 외치는 스피카(Speaker) 의 소리만이 이 강을 왕래할 뿐 이따금 서부전선을 지키는 해병대의 순찰선만이 강기슭을 오르내릴 따름이다.

03:22 강화를 떠나 김포 땅에 들어서면 조강 하류에 *도란 조그마한 섬이 있다. 뱀이 많다 해서 뱀섬이라고도 불리는 이 섬에 옛날에는 사람이 살았으나 지금은 아무도 못하는 무인도가 되고 말았으며 지난 날 이 강을 드나들며 고기를 잡던 어부들 마저 지금은 농부가 되고 말았다.

03:54 산도 내 산이요, 강도 내 강인데, 주인 없는 빈 강이라 물고기도 살찌건 만은 강 잃은 주인이라서 사람은 **을 다 하네.

04:14 유서 깊은 임진각. 그러나 허물어진 철교 위에 기적소리 사라진 지 오래이고 ****** 초원 일대. 여기가 바로 장단역이 있던 자리. 이른 바 군사분계선이 지난 날의 정거장 구내를 ** 타고 지나간 셈이다. 우거진 ** 속에는 녹슨 철모 만이 가로누워 잠들었고, 나그네의 발길이 끊어진 역 구내에는 괴물 같은 화차 덩어리가 입을 다문 채 사지를 뻗고 서 있다. 철마야, 너 왜 입을 다물고 ** 속에 쓰려져 있느냐. 벌떡 일어나 우렁차게 울어 이 적막한 하늘을 뒤 흔들어라. 지금 곧 북으로, 북으로 내쳐 한 번 달리자.

05:25 고요히 생각하면 여기 이 들판에 기적 소리가 울리는 그날, 그게 바로 이 민족의 소원이 풀리는 날이다. 발길을 돌려 가로막힌 철조망을 따라가면은 대성동

이라는 조그만 마을이 남방한계선 안에 자리 잡고 있다. 일명 자유의 마을이라고 부르는 이 마을에는 근 이백 명의 주민들이 살고 있는데 비록 긴장된 완충지대의 분위기 속에서나마 그들은 자유를 즐기며 평화로운 생활을 이어나가고 있다. 자유와 통일이 어찌 그들에게만 귀중한 것이랴. 그것은 온 겨레의 꿈이요 소망이며 절규며 호소일진대, 갈라진 이 땅의 상처가 아물어지고 잃어버린 북한 땅의 자유가 깃드는 날 천진한 이 마을의 학동들의 가슴도 부풀어 오른다. 대성동에서 얼마 안가 판문점이 있다. 휴전회담 때문에 생긴 것으로서 옛날 임진란 때 선조대왕이 의주로 파천하던 도중에 점심 먹던 곳이다. 그러나 오늘은 이곳이 휴전이란 ***의 **로서 아니 역사의 증언대로서 일약 국제적인 명소가 됐을 뿐 아니라 전 휴전선 중에서 남북인이 옷깃을 스칠 수 있는 곳도 여기요, 두 진영의 막사를 서고 섞어 지어 논 곳도 여기뿐이다.

07:38 그리고 양쪽 대표가 얼굴을 찌푸리고 서로 **고 마주 앉을 때마다 제목은 언제나 휴전인데 싸우지 않은 날이 없는 곳도 이 판문점이다.

08:24 평화의 상징이라고 **** 지어 논 북괴의 비둘기. 지난 날 포로교환을 했을 적에 이 다리만 건너가면 못 돌아온다고 해서 돌아오지 않는 다리라 불리어진 기구한 운명의 다리. 모두가 역사의 비극이 연출되는 무대장치라고나 할까. 피를 먹은 능선과 능선, 아우성 넘치는 골짜기와 골짜기를 지나 피 어린 육백 리의 **은 험준한 산맥을 타고 뻗어간다. 연천 땅 설마령의 깊은 골짜기에 팔백여 명의 영국군이 중공군에게 포위되어 전원이 **되고 말았다는 기념탑이 서 있다. 이국 사나이들의 붉은 피로 월계수 수를 놓은 설마령. 자유의 십자군들은 모진 폭풍우 속에서 사월의 진달래처럼 웃으며 조용히들 갔다네. ***** 그리워 굳이 이 벼랑에 깃든 혼들, 동트는 아침 녘에는 그 태양 속에 다시 깨리라. 그 태양 속에 다시 깨리라.

09:44 역전의 꽃이었던 백마고지 전적비가 서 있는 신 철원을 지나 중부전선 중에서도 유명한 접전지였던 철의 삼각지였던 구 철원을 찾아 간다. 그러나 어디가 철원읍이었던지 알아 볼 수 없이 잡초만이 무성한 ***일대에는 깨어진 기왓장과 무너진 벽돌만이 뒹굴고 사람은 간 데 없는데 다람쥐만이 줄달음 치는 황량한 계곡. 완충지대 너머로 바라다 뵈는 낙타고지와 백마고지 등 총성이 끊어진 **의 고지와 고지 위에는 피와 눈물과 회한이 섞여 비바람 되어 몰아치는데 오늘

도 전선의 국군들을 통일을 맞이하려고 일각도 쉴 새 없이 휴전선을 지키고 있다. 자유는 나의 깃발, 나의 승리. ** 속에 나부끼는 내 생명의 **다. 전쟁이여, 무자비한 침략의 폭군이여. 피와 화약 냄새를 마시고 취하에 쓰러진 **여. 너는 지금 세기를 가둔 **의 열쇠를 ****다. 자유는 나의 깃발, 나의 노선. **까지 찬란한 내 영혼의 **이다.

11:53 여기는 중부전선 최전방인 평화지국. 그러나 ** 역시 깨어진 ** 벌판이고, 기름진 땅에는 쑥대와 갈대만이 자랄 대로 자랐고 오로지 냇물만이 지난 날의 얘기들을 수근 거리고 흐르고 있다.

12:34 피 어린 육백 리 길. 그것은 ***만이 **는 파괴의 형상만은 아니다. 말끔히 수록된 화천발전소의 저수지. 지난 날 이 지구에서 우리 국군이 중공군을 대부대를 섬멸 시킨 기념으로 파로호란 비석이 서 있는 이 저수지는 산과 물이 서로 껴안고 자연과 인위가 한 데 어울린 진경 중의 진경이다.

13:19 양구 땅 대우산에서 바라다 뵈는 적의 고지와 고지. 거기서 또 오른편으로 눈을 돌리면 동란 시에 피바다가 되다시피한 **골이 내려다 보인다. 여기는 옛날 신라 고대로부터 **터라 하여 오랜 전통의 부락이 있던 곳인데 길목에는 *****비까지 세워놓고 군민이 손을 잡고 다 깨어졌던 마을을 재건하고 있다. 정의의 피로 물들인 **골에 평화의 신이여 길이 깃들라. ***을 넘어서는 길목에는 향로봉지구전투전적비가 우뚝 서서 지난 날의 **을 얘기해준다. 동란시 우리 국군이 **군과 싸워서 설악산과 향로봉 지구를 점령한 승리의 기록이다. 아, 향로봉. 장부의 팔뚝같이 굵고 힘차게 뻗어 내린 산맥들. 네 모습은 장하고 아름답건만 붉은 침략자의 총탄과 화염 속에 얻어맞다 못해 제 몸 불태우고 깨어진 채 여기 쓰러진 채 아름다웠던 고목과 고목들. 지금도 북녘 하늘을 바라보며 입을 벌린 채 원한의 한숨만을 쉬는구나.

14:49 승리를 위해 해를 머무르게 한 여호수아의 기도를 들으신 주여. 이 땅에 통일과 자유와 평화를 휘날리게 내려 주소서. 꽃 피우듯 부어 주소서. 능선마다 골짜기마다 눈보라 휘몰아치고 비바람 쏟아져도 조국의 자유와 평화만은 생명보다 더 귀중한 것이기에 여기 일선**의 장병들은 통일의 내일을 꿈꾸며 이를 악물고 시련과 항쟁의 고개를 넘어간다.

16:05 물결만이 철썩 이는 동해의 바다. 여기가 휴전선 육백 리의 마지막 철조망이

가로막힌 명판이 되어 있다. 금단의 최종 구역, 금단의 간판. 그래, 이것이 피 어린 육백 리의 마지막 **이다. 길이 끝났네, 더 못 간다네. 병정은 총을 들고 앞길을 막네. 마지막 쇠말뚝은 파도를 얼싸안고 바닷가 모래 위에 주저앉아 나도 울고, 너도 울고, 파도도 울고. 그러나 슬퍼하지 말자, 낙심하지 말자. 저기 오색 찬란한 **을 놓고 눈부신 아침 해가 솟아 오른다. 우리는 푸른 동해가에 사는 푸른 민족. 고난을 박차고 일어서는 날, 내일의 역사는 증언하리라.

한국의 초대

제 명	한국의 초대
영문제명	Invitation to Korea
원 제 명	Invitation to Korea
제작국가	대한민국
제작년도	1963년
상영시간	22분 05초
제공언어	한국어
제 작	국립영화제작소
형 식	실사
컬 러	흑백
사 운 드	유

영상요약

참전용사 스미스 씨 부부를 초대한 나. 스미스 씨 부부는 조선호텔, 반도호텔, 워커힐 호텔 등과 한옥인 나의 집에서의 돌잔치, 국립박물관, 고궁, 골동품점 등 서울 시내 구경을 한다. 또, 제주도, 경주, 논산, 남원, 설악산을 거쳐 화진포에 이르기까지 한국의 발전한 모습과 아름다운 풍경, 풍습 등을 두루 살핀 뒤 떠난다. 앞으로도 많은 동포들이 한국의 발전된 모습과 아름다운 풍경을 보기 위해 고국을 방문해 줄 것을 기대한다.

연구해제

이 영상은 6 · 25 참전용사였던 주인공이 전우였던 미국인 스미스 부부를 한국에 초대하여, 서울과 제주도, 논산과 남원 춘향제, 신라 문화제를 구경하고 설악산과 화진포 관광을 마친 뒤 김포공항에서 미국으로 떠날 때까지의 여정을 담은 극화된 영상이다. 한국에 초대되어 관광을 한 것은 미국인 스미스 부부였지만, 실제 이 영상이 초대의 대상으로 삼고 있는 것은 해외에 살고 있는 한국인 동포인 것으로 보인다. "이제 여러분을 우리의 조국 한국으로 초대하겠습니다." 라는 시작 부분의 내레이션과 "여러분이 … 조국에 대한 깊은 이해"를 하게 되기 바란다는 언급, 맨 마지막 김포공항 씬에서 흐르는 "국내에 있는 우리들은 언제나 이역만리 다른 나라에서 사는 동포들이 우리나라를 찾아와주기를 바라고 있으며 또 기꺼이 맞이할 것입니다."라는 내레이션은 이 영상이 대상으로 삼고 있는 것이 누구인지를 분명하게 보여준다.

스미스 부부가 구경하는 서울의 풍경은 조선호텔, 덕수궁의 국립박물관, 반도호텔, 종로의 골동품 가게와 워커힐 호텔의 나이트클럽, 기생집 등이다. 영상은 스미스가 6 · 25 이후 처음으로 한국을 방문했다는 극 중의 설정에 맞춰 그간 변화한 서울의 모습을 보여주는 데 집중하는데, 특히 전통적인 관광코스인 고궁과 박물관뿐 아니라 골동품 가게, 기념품 가게 등과 워커힐 호텔의 화려한 풍광, 나이트클럽의 쇼무대, 기생 관광을 비중 있게 다루면서 서울의 관광 정보를 제공한다. 또한, 제주도와 논산, 설악산과 화진포 등 지방의 관광 명소들을 두루 보여주면서 특히 지방의 축제를 비중 있게 소개한다. 남원 춘향제는 1934년 권번의 기생들이 춘향의 제사를 지내는 형식으로 국악인들이 함께 하는 형태로 시작한 것으로 1950년부터 남원군에서 제례를 주관하면서 향토문화제의 면모를 갖추게 되었다. 1962년부터 전라북도에서 직접 춘향제를 주관하기 시작했는데, 이 영상에 담긴 춘향제는 관이 주도한 첫 번째 축제 모습이었다. 신라문화제는 1962년 4월 경주시 준비위원회가 행사 운영제도를 마련하면서 처음 시작된 것으로, 10월 중순에 개최되어 다양한 행사를 진행하는데 이 역시 5·16 이후 군사정권이 만든 관주도의 축제 양산화의 일환으로 출발한 것이었다. 영상에서 비중 있게 다루는 이 두 축제는, 영상이 만들어진 그 해 처음으로 관주도 행사로 주최가 변경되었거나(남원 춘향제) 아예 처음 시작하게 된 행사(신라문화제)로, 국내외 관객들에게 홍보하기 위한 목적으로 개최 시기가 다른 두 축제를 한 번에 다루고 있는 것으로 보인다.

1962년은 5·16군사정변 1주년을 맞아 각종 국내외 문화행사를 기획하고 있던 시기였다. 아시아영화제, 아세아반공대회, 국제음악제를 비롯한 국제행사와 각종 스포츠대회와 음악경연대회 등을 개최함으로써 '문화적'인 '군사정권'임과 쿠데타 이후 1년 만에 안정을 찾은 대한민국을 대내외적으로 홍보하고자 했다. 이런 대규모 행사를 개최하기 위하여 정부에서는 도로 정비, 호텔 건립, 택시의 서울 집중 등을 추진하고 "관광영접위원회"를 구성하여 "국제관광 코스에 우리나라를 포함"시키고자 했다. 이러한 시기에 제작된 〈한국의 초대〉는 정부의 의도를 충실히 반영하여 한국의 관광코스 곳곳을 소개하고 발전된 한국의 모습을 보여줌으로써 한국이 '관광'하기에 적합한 곳임을 해외 동포들을 대상으로 하여 홍보하고 있는 것이다.

한편, 스크립트를 맡았던 칼 밀러(Carl Ferris Miller)는 이 영화의 주인공인 스미스 군으로도 출연하는데, 1979년 민병갈이라는 한국이름으로 귀화한 제1호 귀화한국인이다. 민병갈은 1945년 일본 오키나와 섬 미군사령부에 통역장교로 배치되었다가 1947년 1월 주한미군사령부 사법분과위원회 정책고문관으로 지원하여 처음 한국과 인연을 맺은 뒤, 한국과 미국, 일본을 오가며 활동하다가 1953년 한국은행에 취직하면서 다시 한국으로 오게 되어 2002년 81세로 숨을 거둘 때까지 한국에 살았다. 호랑가시나무와 목련류가 아름답기로 유명한 천리포수목원을 조성하여 2002년 금탑산업훈장을 수상했고 미국 프리덤 재단에서 수여한 미국 우정의 메달을 수상하기도 했다.

█ 참고문헌

「호텔안의 雰圍氣 정화해야」, 『경향신문』, 1962년 4월 10일.

한국민속대백과사전 신라문화제
      http://terms.naver.com/entry.nhn?docId=1023282&cid=50221&categoryId=50232
한국민속대백과사전 춘향제
      (http://terms.naver.com/entry.nhn?docId=1023228&cid=50221&categoryId=50230)
천리포수목원 홈페이지 http://www.chollipo.org/

▌ 화면묘사

00:00 "Invitation to Korea" 자막 뒤로 비행기가 착륙. 이를 환영하는 인파가 보임. 비행기가 열리고 연결된 계단으로 사람들이 내려오는데, 선그라스를 낀 스미스 부부가 등장. "NORTHWEST"라고 쓰인 비행기에서 내려 주인공 '나'와 아내를 만나는 스미스 부부. 입국 심사대를 거쳐 '나'의 자가용에 타는 네 사람

00:51 자동차 안에서 창밖으로 보이는 논과 밭. 한강 다리와 도심지. 삼각지, 숭례문, 광화문 등 서울 시가지의 모습

01:36 "조선호텔 CHOSUN HOTEL"이라고 쓰인 현판이 걸린 기와지붕. 자가용이 조선호텔에 들어서 스미스 부부 및 나와 아내가 내림. 조선호텔 내외의 경관

02:10 높은 곳에서 내려다 본 서울 풍경. 높은 빌딩들이 즐비한 광경, 조선호텔 뒤뜰을 산책하는 네 사람. 호텔에서 바라본 외부의 풍경. 분수대, 질서 정연하게 운행하는 자동차들

02:53 각종 꽃과 나무들, 국립박물관 외부, 내부에서 '금동반가사유상', 벽화, 백자 등 전시된 유물들을 바라보는 스미스 부부, 설명하는 나

04:38 시가지를 거쳐 '나'의 집으로 들어서는 자동차. 기와지붕으로 만들어진 대문, 버드나무와 각종 나무가 늘어선 마당을 거쳐 한옥 집으로 들어섬. 한복을 입은 내외가 한복을 입은 아기를 안고 들어오고, 한복을 입은 스미스 부부가 함께 앉아 돌상을 바라보며 이야기를 나눔

06:15 고궁을 돌아보는 두 쌍의 부부와 한 남자. 경회루 등을 돌아보는 이들

07:15 반도호텔 기념품점에서 물건을 구경하는 이들, 포장된 선물을 들고 나서는 스미스 부인과 일행

07:57 종로에 있는 "서화골동, 동화사", "약 수도약방" 등의 간판이 걸린 한옥들. 골동

품상에 놓인 물건들을 바라보며 주인과 대화를 나누는 스미스 씨

08:30 워커힐 호텔로 가는 길. 워커힐 호텔의 곳곳, 호텔에서 바라보이는 경치 등. 한옥으로 지어진 한국관에 식사하러 들어가는 이들. 두 명의 시중드는 한복 입은 여성들이 배석하여 스미스 부부에게 술을 따라 주고, 각종 음식을 먹는 네 사람

10:35 한복 입은 무용단의 고전 무용, 재즈로 편곡된 아리랑 연주와 이 음악에 맞춰 현대적인 춤을 추는 무용단 등

11:40 기생집에 들어서는 나와 스미스 씨. 한복을 입은 여성들이 왔다 갔다하고, 웨이터에게 주문을 하는 두 사람. 음식이 가득한 상이 놓여 있고, 창호지 문이 열리며 두 명의 한복 입은 여성이 차례로 들어와 절을 한 뒤, 각 남성의 옆에 앉아 술을 따르고 안주를 집어 입에 넣어줌

13:15 한복 입은 스미스 부인과 나의 아내가 가야금을 연주하는 한복 입은 여성의 음악을 듣고 있는 모습

13:39 벼가 익어가는 논. 비행기가 날아가고 "대한항공공사"라 쓰인 비행기에서 내린 스미스 부부와 다른 외국인들 5~6명. 제주의 풍경들, 산, 바다, 해녀, 유채꽃밭, 제주 초가집과 돌담, 소와 말 등. 이를 바라보며 사진 찍는 일행

16:40 불국사에 도착한 스미스 부부

17:05 은진미륵을 바라보는 네 사람. 탈춤과 마당놀이 등을 구경하는 사람들과 그 속의 일행들

17:54 남원의 춘향제를 구경하는 일행들. 그네를 뛰는 한복 입은 여성, 가장 행렬을 하는 사람들, 가마 위의 춘향과 이도령, 사령 등

19:09 농악놀이를 하는 풍물패와 구경하는 수많은 인파

20:00 설악산의 풍경. 산을 오르고 계곡 근처에 앉아 맥주를 나눠 마시는 이들

20:47 석쇠에 불고기를 굽는 나의 아내, 맥주와 불고기를 마시며 이야기를 나누는 이들, 화진포의 풍경

21:37 공항에서 배웅하는 나와 아내, 손을 흔들며 가는 스미스 부부와 이들을 태우고 떠나는 비행기. "The End" 자막

22:02 "Script-Carl F. Miller/ Direction-Yang Jong He/ Photography-Huh Dong Hak/ Music-Bak Mung Jae"

00:04 이제 여러분을 우리의 조국 한국으로 초대하겠습니다. 오늘은 그 첫 손님으로 6·25동란 때 나와 생사를 같이 하던 전우 스미스 군이 그 아리따운 부인과 함께 우리나라를 찾아왔습니다. 우리들은 이 정다운 부부처럼 여러분도 우리나라를 찾아와서 우리조국의 아름다운 강산과 민족 고유의 문화를 두루 살펴 조국에 대한 깊은 이해와 뜨거운 애국심을 서로 나누게 되기를 바랍니다.

01:01 수도 서울은 한강 유역에 위치한 도시로서 약 570여 년 전 이태조가 처음 수도로 정한 곳입니다. 십여 년 전 6·25동란으로 잿더미가 됐던 살풍경한 모습밖에 기억에 없던 스미스 군에게 이 평화롭고 아름다운 새 서울은 모습은 참으로 놀라운 모습이 아닐 수 없었습니다.

01:43 나는 스미스 부부의 숙소를 조선호텔로 정했습니다. 지금 서울에는 많은 현대식 호텔이 있습니다만, 그중에서도 조선호텔은 시내 한복판에 자리 잡고 있으며 양식과 한식을 겸한 건물로서 우리나라에선 가장 오래된 호텔의 하나입니다. 인구 380여 만이 살고 있는 서울은 날로 발전하고 있습니다만 고유한 옛 풍속과 문화의 발자취는 어디서든지 찾아볼 수 있습니다. 스미스 군이 여장을 푼 뒤, 우리들은 뒤뜰을 산책했습니다. 우아한 한국식 건물에 아름답게 다듬어진 푸른 잔디 등은 먼 여로에 지친 손님들의 마음을 한결 부드럽게 해 주었습니다.

03:09 다음 날 우리는 덕수궁에 있는 국립박물관을 찾았습니다. 이곳 박물관은 11세기의 옛 신라로부터 19세기의 이조 말엽에 이르기까지 우리나라의 찬란했던 옛 문화의 이모저모를 볼 수 있는 곳입니다. 단조로우면서도 섬세하고 아름다운 불상이라든지, 세계적으로 이름난 수많은 고려자기를 비롯해서 신라시대의 금관 등 하나하나의 문화재는 바로 예술 그것으로, 보는 이로 하여금 황홀하게 하는 것입니다. 특히 이조 백자기의 전시장은 전국 각지에서 모인 수많은 자기들로써 더욱 이채를 띠었습니다.

04:50 다음날 스미스 부부를 우리 집에 초대했습니다. 우리 집은 큰 대문과 넓지는 못하나마 아담한 정원과 연못을 가지고 있습니다. 오늘은 우리 집 영수의 첫돌입니다. 그래서 스미스 부부도 우리들이 미리 마련한 한복을 바꿔 입고 한 식

구가 돼서 돌잔치를 즐겼습니다. 우리나라의 풍속으로 애기의 첫돌이 돌아오면 큰 잔치를 베푸는데, 이때 애기 앞에다가 붓이나 칼 등 여러 가지 물건을 놔두고 붓을 잡으면 문인, 칼을 잡으면 무인 등 애기가 먼저 잡는 물건에 따라서 장래를 예언하는 풍습도 있습니다.

06:11 돌잔치를 마치고 우리들은 서울 시내에 있는 고궁을 구경했습니다. 서울에는 덕수궁, 경복궁, 창덕궁, 창경원, 경회루 등 다섯 개의 큰 궁과 육상궁이라는 하나의 작은 궁이 있는데, 모두 우리나라 마지막 왕조인 역대 왕과 그 왕족이 살던 곳입니다. 수없이 늘어선 웅장하고 수려한 목조건물과 넓고 아름다운 정원들은 옛날의 영화를 상징하고도 남음이 있으며 또한 현대문명의 지혜로도 다시만들 수 없다는 청기와 지붕 등은 옛날 사람들의 솜씨를 다시 한 번 감탄하게하는 것입니다.

07:18 우리들은 한국 특유의 기념품을 사기 위해 반도호텔에 있는 기념품상에 들렀습니다. 스미스 부부는 우리나라의 여러 수공예품을 보고 그 우아하고 아름다운 정취에 놀랬습니다. 특히 우리나라의 유기 제품은 그들의 관심을 한층 더 끌었습니다.

07:57 우리는 다시 발걸음을 옮겨 종로에 있는 골동품 가게에 들렀습니다. 여기에는이조자기, 고려자기, 동양화 등의 많은 골동품들이 외국 손님들의 인기를 모으고 있었습니다.

08:28 이날 오후, 우리들은 하루의 피로를 덜기 위해 동양 최대의 유흥지를 자랑하고있는 워커힐로 가서 저녁 한 때를 즐겼습니다. 유유히 흐르는 한강을 끼고 자리 잡은 워커힐은 스물여섯 개의 건물과 이백마흔 개의 방을 갖춘 최신식 호텔이 있으며, 실내 풀을 비롯한 화려한 무대를 갖춘 나이트클럽, 그리고 수상스키장 등 여러 가지 오락 시설이 마련되어 있는 곳입니다.

09:08 먼저 한국관에 들러서 한국 음식을 먹기로 했습니다. 우리나라의 주식은 여러분도 잘 알다시피 쌀입니다. 물론 고기, 생선, 야채 등 많은 부식물을 먹습니다마는 그중에서도 불고기와 신선로, 김치 같은 음식은 우리나라를 찾아오는 외국 손님들에게 대단한 인기를 모으고 있는 것입니다.

10:32 식사를 마치고 우리들은 워커힐이 자랑하는 나이트클럽에 가서 여흥을 즐기기로 했습니다. 우리의 민속 무용을 비롯해 최신 유행의 갖가지 춤과 노래로 일

대 향연을 벌리고 있었습니다.

11:40   미스터 스미스와 나는 단 둘이서 기생집에 한 번 가보기로 했습니다. 기생이 되려면 권번에서 시조, 창, 노래, 춤 등 충분한 기예를 닦지 않고서는 행세를 못했던 것입니다. 밤늦게 기생들이 부르는 창에 장단을 맞추는 동안 집에서는 부인들끼리 우리의 악기 가야금에 기울을 기울이며 오손도손 정다운 이야기의 꽃을 피웠습니다.

13:43   며칠 후, 스미스 부부는 다른 외국인들과 어울려서 우리나라 남단에 위치하고 있는 섬, 제주도로 떠났습니다. 제주도는 기후가 온화하고 열대 식물이 무성하게 자라며 또한 경치 좋기로 이름난 곳입니다.

15:00   제주도에는 고래로 세 가지 유명한 것이 있습니다. 첫째로 여자가 많다고 해서 여다(女多), 돌이 많다고 해서 석다(石多), 그리고 바람이 세다고 해서 풍다(風多), 이 세 가지인 것입니다.

15:35   제주도의 여자들은 대부분 해녀들이지만 농사일도 크게 벌리고 있습니다. 또한 제주도는 유명한 목축지입니다. 가는 곳마다 풀어먹이는 소와 말을 볼 수 있으며, 어떤 곳에서는 초봄에 갖다 놓은 소와 말들을 가을에 가서야 산에서 끌어내린다고 합니다.

16:08   그리고 제주도에는 봄이 빨리 옵니다. 제주도 중심부에 솟은 한라산에 눈이 녹기도 전에 봄이 찾아옵니다. 봄이 오면 제주도의 풍경은 그야말로 한 폭의 그림을 보듯 찾아온 사람들의 눈을 더욱 황홀하게 해 줍니다.

16:40   이제 스미스 부부는 제주도의 풍경을 뒤에 두고 불교의 사찰로서 유명한 불국사에 이르렀습니다. 나는 은진미륵의 큰 석불이 있는 논산에서 스미스 일행의 관광단과 합류해서 지방 축제를 두루 구경하기로 했습니다. 이 은진미륵은 우리나라에서 제일 큰 석불로서 길이가 25미터, 서기 967년에 창건된 것입니다.

17:20   우리나라 지방 축제는 해마다 여러 곳에서 열리는데 그중에서도 신라 문화제와 남원의 춘향제가 가장 큰 축제입니다.

18:02   남원의 춘향제란 이조시대 남원고을에서 일어났던 한 청춘남녀의 숭고한 사랑의 이야기를 추모하는 축제인데 이날이 다가오면 수많은 인파들이 몰려서 그 당시를 추억하게 하는 갖가지 행사가 거행되는 것입니다.

19:08   축제 가운데서도 가장 흥겨운 행사가 농악입니다. 오랜 옛날부터 전해오는 농

악은 우리 농민들의 노래요 춤인 것입니다. 풍년이 들어도 그들은 농악을 먼저 울렸고 즐거운 명절이 와도 그들은 농악과 더불어 춤추며 노래를 불렀습니다.

20:00 우리들은 스미스 부부가 한국을 떠나기 전 며칠 동안은 설악산에서 보냈습니다. 산 좋고 물 맑은 금강산의 줄기인 설악은 그 산악이 웅장하고 수려하므로 해마다 가을이 되면 국내외 관광객들이 쇄도하는 곳입니다.

20:52 설악산에서 돌아오는 길에 화진포에서 불고기와 술을 마시면서 머지않은 석별의 정을 나누었습니다. 스미스 부부는 한국의 불고기와 맥주는 한국의 아름다운 자연과 더불어 평생 잊을 수 없는 추억이 될 것이라고 몇 번이고 되풀이하면서 이곳 화진포의 호수와 바다가 이룬 절경에 다시 한 번 감탄을 계속하는 것이었습니다.

21:40 오늘 드디어 스미스 부부는 잊을 수 없는 추억을 간직한 채 한국을 떠납니다. 그러나 국내에 있는 우리들은 언제나 이억 만 리 다른 나라에서 사는 우리 동포들이 우리나라를 찾아와 주기를 바라고 있으며 또한 기꺼이 맞이할 것입니다.

협동조합

제 명	협동조합
원 제 명	The Rising Tide
출 처	협동조합
제 작 국 가	캐나다
제 작 년 도	1962년
상 영 시 간	06분 27초
제 공 언 어	한국어
형 식	실사
컬 러	흑백
사 운 드	유/일부 소실

▋ 영상요약

이 영상은 캐나다 노바스코샤 지역의 협동조합의 사례를 통해 협동조합 설립의 필요성을 강조한다.

▋ 연구해제

〈협동조합〉은 1949년 캐나다국립영화제작소(the National Film Board of Korea)가 제작한 영화로 원제는 〈The Rising Tide〉이다. 이 영상은 1961년 12월 캐나다국립영화제작소와 국립영화제작소 간에 맺어진 문화영화 교환협정에 따라 국내 상영되었다. 〈협동조합〉은 1920년대 캐나다 노바스코사주(州)의 한 어촌에서 협동조합이 결성되는 과정을 마을 주민인 윌리 래프랭크의 예를 통해 담고 있다. 무대가 된 어촌 마을은 마을 주민 대부분이 거의 굶다시피 하는 빈촌(貧村)이었다. 그러나 이 마을은 톰킨스 박사가 마을에 나타난 이후 변화를 보이기 시작했다. 톰킨스 박사는 주민들에게 스스로 무엇이든지 해 보려고 노력하라고 설득하는 동시에, 어민을 구제할 대책을 정부에 요구했다. 이러한 톰킨스 박사의 노력에 힘입어 1927년에는 맥린 위원회가 결성되었다. 위원회에서는 관계 부처의 지원하에 어민들의 협동조합을 속히 설립할 것과 협동조합 편성에 경험이 있는 조직책임자를 중앙정부에서 임명할 것을 건의했다. 그 결과 안티고네 시(市)의 코디 박사가 책임자로 임명되어 세인트 프란시스 카리오 대학교에서 현지에 파견될 조직책임자들을 훈련시켰다. 훈련받는 조직 책임자들은 현지의 마을별 연구구락부에 파견되어 협동조합의 조직을 보조하였다.

코디 박사에 의해 파견된 조직 책임자들의 도움으로 어촌은 변화하기 시작했다. 주민들은 연구구락부에서 토론하여 통조림 공장을 건축했고, 지방 신용조합에서 자금을 대출받아 배들을 수리하여 어획에 나서기 시작했다. 그 결과 통조림 공장은 주민들의 공동소유·공동관리하에 전폭적인 생산을 시작하였으며, 주민들이 잡아온 고기들은 포장되어 협동조합 창고에서 다량으로 수출되기 시작했다. 협동조합은 마을의 집회소(集會所)가 되었으며, 부락은 점차 윤택해지기 시작했다. 이후 협동조합은 캐나다 전역으로 확대되어 어촌뿐 아니라 도회지의 광부, 공장의 직공, 시골의 농어민이 연결되었다. 그 결과 협동조합이 소비조합으로 발전하여, 캐나다에서는 협동조합을 중심으로 한 새로운 형태의 생활양식이 조성되었다.

이처럼 본 영상은 캐나다에서의 협동조합 사례를 국내에 소개하기 위한 목적으로 도입·제작되었다. 그리고 영상이 1962년 시점에서 제작되었다는 점을 미루어 본다면, 이는 5·16군사쿠데타 이후 군사정부가 농민들을 대상으로 농업협동조합의 필요성을 계몽하기 위해 제작한 것으로 볼 수 있다.

쿠데타 직후 군사정부는 과거 1950년대 농지개혁 직후부터 논의되었던 농업협동조합의 설립을 서둘렀다. 군사정부는 1961년 8월 15일 과거 이승만 정권기에 설치되었던 농업은행과 구(舊)농업협동조합을 통합하여 새로운 농업협동조합을 설립하였다. 설립된 농업협동조합은 기존 농업은행이 담당하였던 신용사업과 구(舊)농업협동조합이 담당하였던 조합업무를 총괄하도록 되어 있었다.

그러나 군사정부에 의해 설립된 농업협동조합은 본 영상에서 나타나는 바와 같이 농어민들의 자발적 의사가 관철되는 조직이 아니었다. 조직단계에서부터 농업협동조합은 군사정부에 의해 하향식으로 조직되었으며 조합장 역시 임명제로 선출되어 농어민들에 의한 의사관철이 어려운 구조를 가지고 있었다. 또한 마을에 설립되었던 리동(里洞)조합은 농어민들의 이해와 의사를 중심으로 활동하기보다 중앙정부에서 배포하는 영농자금이나 비료 및 농약배급, 추곡수매 등 정부대행 사업이 그 주종을 이루었다. 이에 따라 마을단위에 형성되었던 협동조합은 농어민의 조합이 아닌 정부대행기관으로 여겨져 그 참여가 저조해졌고, 결국 1960년대 중반에 이르면 상당수의 협동조합이 경영 및 운영부진의 상태에 빠지게 되었다. 이후 농업협동조합은 경영부진을 해결하기 위해 마을의 협동조합을 합병하여 단위조합 형태로 전환하고, 이후 1970년대 들어 농촌 새마을운동의 중요 기관으로 기능하였다. 그러나 이 시기의 농업협동조합 역시 하향적 체계 속에서 농어민의 협동조합이라기보다 정부사업의 보조·대행기관으로 기능하였다.

▌ 참고문헌

「캐나다와 문화영화 교환협정」, 『경향신문』, 1963년 2월 11일.

장원석, 「제16장 현행농협의 문제점과 개선방향」, 『한국농업·농민문제 연구』 II, 연구사, 1989.

한도현, 「1960년대 농촌사회의 구조와 변화」, 『1960년대 사회변화 연구 : 1963~1970』, 백산서당, 1999.
캐나다국립영화제작소 홈페이지 https://www.nfb.ca/

█ 화면묘사

00:03 연해주 해안가의 모습
00:24 어민들의 어로작업 모습
02:24 잡은 물고기를 손질하는 장면
03:00 연해주 지역의 풍경이 비춰짐
04:01 광물을 채굴하는 광부들의 모습
04:25 채굴한 광물을 제련하는 장면
04:40 근로자들이 모여 토론을 하는 모습과 간부회의에서 발언하는 모습 비춰짐
05:36 "CAPE BRETON CO-OPERATIVE SERVICES LTD" 현판이 비춰짐
05:48 시드니에서 지방 소비조합으로 상품들이 이동하는 경로를 그림으로 설명
05:58 지방 소비조합의 모습
06:12 주택들이 신축되는 장면

█ 내레이션

00:10 바다의 지배를 받는 연해주에 사는 어부들의 생활은 그다지 편한 것이 아닙니다. 8,000마일의 해안의 연에서 흩어져있는 부락. 총인구의 약 6분지 1의 해당하는 40,000명이 전적으로 고기잡이에 종사하고 있던가 혹은 다른 직업을 가지고 있으면서 고기잡이를 하는 어부들입니다.

00:36 바다는 그들의 생활터전입니다. 사람들은 배와 어구와 기술을 그들의 조상에게서 물려받고 그들의 뒤를 이어서 대대로 배를 타왔던 것입니다.

00:55 이 사람들은 초기 노바스코시아지방에 살던 불란서 사람들과 18세기에 커버리스 섬에 살고 있던 영국 정착민들과 스코틀랜드와 아일랜드에서 온 정치와 종교 망명객들의 직계 후손인 것입니다.

01:18 어장은 풍요하고 많은 어족들이 있습니다. 대구, 새우, 청어 그리고 정어리가

어획고의 최고를 차지하고 있습니다. 해독, 훼이크 그리고 고등어는 일년에 약 5,000,000달러 내지 6,000,000달러 상당의 수확이 있습니다. 1948년에는 2억 5천만 파운드의 대구 수확이 있었고 그 값은 약 8,000,000달러나 됐습니다.

01:56 대서양서 잡은 연어는 250파운드에 그 값이 600,000달러나 되며 **후의 수확고 는 50,000,000파운드고 양육했을 때 그 값은 거의 2,500,000달러에 달했습니다.

02:27 몇 세대를 통해서 이 연해주 지역에 사는 많은 사람들이 어업을 하는 동시에 목재업과 작은 농장을 경영해왔던 것입니다. 그러나 이러한 부업에도 불구하고 과거에는 어부들의 생활은 빈곤했습니다. 고기잡이가 그들의 생활이고 어군의 왕래에 의해서 그들의 생활형편은 좌우됩니다. 고기가 많이 잡히는 여름철이 지나가면 고기가 잡히지 않는 겨울철이 닥쳐옵니다. 카나다 이 연해주 지역은 영국보다 크고 인구는 1,250,000입니다. 여기에서도 작은 규모이기는 하지만은 간단한 농사일로부터 복잡한 중공업에 이르기까지 현대국가가 직면하고 있는 여러 가지 문제들이 개제하고 있는 것입니다. 이것은 어부들이 그들의 살림을 재건하고 건전한 사회를 이룩하기 위해서 어떻게 단결했는가에 대한 얘기입니다. 이 연해주에 사는 사람들의 생활은 곤란과 불경기에 자주 직면해왔지만은 그러나 아나폴리스의 살찐 계곡과 프린스 에드워드 섬의 감자와 그밖에 농산물과 뉴브란스국의 비옥한 평온과 계곡들이 있어서 이곳은 농사만 지어도 잘 살 수 있을 정도로 토지가 살찐 곳입니다. 조선업, 재림업, 제조업도 있고 이 제품들은 해리 해크스나 세인트존 같은 큰 항구에서 실어 내갑니다. 동부 노바스코시아 지방에서는 시드니가 산업의 중심지입니다.

04:03 탄광발견에 수반해서 차번과 광철업이 시드니에 도입됐고 또한 당시에 불경기에 처해있던 영국에서 1840년대 후반에 많은 광부들이 들어왔습니다. 그리고 그들과 함께 노치대일 소비조합제도가 소개됐습니다. 그들의 자손인 이 광부들은 그들의 조상들의 제도가 100년 전과 마찬가지로 지금도 아주 실용적이라는 것을 알았습니다. 이 제도에 의하면은 누구든지 조합원이 될 자격이 있고 회원 한 사람에 투표권 하나인 민주적 관리법을 채택하고 이익금 전부는 물건을 구매한 비례에 의해서 회원들 사이에 분배하는 것입니다. 처음에는 광부들이 소비조합을 세웠으나 후엔 시드니 강철업 직공들도 이들과 같이 소비조합을 세웠습니다. 1920년대에는 사람들이 수산업을 포기하고 탄광업과 강철공업으로 직

업을 전환하기 시작했습니다. '좌리 조 케런트'도 그들 중에 한 사람인 것입니다. 이 사람은 소비조합상점에서는 돈이 더욱 가치 있게 쓰여진다는 얘기를 할 것입니다. 그는 케이프 브레톤 섬 전체에 대한 도매단체인 케이프 브레톤 코오퍼레이티브 서비스 간부회의에서 발언하고 있습니다. 그를 선출해준 사람들이 직면하고 있는 문제에 대해서 권위와 이해를 가지고 얘기하고 있습니다. 간부회의에 참석하고 있는 사람들 중에는 농부 한 사람이 있고 좌리 조 자신은 광부이고 강철공장 직공이 한 사람 있으며 그리고 어부가 한 사람 있습니다.

05:38 매년 1,000,000달러 이상의 소비자용 상품이 시드니에 있는 이 소비조합의 도매창고들에서 케이프 브레톤 섬 전역에 걸쳐 팔립니다.

05:56 지방소비조합의 선구자는 브리티시 카나디안 조합인데 창설된 이래로 그 회원들에게 수 백만 달러의 이익금을 환불했다는 기록을 가지고 있습니다. 그리고 소비조합 주택계획에 관해서는 노바스코시아 주택위원회가 있어서 각 소비조합에 장기 차관을 해 줌으로써 이렇게 설비가 잘된 현대식 주택들이 건축되게 됐습니다. 값은 보통 도회지 직공들이 그 수입 내에서 지불할 수 있는 정돕니다. 그러나 돈만 있으면 되는 것은 (뒷편 계속)

연구 구락부

제 명	연구 구락부
원 제 명	The Rising Tide
출 처	협동조합
제 작 국 가	캐나다
제 작 년 도	1962년
상 영 시 간	11분 45초
제 공 언 어	한국어
형 식	실사
컬 러	흑백
사 운 드	유

영상요약

캐나다 어촌의 월리 래브랭크 이야기. 그가 사는 어촌은 모두 가난하고 생선 값은 싸기 때문에 살기 어려워서 외부로 이주해나가는 사람이 많음. 이러한 마을에 톰킨스 박사와 코디 박사 등 외부인이 들어와 마을 상황을 개선해 나가기 위한 노력을 시작하게 됨

화면묘사

00:00   사람들(캐나다인)이 집 안에 모여 있음

00:32   어느 바닷가. 둑을 걸어오는 남자. 짐을 짊어지고 어디론가 계속 걸어감

01:26   마을길을 걷고 있는 남자. 자기 집으로 들어가서 마당에서 놀고 있는 아이를

안고 이어서 집 안으로 들어감

02:01	생선을 손질하고 있는 부인. 옆에 그 남자와 아이가 있음
02:29	어느 교실. 책상에 앉은 교사가 종을 울려 점심시간을 알림. 교실의 아이들이 도시락을 먹는 장면
03:06	어부들의 조업 장면 및 부두에 어부들이 모여서 서로 얘기하는 장면. 피트가 마을 사람들에게 이야기하고 있음
04:07	두 명의 남자가 수레에 생선을 싣고 가서 넥타이를 넘긴 남자에게 넘기고 전표로 보이는 종이를 받음. 가격에 대해서 계속 흥정하는 것으로 보이나 넥타이를 맨 남자는 고개를 계속 저음
04:57	넥타이 맨 남자와 헤어진 남자 주인공, 어딘가로 계속 걸어감
05:35	주택 근처의 야외에 모여 있는 남자들
05:47	어린 아이들 등장
06:04	부둣가에 가만히 앉아있는 남자들. 부두에 정박한 빈 배들. 하늘을 날아다니는 갈매기들
07:17	무너진 부둣가 건물, 부서진 주택들의 모습
07:56	자막 "1925", "1926", "1927"
08:16	부둣가에 사람들이 모여있는 장면. 중앙에 선 모자 쓴 남자가 이야기하고 있음
08:33	종이 박스 등장, 박스로 두꺼운 서류 던져짐. 화면 아래에서 어느 손이 나와 서류를 꺼내 펼치고 펜으로 줄을 그음
09:01	배가 있는 바닷가에 사람들이 모여 있음. 코디 박사가 어부들에게 이야기하는 장면. 이야기를 경청하는 어부들
09:50	카리오 대학 전경
09:56	어느 사무실로 들어가는 벽에 "EXTENSION OFFICE ←"라는 표시
10:00	대학 연구실에서 코디 박사, 책상에 앉아서 옆에 앉은 여러 사람들에게 이야기하는 중
10:13	마을을 방문한 조직책임자들. 사람들을 모아놓고 이야기함
11:12	조직책임자가 사람들에게 나누어주는 팜플렛. 표지에 "WE LEARN BY DOING"라고 쓰여 있음
11:16	피트가 사람들을 모아놓고 이야기하는 장면

▌내레이션

00:01 연구구락부에서 조합원들이 그들 각자의 집 건축 설계를 했습니다. 이 연구구락부를 조직한다는 것은 그리 용이한 일이 아니었습니다. 연구는 학자에게만 필요한 것이 아니고 다른 사람에게도 말하자면 이 연구구락부에 있는 어부들에게도 필요하다는 것을 사람들에게 인식시키는 것은 쉬운 일이 아니었습니다. 그들은 지금 이것이 왜 필요하다는 것을 알고 있습니다. 윌리 래브랭크의 경우를 예로 들어보십시다.

00:48 그렇죠. 일이 늘 이렇게는 순조롭지 않았습니다. 1920년대에 일어났던 일들을 말씀해 볼까요.

01:09 그 당시 저는 혼자서 일하고 있었습니다. 안이한 생활은 아니었지만은 바다에 잡을 고기가 있는 한 그것을 잡아서 팔면 되지 라고 늘상 혼자 말했습니다. 저는 누구의 지배도 받지 않았습니다.

02:03 먹을 고기는 항상 있었습니다. 거의 빠짐없이 대구를 말렸지만은 이것은 좋은 음식물이었습니다. 여름에는 생선을 먹었지만은 대개는 마른 고기를 먹었죠. 저희 집 아이들은 학교에 갈 나이가 못됐습니다. 제가 집에서 점심을 먹을 시간쯤 때 학교에 다니는 다른 집 아이들은 학교에서 점심을 먹었으니까요. 그해 온 동리를 통해서 학교에서 공부할 책과 학교에 신고 갈 신을 가지고 있는 아이들은 셋밖에 없었습니다. 제 사촌의 아들은 빵과 당밀을 가지고 갔고, 다른 아이들은 다만 빵만 가지고 갔습니다.

03:01 그들이 그런 티를 내지는 않았지만은 동네 사람들 대부분이 거의 굶다시피 했습니다. 그러나 그들은 말은 할 수 있었습니다. 그리고 그것이 그들이 하고 있는 일의 전부였습니다. 그저 말만 했죠. 피트가 동네 사람들에게 큰 소리로 외치고 있습니다. 당신들은 뼈가 부서지도록 일하지만 뭣 때문에 그리 하는가 말입니다. 누가 이 일을 하기 위해서 온갖 위험을 무릅쓰게 했나 말입니다. 여러분, 이것이 얼마나 답답한 일입니까. 일은 당신들이 다 합니다. 그러나 그 돈이 누구의 수입이 되는 겁니까. 넥타이를 맨 양반들이 고기를 사간다죠? 좋습니다. 그러나 여러분들의 주머니에 돈이 얼마나 있습니까? 5센트짜리 백동화 두 개를 가지고 있는 사람이 있습니까? 말씀해 보십쇼. 그들은 고기잡이는 끝났다

고 말했고, 아무도 고기잡이는 하지 않을 것이라고 말했습니다. 우리는 고기를 물에다 그냥 두는 것이 오히려 낫다고 생각했습니다.

04:24 피트는 우리가 광산에 가든가, 혹은 큰돈을 벌 수 있는 미국에 가든가 해야 된다고 말했습니다. 굶주리면서 여기에 우물쭈물하고 있어봤자 아무 소용도 없는 일이었습니다. 고기잡이는 마지막이란 말이에요. 이것이 피트가 말한 것이었습니다. 그러나 이것은 저에게는 한낱 얘기로 들렸고, 늘 상 하는 얘기에 불과했습니다. 저는 고기를 팔 수 있었습니다만, 물에서 잡아낸 싱싱한 좋은 대구 값이 불과 1달라 59센트였습니다. 믿을 수 없는 사실이었죠. 214파운드의 물고기값이 1달라 59센트이고, 영화(英貨)로는 1파운드에서 1센트가 모자란 값입니다. 기가 막히지만 그것이 고기 값이었습니다. 이것을 가지고는 배에 사용하는 휘발유 값도 못했습니다. 그러나 논쟁해야 아무 소용도 없었습니다. 피트는 말하기를, 이것이 고기 값이요, 어떻게 할 것이란 말이오. 정말 그렇습니다. 전 수입이 1파운드에서도 1센트가 모자란 액수라면은 그것을 가지고 무엇을 하겠습니까. 이미 많은 청년들이 동리를 떠났습니다. 남아있는 우리들은 어찌 되는 것이겠습니까. 아이들은 온종일 그냥 돌아다니기만 합니다. 그들은 책도 없고 신발도 없어서 학교에 못 갑니다. 그들은, 윌리 아저씨, 이제는 밤낮 노는 게 싫어졌어요, 학교에 가고 싶어요, 이렇게 말한 것입니다. 그러니 어떻게 한단 말씀입니까. 이렇게 해서는 안 될 것이지만 그렇다고 어떻게 다른 방편이 있어야지요. 고기잡이는 중지됐고, 동리는 공동묘지처럼 침울했으며, 사람들은 가만히 앉아서 아무 것도 할 생각을 안 했습니다. 다만 갈매기 소리만이 구슬프게 들려왔습니다.

06:44 그러나 시간은 흘렀고, 생활은 계속 됐습니다. 점점 더 많은 사람들이 카나다의 다른 지방과 미국에 이주했습니다. 많은 사람들이 굶주림을 참으면서 살아갔습니다.

07:19 그때 톰킨스 박사가 나타났습니다. 노바스코시아 사람들이 말하는 것처럼 일대 소동을 일으키기 위해서 나타난 것입니다. 그는 어민들에게 실망하지 말고 당신들 스스로 무엇이든지 해볼려고 노력하시오, 라고 했고 정부에 대해서는 이 어민들의 참상을 구하기 위해서 무슨 방책이 있어야 할 것이고 그 방책을 즉시 실천에 옮겨야 할 것이라고 요구했습니다.

08:14　1927년에 비정치적인 위원회가 임명됐습니다. 이것이 맥린 위원회입니다. 이 위원회에서는 관계 부처의 지원하에 어민들의 협동조합 단체들을 가급적 속히 설립할 것과 협동조합 편성에 경험이 있는 조직책임자를 중앙정부에서 임명하고 보수를 지불할 것을 추천했던 것입니다. 이 일을 위임 받은 사람은 안티고네 시에 사는 코디 박사였습니다. 그는 해변에 사는 사람들에게 다음과 같이 말했습니다.

"저는 여러분을 위한 조직을 하고자 왔습니다. 모든 사람들이 살 수 있게 될 것입니다. 그러나 여러분이 권리에 대해서 얘기하기 전에 어떤 상태하에서 무슨 노력을 하고 고기잡이를 포기했는가에 대해서 자기 자신을 먼저 살펴보시기 바랍니다. 천연 자원을 인류에 유용하게 만드는 데는 두 가지 방법이 있습니다. 하나는 개인적인 노력에 의한 것입니다. 우리는 영리하고 정력적인 개개인이 되어야 할 것입니다. 그러나 그것으로써 다된 것은 아닙니다. 우리는 또 다른 하나의 방법에 의존하지 않으면 안 됩니다. 그것은 단체 활동, 즉 우리가 부르는 경제적인 협력인 것입니다. 이것은 아주 쉬운 일입니다. 제가 여러분들에게 말하고 싶은 것은 여러분은 가난하기 때문에 서로 협력할 것을 원할 것이고 그리고 여러분은 영리하기 때문에 서로 협조를 잘 할 것입니다."

안티고네 시에 있는 세인트 프란시스 카리오 대학교에서는 일반 사람들을 직접 도울 목적으로 새로 설립한 지도과의 과장으로 코디 박사를 임명했습니다. 그와 그의 동료들은 현지에 파견할 조직 책임자들을 훈련시키기 시작했습니다. 그는 그들에게 사정을 설명하고 각 마을 연구구락부에다 파견했습니다. 그래서 이들은 마을마다 가서 코디 원칙인 성인교육과 경제적인 상호 협조, 이 두 가지를 가르치고 모든 사람들을 깨우쳐 주었습니다.

10:33　이렇게 해서 저의 새로운 생활이 시작됐습니다. 저는 그 사람이 얘기하는 것을 듣고만 있었습니다. 그는 사람들이 이처럼 모여서 협조하는 것을 이미 배운 곳에서는 고기잡이를 어떻게 하고 있는가에 대해서 얘기했습니다. 우리들 중의 한 사람인 영국계 신교인 스탠 센켄스가 구교인 마이크 드러크슬 옆에 나란히 앉아있었습니다. "나는, 고기를 잡는 데는 구교식 방법이나 신교식 방법이 있는 것이 아닙니다. 우리는 모두 같은 운명에 처해있는 것입니다" 이렇게 말하든 톰킨스 박사의 말씀이 생각났습니다. 피트가 저의 쪽을 쳐다봤습니다. 그래, 자

립하기를 원했지, 좋구 말구, 일할 수 있는 사람은 누구든지 다 자립할 수 있는 거야. 이것이 그가 생각하고 있는 것이었을 것입니다.

협동조합 활동

제 명	협동조합 활동
원 제 명	The Rising Tide
출 처	협동조합
제 작 국 가	캐나다
제 작 년 도	1962년
상 영 시 간	10분 36초
제 공 언 어	한국어
형 식	실사/애니메이션
컬 러	흑백
사 운 드	유

영상요약

연구구락부에 뒤이어 마을 사람들이 협동조합을 조직하여 경제활동에 나서게 된다는 영상. 마을 사람들은 협동조합 공장을 짓고, 새로 생긴 공장은 생선을 가공하여 외부로 판매한다. 협동조합은 생산 부문뿐만 아니라 소비조합 조직으로 이어졌다. 협동조합의 성공은 마을 사람들의 생활 양식을 바꾸어 놓았다. 이러한 협동조합은 노바스코시아 (Nova Scotia) 전체에서 조직되었으며, 이러한 협동조합을 배우기 위하여 전 세계 사람들이 견학을 오고 있다.

화면묘사

00:00 사람들이 단체로 숲에 들어가서 벌목을 하는 장면

01:05 벌목해온 나무로 건물을 짓는 장면.

01:52 여인이 남자에게 음료를 권하고 있음. 다른 여자들은 손뜨개질을 하는 장면

02:16 사람들이 힘을 모아 큰 기계를 옮기고 있음. 공장 가동이 시작되고 연기가 나오는 장면

02:37 사람들이 조업을 위한 준비를 하는 장면. 나무 상자를 준비하고 배를 수선함

02:57 지역 협동조합 건물

03:09 어부들이 부둣가에서 생선을 다루는 장면. 잡아온 생선을 배에서 꺼내고, 손질하거나 또는 말리는 모습

03:35 생선 통조림 공장 내부. 생선이 자동공정을 통해 통조림으로 출하됨

03:59 공장 현판 "Le COOPERATIVE DES PECHEURS De BARACHOIS" 또 다른 현판 "LA COOPERATIVE DE LILE LTEE"

04:07 생산된 제품들이 상자에 실려 외부로 반출되는 장면. 상자들이 트럭에 실리고, 트럭이 떠남. 흐뭇해하는 남성들의 표정

04:51 (애니메이션) 캐나다 동부 지도. 어업협동조합이 시작된 해안가 지역 곳곳에 하얀 점이 찍힘. 이어서 각각의 점에서 지도 바깥으로 이어지는 하얀 선이 그어짐(상품 반출 방향을 의미)

05:05 생활이 윤택해지면서 함께 모여 파티를 하는 부락

05:45 말 한 마리가 끄는 마차가 시골길을 가는 장면. 마차를 따라 카메라가 이동하는데 이정표가 등장. "Caledonia" 등 여러 지명 존재

06:08 마을의 모습. 전기선 가설, 여인의 빨래 장면 등장

06:50 소비조합 상점 전경. 내부의 판매 모습. 수많은 상품이 있고 판매원이 있음

07:35 공장으로 추정되는 건물 전경

07:43 상자를 가득 싣고 가는 수레의 뒷모습. 상자에는 "CO-OP"라고 쓰여져 있음

07:52 또 다른 공장 추정 건물

08:05 사과 가공 공장

08:25 건축 중인 어느 건물의 모습. 전면에 "CO OP POTATO WAREH…"라고 표기되

어 있음

08:37 "CO-OP"라고 쓰여 있는 또 다른 이층 건물

08:42 다시 캐나다 동부 지도 등장. 화면 가운데에 하얀 중심점이 생기고 360도 전체 방향으로 하얀 선이 뻗어 나옴. 곧 3개의 하얀 중심점이 더 생김

08:57 더 확대된 캐나다 동부 지도. 지도가 줌 아웃되며 흰 선이 북미와 남미, 그리고 유럽 방향으로 뻗어 나감

09:22 마을 모습. 교회가 보이고, 마차들이 다수 등장. 사람들의 웃는 표정

09:55 자막이 겹쳐서 등장. 우선 보이는 것이 "끝". 그와 함께 영어 자막 등장. "THE END PRODUCED BY THE NATIONAL FILM BOARD OF CANADA IN COOPERATION WITH THE PROVINCES OF NEW BRUINSWICK" 곧 엔딩 자막이 스크롤됨. "NOVA SCOTIA PRINCE EDWARD ISLAND and The Extension Department of St. Francis Xavier University. The people in the film are the cooperators of the Maritimes particularly those of Rustico and Morell, Prince Edward Island" "Direction and script: JEAN PARARDY Camera: JOHN FOSTER Editing: DON PETERS Producer : JAMES BEVERIDGE Music by ROBERT FLEMING" "Based on themes from 'Songs and Ballads of Nova Scotia', compiled by Helen Creighton."

█ 내레이션

00:05 우리가 제일 첫째로 필요로 했던 것은 새로운 새우공장이었습니다. 연구구락부에서 2~3일 동안 밤마다 토론한 결과, 공장 건축에 대한 우리의 계획을 세웠습니다. 어느 월요일 아침, 피트가 "지금 즉시로 일을 시작하십시다, 우리는 돈은 많지 않지만 나무를 잘라서 건축을 시작하십시다, 우리에게는 목수도 있고, 건축도구도 약간 있지 않소" 이와 같이 말했습니다. 새우철이 곧 다가왔으므로, 다른 것에 허비할 시간 여유가 없었던 것입니다. 일하는 방법을 잊지 않았는지 모릅니다. 그러나 일하는 방법은 아주 훌륭했습니다. 그리고 일을 다시 할 수 있다고 한 것은 여간 기쁜 일이 아니었습니다.

01:11 통나무는 제재소에서 제재했지만은 대부분의 일은 우리들 자신이 했습니다. 이

것은 우리의 공장이 될 것이므로, 모든 사람들이 이 일에 열중했습니다.

01:55 여자들도 그들의 할 수 있는 일을 했습니다. 그들은 양말, 장갑, ** 등을 짜서 외부인들에게 팔아서 통조림공장 건축 비용에 보탰습니다.

02:19 누군가 모래 위에 내버려둔 낡은 보이라가 있다고 했습니다. 우리는 거기에 가서 그것을 공장에 운반해 왔습니다. 그것은 아주 쓸 만했으며, 드디어 물을 끓여서 시동할 때가 왔습니다.

02:42 일단, 시작한 다음에는 여러 가지 일들이 신속하게 이루어졌습니다. 배들을 검사한 결과, 그들은 수리를 요했습니다. 이것을 위해서 자금은 지방 신용조합에서 대출됐습니다. 지도과의 지도하에 설립된 이 조합은 어민들이 몇 년 동안 저축한 돈을 기금으로 운영한 것입니다. 사람들은 일자리로 돌아가서 그들 자신의 사업을 시작하게 된 것입니다. 드디어 일이 순조롭게 진행됐습니다.

03:22 협동조합 통조림 공장들은 전폭적인 생산을 시작했습니다. 사업의 안정성을 보장받은 어민들은 고기를 가르고 가공하는 더욱 좋은 방법을 연구하기 시작했습니다. 이제는 고기를 썩은 채 부둣가에 내버려두는 일은 없게 됐습니다. 고기들은 포장돼서 협동조합 창고에서 다량으로 수출됐습니다.

03:54 통조림공장의 공동 소유, 그리고 그것을 관리하는 공동 책임 등은 단결된 **를 의미하는 것이었습니다. 판매 대행기관의 일원이 된 어민들은 그들 자신들이 그들의 생산품을 세계 시장에 팔게 된 것입니다.

04:34 화물이 처음으로 창고에서 수송된 날은 협동조합장 마이클 드리스콜에게는 아주 의의 깊은 날입니다. 점점 불어오는 협동의 밀물결은 생산수단만이 아니고 공급과 판매 방법에도 미쳤습니다. 코디 박사의 초기 어민조합에서 발생한 협동조합인 "The United Maritime Fisherman"에서는 각 부락의 생산품을 팝니다. 차담과 해리학스에 각각 중앙공급소가 설치됐고, 어민들은 그들이 일을 시작했을 때, 일들을 회고해 봤습니다. 그때로부터 많은 진전을 해왔습니다. 협동조합 상점의 위치는 대개 그 부락의 집회소가 됐고, 부락 생활은 팽창하기 시작했습니다.

05:33 그러나 어민들의 업적은 얘기의 일부분에 지나지 않습니다. ***씨의 계획은 협동조합 조직이 전국에 퍼져서 도회지에 있는 광부, 강철공업 직공들과 시골에 있는 농어민들이 서로 협동조합을 통해서 연결될 것을 요구했습니다. 사람들은

협동의 가치를 인정하기 시작했습니다. 인정할 뿐만 아니라 체험하고 있는 것입니다.

06:08 각 가정에 전기가 설치되고 기름등잔은 전등으로 대치됐습니다. 호화롭거나 혹은 안이한 생활은 아닙니다만 협동조합이 있는 곳의 사람들의 생활수준은 상당히 높아졌습니다. 지금 이들은 이 운동을 통해서 더 좋고 풍부한 생활이 실현되기를 기대하고 있습니다.

06:51 부락마다 이 소비자들이 소유한 상점이 생기므로 새로운 형태의 생활양식이 조성되고 있습니다. 이 소비조합에서는 개인 상점보다 더 비싸지도 싸지도 않은 지방 시세대로 상품을 팝니다. 연말에 경비를 제하고 그 나머지를 수입으로 하고 이것을 구매비율에 의해서 각 조합원들에게 돌려줍니다. 이 수입 분배를 받았을 때 각 조합원들은 대개 이것을 다시 투자해서 소비조합사업이 점점 번영하도록 하는 것입니다. 협동조합 기업체계에는 두 가지가 있는데, 하나는 소비자들을 위한 것이고, 또 다른 하나는 생산자들을 위한 것입니다. 이러한 조직들을 통해서 연해안 주에는 새로운 활동양식이 창조되고 있는 것입니다. 스카트스본에는 과자 제조 협동조합이 있고, 라메오에는 어물을 수집하고 냉동해서 반출하는 협동조합이 있고, 에드먼스톤에는 지역 도매 협동조합이 있고, 프레젤톤에는 빠다 제조업에 대한 것과 양계 사료, 그리고 농기구에 대한 협동조합이 있습니다. 이런 것들이 있을 뿐만 아니라 그 밖에도 많은 것들이 있습니다.

08:05 아나프리스 계곡에서는 사과가 그 대상물입니다. 이 계곡에 있는 과수업자들이 소유하고 있는 연합 과수회사들이 있어 사과의 가공 공장, 그리고 냉장 공장을 홀드브루크 등지에서 운영하고 있습니다. 점점 더 많은 도시들과 촌락에서 새로운 활동양식을 볼 수 있게 됐습니다. 상품을 제조하고 그 상품을 공급하는 시설을 가진 지방에 사는 사람들은 새로운 목적의식을 가지게끔 됐습니다. 농촌에는 "Maritime Co-operative Service"라는 총도매조합이 있습니다. 이 연해주 지역의 철도중심지에 위치하고 있는 곳에는 지역 도매조합이 설치됐습니다. 앤틱호네 시에도 있고, 에드먼스톤에도 있으며, 시드니에도 있습니다. 이 연해주 지역은 3개의 축도인 것입니다. 이 지역은 너무 작아서 **가 없을 정도도 아니고, 너무 커서 관리할 수 없을 정도도 아닙니다. 지금은 연해주 지역에서 하고 있는 이런 종류의 협동은 세계 다른 많은 곳에 알려지고 있습니다. 미국에 있

는 협동조합 협회들은 이 본을 딴 것이고 자마이카 등지에서도 이 영향을 받았습니다. 스코틀랜드에서도, 중국에서도, 그리고 많은 나라에서 학생들이 이 제도를 견학하려고 옵니다. 코디 박사는 말하기를 "그러나 우리는 우리가 주장하는 주의를 실천에 옮기기 시작했을 뿐입니다, 이 경제발전의 초기 단계를 지나면 사람들은 더욱 큰 장래성을 발견하고, 그들의 풍부한 삶의 터전을 탐구하고 개척할 것입니다" 라고 했습니다. 그런데 우리가 일을 그렇게 잘해나갈 줄은 몰랐습니다.

112

출 처	112(만화영화)
제 작 국 가	대한민국
제 작 년 도	1963년
상 영 시 간	08분 25초
제 공 언 어	한국어
형 식	애니메이션
컬 러	컬러
사 운 드	유

▌ 영상요약

강도, 유괴 등의 범죄를 조심하고 예방하자는 내용의 애니메이션

▌ 연구해제

〈112〉는 8분 25초 분량의 영상으로 범죄 신고 전화 112를 홍보하고, 범죄 예방에 만전을 기해야 한다고 교육하는 컬러 애니메이션이다. 경찰은 1957년 7월 신설한 112번에 대해 강도사건 등의 방범 관련 신고 시 사용해 줄 것을 〈대한뉴스〉(「다이알 112번」, 제128호, 1957년 8월 24일)와 일간지 등을 통해 홍보했다. 5·16군사정변 이후 정부가 치안과 관련한 선전을 확대하고, 서울 시경이 무전시설을 보완하는 등 시설과 장비를 강화하면서 112 신고 전화를 강조하는 홍보 선전 또한 증가했다. 예를 들자면 1962년 1월부터 4월까지 3,165건의 범죄 신고를 받아 그중 약 83%에 해당하는 2,631건을 현장에서 처리했다고 성과를 선전할 정도였다. 그러나 112를 통한 범죄 신고의 급격한 증가는 인구가 급속히 늘어나기 시작한 대도시 서울의 일면을 보여주는 것이기도 했지만 5·16 이후 경찰의 선전활동이 적극적이었던 데에 큰 원인이 있었다. 범죄신고 증가에 따른 허위신고나 불필요한 신고가 증가하는 부작용 또한 문제가 되었다.

이러한 상황에서 제작된 애니메이션 〈112〉는 대중에게 비상전화를 선전하는 것과 동시에 올바른 사용법을 교육하는 영상이라고 할 수 있다. 영상의 목적은 국립영화제작소의 여타 문화영화처럼 특정한 정책 선전을 하는 것이지만, 어린 아이들을 비롯해 누구나 사용할 수 있는 비상전화라는 특성상 실사영화의 설명적 내레이션보다는 캐릭터를 활용한 코믹한 상황 전개를 통해 내용을 단순화해 전달한다. 따라서 영상에 등장하는 범죄자들은 과도하게 위협적인 이미지로 강조되지 않으며 신고를 통해 쉽게 해결할 수 있는 우스꽝스러운 모습으로 묘사된다. 이를 통해 〈112〉가 특정 대상보다는 연령, 지식 수준, 문맹을 벗어난 광범위한 대상에게 선전하는 영상이라는 것을 알 수 있다. 이러한 면에서 애니메이션은 실사영화보다 목적을 전달하는 데 유용한 매체였다는 것이 확인된다. 영상은 112 신고의 중요성뿐만 아니라 어린이에게 영향을 끼치는 어른들의 말과 행동이 중요하다는 것을 강조하며 가정과 환경의 정화, 더 나아가 범죄 없는 도시를 이룩해야 한다고 교육하며 끝을 맺는다. 이와 같이 〈112〉를 위시한 국립영화제작소의 애

니메이션은 정부의 목표와 시책을 실사영화보다 단순하고 간략한 방식으로 대중이 알기 쉽게 전달한다.

〈112〉는 〈개미와 배짱이〉(1962)를 감독한 국립영화제작소 미술부의 박영일이 연출했고, 한성학이 작화를 담당했다. 이들은 〈112〉 이후에도 팀을 이뤄 국립영화제작소의 애니메이션들을 만들었다.

▎ 참고문헌

「다이알 112를 돌려라」, 『경향신문』, 1957년 7월 28일.
「범죄의 안테나 다이알 112의 성과」, 『경향신문』, 1962년 4월 30일.
「다이얼을 돌려라 특수전화에 울린 세정(1) 범죄신고 112」, 『경향신문』, 1963년 1월 22일.
공영민, 「제2차 세계대전 전후 선전 애니메이션과 1950~60년대 한국 국립영화제작소 애니메이션의 관계」, 한국영상자료원 엮음, 『지워진 한국영화사-문화영화의 안과 밖』, 한국영상자료원, 2014.

▎ 화면묘사

00:00 제목 자막 "112"

00:07 도시의 야경

00:17 남녀노소, 각종 직업의 사람들을 그림으로 표현

00:35 가면을 쓰고 좌우를 살피며 걸어가는 도둑

01:10 집 안의 개 집에서 자고 있는 불독. 남성을 보고 짖는 불독

01:18 도망가다가 문 열린 집을 발견하고 집안으로 들어가 텔레비전 훔쳐 나오는 도둑

02:02 나무 벽 틈 사이로 집안을 들여다보는 도둑

02:16 집안에서 하이힐 신고 거울을 보고 있는 식모

02:24 대문을 두드리고 식모가 나오자 칼로 위협해 집으로 들어가는 도둑

02:39 식모를 의자에 묶어 놓고 물건 챙겨 나가는 도둑

02:51 전신주 타고 올라가 담 넘는 도둑

03:08 경보기가 울리자 자다 깨서 112에 전화하는 여성

03:16 　경찰에 쫓기는 도둑의 모습

03:46 　어두운 골목에서 기다리고 있다가 지나가는 행인들을 칼로 찌르는 강도의 모습

04:35 　경보가 울리자 오토바이 타고 출동하는 경찰들

04:44 　골목에 서 있다가 초등학생에게 말 걸며 돈 주는 유괴범

05:56 　유괴범을 끌고 경찰에게 가는 초등학생

06:11 　철창 안에 갇힌 도둑, 강도, 유괴범의 모습

06:22 　부부가 싸움 하자 눈물 흘리다가 집을 나가는 아이

07:06 　집에 나간 아이가 거리를 헤매다 범죄자가 되는 모습을 보여줌

07:45 　도둑, 강도, 유괴범의 행동을 다시 한 번 보여줌

08:08 　도시의 야경

08:19 　자막: 감독 박영일/촬영 최동명/작화 한성학/채색 황순덕/녹음 정기창/음악 백
　　　　명제

▌내레이션

00:11 　도시의 밤은 화려한 궁전 같습니다. 그러나 도시의 밤은 또한 온갖 범죄의 무
　　　　대이기도 합니다. 범죄의 90퍼센트가 이 속에서 일어나고 있답니다. 사람이란
　　　　겉으로 보아서 마음과 행실을 알기 힘듭니다. 여기 있는 사람들은 모두 선한
　　　　사람으로 보이지 않습니까? 그러나 그중에도 죄의 씨앗은 숨어있고 어느 틈엔
　　　　가 여러분의 허술한 곳을 노려 침범하고 있습니다.

00:56 　여러분 이 사람 어딘가 수상하지 않습니까? 우리 한 번 따라가 볼까요?

01:31 　아, 이 집은 문단속이 안 돼 있군요. 도둑에겐 좋은 기회입니다.

02:18 　이 집은 식모만 두고 외출한 모양이지만 이것도 위험합니다.

02:39 　기어코 당했습니다. 식모에게만 집을 맡기지 마십시다.

02:58 　좀 까다로운 모양이지요?

03:10 　아, 경보기가 달렸군요.

04:00 　이렇게 늦은 밤에 이 사람은 급한 볼 일이라도 있으신 모양이군요. 그런데 어
　　　　두운 골목만을 찾아 든 걸 보니 심상치 않습니다.

04:37 　물론 범죄가 발생하면 이 아저씨들이 수고하십니다. 그러나 조심은 우리 스스

로 해야 되겠습니다.

04:54　이 멋진 신사는 또 어떤 사람일까요?

05:51　어린이 유괴범인 모양이지요? 어린이 있는 가정은 특히 조심해야만 하겠습니다.

06:10　우리는 범죄를 없애야겠습니다. 그렇다고 이들을 철창만 씌어놓고 안심할 수는 없습니다.

06:28　그 한 예를 든다면 부모의 무관심과 무책임은 어린이들에게 마음의 상처를 주고 이것이 불안과 초조와 반항심으로 겹쳐 결국 집을 등지게 됩니다.

07:03　집을 등진 어린이는 반항심만 늘게 되고 좋지 못한 환경 속에서 방황하다 보면 결국 죄에 물들고 맙니다.

07:18　어른들의 일거일동이 곧 어린이의 마음속에 그대로 반영됨을 알아야 합니다.

07:38　우리들의 환경을 정돈합시다. 모든 죄악의 근원은 가정과 사회에서 비롯되는 것입니다.

07:56　여러분 우리의 가정과 환경을 다시 한 번 살펴서 죄의 씨를 없앱시다. 이로써 범죄 없는 우리 도시는 진정 화려한 궁전이 되는 것입니다.

나는 물이다

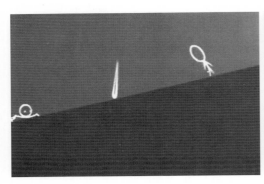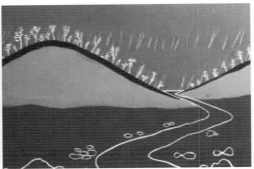

제 명	나는 물이다
제 작 국 가	대한민국
제 작 년 도	1963년
상 영 시 간	05분 53초
제 공 언 어	한국어
제 작	국립영화제작소
형 식	애니메이션, 실사 혼합
컬 러	흑백
사 운 드	유

영상요약

산의 나무들을 마구 베어갔기 때문에 홍수가 일어나고 재해가 일어난다. 더 많은 나무를 심어 우리 삶에 유용하게 물을 활용하자는 내용의 영상

연구해제

물의 소중함과 홍수 등의 재해를 방지하기 위해 숲을 가꾸어야 한다는 내용을 담고 있는 이 영상은 애니메이션과 실사가 혼합된 문화영화이다. 선의 움직임만으로 이야기가 전개되는 실험적인 스타일을 보여주는 〈나는 물이다〉는 〈개미와 베짱이〉(1962), 〈112〉(1963) 등 국립영화제작소의 애니메이션을 전담한 박영일이 연출했다.

1960년대 문화영화들의 주제에서 수위를 차지하는 것은 산업·기술, 경제, 보건·사회 분야 순인데, 그중에서도 산업·기술이나 경제에 비해 좀 더 광범위한 대중을 대상으로 하는 보건·사회 분야에서 애니메이션이 활용되었다. 이 애니메이션들은 국립영화제작소 문화영화의 특징 중 하나인 설명적 내레이션이 적게 쓰이는 대신 시각적 전개를 통한 내용 전달에 중점을 둔다는 특징을 갖는다. 〈나는 물이다〉에 등장하는 애니메이션 또한 간략한 이미지와 사운드만으로 '산림보호로 재해를 방지하고, 이를 통해 물의 소중함을 깨달아야 한다'는 교육계몽적 주제를 전달한다. 영상의 실사 부분에서는 수해로 인한 피해와 복구사업 등을 보여주는데 제목에서도 드러나듯이 '물'의 1인칭 시점으로 내레이션이 전개된다. 화자인 나(물)는 "온갖 생명의 원천이며 생명을 이어주는" 소중한 존재이고, 해마다 발생하는 수해는 나(물) 때문이 아니라 산림을 보호하지 않기 때문이므로 나(물)를 잘 이용해 잘 살기 위해서는 나무 한 그루라도 더 심어야 한다고 교육한다.

국립영화제작소에서는 심각한 사회문제였던 수해와 한해(旱害)에 관한 문화영화를 꾸준히 제작했다. 문화영화의 경우, 한국전쟁 후 황폐해진 산림을 복구하기 위한 녹화사업에 관한 교육영화(〈아카시아를 심자〉(1958), 〈우리의 향군〉(1963))과 수해와 한해 피해 소식과 구호사업 선전물(〈수재민을 도웁시다〉(1963), 〈수해지구(츄레라)〉(1963), 〈우리 힘으로 천재를 극복하자〉(1963))가 다수 제작되었다. 또한 농촌운동을 소재로 한 문화영화에서 수해의 피해를 줄이기 위해 마을 주민들이 협력해 제방을 건설한다는 서사는 아시아영화제에서 비(非)극영화상을 수상한 〈발전은 협력에서〉(1959) 이후 반복적

으로 활용되었다.

　수해와 녹화사업을 소재로 한 문화영화는 1970년대 새마을운동의 정책방향에 맞춰 변화되었는데 이 영화들은 주로 1973년에 착수된 '제1차 치산녹화10개년계획'에 따른 농촌수익증대사업을 장려하기 위한 것으로 숙성수, 장기수, 유실수 등의 권장 수목을 홍보하고 교육하는 방식으로 제작되었다. 이러한 영상물들로 〈치산녹화〉(1973), 〈밤나무〉(1973), 〈호두나무〉(1973), 〈오동나무〉(1974) 등을 들 수 있다.

▌ 참고문헌

「국토녹화운동의 새 전개」, 『경향신문』, 1973년 6월 22일.
「박대통령 시정연설문 요지」, 『매일경제』, 1973년 10월 4일.
공영민, 「제2차 세계대전 전후 선전 애니메이션과 1950~60년대 한국 국립영화제작소 애니메이션의 관계」, 한국영상자료원 엮음, 『지워진 한국영화사-문화영화의 안과 밖』, 한국영상자료원, 2014.

▌ 화면묘사

00:00	타이틀 "나는 물이다"(물 흘러가는 소리)
00:05	소용돌이 같은 배경이 돌고, 물이 한 방울씩 떨어지면서 스태프들의 이름으로 바뀜. "감독 박영일, 작화 정도빈, 한성학, 촬영 최동명, 편집 한호기, 녹음 박익순"
00:29	산의 모습, 나무 밑에서 바라본 모습, 숲의 모습(실사)
00:39	(애니메이션) 산의 나무들, 여기 저기 "입산금지"라고 쓰인 팻말들이 늘어남
00:52	새 한 마리가 날아가 나무 밑에서 잠자고 있는 곰의 머리 위에 물 한 방울을 떨어뜨림, 놀란 곰이 깨어나 나무 위를 쳐다 봄
01:06	"입산금지"라는 글자가 화면 가득 채워짐
01:08	"입산금지" 표지판이 땅에 쓰러지고 이를 밟고 지나가는 사람의 다리
01:14	톱, 망치, 곡괭이가 두 다리를 달고 산으로 가서 나무를 사정없이 베어 내고 나뭇잎들을 긁어모음, 자던 곰과 새가 놀라 도망감

01:50   새는 날아가고, 온통 베어진 나무 둥지만 남은 모습

01:59   빗방울이 떨어지기 시작하는데 땅에 닿자 사람 모양으로 변함. 미끄러지지 않으려고 애를 쓰지만 흙과 함께 경사면을 굴러 떨어짐

02:11   비가 계속 내리자 한 면에 깎여나간 산이 무너져 내려 아래쪽 집들을 덮침. 그 위로 물이 쏟아져 흐르고 "입산금지" 팻말, 집도 함께 휩쓸려 감. 통나무 위에서 낚시 하는 곰도 물결을 따라 흘러감

02:33   (실사) 무섭게 흘러내리는 물, 아이 업은 엄마, 학생들, 노인들이 이중인화 되어 물 위로 지나감

02:59   물에 반 이상 잠긴 초가집, 전신주 등. 허리까지 물에 잠긴 사람이 집 쪽으로 가고 있음

03:00   교량 위로 차와 사람들이 지나고 있는데, 교량 아래쪽에 물이 상당 수위로 올라와 있음, 철길이 막힌 모습, 강 쪽의 집들이 모두 물에 잠긴 모습

03:23   가뭄으로 땅이 갈라진 모습, 논밭에 작물들이 시들고 있는 모습, 흙을 손으로 담아보는 걱정스러운 농민의 얼굴

03:36   벌거숭이가 된 산

03:51   사람들이 줄 지어 산으로 올라가 나무를 심는 모습

04:09   산에 나무가 울창한 모습

04:19   (애니메이션) 산에는 나무가 있고 개울이 흐르고 있음, 비가 내리고 나뭇잎이 클로즈 업되면, 그 위를 뛰어다니는 사람 모양의 빗방울. 낮잠을 자고 체조를 하는 등 놀다가 땅 위로 떨어짐. 나무의 뿌리로 스며들어 개울로 흘러감

04:58   (실사) 흐르는 개울물. 햇빛을 받아 반짝임

05:05   개울물을 막았다 흐르게 하는 사람들. 댐에서 방류되는 물

05:17   (농악소리) 벼가 익은 들판, 농악대와 이를 즐기는 마을 사람들

05:31   물이 흘러내림. 바닷가에서 수영하며 노는 아이들, 풀 밭에서 뛰어노는 양떼들, 나무가 가득한 산

05:50   산 밑의 계곡 위로 자막 "끝"

내레이션

00:31 나는 물이에요. 나는 온갖 생명의 원천이며 생명을 이어주는 물이에요.

01:59 나는 벌거벗은 **에서 몸부림치다가 결국 흙과 모래투성이가 되어 쏟아지고 맙니다.

02:50 사람들은 이것이 모두 내 탓이라고 하는데 나로서도 어쩔 수 없는 일이며 나에게도 큰 비극입니다

03:00 어떤 나라에서는 나를 이용하여 잘들 살고 있는데 왜 여러분은 그렇지 못합니까? 보세요, 이렇게 사람이 죽어가고 재산의 피해가 막심한데 그 원인을 아십니까?

03:36 저 산을 보세요. 저기에 내가 머무를 나뭇잎 하나 없잖아요. 바로 이것이 그 원인이에요

03:55 수리시설이 아무리 잘 되어 있어도 나를 저장할 수 있는 자연저수지인 산의 나무가 없으면 소용이 없습니다. 내가 있어야 할 곳은 큰 저수지보다 녹음으로 우거진 숲이 먼저 필요합니다. 그것은 저보다 당신들을 위하여 나무를 심어주세요

04:40 여러분들이 심은 나무가 울창해지면, 나는 나뭇잎에서 즐길 수도 있고 바람이 불면 낙엽이 쌓인 땅 속으로 스며들어 온갖 생물을 소생케 하고 서서히 샘솟아 흐릅니다

05:05 당신들이 이렇게 ** 숲을 가꾸어 주면, 우리들 물은 사철 마르지 않고 흐르며 여러분들의 삶에 원동력이 되는 것입니다.

05:31 나는 물이에요. 나는 여러분의 **해요. 한 포기라도 더 나무를 심어주세요. 그것은 오로지 여러분들의 ** 나무를 기억하는 길일 것입니다.

농사자금

제 명	농사자금
출 처	농사자금
제 작 국 가	대한민국
제 작 년 도	1963년
상 영 시 간	10분 14초
제 공 언 어	한국어
제 작	국립영화제작소
형 식	실사/애니메이션
컬 러	흑백
사 운 드	유

영상요약

영농자금의 목적과 바른 사용법을 전달하기 위한 내용을 극화한 영상

연구해제

　본 영상은 1961년 5 · 16군사정변 이후 군사정부가 농업협동조합(이하 농협)을 통해 방출하였던 영농자금에 대하여 다루었다. 영상에서는 당시 언론에서 자주 지적되었던 영농자금문제를 지적하고 있다. 주인공의 주변인들이 정부에서 배포한 영농자금을 소비성 자금으로 사용하여 상환기간이 되었을 때 이를 변제하지 못하는 것을 보여줌으로써 당시 영농자금이 소비적으로 사용되었던 실태를 지적한다. 그리고 반대로 주인공이 영농자금을 합리적으로 사용하여 농가경제향상에 기여하였다는 내용을 보여줌으로써 영농자금의 올바른 사용을 계몽한다. 〈농사자금〉을 통해 군사정부는 자신들이 전개하였던 '중농주의정책'을 과시함과 동시에, 농민들이 영농자금을 올바로 사용할 것을 주문한다.

　본 영상에서도 확인할 수 있듯이 5 · 16군사정변 직후 군사정부는 영농자금 방출과 농협의 설치 등을 포함한 '중농주의정책'을 전개하였다. 군사정부의 '중농주의정책'은 대체로 1950년대 농지개혁으로 인한 영세농의 증가, 잉여농산물의 도입으로 인한 농가경제의 황폐화의 문제를 시정하려는 목표를 가졌다. 이를 해결하기 위해 군사정부는 5 · 16 직후 1950년대 설치된 농업은행과 구(舊) 농업협동조합을 통합하여 신(新) 농협을 설치하였다. 새롭게 결성된 농협을 통해 농민들을 조합으로 조직화하여 영농의 영세화 문제를 해결하고자 한 것이다.

　또한 군사정부는 영세농의 농가경제 황폐화를 막기 위해 농어촌고리채정리사업을 실시해 1950년대 농촌사회에 만연하였던 사채(私債)의 악순환을 끊어내고, 정부에서 적극적으로 영농자금을 배포하여 농가의 생산의욕을 높이고자 하였다. 그러는 한편, 모든 고리채를 신고하도록 하여 신고된 고리채를 연리(年利) 20%로 재산정하여 농협이 이를 채권자에게 대신 변상해주었다. 이 중 8%는 국가가 부담하였으며, 나머지 12%는 채무자 농민이 농협에 4년에 걸쳐 분할상환 하는 식이었다. 이를 통해 군사정부는 농촌사회 내 고리채의 악순환을 끊고, 농촌사회와 농협과의 연결고리를 형성하고자 한 것이다.

그리고 군사정부는 고리채가 정지되어 농촌사회의 자금경색이 일어나는 것을 막기 위해 1950년대에 비해 대대적으로 영농자금을 배포하고자 하였다. 농민은 정부가 배포하는 저리(低利)의 영농자금을 받아 이를 생산적 용도로 활용하여 생산력을 높일 것을 주문 받았다. 본 영상의 내용은 바로 이 영농자금과 농협을 극화한 것이다. 그 외에도 군사정부는 1950년대 설치된 농사원을 농촌진흥청으로 확대 개편하여 대대적인 농촌지도사업의 준비태세를 갖추었으며, 농산물가격지지 정책을 실시하여 농산물 가격의 하락을 막고자 하였다.

그러나 군사정부의 이 같은 각종 '중농주의정책'은 시행 초기 부분적 성공을 거두기도 하였지만, 대부분 원래의 의도를 달성하지 못한 채 실패로 귀결되었다. 농협은 농민들의 조합이라는 애초의 의도와 달리, 실질적으로 작동하는 과정에서 정부대행사업인 추곡수매나 비료판매에만 급급한 정부의 농업정책 대행기구가 되었다. 또한 군사정부가 대대적으로 시행한 농어촌고리채정리사업은 농촌사회의 고리채를 끊어내지 못한 채 농촌의 자금사정만 경색시켰다. 더욱이 농민의 손에 들어가는 영농자금은 극히 미비한 정도에 불과해 일부 농가를 제외하고는 가계자금으로 전용하는 등 소비성 자금으로 변화하여, 농업생산력 향상과 농가소득 증대에는 큰 도움이 되지 못하였다. 오히려 고리채 상환액 회수와 영농자금 회수는 온전히 이루어지지 못해 지속적으로 농협의 재정난을 유발시키는 원인이 되었다. 결국 5·16군사정변 이후에도 농민의 생활은 1960년대 내내 지속되었던 저곡가 정책으로 인해 영세성을 면하기 힘들었다.

▌ 참고문헌

박진도, 「제5장 8·15 이후 한국농업정책의 전개과정」, 『한국농업·농민문제연구』 I, 연구사, 1988.
한도현, 「1960년대 농촌사회의 구조와 변화」, 『1960년대 사회변화 연구 : 1963~1970』, 백산서당, 1999.

▌ 화면묘사

00:00 자막 "감독 라한태 촬영 허동학 녹음 박익순"

00:02 제목 자막 "농사자금"

00:07 눈이 쌓인 농촌의 모습

00:27 썰매 타는 아이들의 모습

00:32 길을 걸으며 대화하는 두 여성

여1: 어딜 갔다 오는 길이야?

여2: 시장에 잠깐.

여1: 아유, 뭘 그렇게 많이 샀어?

여2: 애들 옷하고 내 쉐타야.

여1: 아휴, 나도 쉐타 하나 샀으면 좋겠는데 그 놈의 돈이 있어야지.

여2: 아니, 돈 나온 게 있잖어. 그 영농자금인지 뭔지 말이야.

여1: 영농자금?

여2: 아직 모르고 있었구먼. 가서 돈 좀 달라고 해.

00:53 게시판에 "영농자금 배정표 1962년도 영농자금을 **과 같이 배정함"이라고 써있는 게시물이 붙어 있는 모습

00:56 집 마당에서 비료 나르고 있는 남성에게 다가와 빨래 널며 이야기하는 여성1

여1: 여보, 돈 좀 주세요.

남1: 응? 뭐 돈?

여1: 나도 쉐타나 한 벌 사 입겠어요.

남1: 그게 무슨 돈이야?

여1: 농협에서 나온 거 있잖아요.

남1: 아니 뭐 그 돈이 쉐타나 사 입으라고 준 돈인 줄 알아?

여1: 아, 그래도 돌이 엄마는 잘 쓰던데요. 애들 옷도 사고 쉐타도 사고.

남1: 흥, 괜히들 큰일 날라고. 그 돈이 무슨 돈이기에 함부로 써. 농사지으라는 돈이야, 농사.

여1: 그래두

남1: 그래두 어쨌다는 거야? 갚을 땐 그냥 논 팔아 갚자는 말이야?

여1: 아니, 갚아야 할 돈이에요?

남1: 아니 그럼 하늘에서 떨어진 공돈인 줄 알았나?

여1: 아유, 난 또.

01:45   마당으로 들어와 이야기하는 남성2

남1: 쳇. 아유, 어서 오십시오.

남2: 응. 그 마침 집에 있었군 그래. 뭘 하나?

남1: 비료 좀 샀습니다.

남2: 어. 나 자네한테 부탁이 있어서 왔는데.

남1: 아니 무슨 말씀인데요?

남2: 저… 자네도 알다시피 머지않아 우리 집 큰 애 혼사가 있지 않나?

남1: 아, 참 그렇군요.

남2: 돈이 여간 들지 않더군. 요 이번에 농협에서 돈이 좀 나오긴 나왔지만 그것 가지고도 안되겠어. 그래서 자넬 찾아왔지.

남1: 아니, 영농자금을 혼사에 써요?

남2: 아, 아무 돈이면 어떤가? 쓰라는 돈인데.

남1: 아무 돈이나 어떻다니요? 그 돈은 농사에 쓰라는 돈인데.

남2: 아따. 그걸 누가 모르나? 급하니까 하는 말이지.

남1: 그렇게 함부로 쓰시고 상환할 땐 어떻게 하실려구요?

남2: 뭐 어떻게 되겠지. 좀 돌려주게.

남1: 아이, 곤란한데요.

남2: 그래, 안 되겠단 말이지?

남1: 네, 안되겠어요.

남2: 음. 좋아.

03:00   돌아서 가는 남성2

남1: 참, 저러니 큰일이야.

03:08   주막에서 술 마시는 남성2와 또 다른 남성들

        남3: 자, 들게.
        남2: 아, 그렇지. 아무렴.
        남4: 굉장들하군.
        남2: 어, 어서오게. 자, 이리 앉어.
        남4: 돈이 풀리니 금방 달라지는구만.
        남2: 어, 내일은 삼수갑산을 갈망정 마시고 봐야지.
        남2: 아니, 그 왜들 가나?
        남5: 고만 가겠습니다.
        남2: 이것 봐. 내가 살 테니 한 잔 더 먹고 가. 에이, 저런 노랭이들 같으니라
            구.
        남3: 대포 한 잔 더 주시유.

04:09   나무에 올라가 가지를 치고, 쌓인 눈을 치우고, 밭을 가는 등 일하는 농민들의
        모습
04:33   바구니 만드는 사람들의 모습
04:46   가축을 우리에 집어넣고, 벼를 베고, 과일을 따는 등 일하는 농민들의 모습
05:07   과일을 상자에 담는 남성1 부부
05:19   대야 들고 걸어가는 남성1

        남1: 아유, 안녕하세요. 오늘 조합방앗간에서 모임이 있대요. 꼭 나오세요. 저
            10시예요.
        남2: 알았네.

05:30   방앗간에 모여 회의하는 남성들의 모습

        남7: 아, 왜 못 갚겠다는 거요? 무작정 갖다 써놓고서 왜 못 갚겠다는 거요?
        남2: 차, 나야 갚든 말든 웬 간섭이요? 내 도장 찍고 내가 갖다 쓴 돈인데 왜

야단들이냔 말이요?

남1: 그건 모르시는 말씀입니다. 그 돈은 연대보증으로 빌려온 돈이 돼서 자기 마음대로는 안 되는 겁니다.

남2: 차, 쓰랄 때는 언젠데 안 갚는다고 성화야 성화가.

남7: 이봐요. 그 돈이 막걸리나 마시고 혼사에나 쓰라는 건 줄 알았나?

남2: 아, 돈 보고 안 쓸 재간 있나? 언제 갚든 갚으면 될 게 아니야.

남1: 이웃마을 보세요. 기한 내에 상환해서 작년보다 2할이나 더 융자받지 않았어요? 그런데 우린 뭡니까?

남2: 흠, 나 때문에 혜택을 못 받는다? 나 군조합에 가서 연기신청을 하겠네. 그럼 혜택을 받을 게 아니야. 쳇.

남7: 원 나. 저저. 참나. 저러니 저 큰일이란 말이야.

남8: 예.

06:49 "음성군 농업협동조합" 현판이 걸려 있는 건물 모습. 현판 좌우에 "농가상담소", "재건국민운동음성군"이라는 팻말이 보임. 건물로 들어가는 남성2. 대부계의 직원에게 이야기하는 남성2

남2: 저 실례합니다.

직원1: 예. 무슨 일로 오셨지요?

남2: 영농자금 상환 연기신청 때문에 왔습니다.

직원1: 예. 그 돈을 어디에 쓰셨는데요?

남2: 뭐 가사에도 보태 쓰고 급한 일이 있어서 썼습니다.

직원1: 사정에 따라 연기도 해드리고 있습니다만은 선생님의 경우는 얘기가 좀 다른데요? 저런 경우를 좀 보십시오.

07:36 대부계의 또 다른 직원과 이야기하는 남성9

남9: 저는 그 돈으로 송아지를 길렀는데 지금 팔자니 값이 너무 헐해서 값이 좀 오르면 상환할까 합니다.

직원2: 네, 좋습니다.

직원1: 또 이런 경우를 보십시오.

07:48 직원과 상담하는 농민의 모습

남10: 저는 애는 썼습니다만 농사에 실패를 해서 도저히 갚을 길이 없습니다.
어떻게 하면 좋을까요?

직원3: 음, 그러시다면 가마니를 한 번 쳐보실까요? 가마니틀은 저희들이 사 드
릴테니까.

남10: 그렇게만 해주신다면.

08:04 농사자금에 대해 그림과 애니메이션으로 보여주고 설명함

직원1: 그리고 이 그림을 보세요. 여러분을 위해서 정부가 마련한 이 돈은 한꺼
번에 다같이 융자해줄 수 없으므로 한 번 융자받은 사람은 이것을 충분
히 농사에 활용하고 난 다음 제때에 상환해서 또 다시 다른 사람이 융
자받을 수 있고 또 다음에는 자기가 다시 융자받을 수 있도록 해야 하
는 것입니다. 이렇게 골고루 잘 돌려씀으로써 자금은 점점 늘어나고 따
라서 우리 농촌 살림도 늘어나는 것입니다. 그러나 이 돈을 융자받은 사
람 중에서 제때에 상환하지 않는 분이 계시다면은 이 돈은 잘 돌지 않
기 때문에 다시는 여러 사람이 또 얻어 쓸 수 없는 결과를 가져옵니다.
정부에서 상환을 독촉하는 것도 모두 여러분이 이 돈을 잘 돌려써서 많
은 이익을 보도록 하기 위해서 취해진 조치인 것입니다.

08:59 남성2에게 이야기하는 직원1의 모습

직원1: 결국 농사자금을 늘이는 것은 여러분 한 사람 한 사람의 성의에 달린
것입니다.

남2: 잘 알았습니다.

09:12 "농협은 농민이 것 농민을 위한 조합 농민의 힘으로"라는 게시판이 보이고 길에서 마주친 남성2와 사람들

> 남7: 어, 인제 오나?
>
> 남8: 어떻게 잘 됐습니까?
>
> 남1: 안녕하세요.
>
> 남2: 아, 군조합에 가서 얘길 듣고 보니 그게 아니야. 옛날 같은 줄 알았지. 내가 잘못 생각했어.
>
> 남1: 그전 같으면 어디 어려운 사람이야 만져보기나 했나요?
>
> 남7: 아, 그렇지. 그리고 갖다 쓰기만 하고 갚을 생각들이나 언제 했나?
>
> 남2: 나 이거 무슨 일을 해서든지 아 꼭 갚아야겠어.
>
> 남1: 갚으셔야지요. 정부의 도움도 꼭 있어야겠지만 우리가 잘 살래면 서로서로 협력해서 일해나가는 길밖에 없어요.
>
> 남2: 암, 그러구 말구. 우리가 일을 해야지.
>
> 남1: 네.

09:55 뒤돌아 걸어가는 남성들의 모습

10:09 자막 "끝 국립영화제작소"

▌내레이션

04:16 영세농민을 돕기 위해서 정부에서 방출한 영농자금이 이 마을에 쏟아져 나오자 나중엔 어떻게 되던 쓰고 보자는 사람들이 있는가 하면 착실한 사업계획을 세워 저마다 분에 맞는 부업을 가져 많은 수익을 올리는 사람도 있었습니다.

04:49 그리고 전에는 비싼 이잣돈으로 농사를 지어 큰 손해를 보았으나 이 돈을 농사에 잘 이용해서 많은 이익을 보게 된 사람도 많았습니다.

05:03 이렇게 지내는 동안 영농자금을 갚아야 할 시기가 되었습니다. 이 돈을 착실하게 써서 많은 이익을 본 사람들은 기쁜 마음으로 상환을 했으나 헛되이 쓴 사람들은 골머리를 앓고 있었습니다.

모정의 뱃길

제 명	모정의 뱃길
영문제명	Mother and Sea
원 제 명	Mother and Sea
제 작 국 가	대한민국
제 작 년 도	1963년
상 영 시 간	19분 30초
제 공 언 어	한국어
제 작	국립영화제작소
형 식	실사
컬 러	흑백
사 운 드	유

영상요약

전라남도 여수 근처 가장도라는 섬에 사는 숙현이는 초등학교 6학년으로, 어머니가 지난 6년간 하루도 빠짐없이 10리 남짓 되는 뱃길을 따라 노를 저어 등하교를 시켜왔다. 숙현이를 교육시키겠다는 어머니의 교육열은 갖은 고난에도 굴하지 않았고, 이제 곧 숙현이는 졸업을 하게 될 것이다

연구해제

양종해 감독, 배성룡 촬영, 김동진이 음악을 담당하여 국립영화제작소에서 만든 1963년 문화영화이다. 이 영화는 1962년 f새싹회에서 주최한 장한 어머니상 수상자인 박승이와 딸 정숙현의 실제 이야기를 극화하였다. 새싹회는 1956년 2월 20일 윤석중을 비롯한 아동문학자들이 좋은 아동도서 발간과 아동문화 발전에 이바지하기 위해 발족한 모임이다. 이 모임의 주요 활동은 어린이 글짓기 대회 개최, 소파상 수여였다. 첫 번째 장한 어머니 상 표창은 1961년 5월 8일 어버이날(당시는 어머니날)을 맞아 이루어졌다. 현재까지도 이어지고 있는 장한 어머니상 표창은 가족을 위해 헌신하는 어머니로서 여성의 사회 참여를 독려해왔다.

영상 속에서 박승이의 가족은 전체 20여 가구밖에 살지 않는 작은 섬 가장도에 살고 있다. 그녀는 딸을 자신 같은 까막눈으로 키우지 않기 위해 6년 동안 여수 앞바다까지 3만 4천리를 매일 같이 노를 저어 딸을 학교에 보냈다. 박승이는 여든이 넘은 시어머니와 병든 남편을 대신해 집안의 경제활동까지 도맡아 하는 와중에도 딸을 위해 폭풍우가 몰아치는 날에도 노를 저었고, 배를 잃어버리자 정기적으로 육지를 드나드는 거룻배로 딸을 학교에 보내기 위해 썰물 때마다 걸어서 딸을 이웃 섬에 데려다 주었다. 그녀의 뛰어난 생활력과 높은 교육열은 전국적으로 많은 관심을 모아, 영화뿐만 아니라 한시와 노래, 라디오 연속극으로까지 만들어지기도 했다.

〈모정의 뱃길〉이 영화화되는 과정과 완성 이후 몇 가지 주목할 만한 점들을 찾아볼 수 있다. 박승이 모녀의 이야기가 처음으로 전 국민들에게 알려진 1962년 6월, 두 개의 영화사가 이를 영화화하기 위해 경쟁에 돌입했다는 기사가 『동아일보』에 보도된다. 이 두 영화사는 당시 한국영화 제작에 있어 큰 축을 담당했던 신필름과 동아흥업으로, 신

필름의 경우 시나리오 작가 이서구에게 현지 헌팅을 맡기고 영화 판권을 얻기 위해 박승이 가족에게 사례금을 주었다. 동아흥업에서도 공보부에 각본과 함께 제작 신고를 함으로써 우선권을 주장하였다.

결국 국립영화제작소에 의해 영화화가 이루어진 후, 〈모정의 뱃길〉은 호소력 있는 사연과 대중성을 인정받아 1963년 2월 1일, 미국공보원 영화과 시사실에서 열린 '월례문화영화의 밤'에서 〈20세기 직물〉, 〈물의 환상〉과 함께 상영되었다. 이와 더불어 〈모정의 뱃길〉은 1963년 4월에는 일본 도쿄에서 열린 제10회 아시아영화제 비(非)극영화 부문에 〈피어린 600리〉, 〈자라나는 유산〉, 〈황토길〉, 〈새길〉과 함께 출품되기도 했다.

전 국민들에게 강한 인상을 준 박승이 모녀의 이야기는 이후에도 꾸준히 언론의 관심을 받았다. 1968년에 정숙현이 여수여고를 졸업하고 서울에 올라와 풍원실업에 취직하여 야간대학에 다니게 되었다는 소식이 여러 신문을 통해 소개된 적이 있고, 2004년에는 처음 이들의 사연을 다루었던 『한국일보』에서 다시 정숙현의 이후 이야기들을 보도하기도 했다. 이 기사에 따르면, 1968년에 서울에 올라온 후 정숙현은 성균관대학교 국문학과를 졸업하고 현재는 세 아이의 어머니로 평범한 삶을 살고 있다고 한다.

▍참고문헌

「영화계에 또 경작소동」, 『동아일보』, 1962년 6월 10일.
「월례 문화영화의 밤 1일 미 공보원에서」, 『경향신문』, 1963년 1월 31일.
「제10회 아주영화제 개막」, 『동아일보』, 1963년 4월 16일.
「모정의 뱃길' 주인공 정숙현 씨」, 『한국일보』, 2004년 7월 7일.

▍화면묘사

00:00 영화의 배경이 되는 어촌 마을의 풍경이 뒤에 흐르고, 영문으로 영화의 내용과 제작진이 소개됨. "There are many islands, big and small around Ryusoo Harbour, Chunra-nam-do, Korea. This is a story of a mother who lives on one of these islands called Kazang-do, and have made trips of more than 7,500 miles by boat, to and from the mainland to carry her school-going daughter for six years." "Produced by National Film Production Center / Script by REE, SU GOO / Music by KIM, DONG GIN / Directed by YANG, HONG HE / Photographed by BAE, SUNG YONG"

00:47 타이틀 "Mother and Sea"

00:54 머릿수건을 매고 노를 젓고 있는 어머니의 얼굴, 가방을 들고 어머니에게 이야기를 하는 단발머리 소녀

01:09 정박하고 있는 나룻배를 향해 달리는 교복 입은 소년, 소녀들. 배에 가득히 학생들을 싣고 노를 젓는 남성. 약 20여 명의 학생들이 탄 나룻배와 어머니가 노를 젓는 소녀가 탄 배. 배에서 내려 책보를 들고 걸어가는 30~40명의 학생들

02:00 어머니가 배를 대자, 배에서 내려 학교로 향하는 숙현이. 다시 노를 저어 가는 어머니와 손을 흔들고 학교로 향하는 숙현이

02:30 교실 안. 여선생님이 수업을 진행하고 있고 교실 안 가득한 학생들이 따라 읽고 있음

02:57 노를 저어 가는 어머니. "여수남국민학교" 현판이 걸린 학교에서 어린 숙현이를 데리고 나오던 기억, 남편과 말다툼하는 장면 등이 오버랩되어 지나감

03:30 2학년 교실, 3학년 교실, 학교 종, 비 오는 날, 눈 오는 날 눈을 맞으며 노를 젓는 어머니

04:03 섬으로 돌아온 어머니. 기침하며 누워 있는 남편을 일으켜 약을 먹이고, 호박 등 야채를 볕에 말리고 밭일을 하는 어머니

05:00 학교 운동장에서 뛰어 노는 십 여 명의 소녀들. 운동장을 지나 돌담길을 걸어 함께 나루터로 온 숙현이와 친구들. 친구들과 헤어져 가는 숙현이. 멀리서 오는 어머니의 배를 향해 손수건을 흔드는 숙현이. 어머니가 노를 젓고, 배에 스며든 물을 바가지로 퍼내는 숙현이

06:30 책상에 앉아 공부를 하는 숙현이, 바느질을 하는 어머니, 누워 있는 아버지

06:49 모래밭에 얹힌 배를 물가로 끌어내리는 아버지, 어머니, 숙현이. 배를 타고 가는 어머니와 숙현이. 함께 배에서 내려 광주리에 장에 내다 팔 물건을 얹고 가는 어머니. 숙현이를 학교 앞까지 바래다주고 가는 모습

08:23 장터의 활기찬 모습. 배에서 생선을 내리는 선원들, 장바닥에서 야채를 파는 어머니

08:58 음악 시간에 노래를 부르는 숙현이. 다른 아이들의 운동화, 고무신에 비해 맨발인 숙현이의 발

09:39 "여수한의원"에서 나오는 어머니. 숙현이 운동화를 고르는 어머니, 광주리를 이고 학교 앞을 지나 나루터로 향하는 어머니

10:24 소를 태운 배를 저어 가는 어머니. 고구마, 당근 등 모종을 심고 밭일을 하는 어머니와 섬 사람들

11:15 흐린 하늘. 교실에서 비 오는 창밖을 내다보는 숙현이. 선생님과 인사를 하고 밖으로 나서는 아이들. "건설이다. 살기 좋은 우리 향토"라고 쓰인 현판이 달린 교사를 나서는 선생님과 숙현이. 우산을 펴 숙현이와 함께 쓰고 나루터로 향하는 선생님

12:07 배에서 소를 내려 임자에게 돌려주고, 선생님과 숙현이를 맞은 어머니. 숙현이에게 우의를 입혀 배에 태우는 어머니. 인사하고 떠나는 모녀. 책가방을 품에 앉은 숙현이와 장대비 속에서 노를 젓는 어머니

13:47 등불을 흔들고 서 있는 아버지

14:00 불가에서 숙현이의 머리를 말려주는 어머니, 몇 해 전의 광경 오버랩. 숙현이를 안고 있었던 어머니

14:44 해가 밝아오고 나루터로 뛰어 가는 어머니와 숙현이. 배를 찾아보지만 찾을 수 없고, 부서진 나무 조각 앞에서 우는 어머니와 숙현이

15:22 숙현이의 빈자리. 수업을 듣는 학생들, 집에서 공부하는 숙현이의 모습

15:48 담임선생님과 옆 섬의 나룻배가 와서 숙현이를 데려 가는 모습

16:30 옆 섬으로 강을 건너가는 어머니와 숙현이. 수업 중인 교실, 그림 그리는 숙현이, 칠판에 문제 푸는 숙현이, 노래하는 숙현이 등

17:42 나루터로 뛰어가는 숙현이. 어머니가 배에 앉아 물어 퍼내고 있음. 웃는 숙현이의 얼굴. 학교에서 받아온 시험지를 어머니에게 보이며 웃는 어머니와 숙현이, 노를 젓는 어머니의 얼굴

18:50 숙현이의 졸업 장면을 상상하는 어머니. 노를 저어 가는 어머니. 강의 풍경

19:22 "The Love of mother/ It is a thing/ Deeper than the sea/ Higher than the sky."

▮ 내레이션

01:00   안개처럼 자욱이 서린 남빛 새벽이 걷혀지면 섬 아이들을 실은 나룻배들이 학교가 있는 육지를 향해서 이곳저곳에서 바쁜 노를 젓기 시작한다. 바다의 길은 육지와는 다르다. 호수와도 같이 잔잔한가 하면, 또 어떤 때는 성난 폭우가 친다. 이 길을 어머니 뱃사공은 6년간을 오고 갔다.

01:55   어머니 뱃사공이란 여수남국민학교에 다니는 숙현이의 어머니 박승이 씨를 말한다. 숙현이가 사는 곳은 여수에서 10리가 좀 못 되는 곳에 있는 가장도라는 외로운 섬이다. 그 섬에서 학교에 다니는 아이는 숙현이 밖에는 없다. 그래서 숙현이는 다른 큰 섬의 아이들처럼 나룻배를 타지 못하고 외롭게 자기 집 적은 배를 타고 학교를 다녀야만 했다. 그것도 아버지가 병이 나서 어머니가 노를 젓는 것이다.

02:57   넓고 넓은 바다 위를 외로이 지나가는 어머니의 뱃길은 고요하고 햇빛은 따사로우나 되돌아보는 세월은 아득하고 괴로운 것이었다. 가슴을 설레이면서 반대하는 남편 몰래 딸을 국민학교에 입학시키던 일도 어제 같았다. 또한 배편도 없는 외딴 섬에서 어떻게 아이를 학교에 보내겠느냐고 남편과 싸운 일도 어제만 같았다. 1년, 2년, 3년 그리고 5년. 세월은 숱한 괴로움과 즐거움 속에 비바람과 함께 했다.

04:00   딸을 학교에 데려다주고 섬에 돌아오면 벌써 한나절이 넘는다. 가까운 십 리라고는 하나 여자의 힘으로 오고가고 바닷길에 노를 젓고 나면 몹시 피곤하다. 그러나 어머니는 한 시도 쉴 사이가 없다. 어머니가 이 섬에 시집 올 때에는 남편의 건강도 좋았고 집안 살림살이도 제일 나은 편이었다. 그러나 남편이 오래 전부터 병으로 눕게 되면서 살림살이도 차차 어려워지면서 또한 어머니가 모든 살림을 혼자 맡게 된 것이다.

05:20   어려운 생활 속에서도 어머니의 유일한 낙은 무엇보다 딸 숙현이가 다른 아이들처럼 학교에 다니는 것이다. 다른 마을처럼 학교에 다니는 나룻배가 없었다. 다른 아이들처럼 아버지가 돈을 벌지 못했다. 그러한 것은 아무 이유도 되지 못했다. 다만 어떠한 일이 있더라도 딸 숙현이만큼은 자기처럼 까막눈을 만들고 싶지 않았던 것이다. 어머니는 딸을 말없이 반긴다. 시계도 없는 외딴 섬이

라 때로는 어머니가 먼저 와 숙현이를 기다렸다. 때로는 숙현이가 먼저 와 어머니를 기다렸다. 저녁 노을이 깔린 바다 위에 어둠이 스며들면 이곳 적은 섬에도 밤이 찾아온다. 밤은 고요하다. 어머니의 마음은 지금도 내일의 뱃길을 염려하는 것이다.

06:49 지난 밤 썰물에 배가 모래밭에 얹히고 만다. 밀물이 되어 배가 뜰라면 아직도 멀었다. 어머니는 학교 시간이 늦을까 걱정이다. 병든 아버지도 이런 날은 보고 있을 수만은 없었다. 악을 쓰며 배를 밀어내는 모녀의 얼굴이라든지 먼 바다 위로 사라져가는 모녀의 뒷모습을 바라볼 때마다 아버지의 마음도 저으기 안타까웠다.

07:38 오늘은 숙현이를 보내는 길에 밭에서 가꾼 채소를 장터로 팔러나가는 날이다. 이런 날이면 숙현이는 무엇인지 모르게 즐거웠다. 어머니 혼자 먼 바다 위로 돌아가는 것보다 이렇게 같이 고개를 넘는 것이 한없이 즐거웠다. 어머니는 장터로 갔다. 장터는 언제나 풍성하고 사람들도 많았다. 뿐만 아니라 이곳 여수 항구는 남해 바다의 고기잡이 배들이 몰려들어 많은 생선이 언제나 풍성한 곳이다. 이곳저곳에서 물건을 사고파는 극성스러운 풍경소리가 장바닥에 쭈그리고 앉은 어머니의 마음을 초조케 했다.

09:37 채소를 팔고 난 어머니는 먼저 남편의 약을 샀다. 또한 오래도록 별러왔던 숙현이의 신발을 꼭 사야했다. 아무래도 떨어진 신발을 신길 수는 없었다. 학교에서 흘러나오는 노랫소리는 오늘도 어머니의 마음을 즐겁게 했다.

10:24 어머니의 할 일은 많았다. 외따른 섬이라 농사철이 되면 뭍에서 소를 빌려가는 일도 어머니의 일이다. 이 섬에는 벼를 심는 논은 없고 얼마 되지 않은 밭밖에는 없다. 그러므로 농사는 보리와 고구마를 심는 한편, 당근을 가꿔 장터에 가서 파는 것뿐이다. 비가 올 것 같다. 어머니는 비옷도 없이 학교로 간 숙현이가 걱정됐다. 어머니의 일기예보는 틀림이 없다. 아이들은 제각기 집으로 가기 바빴으나 숙현이는 어머니가 걱정됐다.

12:00 이런 날이면 담임선생님은 으레이 숙현이를 나룻터까지 바래다주었다. 비는 점점 더 심해갔다. 거기에다 바람까지 불기 시작했다. 담임선생님은 오늘은 파도가 심한 것 같으니 자기 집에 하룻밤 쉬는 것이 좋겠다고 말했으나 어머니는 듣지 않았다. 기나긴 풍상 속에서 오늘 같은 바다를 만난 것이 한 두 번이 아

니다. 오직 내 딸을 내 손으로 내 집에 데리고 가고 싶은 생각뿐이다. 어머니는 마음속으로 빌었다. 큰 바람만 불지 말아줬으면, 큰 물결만 일지 말아줬으면 하면서 있는 힘을 다해 노를 저었다. 아주 긴 어둠 속에 아버지의 이들을 기다리며 흔드는 등불이 보였다. 어머니는 한없이 반가웠다.

14:09 집에 돌아온 어머니는 비바람에 지쳐 아무런 말도 없다. 다만 몇 해 전, 오늘 같은 밤에 조난을 당해서 어느 섬에서 두 모녀가 밤을 밝힌 쓰라린 생각이 아직도 마음속에 생생하다.

14:46 날은 다시 밝았다. 바람은 잔잔하고 하늘도 맑았다. 그러나 간밤 태풍에 어머니의 생명과도 같은 배가 없어지고 말았다. 두 모녀는 미친 듯이 섬을 헤매어 보았으나 잔잔한 바다 위에는 부서진 몇 조각의 나무토막 밖에는 없었다.

15:25 숙현인 학교에 가지 못했다. 숙현인 언제 학교에 갈 수 있을지도 알 수 없었다. 태풍이 가신 뒤에 섬에 반가운 손님들이 찾아왔다. 담임선생과 옆 섬의 선장의 호의로 숙현인 배를 구할 때까지 이 배를 타고 학교에 가게 되었다. 이 배가 이 섬까지 올라면 시간이 너무 많이 걸려 다른 아이들에게 폐를 끼치게 되므로 숙현이와 어머니는 물 건너 적은 섬에서 이 배를 기다리기로 했다.

16:28 물건너 적은 섬이란 숙현이 섬 옆 섬인데, 물때가 적은 썰물이라야 건너갈 수 있는 곳이다. 그러나 썰물의 시기는 밤중일 때도 있다. 이럴 때면 어머니와 딸은 밤중이라도 그 물을 건너야 했고, 학교가 끝나면 밤늦게라도 물 건너 마중을 가야했다.

17:12 눈물과 고난의 생활 속에서 숙현이는 자라고 숙현이는 배웠다. 어떠한 고난이 와도 어머니의 사랑이 지켜주는 한, 숙현이는 당당하게 남들과 같이 배울 수 있다. 오늘은 어머니가 새 배를 구하는 날이다. 이제 내일부터는 어머니와 같이 배를 타고 다닐 수가 있다. 숙현이는 학교에서 한 숨도 쉬지 않고 나룻터로 뛰어왔다. 어느 때보다도 노을이 짙은 나룻터에는 벌써 어머니가 숙현이를 기다리고 있었다.

18:15 바다는 잔잔히 말이 없다. 그러나 어머니의 마음은 한없이 기쁘다. 노를 젓는 손에도 힘이 생긴다. 남몰래 밤에 나와 노 젓는 연습을 하던 것은 옛날 얘기. 지금은 지나가는 뱃사공도 두려울 것이 없다. 어머니는 맑고 높은 먼 하늘을 우러러 보았다. 그 맑고 높은 하늘 위에 멀지 않은 보람 있고 눈물겨운 영광을

바라보면서 어머니는 다시금 노 젓는 손에 힘을 줬다.

배격하자 외제품! 애용하자 국산품

제 명	배격하자 외제품! 애용하자 국산품
출 처	배격하자 외제품! 애용하자 국산품
제 작 국 가	대한민국
제 작 년 도	1963년
상 영 시 간	06분 05초
제 공 언 어	한국어
제 작	국립영화제작소
형 식	실사
컬 러	흑백
사 운 드	유

영상요약

한일국교정상화를 앞두고 외제품을 배격하고 국산품을 애용하자는 내용을 극화함

연구해제

이 영상은 1963년 한일회담이 진행되던 시기에 제작된 선전물로 외제품을 배격하고 국산품을 애용하자는 내용을 담고 있으며, 원 제목은 〈배격 해야할 풍조〉이다. 영상은 한일 관계 변화에 따른 사회분위기와 일본 상품과 대중문화에 대한 세태를 보여준다. 〈배격하자 외제품! 애용하자 국산품〉은 한일회담을 둘러싸고 사회 한편에서 일어난 일본 열풍에 대한 정부의 우려를 드러내는데, 이러한 현상을 "주체성을 상실해 자기 이익을 추구하는" 개인의 문제로 상정하고, 이를 타개하기 위한 방법으로 "국민의 일치단결"과 "주체의식의 확립"을 제안한다.

6분 5초 분량의 영상에는 당시의 일본 열풍과 일본 제품 선호 세태를 극화한 두 개의 재연 영상이 포함되어 있다. 첫 번째 에피소드는 국산품을 멸시하고 밀수된 일본 제품만을 선호하는 젊은 여성들의 모습을, 두 번째 에피소드는 한 가정의 대화를 통해 한일 관계 변화로 일어난 일본어 열풍을 보여준다. 1960년대 일본에서의 밀수품 문제는 빈번하게 이슈화되어 〈대한뉴스〉(「밀수품 소각」, 제355호, 1962년 3월 10일자, 「밀수방지」, 제499호, 1964년 12월 19일자, 「외래품 단속」, 제533호, 1966년 8월 21일자, 「사회악을 뿌리 뽑자」, 제562호, 1966년 3월 19일자 등)와 문화영화(〈5대 사회악〉(1966), 〈밀수 합동 수사반 특별 활동〉(1966))로도 제작되었다. 1961년 군사정권이 들어선 후 재개된 한일회담을 배경으로 일본어 열풍과 함께 '일본풍의 범람'으로 지칭되는 일본 문화의 영향이 사회문제가 되었다. '일본풍의 범람'에 대한 우려는 영화와 TV 등의 영상 매체, 대중음악, 대중문학 등의 문화 분야에서 빈번히 지적되었다. 특히 대중문화에 있어서 일본 문화의 영향은 표절과 연관되어 역사 문제로 확장되기도 하였다. 영상에 등장하는 일본 시나리오를 필사하는 시나리오 작가의 모습, 미소라 히바리(加藤和枝)와 The Peanuts 등의 일본 음반을 재생하는 모습은 이러한 한국영화·음악의 일본 대중문화 표절 시비와 연관된다.

〈배격하자 외제품! 애용하자 국산품〉에서 극화된 재연 영상은 세태 고발 프로그램의

관습일 뿐만 아니라 국립영화제작소 문화영화의 관습과 전형으로 볼 수 있다. 1950년대 기록 다큐멘터리의 성격이 강했던 국립영화제작소의 문화영화는 1960년대에 들어서며 전문 연기자들을 기용해 극화하는 방식이 증가했다. 따라서 1960년대 이후 국립영화제 작소의 문화영화는 형식에 있어서 대한뉴스와의 차별화가 이루어진다고 볼 수 있다.

　참고로 당시 대 일본 공보정책의 변화에서 몇 가지를 살펴볼 수 있다. 정부는 1962년 2월 5일 발표된 법령 제424호에 따라 주일 한국공보관을 설치했으며, 1965년에는 한국 소개자료 책자인 『Facts about Korea』 일본어판을 발행하기 시작했으며, 일본어판 뉴스 인 〈韓國ニュス〉를 제작하기 시작했다.

▌ 참고문헌

「일부 젊은 세대의 일어(日語)열과 기성세대의 책임」, 『동아일보』, 1963년 8월 23일.
「무인가 강습소 48개소를 고발」, 『동아일보』, 1963년 8월 26일.
「여적(餘滴)」, 『경향신문』, 1963년 12월 4일.
「표절에도 유분수」, 『동아일보』, 1962년 4월 6일.
「일본색채영화 말썽」, 『동아일보』, 1962년 10월 18일.
「절반이 표절영화 상반기의 방화계」, 『경향신문』, 1963년 7월 6일.
「눈가리고 아웅 판치는 왜색 붐」, 『동아일보』, 1963년 12월 17일.
『문화공보 30년』, 문화공보부, 1979.

▌ 화면묘사

00:00　제목 자막 "배격 해야할 풍조"
00:06　사무실에 출근해 대화하는 두 명의 여성. 목걸이와 화장품, 가방에 대해 대화 하는 여성들

　　　여1: 아이, 나 늦었지?
　　　여2: 얘 지금 몇 신줄 아니? 아홉 시 반이야.
　　　여1: 아, 글쎄 택시를 잡을래야 잡을 수가 있어야지.

여2: 어머, 너 목걸이 좋은 거 했구나.

여1: 응. 일제야,

여2: 어쩐지 산뜻하더라.

여2: 너 화장품도 일제 쓰는구나.

여1: 그럼. 이건 옛날부터 쓰던 건데 국산은 도대체 화장이 먹어야지.

여2: 이거 어디서들 구하지?

여1: 그건 비밀. 하지만 걱정할 것은 없어. 한일회담이 돼서 앞으로는 막 밀려
    들 텐데 뭐.

여2: 그래? 그거 참 잘 됐구나, 얘.

여1: 어머, 너 이 빽 일제로구나? 어쩜 색이 이렇게 이쁘니?

여2: 아니야 국산이야.

여1: 어쩐지 투박해 보이더라. 엽전 것은 할 수 없어.

여2: 나도 이젠 일제를 써야겠어.

01:13 화장품 가게에서 물건 고르는 두 명의 여성

여3: 저 이거 좀 보여주세요.

가게 직원: 이거 말씀이에요?

여3: 네. 이거 외제에요?

가게 직원: 아이, 아니에요, 국산품이에요.

01:42 옷 재단해 봉제하는 모습

01:52 공장에서 상품 포장하는 여직원들의 모습

01:55 "한창 텍쓰보-드" 상품과 해설판의 모습. "室內 天井 壁紙用"(실내 천정 벽지용),
       "실내 장식이 우아하다, 가격이 파격적으로 저렴하다", "상공부공시 제846호" 등
       의 내용이 쓰여 있음

02:03 MAX FACTOR Cleansing Cold Cream, PILOT 잉크, TONY 페이스 파우더 등의
       외제품들을 보여줌

02:15	PILGRIM, 부루버드화장품 등의 국산품들을 보여줌
02:25	각종 일본 잡지들을 펼쳐놓은 모습
02:31	일본 시나리오 책 보고 베끼는 남성의 모습
02:48	미소라 히바리, The Peanuts 등의 일본 가수들의 레코드 판들을 트는 모습
03:01	댄스홀 무대에서 춤추는 남녀 댄서들
03:19	"봉쥬-ㄹ" 다방, "café MAYOR", "Esquire", "Coffee Ace" 등의 외국어 간판을 보여줌
03:38	안방에 모여 앉아 책 가지고 대화하는 가족의 모습

아들: 아빠, 이거 뭐야? 과자야?

아버지: 아니, 책이다.

어머니: 아니 웬일이슈? 책을 다 사오시구. 도대체 무슨 책이에요?

아버지: 일본어 첫걸음 책이야.

어머니: 아, 일본어 교과서요?

아버지: 어. 큰 녀석에게 일본말을 좀 가르쳐줘야겠어.

아들: 일본말이요? 원, 아버지두. 일본말을 배울려면은 차라리 독일어를 배우는 게 낫죠.

어머니: 원 배울 것도 많지. 아, 영어 한 가지 배우기도 힘 드는데 무슨 일본말 이유?

아버지: 모르는 소리. 이젠 영어보다 일본 말이 더 필요하단 말이야. 아, 일본 세상이 들이닥칠 텐데 일본말 안 배우고 뭘 배우겠어?

04:22	"단성사" 간판이 붙어 있는 건물에 달린 "日語 2층 JES" 간판을 보여줌
04:30	"일본어강습소 J.L.M TEL(72)7943"이라고 표기된 간판 모습
04:32	"日本語 개인교수합니다 金昌培"라고 쓰여진 벽보
04:34	거리의 사람들 모습
04:43	책상 서랍 살펴보는 남편과 다림질하는 아내가 대화하는 모습

남편: 이상하다.

아내: 아니, 여보. 웬 수선을 그렇게 피우시우?

남편: 아, 잠자코 있어요, 글쎄. 돈벼락이 떨어질 테니. 그런데 분명히 봤는데 없단 말이야.

아내: 아, 원 참. 뭘 그렇게 찾으세요?

남편: 아, 전에 내가 모시고 있던 주인 스즈키 상 그 주소 말이야.

아내: 아니, 별안간 그건 뭘 하려고 그러우?

남편: 아이구, 답답도 해라. 그 양반이 지금 일본에서 손꼽는 재벌이란 말이야. 이제 한일협정도 다 돼 가겠다. 미리 손을 써 놔야 그 양반 덕을 톡톡히 볼 거 아니야?

아내: 아이구, 참 당신두. 김칫국부터 먼저 마시는구려.

05:30 선글라스 끼고 전화하는 남성의 모습
05:34 각종 일본 상표를 보여줌
05:40 선글라스 낀 두 명이 남성이 귓속말하는 모습
05:45 밀수한 시계를 적발해 꺼내놓는 모습
05:52 오토바이, 우산 등의 밀수품을 적발해 쌓아놓은 모습
05:58 건설현장에서 일하는 남성들
06:06 시민들에게 "국산품애용" 푯말 꽂아주는 교복 입은 여학생들
06:17 철강공장에서 일하는 노동자들
06:26 자막 "끝 국립영화제작소"

▌내레이션

00:57 여러분 이 아가씨들의 얘기를 어떻게 생각하십니까? 참으로 어처구니없는 일입니다. 국산품을 멸시하고 외래품을 좋아하는 꼴도 가관이거니와 한일국교정상화가 마치 자기들의 허영과 사치를 위한 것인 것처럼 생각하니 이런 사고방식이야말로 참으로 위험천만한 망국적인 생각이라 하겠습니다.

01:33 우리나라 사람들이 외국 것이라면은 무조건 좋아하는 습성이 있는데 이 사대주의적인 풍조가 언제부터 생겼는지는 모르겠으나 요즘 우리들의 생활 주변에는

우리 것이 우리의 것으로 행세하지 못하고 남의 것을 더 앞장세우고 있는 일이 허다하니 참으로 안타까운 일이라 하겠습니다.

02:30 거기에다 또한 예술을 상품으로만 아는 무책임한 예술인들은 진정한 민족의 생활정서는 아랑곳없이 마구 남의 나라 작품들을 표절하고 모방하는가 하면은

02:49 일부 다방과 요정에서는 의식적으로 일본풍의 노래를 들려주고 있습니다.

03:13 한일국교정상화가 결코 이러한 일본풍의 문화를 무조건 받아들이는 데 있는 것은 결코 아닙니다. 그렇다고 우리는 남의 문화를 배격하자는 것도 아닙니다. 우리들은 남의 문화를 받아들이기 전에 우리들의 확고한 주체의식을 확립해서 옳고 그른 것 다시 말하면은 좋고 나쁜 것을 분별하면서 남의 문화를 소화시켜야 하겠습니다.

04:17 왜 일본 세상이 들이닥친다고 생각할까요? 이것이 바로 주체성을 상실한 사람들의 망상인 것입니다. 학문적인 입장에서 일본어를 배운다면 모르지만은 행세를 하기 위해서 일본말을 배운다고 하니 참으로 어처구니없는 일입니다. 이뿐 아니라 우리 주변에는 국가와 민족을 망각하고 오로지 자기 개인의 이익만을 추구하는 사람들이 있습니다.

05:33 우리들의 주변에는 이러한 헛된 꿈을 꾸고 있는 사람들이 허다히 있습니다. 일본상인과 한 번 결탁을 해서 일확천금을 노려보겠다는 부질없는 꿈을 꾸는 자들.

05:49 국가와 민족의 이익은 아랑곳없이 오로지 자기 이익만을 추구하는 밀수배들.

05:59 여러분 우리는 지금 무엇보다도 생산과 건설과 증산에 온 국민이 일치단결해서 힘써야 하며 또한 한일국교정상화를 앞둔 현 시점에서 우리들은 우리들의 주체의식을 확고히 확립해서 외래품과 사치를 배격하고 우리 것을 사랑하고 애껴쓰며 후손들에게 부끄럽지 않은 유산을 남겨줘야 하겠습니다.

원호 센타의 하루

제 명	원호 센타의 하루
출 처	원호 센타의 하루
제작국가	대한민국
제작년도	1963년
상영시간	12분 15초
제공언어	한국어
제 작	국립영화제작소
제 공	국립영화제작소
형 식	실사
컬 러	흑백
사운드	유

아동보육소와 농사보도소, 직업보도소, 양로소로 이루어진 수원 원호센터의 하루를 극화해 부모를 잃은 아이들과 상이군경 등을 돌보고 재교육을 시켜 사회에 진출할 수 있도록 돕는 원호센터의 목적과 기능을 설명한다.

■ 연구해제

이 영상은 1963년 국립영화제작소에서 제작된 문화영화로 수원에 소재한 원호센터의 일과를 극화해 소개하고 있다. 6·25전쟁으로 오갈 곳이 없어진 어린이들과 상이군경 약 800명을 수용하고 있는 수원 원호센터는 아동보육소와 직업보도소로 구성되었다. 아동보육소에서는 각급 학교에 취학을 했거나 기술교육, 영농교육을 희망하는 청소년들이 수용되어 있으며 직업보도소에는 취업을 목표로 하는 상이군경과 여생을 보내기 위해 모인 노인들이 수용되었다. 원호센터의 하루 일과는 일정한 계획표에 따라 운영되며 아동보육소와 직업보도소 공히 오전에는 주로 학습을, 오후에는 실습을 진행하고 있다. 원호센터의 설립 목적은 수용인 개개인에 대한 교육을 통해 사회인으로서 자활할 수 있는 능력을 배양하는 데 있었다.

1950년 6·25전쟁의 영향으로 한국 사회에는 많은 수의 부랑아들과 상이군경이 생겨났고 이들의 존재는 1950년대를 거쳐 점차 사회문제로 부각되기 시작했다. 1950년대 정부는 부랑아를 보호의 대상이 아닌 처리의 대상으로 여겼다. 그 주된 이유는 이들이 국가체면을 손상시킨다는 이유였다. 정부 고위층에서는 부랑아가 국가체면과 관련된다며 서울시에 부랑아 수용을 시달하였고, 시에서는 계획 없는 강제수용을 감행하기도 했다. 또한 정부는 부랑아들의 부랑행위가 상습화된다면 아동복지면에서는 물론이고 사회질서를 문란하게 하여 사회악을 조성할 것으로 우려했다.

마찬가지로 상이군경 역시 전후 한국사회에서 폭력, 구걸, 강매 따위의 부정적 이미지를 떠올리게 했으며, '상이군인은 상이군인이 잡는다'는 말이 유행할 정도로 이들의 폭력은 걷잡을 수 없었다. "살 길이 없어 여러 사람을 괴롭혀 오던 일들이 떠오른다."는 이 영상에 나오는 내레이션에서 비춰지듯이 상이군경의 폭력이 사회문제로 대두하고 있었던 것이다. 한편 1950년대 시행된 상이군경에 대한 원호정책은 연금, 생계부조, 수용보호, 집단촌 양성, 직업알선 등으로 이루어져 있었다. 하지만 이승만 정권 시기 상이군경에 대한 원호정책은 이들에게 실질적인 혜택이 미치지 않았으며 상이 정도와 노동능력으로 상이군경을 분류하고 그 정도에 따른 원호정책이 실시되지 않았다.

군사쿠데타로 집권한 군부세력은 부랑아를 거리에서 없애고 개발 인력으로도 동원할수 있도록 국토건설 및 개발사업과 실업자 구제를 위한 정책을 추진하는 가운데 부랑아정착 사업이 본격적으로 시작되었다. 마찬가지의 맥락에서 1961년 8월 5일 여러 부처와단체에 흩어져있던 원호업무를 총괄하는 군사원호청이 설치되었다. 그리고 박정희 정권은 상이군경을 '상이용사', '애국자' 또는 '호국의 신' 등으로 부르며 전후 재건의 일꾼또는 '혁명정부의 일꾼'이라는 이미지를 만들어 갔다. 이에 군사원호청은 상이군경을 재건을 위한 인적자원으로 여기고 이들의 취업을 알선해 주기도 했다. 이러한 흐름 속에서 부랑아들과 상이군경의 자활과 재교육이란 목적에 부합하도록 각지에 원호센터가만들어졌던 것이다.

그러나 박정희 정권의 부랑아 대책과 상이군경 원호대책은 성공을 거두지 못했다. 이들은 공통적으로 '산업전사'와 '재건의 일꾼'으로 표상되었지만 실제생활은 달랐다. 부랑아들은 정착지에서 중노동에 시달리며 인신적 경제적 구속을 받아야 했다. 이와 다르게상이군경들은 부진한 취업률에 시달렸으며 취업을 했더라도 해고되는 경우가 속출했다. 즉, 부랑아들은 국가와 사회의 무관심 또는 차별 속에서 고립되어 갔으며 상이군경은 재건과 단절된 일상을 살아가게 된 것이다.

▌ 참고문헌

김아람, 「5 · 16군정기 사회정책 : 아동복지와 부랑아 대책의 성격」, 『역사와 현실』 82, 2011.
이임하, 「상이군인, 국민만들기」, 『中央史論』 33, 2011.

▌ 화면묘사

00:00   국립영화제작소 NATIONAL FILM PRODUCTION CENTER KOREA 마크
00:01   수원 원호센터의 전경

00:08 　원호센터의 정문으로 출근하는 직원들의 모습

00:22 　아동보육소 건물에서 교복 입고 나오는 학생들

00:29 　교복 입고 등교하는 학생들의 모습

00:35 　단체복 입고 직업보도소 건물에서 나오는 상이군경들

00:40 　양로소 앞 마당 의자에 앉아 신문을 읽는 노인들의 모습

00:47 　제목자막 "원호센타의 하루"

00:52 　원호센터 동상 모습 위로 자막 "제공 국립영화제작소"

00:58 　자막 "감독 라한태 촬영 문경춘 녹음 이재웅"

01:06 　벨 소리가 나자 일어나서 커튼을 걷고, 세면 도구를 챙기고 세수 하는 등 기상 후의 모습이 보임

01:46 　식당에서 아침 식사하는 사람들의 모습

02:07 　교복을 입은 아동 보육소의 학생들이 등교하는 모습. 여학생들이 "아동보육소 여자숙소" 현판이 붙은 정문에서 당직교사에게 인사하고 등교하는 모습

02:30 　보육소 유치원 교실에서 율동 수업 받는 아이들의 모습

02:45 　나이가 많아 보육소에서 초등학교 과정 수업 받는 아이들의 모습

02:55 　농사보도소에서 영농수업과 가축 기르기 등의 이론 수업 받는 학생들의 모습. 토끼를 들고 실습하는 학생들

03:22 　직업보도소에서 이론 수업 받는 상이용사들. 전기 기계장비 실습하는 모습

03:55 　양로소의 노인들이 가축에 사료를 주고 화초를 가꾸는 등 취미를 즐기는 모습

04:20 　의무실에서 환자를 진료하는 모습

04:47 　시범 농가주택에서 청소와 꽃꽂이 등의 실습을 하는 여학생들

05:03 　재봉 실습하는 여학생들

05:15 　가축 사육장에서 실습하는 남학생들

05:29 　기계 실습하는 상이용사들

05:54 　자습실에서 공부하는 아이들의 모습

06:15 　운동장에서 줄넘기, 배구 등 각종 운동을 하는 학생들의 모습

06:36 　낚시터에서 낚시하는 노인들

06:47 　해가 지자 집으로 돌아가는 노인들

07:02 　강당에서 영화 보는 사람들의 모습. 스크린에는 체조하는 여성 선수의 모습

07:25	양로소를 찾아 노인들과 같이 텔레비전 보는 아이들
07:57	라디오에서 나오는 "고향의 봄" 노래 따라 부르는 남학생들
08:32	상이용사 숙소의 모습. 침대에 누워 잠을 자거나 책을 읽는 모습
08:57	한 상이용사의 회상. 기차에서 구걸하는 모습
09:32	양로소 숙소의 모습. 바둑 두는 노인들과 이불 위에 누워 있는 노인의 모습
09:58	누워 있던 노인의 회상. 군인에게 유골함을 받는 모습과 며느리를 떠나 보내는 모습, 길거리에서 구걸하는 모습이 보여짐
10:57	아동 숙소에 들어와 이불 덮어주는 등 잠든 아이들을 보살피는 보육 교사의 모습
11:20	잠든 아이의 모습. 군복 입고 철모를 쓴 그림에 "우리 아버지"라고 써서 벽에 붙여 놓은 모습
11:46	방에서 나와 복도 불을 끄는 보육 교사
12:10	불이 꺼지는 건물 위로 자막 "끝"

▌ 내레이션

00:00	수원에서 동북쪽으로 약 1키로 떨어진 양지바른 산기슭에 웅장한 원호센타가 자리 잡고 있다. 조국 수호의 싸움터에서 몸바친 순국용사의 유족 중에서도 의지할 곳 없는 사람들 그리고 전쟁터에서 팔다리를 잃은 상이용사들이 여기 한데 모여 살고 있다. 아이들은 아동보육소에 수용되어 각급 학교에 취학하거나 기술교육을 받고 또 영농을 희망하는 아이들은 이곳 농사보도소에서 농사에 관한 교육을 받는다. 그리고 상이군경들은 직업보도소에서 일자리를 얻어나가는 데 필요한 여러 가지 지식을 얻는다. 또 기력이 없는 노인들은 이곳 양로소에서 편안히 여생을 보낸다.
01:12	아침 여섯 시 반이면 800여 명을 수용하고 있는 이곳 원호센타의 하루가 시작된다.
02:08	아침식사가 끝나면 아동보육소의 아이들은 각기 수원 시내에 있는 학교에 나간다. 이 아이들은 성년이 될 때까지 완전한 하나의 사회인으로서 자활할 수 있도록 힘을 길러준다.
02:34	나이가 어려 학교에 못 간 아이들은 아동보육소 자체에서 유치원 과정을 공부

시킨다.

02:45 그리고 나이가 너무 많아 입학할 시기를 잃은 아이들은 이곳에서 국민학교 과정을 공부시킨다.

02:56 농사보도소에서의 오전 일과는 주로 학습이다. 오랜 인습에 젖어온 농촌의 생활양식과 영농방법을 개선하고 가축을 기르는 데 필요한 여러 가지 방법을 공부한다. 각 지방 농촌 출신 유자녀들 중에서 영농을 희망하여 이곳에 들어온 이들은 일 년간의 농사교육을 받고 농촌으로 올라가 농업농군이 되는 것이다.

03:30 직업보도소에서 교육을 받는 상이용사들도 오전 중의 일과는 학습이다. 일반사무과, 경리사무과, 노무관리과, 전기과 또는 프린트과 중에서 능력에 따라서 하나를 선택하여 공부한다. 3개월 혹은 4개월간의 교육을 마치면 직장을 얻어나가게 되는 것이다.

03:55 이곳 양로소에서 보호받고 있는 노인들은 언제나 편안히 여생을 보낸다. 낚시를 즐기고 바둑 또는 장기를 즐긴다. 또 따뜻한 날이면 들과 산으로 유람도 떠난다. 어떤 할아버지는 취미로 닭을 치고 또 어떤 할머니는 화초를 가꾼다.

04:30 입원실까지 마련된 의무실에서는 언제나 이곳에서 생활하는 사람들의 건강을 보살펴준다.

04:48 오후의 일과는 주로 실습이다. 농사보도소에 있는 소녀들은 이곳에 마련된 시범농가주택에서 농촌위생과 환경미화에 관한 상식을 익혀두고 또 실습장에서는 농가 주부들이 알아둬야 할 간단한 재봉을 배운다.

05:20 그리고 남자아이들은 오전 중에 배운 과제에 대하여 실습장에서 이를 실습한다.

05:38 직업보도소에서도 오후에는 각 과별로 마련된 실습장에서 역시 실습을 한다.

05:56 그리고 학교에서 돌아온 아이들은 아늑히 마련된 자습실에서 조용히들 모여 앉아 하고 싶은 학과를 자습한다.

06:20 또 어떤 아이들은 마음껏 뛰어 놀며 어버이 생각은 까마득하다.

06:29 그리고 일과를 마친 소녀들은 서로 편을 만들어 배구 혹은 축구를 하며 즐겁게 논다.

06:38 낚시터의 노인들은 잔물결에 물려오는 낚시채를 바라보며 온갖 시름을 잊는다.

06:51 서녘 하늘에 저녁 노을이 엷게 깔리면 노인들은 낚시터에서 돌아온다.

07:02	밤이 찾아 든다.
07:12	저녁이면 간혹 강당에 모여 영화구경으로 즐거운 한때를 갖는다.
07:27	그리고 아이들은 할아버지를 찾아간다.
07:41	할아버지와 손녀, 손자와 할아버지. 모두 여기에서 맺어진 인연들이다. 아이들은 할아버지의 품에 안겨 테레비를 즐긴다.
09:00	살길이 없어 여러 사람을 괴롭혀오던 일들이 떠오른다.
09:16	모두 부끄럽기만 한 과거였다. 하지만 머지않아 새 일꾼이 된다. 사무원이 되고 전기기사가 되는 것이다.
09:32	밤이 이슥해졌다. 노인들은 잠이 없다. 양로소의 생활에는 조금도 불편이 없다. 하지만 밤이면 찾아오는 허전함. 이것만은 어쩔 수 없는 노릇이다. 이 할아버지들은 모두 서러운 일들이 많았다. 또 그 일들이 눈에 밟힌다.
10:00	하나밖에 없는 아들이 유골이 되어 돌아오던 날의 일.
10:09	단 하나의 의지였던 며느리를 보내야만 했던 날의 일.
10:33	살길이 없어 이리저리 걸식으로 연명해야만 했던 때의 일.
10:44	모두 꿈만 같은 일들이다.
10:58	아이들은 잠든 지 오래다.
11:08	보모는 차낸 이불을 덮어준다.
11:20	아버지는 얼굴조차 모른다.
11:29	이젠 가버린 어머니 얼굴마저 희미하다. 하지만
11:34	(여자 목소리) "아빠는 국군이었어. 철모 쓰고 총을 메고"
11:39	엄마의 이 말만은 잊지 않았다. 아이는 아버지의 모습을 그렸다.
11:56	밤이 깊었다. 다사로운 어머니인 양 800여 명의 생명을 품에 안은 원호센터는 더 밝은 내일을 맞이하기 위해 조용히 잠든다.

인민재판

제 명	인민재판
출 처	인민재판
제 작 국 가	대한민국
제 작 년 도	1963년
상 영 시 간	23분 15초
제 공 언 어	한국어
제 공	국립영화제작소
형 식	실사
컬 러	흑백
사 운 드	유

이 영상은 6·25전쟁 당시 인민재판을 겪은 팔봉 김기진의 경험담을 극화하여 소개한다. 인쇄소를 경영하는 이철호는 아무런 죄도 없었지만 공산당이 인쇄소를 차지하기 위해 누명을 씌워 인민재판에 회부되었고, 재판에서 사형이 언도되어 집행되지만 구사일생으로 살아 돌아오게 된다. 또한 이민자의 진술을 통해 북한이 어떻게 인민재판을 기획하고 또 어떻게 실행에 옮겼는지를 안내하면서 북한 공산당의 잔악성을 폭로한다.

연구해제

본 영상은 카프 출신의 전향 문학가 김팔봉(김기진)이 6·25전쟁 당시 직접 경험한 인민재판을 영화화 한 것이다. 영상에서 이철호라는 이름으로 등장하는 김팔봉은 서울이 점령당한 이후인 1950년 7월 2일 노동당 서울시 중구당의 지령에 따라 옛 국회의사당(현재 세종문화회관 별관) 앞에서 인민재판을 받게 되었다. 노동자의 임금과 시간을 착취하여 대한민국에 활동비로 제공함과 동시에 '애국청년'을 무수히 밀고 투옥케 한 악질반동분자라는 것이 주된 이유였다. 인민재판에서 사형을 선고 받은 김팔봉은 현장에서 구타당한 후 사망 직전 상태로 길거리에서 이리저리 끌려 다니다가 인민군 장교에 의해 제지된 후 내무서로 인계되어 극적으로 살아남게 되었다. 이후 김팔봉의 인민재판 일화는 그의 자서전 『나는 살아 있다』를 비롯한 여러 저서에서 회자되며 6·25전쟁 시기 북한 점령통치의 '가혹한' 실상을 대표하는 사건으로 전해지고 있다.

전쟁 발발 직후 북한은 '반동분자'라는 정치사회적 내부의 적을 내세우고 규정함으로써 내부적인 반대세력을 손쉽게 통제하고자 하였다. 포섭과 배제라는 이중 규정을 가진 '반동분자' 처리는 전쟁 전 좌익세력에 대한 직접적인 폭력, 밀고와 그 지위명령 계통에 있던 자를 대상으로 이루어졌다. 그러나 '반동분자'에 대한 북한 내무성의 규정에도 불구하고 그 범위는 모호하였다. 즉, 지방좌익들은 인민재판을 통해 숙청이란 명분으로 '반동분자'를 처벌하였지만 법적인 근거를 가진 것은 아니었다. 무엇보다 전쟁 초기 인민재판을 통해 보여준 폭력은 '반동분자'들에게 인민의 이름으로 이루어진 폭력이 언젠가 자신에게도 닥칠 죽음의 공포를 동시에 인식하게 하였다.

이후 남한 점령지에서 북한의 형사법제에 의한 재판제도가 실시된 것은 인민위원회

선거와 조직이 완료되고 사법행정 기구가 작동하면서부터였다. 그리고 북한의 점령지역 행정기관인 인민위원회, 내무기관인 내무서, 분주소, 자위대, 정치보위부 등 여러 조직의 협조체제에 의해 '반동분자'들은 처리되기 시작했다. 특히 일반 민간인 수사와 예심권한을 가진 정치보위부는 북한 형법의 '국가주권적대죄' 규정에 의해 '반동분자'들을 조사하여 기소여부를 결정하였고 이 과정에서 초기에 지방좌익이 주도한 극단적인 처리 방향과는 달리 비교적 온건한 처리 방침이 적용되었다.

그런데 1950년 8~9월 미군의 개입 가능성이 높아지면서 지역방어체제를 정비하는 과정에서 북한의 점령 정책은 강력한 군정체제의 수립으로 선회하였다. 이에 따라 외국 군대와의 전면전을 앞두고 내부체제를 정비함과 동시에 내부의 적인 '반동분자'를 잠재적인 적대행위자로 간주하고 강경한 처리방향으로 변화하기 시작했다. 1950년 8월 21일 「군사행동구역에서의 군사재판소 설치에 관한 규정」 채택으로 급박한 전시상황에서 평시의 재판 절차를 거치지 않고도 '반동분자'에 대한 군사재판이 가능해졌으며 특히 정치보위부는 군사재판권과 함께 즉결권도 확보하였다. 이 규정의 채택으로 북한 형법의 전시하의 정치범죄 처벌 조항은 '전시군법'으로 재탄생된 것이다. 그 결과 9월말 후퇴에 즈음하여 정치보위부원들의 주도 아래 전국의 각 형무소, 내무서와 분주소 구금자들이 대거 즉결처형 당하였으며 미군과 군경의 진주에 내응할 가능성이 있는 우익 인사들도 체포, 처형당하는 사건이 발생하게 되었다.

▌참고문헌

연정은, 「북한의 남한 점령시기 '반동분자' 인식과 처리」, 『전쟁 속의 또 다른 전쟁』, 선인, 2011.
윤경섭, 「한국전쟁기 북한의 점령지 재판과 정치범 처형」, 『역사연구』 21, 2011.

▌화면묘사

00:01 "이 영화는 소설가 김팔봉 씨 자신이 6 · 25동란 당시 직접 체험한 이야기를 기록한 "나는 살아있다."를 영화화 한 것입니다." "제공 국립영화제작소" "원작 김팔봉, 감독 최봉암, 촬영 배성용, 녹음 강신규" "인민재판" 자막

00:40 이민자가 들어오고 이민자를 부른 이철호는 이민자에게 인민재판 사진을 건네 줌. 사진을 보고 놀라는 이민자. 이철호는 군 보도부에 있는 김 선생과 이민자를 인사시킴

01:21 김 선생과 이민자의 인사 장면. 이철호는 이민자에게 사진을 입수한 경위를 설명. 북한이 6·25 때 남한으로 넘어와 찍은 사진을 평양에 보관해 두었다가 국군이 평양에 들어섰을 때 그 사진을 압수했다고 진술

01:58 김 선생은 이민자에게 인민재판 당시 이야기를 해 달라고 부탁함. 북한군이 서울에 들어온 1950년 6월 28일부터 이야기를 시작하는 이민자

02:32 과거 회상 장면으로 포격에 휩싸인 서울 시가지와 거리를 행진하는 인민군이 비춰짐

03:10 방 안에서 귀를 막고 있는 이민자. 이민자의 진술.

이민자: 저에게는 여러 가지 궁금증이 떠오르기 시작했습니다. 우선 4년 동안 다니며 정 들여온 인쇄소의 일은 앞으로 어떻게 될 것인지 또 저를 그렇게 아껴주던 은사인 사장님은, 그보다도 저를 사랑한다고 매일처럼 말하던 같은 인쇄소의 영업부장이었던 광만이라는 사람은 그때부터 행방을 몰랐잖아요. 그때까지만 하여도 그 사람이 싫지 않았기 때문에 그 사람 소식이 궁금했던 건 사실이었습니다. 이런 생각이 들자 저는 더 앉아 있을 수 없어 사장님 집으로 떠났습니다.

03:44 집을 나서는 이민자. 인쇄소 사장님과 만나는 이민자. 대화를 시작함. 이민자가 광만의 소식의 묻자 오히려 사장님이 광만의 소식을 이민자에게 되물음

04:29 사장님 집에서 나와 광만을 찾아나서는 이민자. 광만의 소식을 수소문 하는 이민자

05:32 이민자의 집에 와 있던 광만과 만나는 이민자. 광만은 이민자 양을 민주여성동맹 회의장으로 데리고 감

06:19 여맹 간부와 악수를 나누는 이민자. 이민자 옆에 있던 광만은 자리를 떠나고 이민자를 회의 자리에 앉히는 여맹 간부

06:54 사이렌 소리가 들리자 창문을 막고 회의를 하는 여맹 간부들. 밖에서는 폭음이

들림. 여맹 간부들은 "여맹"이라 적혀 있는 완장을 두르고 있음.

07:18 회의장 건너 방에서 들리는 소리에 귀를 기울이자 이민자를 다그치는 여맹 간부. 건너 방 회의장에서는 인쇄소 사장의 이름이 오르내림. 여맹 간부는 건너 방에서 인민재판을 계획하고 있다고 이민자에게 말함. 인민재판이 무엇이냐고 이민자가 묻자 간부는 "과거에 인민들의 피를 빨아먹은 놈들을 인민들이 직접 재판해서 처단하는 거죠."라고 답함. 속으로 인쇄소 사장님을 걱정하는 이민자

08:30 건너 방으로 화면 전환.

광만: 이철호라는 자가 경영하는 대광인쇄소는 서울에서도 그 시설이 빠지지 않을 뿐더러 그 건물도 훌륭하므로 이철호도 인민재판에 회부해서 처단하고 그 공장을 압수해서는 우리의 손으로 경영하도록 하겠습니다.

이에 인민군 복장을 한 간부는 인쇄소 사장 이철호를 체포해서 처단할 것을 명령.

간부: 인민재판에는 악질들을 처단함과 동시, 우리당과 정부가 요구하는 취지와 명령을 남반부 인민들이 거역 못하도록 위협을 주는 이중 목적이 있는 것이요. 그리고 인민재판을 하면서 명심해야 할 몇 가지가 있는데 그 첫째는 판사, 검사, 증인은 비밀리에 내정하되 이 동무들은 인민대중이 충분히 동감할 수 있는 내용의 논고문을 미리 작성해 놓는 것이고 둘째는 인민재판이란 용서하는 재판이 아니라 처벌하는 재판이라는 것을 명심해서 판사의 판결언도는 언제나 사형으로 한다는 것, 셋째는 될수록 많은 동무들을 포섭해서 사회자가 동의를 구할 때는 서슴지 않고 옳소와 박수를 치도록 하고 마지막으로 사형 집행은 무자비하게 하는 것 등이요.

10:20 이를 엿듣는 이민자의 모습. 이후 회의 석상에 엎어져 누운 이민자

10:44 이철호의 집이 비춰지고 이민자가 방문하여 이철호에게 인민재판을 하여 이철호를 처단할 것이라 전함. 이민자는 이철호에게 그간의 사실을 모두 이야기함. 이철호는 이민자에게 설마 죽이기야 하겠나 하며 피하는 것이 오히려 죄를

짓는 것이라 말을 함

12:19 이철호의 집에 총을 든 사내들이 침입하여 이철호를 끌고 감

12:58 이철호의 심문 장면. 심문관은 이철호에게 직공들을 공산당이라 하여 밀고한 적이 있는지 묻자 부인하는 이철호. 다시 심문관은 직공의 월급을 떼어서 사리 사욕을 채웠냐고 묻자 강하게 부인하는 이철호

13:34 이철호를 고문하기 시작하는 심문관 일행들

14:09 "인민재판소" 현수막이 보이고 광만을 만나는 이민자. 광만에게 이철호를 그냥 풀어줄 것을 요청하나 광만은 당이 결정한 일이라며 이민자를 체념시킴

15:00 "자경대" 완장을 찬 사람들이 이철호를 인민재판장으로 끌고 오는 모습

15:46 사람들이 모여 있는 가운데 인민재판이 시작됨. 피고 이철호 외 2명에 대한 검사의 논고가 시작. 검사는 광만임. 피의자의 신분을 먼저 말하고 이철호에 대한 행적을 말하는 광만.

광만: 피고 이철호는 일찍이 일제시대에 대학교육까지 받은 유산계급으로서 자기가 경영하는 대광인쇄소를 바탕으로 인쇄소 직공들의 피와 땀을 아무 대가도 없이 착취한 자인 것이다. 또한 이철호는 자신이 경찰의 밀정이 됨은 물론 다른 밀정도 종업원으로 채용하여 많은 동지들을 투옥시켰을 뿐만 아니라 양심적인 선량한 종업원의 행동을 감시하도록 해서…

16:54 광만을 저주하는 이민자. 6 · 25전쟁이 발발하기 전 경찰에 붙들려 간 광만을 빼내오는 이철호의 모습이 비춰짐. 광만은 이철호에게 폐를 끼치지 않고 몸과 힘을 다 바쳐서 인쇄소 일을 하겠다고 말함

18:18 이철호 외 2명에게 사형을 구형하는 광만.

사회자: 검사의 논고가 끝났습니다. 사실의 여부를 알기 위해서는 동무들의 증언이 필요하니 증인될 사람이 있거든 서슴지 말고 나오기 바랍니다.

증인이 나와 이철호의 비행을 이야기함. 멀리서 지켜보던 이민자는 증인을 한 번도 본적이 없다고 생각함.

이민자: (독백) 선생님은 아마 인민재판이 그런 것인 줄 알았다면 미리 피신했을 것입니다. 공산당원도 같은 민족이라고 하셨고 같은 사람인 이상 없는 죄야 어떻게 할 것인가라고 하셨어요. 공산당이란 인간의 탈을 쓴 악마들이라는 걸 모른 거죠.

19:36 증인의 증언이 끝나고 판사의 판결 언도가 이어짐. 이철호 외 2명에게 사형을 언도하는 판사.

20:20 인민재판의 끝을 알리는 사회자와 마지막으로 재판에 대해 반대가 없는 지 묻자 재판장은 조용하고 재판장 앞에는 몽둥이를 든 청년이 대기하고 있음. 찬성이면 박수를 치자는 사회자의 말에 청중들의 박수 소리가 시원치 않자 찬성하는 사람은 손을 들도록 지시. 눈치를 보며 손을 드는 청중들. 만장일치 찬성을 외치는 사회자와 사형을 집행하겠다는 사회자의 말

21:13 기도하는 이민자의 모습

이민자: 잔악한 공산당을 지상에서 소멸시켜 주옵소서

21:23 몽둥이로 이철호 외 2명을 내리치기 시작하는 사내들

21:34 다시 현실로 돌아와 사진들을 보며 당시 현장을 증언하는 이민자

21:49 김 선생은 이철호에게 어떻게 살았는지 묻자 정신을 잃었던 이철호가 정신을 차리자 물을 먹기 위해 헤매는 모습을 보여줌. 이철호는 집 앞에 쓰러지고 영상이 끝남

23:10 "상기하자 6·25 무찌르자 공산당" 자막

내레이션

(내레이션 없음)

잘 살 수 있는 길

제 명	잘 살 수 있는 길
출 처	잘 살 수 있는 길
제 작 국 가	대한민국
제 작 년 도	1963년
상 영 시 간	09분 18초
제 공 언 어	한국어
형 식	애니메이션
컬 러	컬러
사 운 드	유

█ 영상요약

나라의 재건과 근대화를 위해 좋지 않은 구습을 타파하고 부지런히 생활해야 한다는 내용을 농촌의 부자(父子) 이야기로 극화해 애니메이션으로 보여준다.

█ 연구해제

〈잘 살 수 있는길〉은 1963년 제1차 경제개발5개년계획 2차년도를 맞아 농촌을 대상으로 제작한 교육계몽 영상으로 근대화를 이루기 위해서 구습과 악습을 타파하고 근면 성실히 일해야 한다는 내용을 담고 있다. 인형 애니메이션과 셀 애니메이션으로 혼합·구성된 이 영상은 〈개미와 베짱이〉(1962), 〈112〉(1963) 등의 애니메이션을 연출한 국립영화제작소의 박영일이 감독을, 한성학과 정도빈이 작화를 맡았다. 영상은 이른 아침 소를 끌고 나가 열심히 일하는 농촌의 한 부자(父子)의 대화를 통해 농촌근대화 정책의 사업 내용을 설명하고 이를 이룩하기 위한 국민의 권리와 의무, 갖춰야 할 덕목을 강조한다.

국립영화제작소(1962년 이전의 공보실 영화과)는 1958년 '한미 양국 경제 조정관 보도 기술 개량 사업'의 일환으로 이루어진 국제협조처(ICA: International Cooperation Administration)의 자금원조와 시라큐스 계약(Syracuse Contract)에 의한 영화 전문인력 파견의 영향으로 애니메이션을 제작하기 시작했다. 국립영화제작소는 애니메이션 촬영기인 옥스베리(Oxberry)와 전문 강사 그리고 새로 선발한 미술부 인력이라는 요건이 갖춰지자 그동안 〈대한뉴스〉와 문화영화에 자막이나 그래프 등 부분적인 효과로서 활용하던 애니메이션을 단독 작품으로 제작하기 시작했다. 〈잘 살 수 있는길〉은 국립영화제작소가 1960년대 중반까지 제작한 10여 편의 애니메이션 중 유일한 인형 애니메이션으로 한국 애니메이션 역사에서 최초의 인형 애니메이션으로 기록된 〈흥부와 놀부〉(강태웅, 1967)보다 시기가 앞선다는 점에서 가치가 있다.

〈잘 살 수 있는길〉은 인형 애니메이션이라는 장르를 통해 흥미를 유발한 후 메시지를 직접적으로 주입한다. 영상의 오프닝은 이러한 연출 방식을 대표적으로 보여주는 장면이다. 인형으로 제작한 농가, 강아지, 소를 끌고 나오는 부자(父子)에 이어 카메라는 집 안에 부착된 벽보를 클로즈업 해 시선을 집중시킨다. 벽보는 "명심하자! 우리의 지금의 마음씨 우리의 지금의 몸 차림 우리의 지금의 행동이 그대로 삼천만 민족의 흥망과 직결되어 있다는 사실을 명심하자!"라는 계몽적인 메시지를 담고 있다. 영상은 이러한 방식으로 향토개발과 재건운동의 사업 내용, 국민의 권리와 의무를 인형과 그림으로 설명하고, 내레이션을 통해 계몽적인 메시지를 강화한다. 재건기가 게양된 청년회관 칠판 위로 펼쳐지는 "전국 재건운동회원 360만 명, 회관수 5,687동, 개간사업 32,500여 에이커, 변소개량 120여 만 개소" 등의 애니메이션에 "우리들은 벌써 잠에서 깨기 시작했어요. 그래서 재건의 깃발 아래 우리들은 새 나라의 일꾼으로 나섰답니다. 우리들은 그동안 헛된 꿈에 들떠서 방황하고 있었으나 지금은 제 자리로 돌아가서 내 고장의 재건을 위해서 피와 땀을 흘리고 있습니다. 새 날을 맞은 지 얼마 안 되는 우리들은 향토개발의 보람찬 대열에 끼어서 벌써 많은 일을 해놓았습니다"라는 내레이션이 덧붙여지는 식이다. 정부는 제1차 경제개발5개년계획의 목표 달성을 위해 흥미를 유발하는 인형 애니메이션을 활용해 농촌 지역에 계몽운동과 근로정신을 주입했다고 볼 수 있다.

▌ 참고문헌

「박의장 시정 연설 전문」, 『동아일보』, 1962년 1월 6일.
공영민, 「제2차 세계대전 전후 선전 애니메이션과 1950~60년대 한국 국립영화제작소 애니메이션의 관계」, 한국영상자료원 엮음, 『지워진 한국영화사 – 문화영화의 안과 밖』, 한국영상자료원, 2014.

▌ 화면묘사

00:00 동이 트는 농촌 전경
00:18 농가 대문으로 강아지가 나와 벽에 오줌을 싸는 모습
00:33 집에서 나와 소 몰며 가는 아버지와 지게 지고 따라가는 아들
00:48 농가 서까래에 메주를 매달아 놓은 모습
00:52 농가의 벽보 클로즈업. 벽보의 내용 "명심하자! 우리의 지금의 마음씨 우리의 지금의 몸차림 우리의 지금의 행동이 그대로 삼천만 민족의 흥망과 직결되어 있다는 사실을 명심하자!"

01:02 벽보가 붙어 있는 집 마당에서 절구질하는 젊은 여성과 병아리 모이 주는 나이
든 여성

01:26 소 몰며 쟁기질 하는 아들과 밭일 하는 아버지

01:55 일하던 아버지가 허리 곧추 세우며 아들에게 "애야 좀 쉬어 하자꾸나"라고 말
하면 아들이 "네"라고 대답하는 모습

02:06 앉아서 담배 피우며 아버지가 아들에게 "예 앉거라. 애야 우리는 언제나 남들
처럼 잘 살아 보겠니?"라고 이야기하는 모습

02:15 역술가에게 사주관상을 보고, 서낭당에서 제를 지내고, 굿을 하는 사람들의 모습

02:58 일하는 사람들과 유흥을 즐기는 사람들의 모습

03:49 싸움하는 사람들의 모습

04:05 가난에 괴로워하는 사람들을 그림으로 표현함

04:32 아들에게 "에이구 앞으론 절대로 이래선 안되지. 안돼"라고 말하며 고개 흔드는
아버지와 손가락으로 가리키며 "아버지, 저길 보세요"라고 말하는 아들

04:41 청년회관의 모습

04:48 "향토개발 개항"과 재건기 그림

04:49 "전국 재건운동회원 360만명"과 이를 설명하는 그림

04:54 "전국 자연부락단위 회수 90,000여회"와 가옥 그림

04:58 "회관수 5,687동"과 회관 그림

05:02 "개간사업 32,500여 에이커"와 삽과 지게, 손수레 그림

05:07 "농로확장 42,000킬로미터"와 논 그림

05:10 "우물개선 20만여 개소"와 우물 그림

05:13 "변소개량 120여만 개소"와 화장실 그림

05:17 "아궁이 개량 260여만 개소"와 아궁이 그림

05:21 쟁기질하는 아들

05:33 짐을 가득 실은 수레에 올라타 소에 채찍질하는 양반과 힘들어하는 소의 모습

05:50 소가 끄는 수레의 짐 위에 누워 담배 피는 남성의 모습

05:59 투표를 통해 대통령과 국회의원을 뽑는 과정을 애니메이션으로 설명

06:18 국민의 권리와 의무를 애니메이션으로 설명

06:39 올바른 정치와 국민이 갖춰야 할 덕목을 나무 그림으로 설명

06:51	트랙터 운전하는 남성의 모습
07:03	맷돌 돌리는 여성의 모습
07:10	냉장고, TV, 선풍기, 라디오가 갖춰져 있는 방에 누워서 휴식 취하는 농부의 모습
07:19	소에 올라타 피리 부는 소년
07:29	바다에서 고기 잡는 어민들의 모습
07:49	자전거 타고 가는 3형제
07:59	벼 익은 논의 모습
08:10	낚싯대 꽂아 놓고 누워 잠자는 남성의 모습
08:20	해가 지자 집으로 돌아가는 부자와 농민들
08:54	펄럭이는 재건기
09:00	곡괭이를 갖고 일하는 남성의 모습
09:10	자막 "끝"
09:13	자막 "감독 박영일/ 촬영 이신복/ 만화작화 한성학/ 회화작화 정도빈/ 미니츄어 최희원/ 편집 한호기/ 녹음 박익순"

▌ 내레이션

01:28 아름다운 이 강산에 봄이 오면 대지는 몸을 풀고 모든 생명은 긴 잠에서 깨어 납니다. 농부들은 황소 같이 꾸준히 오늘의 일을 시작합니다.

02:13 그 흔히 잘못되면 조상 탓이라고들 한다지만 이 말에도 뜻은 있어. 우리들은 걸핏하면 조상 탓이 아니면 팔자소관으로 돌리고 좀 더 잘 살아보려는 노력은 않구 사주팔자나 따지고 미신에 얽매어 살아왔으니 어떻게 살 길이 열리겠느냐 말이다. 모두 무지했던 탓이었지.

02:58 아, 허나 그뿐이냐? 가장 못된 인습은 놀고먹는 것을 좋아하고 일하는 것을 천하게 여겨 왔단 말이야. 남들은 짧은 시간에 더 많은 일을 할려고 땀을 흘리고 애를 쓰는 동안 우리들은 놀고만 있은 셈이지. 일하기 싫어하는 백성에게 주어진 것은 그저 가난과 굴욕밖에 또 뭐가 있었냔 말이다.

03:35 할 일은 태산 같은데 그 낮술들이나 마시며 노름판에만 밤을 새웠으니 우리가 어떻게 잘 살 수 있었겠냐?

03:49 뿐만 아니라 패를 지어 헐뜯기를 좋아하고 사색당장을 일삼아온 것이 지금도 그 뿌리가 박혀 우리 민족의 앞날은 어둡기만 한 거야. 이러다 보니 우리는 개화에 뒤떨어졌고 남들은 기술이 늘고 자본이 늘어 잘 사는데 우리들은 무질서한 살림에 빚과 자식만 늘어 식량난에 허덕이고 빚에 쫄리니 불쌍한 것은 우리의 자손들이었지.

04:42 우리들은 벌써 잠에서 깨기 시작했어요. 그래서 재건의 깃발 아래 우리들은 새나라의 일꾼으로 나섰답니다. 우리들은 그동안 헛된 꿈에 들떠서 방황하고 있었으나 지금은 제 자리로 돌아가서 내 고장의 재건을 위해서 피와 땀을 흘리고 있습니다. 새 날을 맞은 지 얼마 안 되는 우리들은 향토개발의 보람찬 대열에 끼어서 벌써 많은 일을 해놓았습니다.

05:40 사실 옛날에는 백성들이 한낱 품팔이 일꾼에 지나지 않았었거든요.

05:54 그렇지만 지금은 우리가 당당한 이 나라의 주인이 되지 않았어요?

06:03 우리 국민은 엄연히 나라의 주인공입니다. 그래서 우리는 우리들의 손으로 대통령을 뽑고 국회를 세워서 나라의 살림을 그들에게 맡기는 것입니다.

06:22 우리는 자유로이 권리를 행사해서 살아갑니다. 그러나 권리는 의무와 책임이 있어야 참다운 권리가 됩니다.

06:43 책임과 의무가 올바로 이행될 때 비로소 미래의 꿈은 실현이 되는 것입니다.

06:56 우리들의 농장은 근대화 돼서 모든 것이 기계화 되고

07:10 문화의 혜택은 도시와 농촌이 다 같애지고

07:21 그리고 또 방방곡곡에서는 여러 가지 과실이 무르익어 가고

07:35 그리고 또 삼면으로 둘러싸인 우리나라의 고기잡이는 풍성해지고야 말 것입니다.

07:52 그리고 또 가족계획으로 집집마다 웃음이 있습니다.

08:07 이것은 결코 모두가 꿈이 아닙니다. 절대로 환상이 아닙니다. 그리고 또 이것은 환상이 돼서는 안 되겠습니다.

09:00 우리들은 다 같이 눈앞에 있는 이 영광을 위해서 땀을 흘립시다. 일을 합시다.

한국의 불교(열반)

제 명	한국의 불교(열반)
출 처	한국의 불교(열반)
제 작 국 가	대한민국
제 작 년 도	1963년
상 영 시 간	09분 49초
제 공 언 어	한국어
형 식	실사
컬 러	흑백
사 운 드	유

영상요약

이 영상은 한국에 불교가 전래된 역사적 배경을 설명하고 불교의 사상과 문화를 소개한다.

연구해제

〈한국의 불교(열반)〉은 한국 종교의 기원과 민간신앙의 풍습을 설명한 뒤, 불교의 전래와 발전상, 한국 사회와 문화에 미친 영향 등을 한국의 아름다운 자연과 불교 유적 등을 배경으로 보여주는 영상이다. 이 영상은 다양한 촬영 기법을 활용하여 뛰어난 자연경관과 경건한 불교 의식, 다채로운 유적 등을 전시함으로써 문화영화의 새로운 경지를 개척했다는 평가를 받기도 했다.

양종해 감독의 증언에 따르면, 당시 문화영화를 제작할 때 영화제용과 해외홍보용으로 구분하여 영화를 기획했다고 하는데 〈한국의 불교〉와 1965년에 제작된 〈초혼〉은 영화제용으로 기획된 대표적인 영화라 할 수 있다. 그에 따르면, 국립영화제작소의 예산 중 국가기관의 의뢰나 간섭 없이 감독 스스로 기획, 제작할 수 있는 영화가 일 년에 4~5편가량 되었는데 〈한국의 불교〉는 이렇게 기획된 영화였다. 따라서 여타의 문화영화에 비하여 〈한국의 불교〉에는 작가정신이 발현될 수 있는 기회가 있었다고 볼 수 있는데, 대표적인 장면은 산 정상에서 바라본 석양이 지는 장면으로, 구름 없이 이 장면을 찍기 위해 나흘 동안이나 산 정상에 올랐다는 양종해 감독의 증언은 이러한 작가정신을 보여주는 일례라 할 수 있겠다. 또한, 그에 따르면 당시 영화들은 오리지널 사운드 트랙 작곡을 하는 경우가 드물었는데, 양종해 감독은 〈열반〉이나 〈초혼〉 등의 문화영화에서 편곡을 하지 않고 작곡을 의뢰했다. 그런데 작곡가 성윤주는 영화 〈열반〉 화면에 어울리는 곡보다는 본인의 예술적 측면에 더 치우쳐 화면과는 맞지 않는 작품 〈열반〉을 만들었고, 이를 라디오 방송에서 먼저 공개한 에피소드도 있었다고 한다. 양종해 감독은 KBS 교향악단이 연주를 하고 정윤주가 작곡을 맡았던 〈열반〉과 〈초혼〉 이후, 극영화에서도 편곡이 아닌 오리지널 영화 음악을 작곡하는 경향이 생겨났다고 증언했다.

〈한국의 불교(열반)〉은 1964년 자유중국에서 개최된 제11회 아시아영화제 작품상과 제3회 대종상 문화영화작품상을 수상했으며, 문학가 조지훈이 각본을 담당했다. 이 영화의 오리지널 상영시간은 19분인데, 현재 KTV에서 서비스 중인 〈한국의 불교(열반)〉은 9분 49초에서 영상이 끊겨 있어 영화 전체를 볼 수 없다.

참고문헌

공영민 구술채록, 『2006년도 원로영화인 구술채록 자료집－양종해』, 한국영상자료원, 2006.

화면묘사

00:01 "涅槃" 자막
00:03 산에서 수행하는 승려의 모습
00:33 커다란 나무 아래에서 제사를 지내는 사람들
00:55 서낭당 아래에서 기원을 하는 사람들
01:49 부처상의 모습
02:22 사찰에서 수행하는 동자승들의 모습
03:37 연꽃의 모습이 비춰짐
04:26 승려들이 모여 출가의례를 하는 장면
05:45 절을 방문하는 신도들과 사찰 내부의 탑과 불상이 비춰짐. 중간에 월정사 팔각 구층석탑의 모습이 보임
08:15 석굴암으로 추정되는 곳의 모습과 분황사 모전석탑의 모습이 비춰짐
09:00 경주 남산에 산재한 불상들의 모습

내레이션

00:11 그 무엇인가를 믿고 모시어 우러르는 마음은 사람이 이 세상에 태어날 때부터 지내온 마음 바탕이라 합니다. 우리 조상들도 다른 민족과 마찬가지로 아득한 옛날부터 높은 산, 맑은 물과 푸른 나무, 큰 바위를 살아있는 것으로 믿고 숭배했으며 또 그 산천이나 수목이나 암석들은 단순한 자연물이 아니오, 그 안에는

이상한 힘을 가진 귀신이 깃들어 있다고 믿어 두려워했습니다.

00:58 이러한 자연종교에 남은 그림자는 지금도 더듬을 수가 있습니다. 마을마다 서낭당이나 산신당이라는 이름의 돌무더기나 고목나무 또는 당집이 있어서 사람들은 그 앞을 지날 때마다 절을 하고 기원을 드리는 것입니다.

01:37 이와 같은 원시신앙의 바탕 위에 발달된 외래 종교가 최초로 들어 온 것이 불교였습니다.

02:15 우리나라에 불교가 처음 들어온 것은 고구려 소수림왕 2년, 서기로 372년 때일입니다. 그때의 민중들은 이 새로운 종교를 믿으려 하지 않을 뿐만 아니라 오히려 박해까지 했습니다만은 신라의 법흥왕 15년부터 불교는 마침내 국법으로 널리 퍼지게 되어 이 부흥하는 종교는 민중의 생활 속에 힘찬 뿌리를 내리고 우리의 고유 신앙과 어울려 빛나는 새 문화를 이룩하기 시작했습니다.

03:12 이 청신한 신앙의 물줄기는 백성들의 목마른 가슴을 적셔주었고 그리움의 광만과 슬픔의 향기를 가르쳐 주었던 것입니다.

03:38 불교의 상징은 연꽃입니다. 혼탁한 못물에 뿌리를 박고 솟아오른 잎새와 꽃 봉우리지만 어떠한 더러움에도 물들지를 않은 꽃입니다. 그러므로 부처님은 연화대 위에 앉아서 고요히 웃음 짓는 분, 어지럽고 더러운 세상에 살아도 항상 깨끗한 마음을 지니면 그것이 정토, 거기가 우리들의 마음의 고향이라 믿어왔습니다.

04:40 속세를 버리고 중이 되는 것을 출가한다고 합니다. 절에 들어가 스님을 정하에 모신 다음 머리를 깎고 계를 받아 승단의 한 사람이 되어 정한 바 수행의 과정을 밟음으로써 부처님의 가르치심과 뜻을 체득하여 스스로의 괴로움을 해탈하고 불교의 자비로운 손길을 세상에 펴려는 것이 그들의 첫 발심하는 크나큰 소원인 것입니다.

06:05 불교가 우리나라에 미친 영향은 너무나도 큽니다. 우리의 고유 신앙을 발전시키고 세련시켰으며 또한 화랑도라는 국민도를 이룩함으로써 호국 불교의 정통을 세웠고 그 밖에도 원효대사와 같은 위대한 많은 학자를 낳아 학문적으로도 세계 불교사상에 높은 탑을 세웠던 것입니다.

07:07 뿐만 아니라 우리의 고대 문화는 불교문화라 할 만큼 불교가 우리의 문화에 공헌한 바 큰 것입니다. 그중에서도 우리나라의 미술 문화는 불교를 떠나서는 말

할 수 없는 것입니다.

07:46 불교는 인도에서 비롯된 종교요 인도 문화는 서구 문화와 동양 문화가 합쳐서 이루어진 것이므로 우리 미술은 이 불교를 통하여 멀리 헬레니즘의 흐름과 중국 육조시대의 수급을 종합하여 우리의 풍토와 문화에 어울리는 새 경지를 열었던 것입니다.

08:24 이러한 불교문화는 우리나라 도처에 널리 분포돼 있습니다. 석탑, 전탑 등 웅장 수려한 사찰의 건축과 함께 원만하고 자비롭고 지혜로운 석불들의 모습은 지금도 옛 사람들의 솜씨를 자랑하고 있는 것입니다.

09:12 그중에서도 신라의 고도, 경주의 남산은 산 전체가 그대로 완연한 하나의 불교 미술관입니다. 산골짝마다 절터요, 바위마다 불상인 이 남산은 불교가 얼마나 민중의 생활에 젖어 있었던가를 보여주는 불교 황금시대의 남은 모습이라고 하겠습니다.

미터법을 쓰자

제 명	미터법을 쓰자
출 처	미터법을 쓰자
제작국가	대한민국
제작년도	1964년
상영시간	11분 31초
제공언어	한국어
제 작	국립영화제작소
제 공	상공부 중앙계량국
형 식	실사/애니메이션
컬 러	흑백
사운드	유

▌ 영상요약

이 영상은 1964년 1월 1일부터 시행되는 미터법을 국민들에게 홍보하기 위하여 제작되었다. 미터법 이전에는 척관법이나 야드·파운드법 등의 각기 다른 계량단위의 사용으로 국민들은 일상생활에서 큰 불편을 겪었다. 따라서 실생활에서의 계량단위로 인한 혼란을 방지하고 통일적인 공산품 생산을 위해 미터법을 사회전반에 정착시켜야 한다.

▌ 연구해제

〈미터법을 쓰자〉는 1964년 1월 1일부터 실시된 '미터법' 시행을 홍보하기 위해 상공부 중앙계량국이 제공하고 국립영화제작소가 제작한 영상이다.

'실생활에서 계량단위로 인한 혼란을 방지하고 통일적인 공산품 생산을 위해 미터법을 사회전반에 정착시킨다'는 정책의 요지를 소비재 구매가 이루어지는 시장과 제품 생산을 하는 공장이라는 공간에서 이루어지는 다양한 상황을 통해 전달한다. 소비재 구매 시의 혼란한 상황은 콩트 형식으로 구성되어 있는데, 양훈 등의 영화배우들을 기용하여 통일되지 않은 계량단위로 인해 겪는 한 가정의 다양한 에피소드를 보여준다. 대중에게 익숙하고 친근한 배우들이 연기하는 실생활에서 벌어지는 에피소드들은 척관법, 야드법, 파운드법이 혼재된 계량단위의 복잡함을 효과적으로 강조하고 자연스럽게 미터법 통일을 권장한다.

국립영화제작소의 문화영화 중 〈미터법을 쓰자〉처럼 실생활과 관련된 정책 선전 영상에서 유명 영화배우들을 기용해 흥미를 유발함으로써 정책의 이해도를 높이는 경우를 다수 찾아볼 수 있다. 가정의 수도공사를 수도사업소에 신청해야 하는 이유를 설명하는 〈수도와 주부〉(1960), 가족계획 정책을 홍보하는 〈딸 3형제〉(1966), 〈가족계획(행복의 계단)〉(1966), 〈엄마의 휴일〉(1967), 투표를 권장하는 〈기권방지〉(1967), 저축을 장려하는 〈어둠을 헤치고〉(1968), 가정의례준칙을 홍보하는 〈오붓한 잔치〉(1969), 과세·납세 정책을 선전하는 〈내집살림 나라살림〉(1967), 〈신영균씨의 어느 날〉(1972) 등은 윤인자, 서영춘, 윤정희, 김승호, 신영균 등의 영화배우들이 출연한 극화화된 영상물들이다. 이 문화영화들은 〈미터법을 쓰자〉 같이 정부 시책을 극화해 일상에서 일어나는 상황과 연결시켜 설명함으로써 대중의 이해도와 흥미를 높인다.

이 영상에서 홍보하는 미터법 통일정책은 몇 년에 걸쳐 문제가 제기된 후 시행 결정이 이루어졌다. 상공부는 1956년 양곡지급과 관련해 부정 도량형기와 부정 계량 문제가 불거지자 미터법을 통일한다고 공지했고, 1958년 9월에는 새로운 계량법을 국무회의에 상정하는 동시에 국제미터협약에 가입하기 위한 자료를 국회 외무분과위원회에 제출했다. 새 계량법은 1961년 5월 법률 제62호에 따라 제정되었다. 군사정부가 들어선 후인 1962년 7월, 상공부 중앙계량국은 계량생활 간소화를 위해 척관법, 야드법, 파운드법 등의 여러 가지 계량단위를 1964년 1월 1일부터 미터법으로 통일·실시할 것을 결정하고 1년 6개월의 계도기간에 들어가 '계량단위 전용 국민운동'을 펴기로 결정했다. 1963년 6월 1일부터는 우선적으로 생활필수품인 식육류, 고무신 류, 양말 류에서 미터법을 실시하기 시작했고, 1964년 1월 1일 실질적인 법 시행이 이루어졌다. 〈미터법을 쓰자〉에서 연출된 식육류와 고무신, 의복 등의 소비재 구매 장면들은 이러한 정부의 정책을 알기 쉽게 설명한다.

대중에게 미터법 사용을 권장·홍보한 이유로는 실생활에서 척관법에 따라 이루어진 오랜 관습 문제도 있었지만, 미터법 시행 규정에 따라 미터제의 표시가 없는 도량형기 사용과 양도가 발생할 시 벌금과 구형을 가한다는 규제의 문제가 있었다. 이 때문에 계몽의 필요성을 더욱 강조하고 상공부와 국립영화제작소가 이 홍보영화를 제작·배포했음을 알 수 있다.

참고문헌

「불원 미터법을 실시」, 『경향신문』, 1956년 2월 4일.
「알아보기 힘든 도량형의 단위」, 『경향신문』, 1959년 2월 17일.
「미터법으로 통일」, 『동아일보』, 1962년 7월 24일.
「계량단위의 혁명」, 『경향신문』, 1963년 6월 5일.

화면묘사

00:01　"1964년부터 미터법을 통일" 포스터가 보임
00:12　시가지의 모습

00:30   옷감을 재고 고구마와 털실 및 쌀의 무게를 계량하는 장면

01:16   한 가정에서 역기를 드는 아버지(양훈)의 모습을 보고 할머니와 손자, 아버지가
          각각 계량단위를 다르게 말함

          할머니: 얘, 고걸 못 드니? 한 열 댓관밖에 안 될 텐데.
          손자: (웃으며) 아니야 할머니. 저번에 내가 하나하나 저울에 달아봤더니, 꼭
                  60키로야.
          아버지: 마, 60키로가 뭐야? (손가락으로 셈하며) 백 하고도 삼십 파운드다.
          어머니: (장바구니를 들고 나오며 아들에게) 얘, 너 몇 문이니?
          손자: 문이 뭐야 엄마?
          어머니: 발 말이야
          손자: 응. 이십 센치야.
          어머니: 이십 센치? 응. 알았어.
          아버지: 여보, 내 것도 하나 사와야 해.
          어머니: 네.

02:12   자녀의 신발을 구입하기 위해 상점에 간 어머니와 상점 주인이 서로 계량단위
          를 다르게 사용하여 어머니는 치수에 맞지 않은 신발을 구입함. 같은 문수이더
          라도 신발 크기가 다른 모습

          상점주인: 어서오십시오. 몇 문을 찾으시죠?
          어머니: 이십 센치짜리는 없나요?
          상점주인: 이십 센치라... (머리를 긁으며) 이십 센치짜리는 없는데요. 신발은
                  모두 문수로 돼 있습니다. 몇 살이죠?
          어머니: 저, 열 살이에요.
          상점주인: 열 살이라.. (신발 하나를 들어 보이며) 이 정도면 잘 맞습니다.
          어머니: 틀림없겠죠?
          상점주인: 네. 틀림없습니다.

집에 돌아와서 신발을 신겨보는 어머니. 남편의 신발은 크고 아들의 신발을 작다. 카메라를 바라보면서 말함

어머니: 글쎄, 이 모양이지 뭡니까? (신발 두 개의 크기를 재어보며) 이 신발들은 같은 문수이면서도 만드는 공장에 따라 그 크기에 차이가 생기는 형편이에요.

03:08 어머니가 옷감 가게에서 옷감의 치수를 재는 장면. 옷감 가게의 계량단위와 가정에서의 계량단위가 다름. 옷을 만드는 법을 안내하는 책자와 가정에서 쓰이는 자와의 계량단위가 달라 옷을 만드는데 어려움을 겪는 주부의 모습. 옷을 만들어 자녀에게 입혔으나 옷이 작게 제작됨

04:32 와이셔츠의 구입을 위해 상점에 간 주부가 계량단위의 혼동으로 상품 구입에 어려움을 겪음

05:15 정육점에서 계량단위 혼동으로 정육점 주인과 말다툼을 하는 아버지의 모습이 비춰짐

05:42 고철을 파는 부부와 고철수집상이 언쟁을 하는 장면

아버지: 저, 영감, 이렇게 합시다. (고물수집상의 리어카에서 무엇인가를 들어 저울에 달려고 함)
고철수집상: (뺏으려고 하며) 안돼요 안 돼.

06:24 어느 공장에서 신입직공이 학교에서 배운 계량단위와 공장의 계량단위가 달라 조업에 어려움을 겪는 모습

06:51 "국제적인 미터법 1964년부터 미터법 통일 상공부"라고 쓰인 포스터가 비춰짐. 그림을 통하여 1미터의 단위에 대한 설명이 이루어짐

07:02 미터원기와 킬로그램원기가 비춰짐

07:17 자막 "십진법, 1미터=10데시미터=100센티미터=1000밀리미터"

07:24 "각 단위의 명확한 관련, 길이 1미터, 넓이 1평방미터, 무게 1키로그램, 부피 1리터" 그림이 비춰짐

▌내레이션

00:11 우리가 사는 사회에는 질서를 유지하기 위해서 여러 가지 법이 있듯이 우리가 물건을 사고 팔 때에도 그 길이를 잴 때나 무게를 달 때 사용하는 계량단위가 있습니다. 그러면 우리가 일상생활에 사용하고 있는 계량단위를 살펴보기로 하겠습니다. 우리가 옷감은 자나 또는 마로 고기나 고구마는 근, 관으로 사고 파는데 이것은 고대 중국에서 기원해서 중국과 일본 그리고 우리나라에서만 쓰여오던 척관법에 따라 만들어진 것이며 양복을 맞출 때에는 인치나 야드로 휘발유는 가론을 그리고 털실은 파운드를 쓰는데 이것은 바비로니아 시대에 기원해서 주로 영미국에서 사용하는 야드 파운드법입니다. 한편 쌀은 리터제를 사용하는데 이것은 불란서에서 기원해서 세계적으로 널리 사용하고 있는 리타법입

니다. 이와 같이 여러 가지 계량단위를 쓰고 있는데 따르는 일상생활의 혼란을 살펴보기로 하십시다.

01:17　한 가정에 있어서도 신구세대에 따라서 계량단위에 대한 관념이 서로 다릅니다.

03:08　우리가 쓰고 있는 자들은 그 크기가 각 가정마다, 상점마다 조금씩 다르잖아요? 지난번에도 시장에 가서 아이 옷감을 사왔었죠. 그래 사온 옷감을 집에 있는 자로 재봤더니 이만큼이나 모자라지 않겠어요? 그러나 마루 사온 이 옷감을 가지고 아이 옷을 만들려고 재단책을 들여다보니까 여기엔 인치와 피트로 되어 있구요, 아이들에게 몸 치수를 물어보니까 모두 센치로밖에 모르지 않겠어요? 하는 수 없이 인치로 되어 있는 치수를 대중해서 자로 따져가며 겨우 만들었어요. 그래 입혀보니까 이렇게 작지 않겠어요? 옷 만들 때 불편도 불편이려니와 비싼 돈을 주고 사 온 것을 이렇게 못쓰게 되었으니 경제적으로도 손해를 보지 않았겠어요? 또 한 번은 아빠 와이셔츠를 사려고 칼라둘레는 아이들이 쓰는 센치로 재서 백화점엘 갔죠. 그랬더니 이건 14니, 15니, 16이니 전부 작지 않겠어요? 이게 무엇을 기준으로 한 건지 모르고 있는데 점원이 사이즈 몇을 찾느냐고 하길래 사이즈 40은 없느냐고 했더니 눈이 휘둥그레 진 점원이 쳐다보지 않겠어요? 알고 보니 인치로 되어 있더군요. 40센치를 인치로 환산하느라고 한참 걸렸지 뭡니까.

05:15　지난 번 시골에 갔을 때 얘긴데요, 고깃간에 가서 고기 한 근을 달랬지요. 그런데 이건 열 냥밖에 안 달아주지 않아요. 아, 그래서 서울에선 **에 한 근인데, 왜 요것뿐이냐고 옥신각신 시비를 할 뻔하지 않았겠어요? 한 나라 안에서도 한 근에 대한 관념이 달라서야 이거 되겠습니까? 안됩니다.

05:42　어느 일요일 아침, 밖에서 마누라가 부르지 않겠습니까? 그래서 무슨 일이 생겼나 하고 나가봤죠. 아, 그런데 이것도 참 난처하더군요. 아무리 눈을 크게 뜨고 봐도 도무지 알쏭달쏭해서 알 수가 있어야죠. 그래서 체면상 어쩌겠습니까. 그저 이렇게 우물쭈물 해 버렸죠. 이거 되겠습니까?

06:42　난 신입직공으로서, 학교에서 배운 미터법을 현 직장에서 활용할 수 없는 실정에 있어 작업상 여러 가지 애로에 봉착하고 있습니다. 이렇게 되면 직장에 나와 다시 피트나 야드법을 배워야 하므로 작업상 적지 않은 고충을 당하고 있습니다.

06:51 그렇습니다. 이와 같이 여러 가지 폐단을 없애기 위해서는 계량단위를 미타법으로 통일하자는 것인데 1미타는 지구 자오선의 40,000,000분의 1로서 첫째 세계 여러 나라가 거의 다 가지고 있는 똑같은 미타원기와 킬로그람원기에 의해서 미타법의 계량단위가 산출되고,

07:16 둘째 그 단위가 십진법에 의해서 구성되어 있어 계산하기가 편하고, 셋째 각 단위의 관련이 명확하고, 넷째 국제적으로 보급되어 있고 학술연구회는 미타법으로 통일되어 있습니다. 그리고 세계적으로 미타법을 사용하는 나라는 78개국이나 있습니다. 이토록 정확하고 편리하기 때문에 우리나라에서도 미타법을 법정 계량단위로 했으며 지금까지 습관적으로 사용해온 척관법과 야드 파운드법은 1964년 1월 1일부터 사용이 금지되며 그 이후부터는 미타법에 의한 계량단위만을 사용하도록 되어 있습니다. 여기에 따라 법정 기일보다 1년을 앞당겨 1963년 1월 1일부터 미타법을 사용하고 있는 까닭은 미타법을 갑자기 쓰게 되면은 일반 국민들이 혼돈을 일으키기 쉬우므로 이런 혼란 없이 순조롭게 미타법 사용에 익숙하도록 하기 위한 것입니다. 지금 여러 생산 공장에서는 앞으로 실시할 미타법의 변경으로 생길 여러 가지 혼란을 미리 방지하기 위해서 벌써부터 자진해서 미타법을 사용하고 있습니다.

08:38 보시는 바와 같이 우리들의 생활필수품들이 생산 공장에서부터 그 규격에 있어서나 용량에 있어서 모두 미타법에 의해서 생산되어 나오고 있습니다.

10:06 우리 다 같이 미타법을 사용해서 간편하고 정확한 계량 생활을 이룩합시다.

어둠이 지나면

출 처	어둠이 지나면
제 작 국 가	대한민국
제 작 년 도	1964년
상 영 시 간	07분 55초
제 공 언 어	한국어
제 작	국립영화제작소
제 공	대한나협회
형 식	애니메이션
컬 러	흑백
사 운 드	유

영상요약

이 영상은 나병환자에 대한 일반인들의 부정적인 인식을 제고하고 나병은 병원치료를 통하여 완치될 수 있음을 전달하고 있다. 아울러 나병환자가 어려움을 겪는 것을 목격하면 지역 보건소나 병원 혹은 대한나협회 이동진료반에 알릴 것을 권고하고 있다.

연구해제

〈어둠이 지나면〉은 한센병(나병)에 대한 올바른 지식과 국가지원활동을 알리기 위해 대한나협회가 제공하고 국립영화제작소가 제작한 7분 55초 분량의 컬러 애니메이션이다. 이 영상의 제작 목적은 우선적으로는 한센병에 대한 일반인들의 부정적인 인식을 제고하고, 의학적으로 완치될 수 있는 병이라는 것을 전달하는 것이며, 다음으로는 한센병 환자가 어려움을 겪는 것을 목격하면 지역 보건소나 병원 혹은 대한나협회 이동진료반에 알릴 것을 권고하는 것이다.

영상을 애니메이션으로 제작한 것은 한센병이 갖는 전염성에 대한 뿌리 깊은 두려움과 반감의 정서 때문이기도 하지만 인체의 표면으로 드러나는 증상을 묘사하는 데 있어 실사보다는 애니메이션이 시각적 충격을 완화할 수 있기 때문인 것으로 보인다. 또한 아동을 포함한 전 연령층에게 보급할 수 있는 애니메이션으로 제작했다는 것은 한센병에 대한 부정적 인식이 사회 전반에 깊이 퍼져있었다는 것을 뜻하는 것이기도 하다. 이러한 이유로 〈어둠이 지나면〉은 병에 걸린 대상을 특정한 누군가가 아니라 농사를 짓는 우리 이웃으로 설정하고 1인칭 내레이션을 활용한다. 주인공 농부의 내레이션은 한센병이 천형이 아니라 일상에서 자연스럽게 일어날 수 있는 사고임을 강조하고, 의학치료의 경험을 고백함으로써 민간에 퍼져있는 불치병이라는 편견을 없애고자 한다.

이 영상이 제작된 1960년대 중반, 한센병은 결핵과 함께 보건사회부 정책에서 중요하게 다뤄지는 전염병이었다. 보건사회부는 전염병 예방을 위해 방역과 이동진료 사업 그리고 계몽사업을 시행했지만 다른 전염병에 비해 한센병에 대한 뿌리 깊은 편견은 수정하기 어려웠다. 이 시기 한센병의 교육 계몽을 위한 매체 홍보는 크게 두 가지로 나누어볼 수 있는데, 첫 번째는 전문가들의 신문 기고와 강연이고, 두 번째는 영화제작이다. 1962년 주한미공보원(USIS-Korea)은 시인 한하운의 자전적인 내용을 영화화한 〈황토길

(Litany of Hope)〉(양승룡)을 제작해 현대의학으로 한센병을 고칠 수 있다는 계몽의식을 전파하고자 했으며, 1964년 국립영화제작소 또한 〈어둠이 지나면〉을 통해 한센병에 대한 고정관념을 바꾸고자 하였다.

이 영상을 제공한 대한나협회는 1948년 9월 대한나예방협회로 창립하여 1956년 10월 대한나협회로 개칭했다. 1975년 7월에는 정부가 운영하던 이동진료 사업을 인수했고, 1976년에는 한국나병연구원을 설립했다. 1984년 대한나관리협회로 개칭했다가 2000년부터는 한국한센복지협회로 재개칭해 현재에 이르고 있다.

▌참고문헌

「순혈보지(純血保持)와 민족번영」, 『경향신문』, 1954년 4월 25일.

「나병은 전치(全治)될 수 있다」, 『동아일보』, 1955년 7월 16일.

「나병관리사업 본격화」, 『동아일보』, 1961년 11월 24일.

「숙명 이겨낸 한하운 재생기 미공보원서 영화 〈황토길〉 제작」, 『동아일보』, 1962년 7월 5일.

「"나병은 고칠 수 있다" 유준 박사의 말」, 『동아일보』, 1962년 7월 7일.

「나병 조기발견 위해 이동진료반 편성」, 『동아일보』, 1963년 3월 6일.

한국한센복지협회 홈페이지 http://www.khwa.or.kr/

▌화면묘사

00:01 "국립영화제작소 NATIONAL FILM PRODUCTION CENTER KOREA" 마크, 자막 "국립영화제작소 제작"

00:06 제목 자막 "어둠이 지나면.."

00:16 자막 "작화 한성학 선화 김양배 문영일 채색 황순덕 이영해"

00:23 자막 "촬영 최동명 녹음 강신규 편집 한호기 음악 백명제"

00:41 소달구지를 타고 귀가하는 농부의 모습. 귀가 중 천둥번개를 동반한 비가 내림

01:03 벼락으로 인해 농부의 집이 전파됨

01:31 몸을 웅크린 나병환자의 모습이 클로즈업 됨

01:57	현대의학을 의인화 한 커다란 손이 나병환자를 감싸 안아 줌
02:15	자전거를 타고 주인공이 귀가를 하고 가족들이 반겨줌. 가족과 함께 시간을 보내고 농사일 하는 주인공이 비춰짐
03:12	농사일 중 나병에 걸린 주인공. 좌절하는 주인공과 이웃들로부터 소외당하는 장면이 보임
04:12	현대의학을 상징화한 손이 주인공을 의사에게 인도함. 의사와 상담을 하는 주인공의 모습
04:53	병원 건물이 보이고 이어 나무에서 잎이 나고 열매가 열리기 시작
05:48	병원 치료로 인하여 나병에서 완쾌되고 다시 고향을 방문하는 주인공. 주인공의 집과 이웃집들이 멀어져 가는 장면
07:00	나병에 걸렸던 주인공 자녀가 학교 교문 앞에서 들어가지 못하는 모습
07:23	주인공 집과 가족이 연속적으로 비춰짐
07:50	자막 "끝 대한나협회 제공"

내레이션

00:49	저는 농사를 지으며 단란한 가정을 이루고 살던 한 농부입니다. 그리고 또 문둥이라는 이름을 쓰고 주검과 같은 쓰라린 생활을 맛보기도 했습니다.
01:09	어리석게도 저는 벼락을 하늘의 노여움으로 알았으니 문둥이라고도 하는 나병환자도 우리 조상들이나 이웃 사람들이 생각하듯 하느님의 노여움을 산 사람으로 밖에 여기지 않았습니다. 그러나 현대인으로서 어리석은 생각이었습니다.
01:37	그래 집안에 이 병이 걸린 사람이 있으면 그 집은 폐가가 되다시피 해서 이웃도 없고 멸시와 천대를 삼키며 주검의 나날을 겪어야 하는 것을 저는 보았습니다. 그러나 저의 경우 현대의학은 저를 주검과 멸시의 구렁텅이에서 구해내서 재생의 길을 열어주었습니다.
02:18	그럼 잠시 제가 나병을 이겨낸 얘기를 하겠습니다. 보십시오. 이렇게 정다운 마을에서 저도 처음에는 남과 같이 건강한 몸으로 부지런히 일하며 단란한 가정에서 생활을 즐겨 왔습니다. 그런 제가 나병에 걸릴 줄이야 꿈엔들 생각했겠습니까. 나병이란 흔히 있는 다른 병과 똑같이 어쩌다 잘못 되어서 걸리는 것

이지 죄지은 사람이나 하늘의 노여움을 산 사람이 아니라는 것을 저에게 말해 주는 셈이 됐습니다. 우리나라에는 이 병이 밖으로 나타나는 환자는 30,000명에 불과하나 몸 안에 병이 숨어 있는 환자는 70,000명이나 된답니다. 그리고 수세기 동안 나병을 유전하는 것은 물론 가까이만 가도 전염되는 줄 알아왔던 것입니다. 저는 이렇게 걱정 없이 일하며 살다 정말 꿈에도 상상 못했던 나병에 걸리고 말았습니다.

03:25 저는 그저 주검의 구렁텅이에 굴러 떨어지듯 앞이 캄캄했습니다.

03:35 이제 제 몸은 살이 헐고 보기에도 처참한 모습이 돼 버릴 것이며 가정은 무서운 주검의 공기만이 가득 찬 초상집이나 다름없이 될 것이고 집은 쑥대밭처럼 돼 버릴 것이며 정다웠던 이웃들마저 이제 저에게 돌을 던지는 무서운 치욕을 삼키고 살아야만 하는 것이 아닌가. 그리고 마지막에는 주검의 쇠사슬에 목을 졸리워야 할 가지가지 몸서리 나는 일이 떠올라 저는 다시 일어설 용기를 잃었습니다.

04:17 그러나 곧 현대의학의 손길이 저를 일으켜 새로운 광명으로 안내했습니다.

04:44 그리고 또한 의사선생님은 나병은 꼭 나을 수 있다는 사실을 저에게 일깨워 주었습니다.

05:05 저는 병원생활을 하면서 나병에 대해 여러 가지를 알았습니다. 첫째, 나병은 균이 나오는 환자와 오랫동안 긴밀한 접촉을 함으로써만이 전염되는 일종의 전염성 피부병이라는 것입니다. 나병의 전염성은 결핵과 같은 다른 전염병보다도 훨씬 약한 것이며 2~3년 치료하면 나을 수 있는 것입니다. 더욱이 DDS라는 나병 특효약은 나병 초기에 적절히 사용하면은 몸에 흉한 상처를 내지 않고 깨끗이 나을 수 있는 것입니다.

05:53 저는 의사의 지시대로 요양생활에서 병을 고치게 되자 새로운 희망에 부풀어 그리운 고향에 날으듯 뛰어 갔습니다.

06:09 그러나 저는 곧 뜻하지 않았던 서러움을 맛보지 않으면 안됐습니다. 이웃 사람들은 저를 반기기는커녕 오히려 경멸과 두려움으로 멀리 했습니다. 저하고는 아무도 물건을 사고 팔려 하지 않으며 자의 가족과도 인연을 맺으려고 하지 않으니 자연 생활의 근거를 잃게 되고 사회에서 고립되어 불안에 떨게 됐습니다. 여러분, 나병도 완전히 치료되면 전염의 위험성이란 전혀 없는 것입니다. 저와

같이 회복한 사람을 꺼려서 멀리할 이유가 없다는 걸 현대의학은 명백히 증명하고 있습니다.

07:01 그런데도 제 아들의 경우 학부형들의 몰이해한 태도로 어린 가슴에 씻을 수 없는 상처를 입어야 했습니다. 부모가 다만 나환자였다는 죄 아닌 죄로 4,500여 명의 미감아들의 앞길이 막혀서야 되겠습니까. 왜 이 어린 싹들이 조금도 나환자가 아니라는 걸 몰라 줄까요. 이제 여러분은 숨어 사는 환자들에게 용기를 넣어주어서 늦기 전에 나와 같이 재생의 길을 마련해 주어야겠습니다. 나병에 고생하는 분을 보면은 특수피부진료소, 보건소, 병의원, 나협회 산하 이동진료반에 가도록 권유합시다. 특히 대한나협회 산하에는 현대의학의 혜택을 입고 병을 고쳐 재생의 길을 걷고 있는 예순일곱 군데의 자활정착 부락에는 10,000명의 정착해 사는 사람들이 있습니다.

찾아보기

'한국 근현대 영상자료 수집 및 DB구축' 과제 참여자

연구책임자

허은 (고려대학교 한국사학과 교수)

공동연구원

강명구 (서울대학교 언론정보학과 교수)

김려실 (부산대학교 국어국문학과 교수)

조준형 (한국영상자료원 한국영화사연구소장)

최덕수 (고려대학교 한국사학과 교수)

지우지 피자노(Giusy Pisano) (프랑스 루이-뤼미에르 고등영상원 교수)

전임연구원

박선영 (현 고려대학교 한국사연구소 연구교수)

박희태 (현 성균관대학교 CORE사업단 연구교수)

양정심 (현 대진대학교 인문학연구소 연구교수)

장숙경 (전 고려대학교 한국사연구소 연구교수)

연구보조원

공영민, 금보운, 김명선, 김성태, 김재원, 김진혁, 마스타니 유이치(舛谷祐一), 문민기, 문수진, 서홍석, 손지은, 심혜경, 예대열, 유정환, 윤정수, 이동현, 이상규, 이설, 이수연, 이정은, 이주봉, 이주호, 이진희, 임광순, 장인모, 정유진